KB143547

전

중국사 인물 열전

소준섭 지음

현대
지성

차례

3부　저무는 중국 ✵ 명·청 시대

4부 부활하는 대국 ✿ 현대 중국

서 문

역사 영웅들을 지금 여기에 다시 부활시켜

역사란 결국 인간 기록의 집합이다.

　다시 말하자면, 역사는 개개인들이 하나의 집합체로서 혹은 하나의 흐름으로서 때로는 주도적으로 때로는 피동적으로 함께 만들어가는 것이다. 그리하여 각 시대를 대표하는 인물들을 선정하여 기술한다는 것은 역사 구성의 한 방법론이 된다. 이러한 작업은 이미 사라진 역사의 기억을 영화의 생생한 주인공처럼 오늘에 다시 생동감 있게 살려내 눈 앞에서 다시 관람하면서 음미할 수 있게 한다.

역사는 인간 기록의 집합이다

본서는 중국의 오랜 역사에서 우리에게 익히 알려진 제왕이나 명장 그리고 대문호들을 비롯하여 잘 알려지지 않은 과학자와 사상가들까지의 삶을 널리 그리고 쉽게 접근할 수 있도록 소개하고자 힘을 쏟았다. 또한 각 시대에서 일시 화려하게 군림했던 부자들의 내력도 최대한 자세하게 기술하여 인간의 본연적인 이익 추구 욕망에 대한 추적과 함께 각 시대의 경제 사회를 이해하는 데 도움이 되고자 하였다. 그리하여 전체적인 인물 열전을 가급적 시대순으로 정리해 독자들이 본서의 인물 기술만 일별해도 해당 시기의 사건과 주변 인물, 그리고 시대적 조류를 쉽게 알아볼 수 있도록, 나아가 전후좌우의 역사적 흐름과 사상을 이해할 수 있도록 노력하였다. 동시에 각 인물들의 삶의 궤적을 기록하고 그 행위를 평가함에 있어서 최대한 객관적이고 사실에 근거하여 기술하고 묘사하는 데 중점을 두었다.

역사의 진전을 희망하며

특히 현대 인물에 대한 기록에서 무명의 농촌 할머니까지 특별히 선정하여 그들의 삶과 생각을 기술한 것은 역사는 대중이 만들어간다는, 혹은 만들어가야만 한다는 '희망이 담긴 원칙'을 반영하는 의미가 있다. 이는 사마천이 열전 기술의 관점에 있어 인물의 지위의 고하나 성패가 아니라 그가 지향했던 바와 그의 특별한 의지와 원칙 또는 능력을 중시했던 점을 본받고자 한 것이다.

사실 어떠한 한 인물을 기술한다는 것은 그 인물이 처해 있는 시대 전체와 해당 시기의 전후 상황까지 모두 포괄해야 하는 작업이기 때문에 결코 간단명료하지 않고 오히려 대단히 어려운 과정이다. 더구나 이 세상의 어떠한 사건도 모두 복합 착종된 결과물로서 그것을 해석하는 데에는 적지 않은 난관이 존재하기 마련이다.

필자는 그간 『사기』나 『십팔사략』 등 중국 역사와 관련된 책을 저술하고 아울러 중국 정치사와 법제사, 그리고 부ᄒ의 역사 등의 분야에도 관심을 가져 해당 분야의 관련서 몇 권을 부족하나마 세상에 내놓은 바 있었지만, 이번 『중국사 인물 열전』 작업은 시종일관 난산의 연속이었다.

아무쪼록 독자 제위의 질정을 바란다.

소 준 섭

1부

요순임금부터 공자
그리고 진시황까지,
'중국'의 형성

1. 후세 군주의 전범典範 ✿ 요순과 우임금

요임금에 대하여 『사기·오제본기』는 "그는 하늘처럼 인자하고 신처럼 지혜로웠으며, 사람들은 마치 태양에 의지하는 것처럼 그에게 가까이 다가갔고, 만물을 촉촉하게 적셔주는 비구름을 보듯이 그를 우러러보았다. 그는 부유하였으나 교만하지 않았고, 존귀했으나 거드름 피거나 오만하지 않았다."고 기록하고 있다.

어느 날 요임금이 한 마을을 지나갔다. 그곳에서는 노인들이 음식을 먹으면서 배를 두드리며 노래를 부르고 있었다.

해가 뜨면 나가서 일하고 日出而作

해가 지면 들어와 쉬노라 日入而息.

우물을 파서 물을 마시고 鑿井而飮

밭을 갈아 배불리 먹노라 耕田而食.

그러니 임금의 힘이 나에게

무슨 상관이 있는가! 帝力何有於我哉

이 노래가 바로 '함포고복含哺鼓腹'의 '격양가擊壤歌'이다. 백성들이 왕이나 정치를 잊을 정도로 편안하게 일을 하고 안온하게 잘 살고 있는 모습을 형상화하고 있다. 이것

요임금

이 이른바 '무위자연'의 덕德의 정치로서 후세 정치의 모범으로 존숭되었다.

　요임금은 아들 단주丹朱가 불초해서 천하를 이어받기에는 부족하다는 것을 알았기 때문에 권력을 순舜에게 넘겨주기로 했다. 왜냐하면 순에게 제위를 넘겨주면 천하의 모든 사람들이 이익을 얻고 단주만 손해를 보지만, 단주에게 제위를 넘겨주면 천하의 모든 사람들이 손해를 보고 단주만 이익을 얻는다는 사실을 알고 있었기 때문이었다. 요임금은 "결코 세상 모든 사람들이 손해를 보면서 한 사람만 이익을 얻게 할 수는 없다"고 하며 천하를 순에게 넘겨주었다. 이것이 바로 '천하위공天下爲公'의 사상이다.

순임금

　순舜임금의 '순舜'은 '민첩하다' 혹은 '민첩한 사람'을 의미하며, '총명하다'는 뜻도 지니고 있다. 공자는 『중용』에서 순임금에 대하여 "순임금은 위대한 효자였다. 성인의 덕으로 생전에는 존귀한 천자가 되었고 천하의 부를 차지했으며 죽어서는 종묘에 제사 받고 자손이 길이 받들었다."라고 기술하였다.

　요임금의 뒤를 이은 순임금은 적재적소에 유능한 인물을 기용하여 나라를 다스렸다. 우禹를 등용하여 가장 어려운 문제 중의 하나인 치수治水에 성공을 거둔 것은 그 대표적인 일이었다. 특히 순임금은 오교五敎: 부의父義, 모자母慈, 형우兄友, 제공弟恭, 자효子孝와 오상五常: 인의예지신仁義禮智信을 널리 보급하여 백성들로 하여금 그것들을 실천하게 하였으며, 예악禮樂을 제정하여 예치禮治의 정통을 확립하였다.

한편 우禹임금에 대하여 『사기』는 "우는 총명하고 의욕이 왕성하며 매우 부지런하였다. 그 덕은 어김이 없었고, 인자하여 친애할 수 있었으며, 말은 신용이 있었다. 말소리는 음률처럼 화기애애하였고, 행동은 법도에 맞았으며, 사리판단을 잘하여 일을 처리하고, 부지런하고 엄숙하여 백관의 모범이 되었다."고 평하고 있다.

그가 치수 사업에 온몸을 바친 것에 대해서도 『사기』는 자세하게 기술하고 있다.

"육로는 수레를 타고 다녔고, 수로는 배를 타고 다녔으며, 수렁 길은 썰매를 타고 다녔고, 산은 바닥에 쇠를 박은 신발을 신고 다녔다. 왼손

대우치수大禹治水의 한 장면 (후베이성 우한시 장탄공원에 위치)

에는 수준기와 먹줄을, 오른손에는 그림쇠와 곱자를 들고, 또한 사계절을 측량하는 기구를 가지고서 구주九州를 개척하고, 구도九道를 소통시키며, 구택九澤을 축조하고, 구산九山에 길을 뚫었다."

우는 허름한 옷을 걸치고 조잡한 음식으로 허기를 채웠으며 지친 몸을 이끌고 굽은 허리로 절룩이며 전국을 걸어 다녔다. 그래서 사람들은 우의 걸음걸이를 '우보禹步'라고 불렀다. 순임금이 세상을 떠나자 우는 산속으로 숨었으나 사람들이 그를 추천하여 왕위에 올랐다.

2. 덕이 짐승까지 미치다 ❀ 은나라 탕왕

은나라 왕 상탕商湯의 조상은 제곡帝嚳의 아들인 설契이다. 설의 어머니는 유융씨의 딸인 간적이었다. 어느 날 한 마리 검은 새가 날아와서 알을 떨어뜨리고 갔는데, 그녀는 그 알을 주워 먹고 설을 잉태하였다. 이렇게 태어난 설은 우의 치수 사업에 공을 세웠고 순임금에 의해 교육장관으로 임명되었다. 또 순임금은 설을 상商 지방에 봉하고 상이라는 성씨도 내렸다.

상 탕왕

상탕은 설의 14대 자손이었다. 자애롭고 인자한 정치를 펼친 상탕으로 인해 은나라는 날이 갈수록 융성해졌다. 당시 중앙의 하夏나라는 폭군 걸왕桀王의 시대였다. 상탕은 여전히 신하 나라로서 하나라를 섬겼다. 그는 현명하기로 이름이 높던 이윤伊尹이라는 사람을 초청하여 하나라 걸왕에게 추천해 보냈다. 이윤이 신하로 일한다면 나라가 조금이라도 바로잡힐 것이라는 생각에서였다. 하지만 주색에 빠져 있던 걸왕은 이윤을 쳐다보지도 않았다. 할 수 없이 이윤은 돌아와 상탕을 섬기게 되었다.

원래 이윤은 산동 지방에 살면서 농사를 짓고 있었다. 그런데 상탕이 그의 뛰어남을 알고 사람을 보내 나라의 일을 도와 달라고 청하였다. 그 당시 이윤은 걸왕의 정치에 염증을 느끼고 있었으므로 정치에 나설 생각이 없다며 숨어 살 뜻을 비쳤다. 그 뒤 상탕은 더욱 극진한 예를 갖춰 사람을 보내 청했지만 이윤은 거듭 사양하였다. 이렇게 오가기를 다섯 번, 이윤도 상탕이 성실하고 겸손한 인물임을 확인하고 부름에 응했다.

이때 걸왕에게 직언을 한 충신 관용봉이 걸왕의 노여움을 사 처형되었는데, 상탕은 신하를 보내 그의 죽음을 슬퍼하였다. 이 소식을 들은 걸왕은 크게 노했다. 그는 상탕을 초대하는 척하며 그를 불렀고 탕이 도착하자마자 그를 하대夏臺의 감옥에 가둬 버렸다. 이렇게 상탕의 목숨이 위태로워졌을 때 이윤은 걸왕이 좋아하는 미녀와 많은 보물을 바쳐 간신히 상탕을 구했다.

하나라 걸왕을 토벌하다

어느 날 탕왕이 시찰을 나갔을 때였다. 어떤 사람이 그물을 사방에 쳐놓고 새가 걸려들기를 기다리고 있었다. 그리고는 이렇게 중얼거렸다.

"하늘에서 내려오는 것이든, 땅에서 솟아나는 것이든 사방에서 날아오는 모든 새는 다 내 그물에 걸려라."

탕왕이 이를 보고는 한쪽 그물만 남기고 나머지 세 방향의 그물은 거둬 버리면서(이로부터 망개일면網開一面이라는 고사성어가 비롯되었다) 이렇게 말하였다.

"왼쪽으로 가려는 새는 왼쪽으로 가라. 그리고 오른쪽으로 가려거든 그쪽으로 가라. 다만 하늘의 뜻을 따르지 않는 새만 그물에 걸려라."

이 소문이 나라에 널리 퍼지자 백성들은 "탕왕의 덕이 저렇듯 짐승에게까지 미치니, 하물며 사람에게는 어떻겠느냐." 하며 상탕의 인자한 덕을 너나 할 것 없이 칭송하였다.

그 후 상탕이 하나라 걸왕을 토벌하자 천하의 제후들은 모두 그를 천자로 추대했다. 상탕이 천자가 되어 백성을 위한 정치를 펼치자 천하는 다시 태평성대를 맞았다. 그런데 이 무렵 가뭄이 7년 동안이나 계속되었다. 탕왕이 태사太史(천문을 맡는 관리)에게 그 까닭을 점치게 하니 태사가 이렇게 말하였다.

"아무래도 사람을 바쳐 제사를 지내지 않으면 비가 오지 않을 것입니다."

탕왕은 고개를 가로저었다.

"내가 비가 오기를 비는 것은 모두 백성을 위함이다. 한 사람의 백성이라도 희생시킬 수는 없다. 만약 사람을 희생물로 바쳐야 한다면 내가 그 희생자가 될 것이다."

그러면서 탕왕은 목욕을 하고 난 후 손톱을 깎고 머리털을 잘랐다. 그리고 흰 말이 이끄는 장식 없는 흰 수레를 타고서 흰 머리띠를 두르고 스스로 희생양이 되었다. 그런 다음 들판에 나가 단을 쌓고 엄숙하게 꿇어 앉아 자기 자신을 꾸짖는 여섯 조항의 말을 하늘에 아뢰었다.

"지금 이렇듯 백성들이 고통 받고 있는 것은 능력 없고 덕이 부족한 제가 정치를 하며 절제를 하지 못하고 문란해졌기 때문입니까? 또한 제가 백성을 다 살피지 못하여 백성들이 직업을 잃고 곤궁해졌기 때문입니까? 아니면 저의 궁전이 너무 화려하기 때문입니까? 또는 궁궐에서 여자 때문에 정치가 어지럽혀졌기 때문입니까? 뇌물이 성하여 도덕이 무너졌기 때문입니까? 그것도 아니면 아부하는 말로 인하여 어진 사람이 배척당하기 때문입니까?"

탕왕의 이 말이 끝나기가 무섭게 하늘에서 갑자기 역수 같은 소나기가 쏟아지기 시작하였다. 그리고 이 비는 가뭄으로 허덕였던 세상을 흠뻑 적셨다.

3. 후세의 모범 ◈ 주나라를 세운 주 문왕

주 왕조의 시조

주나라 무왕武王은 성이 희姬씨요, 이름은 발發로서 후직의 16대 손이다. 후직의 어머니는 제곡의 부인인 강원이다.

어느 날 강원이 들판에 나갔다가 거인의 발자국을 보고 이상하게 마음이 끌려 그 발자국을 밟았다. 그 후 기棄를 낳게 되었는데, 불길한 아이라 하여 길거리에 내다버렸다. 이렇게 아

주 문왕

이를 버렸기 때문에 버릴 기棄자를 이름으로 쓴 것이다.

그런데 신기하게도 지나가는 소와 말이 아이를 밟지 않고 피해 갔다. 그래서 산 속으로 데려가 버리려 하였는데, 마침 사람이 많아서 버리지 못했다. 걸음을 옮겨 이번에는 얼어붙은 강 위에 놓아두었다. 그러자 새들이 날아와 날개로 덮어 따뜻하게 해주는 것이 아닌가. 이에 강원은 하늘이 보살펴 주는 아들이라 생각하고 아기를 안고 돌아왔다.

기는 어려서부터 생각하는 것이 어른스러웠다. 또 풀이나 나무 심기를 매우 좋아하였다. 어른이 되자 곧잘 땅을 살펴보고서 무엇이 그 땅

에 적합한지를 연구하곤 하였다. 그러면서 백성들에게 농사짓는 법을 가르쳤다. 그리하며 그는 요임금과 순임금으로부터 봉토를 받고 희씨 성을 받았다.

그 후 8대 후손인 고공단보에 이르렀을 때 북쪽의 흉노족이 대규모로 쳐들어왔다. 그래서 그는 남쪽 기산 지방으로 피난을 가게 되었다. 그때 백성들이 "고공단보는 참으로 어진 인물이다. 그분을 놓쳐서는 안 된다."라면서 늙은이를 부축하고 어린이를 업고서 모두 고공단보 일행을 뒤따랐다.

고공단보의 장남은 태백이고 둘째는 우중이며, 막내는 계력이다. 계력에겐 창이라는 아들이 있었는데 창이 태어날 때 붉은 새가 붉은 책을 물고 와 산모의 방 위에 앉는 상서로운 징조가 있었다.

이에 태백과 우중은 아버지 고공단보가 막내인 계력에게 왕위를 넘길 생각을 갖고 있음을 알고 남쪽 오나라 지방으로 가서 그곳 풍습에 따라 머리를 깎고 몸에 문신을 하며 계력에게 왕위를 양보하였다. 계력이 세상을 떠나자 그의 아들이 뒤를 이었는데, 그가 바로 후에 주나라 문왕文王이 된 서백창西伯昌이다. 그의 높은 덕을 잘 알고 있던 제후들은 앞을 다투어 그에게 복속해 왔다.

요염한 그 자태 어디 가고 비구름만 맴도는가

은나라의 마지막 왕인 주왕紂王은 원래 매우 뛰어난 인물이었다. 머리가 좋고 말재주도 뛰어났으며, 맹수를 맨손으로 때려잡을 정도로 힘이 장사였다. 그래서 초기에는 대규모로 영토를 확장하는 등 국세를 크게 떨쳤다. 하지만 그는 갈수록 자신의 재능을 믿고 교만해졌다. 특히 절세의 미녀 달기妲己를 얻고부터는 전형적인 폭군이 되어 갔다. 사치와 향락만을 일삼고 정사를 내팽개쳤으며, 신하들의 말에도 귀를 기울이지 않았다. 게다가 자신을 비난하는 사람은 무조건 처형하였다.

달기는 유소씨有蘇氏의 딸이며 주왕이 유소씨를 토벌했을 때 그로부터 전리품으로 받은 미녀였다. 주왕은 요염한 달기의 자태에 넋을 잃어 그녀의 환심을 살 수 있는 일이라면 무엇이든지 다했다.

어느 날 달기는 "궁중 음악은 별로 마음에 들지 않사오니 마음을 풀어줄 수 있는 음악을 만드는 것이 어떤지요?"라고 청하였다. 주왕은 즉시 음악을 담당하는 관리에게 명령하여 관능적이고도 자유분방한 '미미의 악靡靡之樂'이라는 음악을 만들게 하였다.

얼마 뒤 달기가 또 말했다.

"폐하, 환락의 극치가 어떠한 것인지 한번 끝까지 가보고 싶사옵니다. 지금 이 순간을 마음껏 즐기고 후회 없는 삶을 누려야 하지 않을까요?"

그리하여 마침내 주지육림酒池肉林의 공사가 시작되었으며 공사가 완성되자마자 매일같이 연회가 벌어졌다. 그들은 낮에 잠을 자고 저녁부터 다음날 해가 뜰 때까지 마시고 놀며 즐겼다. 이러한 환락의 날은 끊임없이 계속되어 자그마치 120일이나 이어지니, 이를 '장야長夜의 음飮'이라 불렀다.

달기는 재물을 모으기 위해 백성들에게 세금을 무겁게 부과하여 녹대鹿臺라는 어마어마한 규모의 금고를 만들었는데, 그 크기는 넓이가 1리里나 되었고 높이는 천 척尺이나 되었다. 또한 별궁을 확장하여 온갖 동물들을 모아 길렀다.

한편 이 무렵에 포락지형炮烙之刑이라는 형벌이 행해졌다. 포락지형이란 구리 기둥에 기름을 바르고 그 아래에 이글거리는 숯불을 피워놓은 후 죄인들로 하여금 구리 기둥 위를 맨발로 걸어가게 하는 형벌이었다.

충신의 운명

당시에 백성들로부터 존경받는 3공三公이 있었는데, 바로 구후九侯와 악후鄂侯, 그리고 서백창이라는 충신들이었다.

폭군 주왕은 구후의 딸을 아내로 맞았으나 그녀가 음란한 짓을 싫어하자 그녀의 얼굴이 못생겼다는 이유로 죽였으며 구후도 죽여 소금에 절였다. 또 이를 악후가 격렬하게 비난하자 악후도 죽여 육포를 만들었다. 그러고는 그 육포를 서백창에게 보내 "너도 눈 밖에 나면 이 모양이 될 것이다."라고 겁을 주었다. 서백창은 그것을 보고 기가 막혔다. 그래서 하늘을 우러러보며 탄식해마지 않았다.

한편 육포를 가져왔던 사자가 주왕에게 돌아와 서백창이 탄식했다는 소식을 전하자, 주왕은 크게 노했다. 그는 곧장 서백창을 붙잡아 유리라는 벽지로 유폐시켜 버렸다. 상용商容이라는 인물도 사람됨이 어질어서 백성이 그를 따랐으나 주왕은 그를 등용하지 않았다.

그 후에도 주왕의 폭정은 그치지 않았다. 그는 자기 말을 안 듣는다고 만삭의 임산부까지 찔러 죽이는 만행까지 일삼았다.

한편 은나라에 비간比干이라는 충직한 왕자가 있었다. 그는 주왕의 계속되는 폭정을 두고만 볼 수 없다고 생각해 주왕을 찾아갔다.

"폐하, 지금이라도 마음을 돌리시고 나라를 지키소서. 지금 백성들은 도탄에 빠져 있고 민심은 크게 흔들리고 있습니다. 통촉하여 주옵소서."

그러나 주왕은 들은 척하지도 않았다. 비간이 몇 번에 걸쳐 호소했지만, 주왕은 듣지도 않고 자리를 떠버렸다. 그렇지만 비간은 이미 죽음을 각오하고 있었다. 그는 그대로 자리에 꿇어앉아 일주일 동안이나 계속하여 호소하였다. 그러자 주왕은 크게 화를 냈다.

"네가 나를 이렇게 괴롭힐 수 있느냐. 그럼 좋다. 네가 그렇게 성인이란 말이더냐? 내가 알기로 성인의 심장에는 일곱 개의 구멍이 있다는데, 오늘 확인해 보겠다."

그러면서 비간을 죽이고 그의 심장을 도려냈다.

한편 비간 왕자가 주왕에게 간하다가 궁궐 밖으로 쫓겨나 계속 호소한다는 소식이 널리 퍼졌을 때, 현명한 선비로 이름 높았던 기자箕子가 비간을 구하기 위해 궁궐로 찾아갔다. 그러나 기자가 도착했을 때는 이미 비간 왕자가 비참한 죽임을 당한 뒤였다.

기자는 하늘을 우러러 탄식했다.

"아! 이 나라는 정녕 끝났는가!"

그는 머리를 풀어 헤치고 미친 사람으로 변장한 채 거리를 유랑하였다.

한편 유폐되어 있던 서백창은 그 와중에도 학문에 정진하여 고금의 명저 『주역』을 완성하기에 이르렀다. 서백의 신하인 굉요閎夭 등이 미녀와 진기한 보물, 준마 등을 구하여 주왕에게 바치자 주왕은 곧 서백을 사면해 주었다. 서백은 석방되자 낙수洛水 서쪽의 땅을 바치며 포락지형炮烙之刑을 없애주기를 청원했다.

서백이 귀국하여 드러나지 않게 덕을 베풀고 선정을 행하니 많은 제후들이 주왕을 등지고 서백을 추종하기 시작했다. 그는 굉요, 산의생을 비롯하여 백이, 숙제 등 현명한 인재를 등용하여 나라를 다스렸고, 근검절약하여 백성들과 똑같은 옷을 입고 손수 논밭에 나가 일을 했다.

서백창이 남몰래 선을 행하자 제후들은 모두 그를 찾아와 시비를 가려줄 것을 청하였다. 한번은 우虞나라 사람과 예芮나라 사람이 송사를 벌이다가 서백창에게 중재를 요청하기 위하여 그를 찾아가는 도중 주나라[1] 사람들이 서로의 논밭의 경계를 양보하면서 장자를 존중하는 모습을 보게 되었다. 그런 모습을 본 그들은 자신들의 모습이 부끄러워 서로 양보하였다. 이 소식을 들은 제후들은 모두 "서백은 하늘의 명을 받은 군주일 것이다!"라고 말하였다. 서백의 세력이 점점 강해짐에 따라서 주왕의 위세는 점차 줄어들었다.

주 문왕은 왕위에 오른 지 50년 만에 세상을 떠나니 향년 97세였다. 그는 필畢 땅에 묻혔다. 그의 뒤를 이어 아들 발發이 무왕으로 즉위하였다.

문왕은 임종하면서 무왕에게 『보훈保訓』을 유언으로 남겼는데, 그 주요한 사상은 '중中', 곧 중도였다. 이 '중'의 사상은 이후 중국 유학의 핵심 사상으로 계승되었다.

공자는 문왕을 존숭하여 "삼대지영三代之英", 즉 삼대 시대의 영명한 군왕君王이라 하여 요순임금과 같은 차원의 인물로 높이 평가하였다.

---

1. 서백창의 선조들이 기산岐山 남쪽의 주원周原을 주요 근거지로 하였기 때문에 주족周族으로 불렸고, 이들이 세운 나라는 주周라 하였다.

4. 기묘한 계책과 용병술 ◈ 강태공

강태공

태공망太公望 여상呂尙은 동해[2]의 한 마을에서 태어났다. 그의 선조는 일찍이 사악四嶽의 관리[3]가 되어 우禹임금의 치수 사업을 도와 크게 공을 세웠다. 그들은 우虞와 하夏 시대에 여呂 또는 신申 땅에 봉해졌으며 성姓은 강씨姜氏였다. 하나라와 은나라 시대에는 그 방계의 자손이 신과 여 땅에 봉해지기도 하였고, 또 평민이 되기도 하였는데 상尙이 그 후예다. 본래의 성은 강씨였지만 그 봉지封地를 성으로 삼아 여상呂尙이라고 불렀다.

여상은 학문을 좋아해서 집안일을 돌보지 않고 학문에만 열중했다. 그래서 원래 가난한 집이었지만, 나중에는 더욱 가난해져 끼니조차 이을 수 없을 지경이 되었다. 그러자 그의 아내조차도 견디지 못하고 몰래 도망쳐 버렸다. 그래도 그는 학문에만 매달렸다.

이 무렵 주 문왕이었던 서백창은 나라를 더욱 발전시키려면 인재가 무엇보다도 중요하다는 것을 알고 천하의 인재를 찾아 나섰다.

---

2. 현재 장쑤성과 산둥성 일대의 연안을 가리킨다.

3. 요순 시대에 사시四時를 관장하고 사방을 순시하는 직책을 담당했다는 전설적인 관직명.

어느 날 강태공이 시장에 나갔다가 서백창이 널리 인재를 구한다는 소식을 들었다. 그날부터 강태공은 강가에 나가 낚싯대를 드리웠다. 이때 강태공의 나이는 이미 70세가 넘어 있었다. 하지만 강태공은 하루 종일 한 마리의 고기도 낚지 못했다. 그렇게 며칠이 지나자 강태공은 모자도 팽개치고 옷까지 벗어 버리며 화를 터트렸다. 지나가다 이 모습을 본 어부가 다가오더니 "서둘지 말고 천천히 해 보시오."라고 말했다. 어부가 시키는 대로 하니 과연 잉어가 걸려들었다. 그리고 그 잉어의 배를 갈라보니 < 장차 큰 귀인이 될 것이니라 >라는 글귀가 나왔다.

서백창은 평소 사냥을 즐겼었다. 하루는 사냥에 나가기 전에 점을 쳐 보니, < 얻은 것은 용도 아니고 호랑이도 아니며, 큰 곰도 아니다. 사냥에서 얻는 것은 천하를 얻는 데 필요한 신하로다 >라는 점괘를 얻었다. 점괘가 말한 것처럼 그날 그는 한 마리의 짐승도 잡지 못했다. 저녁 무렵에 그냥 돌아오려는데, 멀리 강가에서 낚시를 하는 사람이 보였다. 멀리 보기에도 풍채가 범상치 않았다. 서백창이 바로 달려가 그 사람과 몇 마디 얘기해 보니 과연 뛰어난 인물이었다.

"아버님께서는 머지않아 성인이 주나라에 나타나 우리 주나라가 그로 인해 크게 흥할 것이라 말씀하셨는데, 당신이 그 성인임에 틀림없습니다."

그러면서 그를 궁궐로 모셔서 스승으로 삼았는데 그 사람이 바로 강태공이었다. 서백창은 그에게 태공망太公望이라는 호를 지어 주었는데, 그 뜻은 서백창의 아버지인 태공太公이 바라던 인물이라는 뜻이었다.

서백창은 유리에서 벗어나자 여상과 은밀히 계획을 세우고 덕행을 닦아 상商나라의 정권을 무너뜨렸는데, 이 일들은 주로 용병술과 기묘한 계책을 통해 이루어졌다. 그리하여 후세에 용병술과 주나라의 권모權謀를 말하는 이들은 모두 태공太公을 그 주모자로 존숭하였다. 강태공은 특히 병법에 뛰어나 『육도六韜』의 저자로 알려져 있다. 일부 사람들은 『육도』가 강태공의 저술이 아닌 하나라 이후의 책이라고 의심했지만, 1972년 산둥성 은작산에서 발굴된 한 무제 초기의 무덤에서 『육도(六韜)』의 일부 죽간이 발견되면서 『육도』가 한나라 이전 시기에 크게 유행했던 강태공의 작품이었다는 것이 역설적으로 증명되었다.

주 무왕이 은나라를 멸한 뒤 공헌이 큰 친족과 공신에게 봉토를 주었는데, 강태공은 제나라에 봉해졌다. 처음 강태공이 제나라에 봉해졌을 때 그곳은 소금기가 많은 개펄이었고 사람이 매우 적었다. 그리하여 강태공은 여자들에게 방직, 자수 등의 일을 권장하고 동시에 어업과 염업을 개발했다. 사방의 사람들과 물자들이 모두 이곳으로 모이게 되어 마치 수레바퀴의 바퀴살이 차축에 모여들듯 왕래가 끊이지 않았다. 그 결과 천하의 모든 사람들이 제나라에서 생산된 의복과 신발과 모자를 사용하게 되었고, 동해에서 태산에 이르는 작은 나라 제후들이 모두 의관을 정제하고 공경한 태도로 제나라에 와서 알현하게 되었다. 강태공은 친소관계를 가리지 않고 능력 있고 현명한 인재를 기용하였고, 법으로 다스리면서 인의仁義로 민심을 안정시켰다.

강태공은 주나라 강왕 6년 주나라 수도 호경에서 세상을 떠났다. 향년 139세였다.

5. 왕도 정치의 길 ✧ 제 환공

춘추전국시대

주나라 유왕幽王[4]이 견융犬戎족에
게 살해당한 후 주나라는 도읍
을 낙양으로 옮겼으나 그때는
이미 천하의 지배력을 잃고 일
개 소국으로 전락한 후였다. 이
때부터 각 지역의 제후들이 세
력을 다투는 이른바 영웅쟁패
의 시대가 전개된다. 바로 이
시대가 춘추春秋 시대이다.

제 환공

'춘추 시대'란 공자가 노나
라 역사를 편찬한 책 이름인 『춘추』에서 비롯되었다. 춘추 시대는 주
나라가 낙양으로 도읍을 옮긴 때부터 주나라가 멸망할 때까지를 지칭
하며 초기에 140여 나라가 곳곳에 난립했으나 마침내 10여 개 국으로
압축된다.

한편 전국戰國 시대는 강력했던 진晉나라가 한, 위, 조의 세 나라로 나
뉘면서 시작되어 진秦나라가 천하통일을 이룰 때까지 계속되었다. 전국

---

4. 주나라의 폭군. 총희 포사褒姒에 마음을 빼앗기고 끝내 견융족에게 살해당했다.

시대라는 명칭은 한나라 말기 유향劉向이 편찬한 『전국책戰國策』에서 유래한 것이다.

춘추 시대에는 힘이 쇠약해진 주나라 왕실을 존중한다는 명분과 관념이 강했다. 이를테면 관중은 주 왕실을 보호하고 오랑캐를 물리쳐야 한다는 존왕양이尊王攘夷를 슬로건으로 삼았는데, 이는 춘추 시대의 으뜸가는 정신이 되었다. 하지만 전국시대에 들어서면서 그러한 명분과 관념이 없어지고 오직 적나라한 힘과 힘의 대결인 약육강식의 시대가 펼쳐졌다.

춘추 시대에는 강대국으로 성장하여 천하를 압도적으로 군림하던 제후가 다섯 명 있었는데, 이들을 춘추 5패春秋五覇(『사기』에서는 제 환공을 비롯하여 진 문공, 초 장왕, 송 양공, 진 목공을 지칭하며, 다른 견해에 따르면 제 환공, 진 문공, 초 장왕, 오왕 부차, 월왕 구천의 다섯 명을 지칭하기도 한다)라 부른다. 그 최초의 패자覇者는 관중의 경제개혁을 발판으로 하여 강대국으로 발돋움한 제나라 환공桓公이었다.

전국시대는 '전국칠웅戰國七雄'이라 하여 연, 조, 제, 한, 위, 진, 초의 일곱 나라가 치열하게 쟁투했다. 처음에 단지 중원 밖 서쪽 변두리의 미개한 나라에 불과했던 진나라는 상앙의 개혁을 통해 군사 강국으로의 확고한 위상을 정립함으로써 천하 통일의 기틀을 다졌다.

최초의 패자覇者

중국 역사에서 왕도王道 정치는 대단히 존숭되어 왔다.

맹자는 왕도와 패도를 엄격히 구별하여 "힘으로써 인仁을 가식하는 자는 패覇이다. 이에 반해 덕德으로써 인을 행하는 자는 왕王이다. 덕으로써 사람들을 복종시키는 자는 마음속에서 참되게 복종시키는 것이다"라고 말하였다.

인의仁義의 덕이 안으로 충실하여 선정善政으로 나타나는 것은 왕도지만, 겉으로 인정仁政을 내세우면서 실제로는 권력정치를 행하는 것은 패도覇道일 뿐이다.

전국시대 최초로 패자의 자리에 올라섰던 제나라 환공桓公의 옆에는 관중管仲이라는 천하 제1의 참모가 있었다.

관중은 춘추시대 제나라의 영수 기슭에 살던 사람이었다.

관중에게는 포숙이라는 친구가 있었는데, 포숙은 언제나 그를 끔찍하게 위해주었다. 관중은 매우 가난해서 포숙을 몇 번이나 속인 적이 있었지만, 그럴 때마다 포숙은 그를 관용으로 대해 주었다.

당시 제나라의 왕이었던 양공은 무도한 군주였다. 그는 노나라의 환공을 술에 취하게 만든 후 살해하고 환공의 부인과 정을 통했으며, 걸핏하면 신하들을 마구 살상하였다. 이렇게 되자 양공의 동생들은 그 화가 자신들에게까지 미칠까봐 크게 두려워하였다. 그들은 할 수 없이 이웃나라로 망명해야 했다.

그때 포숙은 공자 소백을 따라 망명하고, 관중은 공자 규와 함께 망명하였다. 마침내 무도한 군주 양공은 암살되었고 그 소식을 들은 소백과 규는 서로 군주가 되기 위해 앞을 다퉈 귀국길에 올랐다. 이때 관중은 별동대를 거느리고 매복하고 있다가 소백을 화살로 정확히 맞춰 쓰러뜨렸다. 그런 뒤 공자 규와 함께 6일 만에 느긋한 마음으로 제나라에 도착했다.

그런데 죽은 줄로만 알았던 소백이 이미 군주로 즉위해 있었다. 알고 보니 관중의 화살이 맞춘 곳은 소백의 허리띠에 있던 쇠장식이었던 것이다. 소백은 화살을 맞자 죽은 척하고 쓰러져 있다가 급히 영구차를 타고 제나라로 돌아갔다. 이렇게 되자 관중과 공자 규 일행은 다시 노나라로 돌아갈 수밖에 없었다.

그러나 제나라의 왕으로 즉위한 소백은 곧바로 공자 규가 망명해 있던 노나라를 공격하여 대승을 거둔 후 노나라에 사신을 보내 명령하였다.

"공자 규는 피를 나눈 형제이므로 차마 내 손으로 죽일 수 없으니 노나라에서 그를 죽여주었으면 한다. 또한 관중은 나를 죽이려 했던 원수이므로 송환시켜 마음껏 욕보인 후 죽여 젓을 담글 것이다. 만약 이에 응하지 않으면 나는 기필코 노나라를 멸망시키겠노라."

궁지에 몰린 노나라는 할 수 없이 규를 죽이고 관중을 포박하여 제나라에 보냈다. 이때 포숙은 거듭 환공을 설득하였다.

"폐하께서 제나라만 다스릴 생각이시면 모르겠지만, 만약 천하를 다스릴 패자가 되고자 하신다면 반드시 관중이 있어야 합니다. 관중을 중용하는 나라가 천하를 다스릴 것입니다."

포숙의 간절하고도 충성스러운 간청에 환공도 비로소 마음을 바꾸게 되었다. 환공은 관중을 잡아와야만 마음이 풀릴 것이라고 했지만, 실제로는 그를 중용하려 했다. 관중은 이러한 사실을 알았기 때문에 돌아오겠다고 청했다. 포숙이 관중을 맞으러 나왔다.

제나라 도읍 근처에 오자 포숙은 관중의 손과 발을 채운 쇠사슬을 풀어주었다. 그리고 목욕을 하고 옷을 갈아입은 뒤 환공을 만나게 하였다. 환공은 그를 후하게 대접하고 대부大夫의 벼슬을 주어 정사를 맡겼다.

작은 이익에 만족하면 천하를 잃는다

환공은 이웃의 노나라와 다섯 번 싸워 다섯 번 모두 이겼다. 그렇게 하여 노나라의 땅은 거의 모두 빼앗게 되었다.

그런데 노나라에 조말曹沫이라는 용기 있는 장군이 있었다. 어느 날 환공이 노나라와 회담을 벌이고 있을 때 조말이 갑자기 단상에 뛰어올라 환공에게 비수를 들이대면서 그간 빼앗아간 노나라 땅을 모두 되돌려 달라고 협박했다. 환공은 황망 간에 닥친 위기를 모면하고자 그 요구를 허락하였다. 하지만 조말이 내려간 뒤 환공은 그 일을 없었던 것으로 하고 조말을 당장 죽이려 했다. 그러자 관중이 환공을 말리면서 이렇게 말했다.

"폐하께서는 협박을 당해 어쩔 수 없었다고 하시겠지만, 어디까지나 약속은 약속입니다. 그것을 없었던 것으로 하고 상대를 죽인다면 신의를 저버리는 처사입니다. 그렇게 되면 스스로 하신 약속을 스스로 깨뜨리시는 것이 되어 천하로부터 따돌림을 당하게 될 것입니다. 주는 것이 곧 받는 길입니다. 작은 이익에 만족하시면 제후들의 신망이 떨어지고 천하의 명성도 잃게 됩니다."

환공은 결국 노나라로부터 빼앗은 땅을 고스란히 돌려주었다.

그 뒤 북쪽의 산융족山戎族이 연나라를 침공하자 연나라는 제나라에 도움을 청하였다. 이에 환공은 군사를 이끌고 산융족을 토벌하고 이어서 고죽국을 격파하였다. 그런 후 환공은 귀국길에 오르게 되었는데 연나라 왕이 감격한 나머지 전송하러 나왔다가 어느새 제나라 땅까지 들어서게 되었다. 그러자 환공이 말했다.

"천자를 제외하고 제후끼리의 전송에서는 국경을 넘지 않습니다. 나는 연나라에 대하여 예를 갖추지 않을 수 없습니다."

그러고는 즉시 그 자리에서 국경의 도랑을 파게 하여 연왕이 전송하며 따라온 곳까지 연나라의 땅으로 떼어주었다. 또한 환공은 연나라 왕에게 어진 정치를 베풀라고 권하면서 주나라 왕실에게 공물을 바치도록 했다.

환공의 이러한 행동들은 제후들에게 높이 평가되었다. 그래서 제나라와 손을 잡으려는 나라가 줄을 잇게 되었다.

이렇게 하여 환공은 제후들에 의하여 천하의 패자霸者로 추대되었다.

6. 최고의 경세가 ❀ 관중

관중은 기원전 723년 제나라 장공
때 출생하였다. 그의 조상은 본래
희씨 성으로 주나라 왕실과 동종_同
_宗이다. 그의 부친은 대부 벼슬까지
했지만 가문이 점차 쇠하게 되어
관중 때에는 한미해졌다.

관중

　관중과 포숙은 친구였는데 포
숙은 관중을 현자로 생각했다. 관
중은 가난하여 포숙의 도움을 많
이 받았다. 하지만 포숙은 변함없
이 그를 잘 대해주었으며 전혀 원망의 말을 하지 않았다.

　관중은 이렇게 말했다. "예전에 내가 가난했을 때 포숙과 함께 장사
를 한 적이 있는데 이익을 나눌 때마다 내가 몫을 더 많이 가졌지만 포
숙은 나를 욕심 많다고 비난하지 않았다. 내가 가난한 것을 알고 있었
기 때문이었다.

　또 언젠가는 내가 포숙을 위해 일을 봐줬는데 오히려 그에게 손해를
끼치게 되었다. 그러나 그는 결코 내가 어리석다고 여기지 않았다. 왜
냐하면 그것이 시기의 유리함과 불리함에 의해 결정된다는 것을 알았
기 때문이었다. 나는 세 번 벼슬을 했다가 세 번 모두 군주에게 쫓겨나
는 신세가 되었지만 포숙은 나를 무능하다고 하지 않았다. 내가 시운을

만나지 못한 것을 알았기 때문이다.

그리고 내가 세 번을 싸워 세 번 모두 패하여 달아났지만 포숙은 나를 겁쟁이라고 말하지 않았다. 나에게 늙으신 어머니가 있기 때문이라는 것을 알았기 때문이다.

공자 규가 패했을 때 소홀이 그를 위해 죽고 나는 잡히어 굴욕을 당했지만 포숙은 나를 부끄러움도 모르는 자라고 생각하지 않았다. 내가 작은 일에 구애되지 않고 천하에 공명을 떨치지 못하는 것을 치욕으로 아는 사람임을 알기 때문이었다.

나를 낳아준 사람은 부모지만 나를 알아주는 이는 포숙이다!"[5]

포숙은 관중을 천거했지만 자신은 관중보다 낮은 벼슬을 하였다. 천하의 사람들은 관중의 현능함은 칭찬하지 않고 오히려 포숙의 사람 보는 눈을 칭찬했다.

관중은 항상 대의명분을 중요하게 생각했다.

환공 27년, 노나라 민공鲁湣公의 어머니 애강哀姜은 환공의 여동생이었는데, 노나라의 공자 경보慶父[6]와 간음하였다. 경보가 민공을 시해하자 애강은 경보를 즉위시키고자 했는데 노나라 사람들은 따로 희공釐公을 즉위시켰다. 제 환공은 애강을 소환하여 죽였다.

환공 29년, 환공은 부인인 채희蔡姬와 함께 뱃놀이를 하였는데 뱃놀이에 매우 익숙했던 채희가 환공을 놀리느라고 배를 심하게 흔들어대 환공이 겁에 질려 얼굴이 하얗게 되었다. 환공이 그만하라고 몇 번이나 말했지만 채희는 계속 장난을 쳤다.

---

5. 이로부터 생아자부모, 지아자포숙야生我者父母, 知我者鮑叔也라는 유명한 구절이 비롯되었다.

6. 노魯 환공桓公의 서자庶子이며 장공莊公의 동생으로서 장공이 죽은 뒤 연이어 두 임금을 죽이고 거莒나라에 도망쳤다가 나중에 노나라로 끌려가는 도중에 목매어 자살하였다.

이윽고 뱃놀이가 끝나 배에서 내리자 매우 화가 난 환공은 채희를 그녀의 친정나라인 채나라로 보냈다. 환공이 혼인관계를 끊지 않고 있자, 채나라에서는 환공의 처사에 크게 불만을 품고 채희를 다른 곳으로 시집보내 버렸다.

이 소식을 들은 환공은 분노가 치밀어 즉시 군사를 일으켜 채나라를 공격했다. 그리하여 환공 30년, 채나라가 멸망했다.

관중은 채나라에 대한 공격이 개인적 감정으로 일으킨 전쟁이었기 때문에 명분이 부족하다고 생각했다. 그리하여 그는 채나라 공격에 이어 곧바로 초나라를 토벌하였다.[7]

관중은 동시에 엄정함을 중시하는 법률을 특별히 강조하였다. 그는 "법이란 천하의 정식程式(규격, 격식)이며 만사의 의표儀表이다("관자』)"라고 갈파하였다.

인재를 모으는 방법

어느 날 환공이 관중에게 물었다.

"지금 국고가 비어 있는데 인두세人頭稅[8]를 거두면 어떻겠소?"

관중이 "그렇게 되면 백성들은 모두 가족 수를 속여 신고할 것입니다."라고 대답하자 환공은 "가축에게 과세하면 어떻소?"라고 다시 물었다. 그러자 관중은 "그렇게 되면 애지중지 길렀던 가축들을 모두 죽이게 될 것입니다."라고 대답하였다.

---

7. 당시 초나라야말로 스스로 야만족이라 일컬으며 왕을 자칭하면서 중원의 여러 나라를 업신여기고 또한 주나라 왕실에 대해서도 무례하게 굴고 있었다. 제나라는 패자의 나라로서 초나라의 오만과 그 위협을 결코 방치할 수 없었다.

8. 가족 수에 따라 매기는 세금.

"그렇다면 나무에 과세하면 어떻겠소?" 환공이 다시 물었다. 이에 관중은 "그렇게 되면 몇 십 년 동안 자랐던 나무들을 베어 버리게 됩니다."라고 대답하였다.

"이것도 저것도 안 된다고 하니 그럼 무슨 방법이 있소?"

"죽은 사람에게 세금을 내도록 하시지요."

이 말에 환공이 화를 냈다. "아니, 그게 도대체 말이나 될 법이오? 죽은 사람에게 세금이라니!"

그러자 관중은 "지금 우임금의 현명한 다섯 신하의 제사가 끊긴 지이미 오래되었고 자식이 없는 공로자들의 제사도 끊겨 있습니다. 그분들의 제사를 모시게 되면 생선이나 과일, 곡식 등이 많이 필요하게 되고 값이 훨씬 뛸 것입니다. 그때 그것들에 대해 세금을 붙이면 국고가 가득 차게 될 것입니다."라고 말하였다.

이후 제나라에서는 우임금의 다섯 신하와 자식 없는 공로자들의 제사가 풍성하게 차려졌으며 그에 따라 국고도 풍성하게 되었다.

관중은 환공에게 무엇보다 인재 등용이 중요하다고 강조했다. 그리하여 관중은 재주 있는 사람이면 언제든지 궁궐에 들어올 수 있도록 하고 밤마다 궁궐 뜰 앞에 모닥불을 피워 밝혀 놓았다. 그러나 1년이 지나도록 한 명도 찾아오지 않았다. 그렇게 인재가 없을까 하고 환공이 혀를 차고 있을 무렵, 어느 시골에서 온 사람이 드디어 면회를 신청하였다.

환공이 반갑게 맞으며 물었다.

"그래, 그대의 재주는 무엇이오?"

그러자 시골 사람이 대답했다.

"저의 재주는 구구단이옵니다."

"아니, 그것도 재주라 할 수 있겠소?"

이에 그 시골 사람이 정색하며 말하였다.

"지금 대왕께서 인재를 구하고 계시지만 1년이 되도록 찾아오는 사람이 없습니다. 그것은 대왕께서 워낙 현명하시기 때문에 누구도 따를 수 없다고 생각해 찾아오지 못했기 때문입니다. 사실 저의 구구단은 재주도 아니지만 이 정도의 재주도 대우받게 되면 재능 있는 많은 사람들이 스스로 찾아올 것입니다."

환공은 "그 말이 참으로 옳다!"라고 말하고 그를 후하게 대접하였다.

그 후 한 달이 채 못 되어 나라 안의 인재들이 궁궐로 모여들었다.

전화위복에 능하여 실패를 성공으로 만들다

관중이 바닷가에 위치한 작은 제나라의 재상이 된 이후 제나라의 상업은 발전하기 시작했다. 상업의 발전으로 재물이 모아져 국가의 부가 증대되었고 군사력도 따라서 강대해지게 되었다. 관중은 또한 백성들과 고락을 함께하였다. 특히 관중은 중국 최초로 소금과 철의 국가전매 정책을 펼쳐 상업을 크게 발전시켰다. 그리하여 제나라는 전국시대 초기의 강국으로 우뚝 서게 되었다. 실로 관중은 '국영기업'의 발명자였고, 가히 중국 고대시기 최고의 경세가라 할 수 있을 것이다.

그는 말했다. "창고가 가득 차야 예절을 알고 의식衣食이 족해야 영욕을 안다." 관중의 정치는 전화위복에 능하여 실패를 성공으로 변화시켰다. 그는 물가 통제를 중시하고 신중하게 재정을 처리해 나갔다. 그는 또 "주는 것이 곧 얻는 것임을 아는 것이 나라를 다스리는 법보法寶이다."라고 말했다.

환공 41년, 관중이 병으로 쓰러졌다. 환공이 급히 문병을 가서 국가 대사를 의논하였다.

"그대에게 무슨 일이 생기게 되면 장차 누구를 재상으로 삼는 것이 좋겠소?"

그러자 관중은 "그것을 폐하보다 더 잘 아시는 분은 없지요."라고 대답하였다. 환공이 "역아易牙가 어떻겠소?"라고 물으니, 관중은 "역아는 자기 아들을 죽이고 폐하께 아첨한 인물입니다. 그것은 인륜을 저버린 행동입니다. 그러한 사람을 재상으로 삼으시면 안 됩니다.[9]"라며 반대하였다. 환공이 다시 "그렇다면 개방開方은 어떻소?"라고 물었다. 그러자 관중은 "개방은 원래 위나라 공자이면서도 자기 왕에게 잘 보이기 위해 가족을 버렸습니다. 이는 인간으로서의 도리에 어긋나는 것입니다. 가까이 하시지 않는 것이 좋을 줄 아옵니다."라고 대답하였다.

"그렇다면 수조豎刁는 어떻게 생각하오?"라고 환공이 묻자 관중은 "수조는 스스로 거세去勢하여 폐하께 아부한 인물입니다. 이 또한 인간으로서의 도리가 못됩니다. 그를 신임해서는 안 됩니다.[10]"라고 대답하였다.

마침내 관중이 세상을 떠났다. 환공은 관중의 충고를 듣지 않고 그 세 사람을 중용하였으며, 그 세 사람은 자기 마음대로 권력을 휘둘렀다.

환공에게는 부인만 해도 왕희, 서희, 채희 등 세 명이 있었는데 모두 아들을 낳지 못했다. 이에 환공은 부인과 다름없는 여섯 명의 애첩을 따

---

9. 역아는 원래 환공의 요리사였는데 환공이 삶은 사람 고기를 먹어본 일이 없다고 하자 자기 아들을 삶아 환공에 바쳤다.

10. 수조豎刁는 호색가였던 환공의 환심을 사기 위해 스스로 거세하여 후궁의 환관이 되었다.

로 두었는데 그들은 다 아들을 낳았다. 장위희는 공자 무궤無詭를 낳았고 소위희는 혜공 원惠公 元을 낳았으며, 정희는 효공 소孝公 昭를 낳았고 갈영은 소공 반昭公 潘을 낳았다. 그리고 밀희는 의공 상인懿公 商人을 낳았고, 송화자는 공자 옹公子 雍을 낳았다.

원래 환공과 관중은 효공孝公 소를 송 양공에게 부탁하여 태자로 세웠다. 그런데 장위희의 총애를 받았던 역아는 환관 수조를 통하여 환공에게 많은 예물을 바쳤고 그로 인해 환공은 그들에게 무궤를 태자로 삼을 것을 응낙하였다. 관중이 죽은 뒤, 다섯 공자는 모두 태자가 되려고 하였다.

그해 겨울 10월에 환공이 세상을 떠났다. 역아는 궁중에 들어가서 수조와 함께 궁중의 총신들의 힘을 이용하여 여러 대부들을 죽이고 공자 무궤를 왕으로 옹립하였다. 태자 소昭는 송나라로 도망쳤다.

이렇게 하여 궁궐 안에는 사람이 한 명도 없는 상태가 되었고 환공의 시체는 침실에 그대로 방치되었다. 두 달이 지나서야 비로소 무궤가 궁에 들어와 즉위하였고, 환공의 입관이 겨우 이루어졌다. 시체에서는 구더기가 끓어 방에 기어다닐 정도였다.

그러나 무궤는 즉위한 지 불과 3개월 만에 송나라의 힘을 빌린 태자 소에게 죽임을 당했고 태자 소도 얼마 되지 않아 또 쫓겨나는 등 나라에 혼란이 그치지 않았다. 결국 제나라의 국력은 급속하게 약화되어 패자의 권위를 찾을 수 없을 정도가 되었다.

관중은 위정자의 덕목에 대하여 이렇게 말했다.

"아무리 견고한 요새라 할지라도 그것만으로는 적을 막을 수 없다.

아무리 강한 군비를 가지고 있다고 하더라도 그것만으로는 적을 파괴할 수 없다.

또한 아무리 넓은 영토와 풍부한 물자를 가지고 있더라도 그것만으로는 인심을 붙들어 놓을 수 없다. 오직 위정자의 확고한 지도 이념만이 비로소 화를 미리 방지할 수 있다. 그때그때 정황에 따라 적절한 대책을 세우는 것이 지도자의 요건이며, 공평무사한 것이 위정자로서의 덕목이다.

위정자는 언제나 시의에 맞는 정책으로 군신을 통솔하여 갖고 있는 능력을 충분히 발휘해야 한다."

전국시대 백화제방의 어지럽던 천하를 통일시킨 진나라도 처음에는 단지 서북방 변두리에 자리 잡은 미개국에 지나지 않았다. 그러한 까닭으로 중원 국가들로부터 오랑캐 국가로 경멸당해야 했다.

그렇듯 뒤떨어졌던 진나라를 일거에 강대국의 반열에 오르게 만든 인물은 다름 아닌 상앙商鞅이었다. 중국 역사에서 상앙 변법과 덩샤오핑의 개혁개방만이 성공을 거두었다는 주장이 있을 만큼 상앙의 개혁은 그 효과와 영향력이 컸다.

상앙 (산시성 상뤄시 상앙광장에 위치)

중국 역사상 저명한 개혁자들은 개혁의 정통성과 합법성을 대단히 중시하면서 모두 개혁을 변법變法이라고 칭하였다. 무릇 개혁이란 무엇보다도 합법성의 보장을 필요로 하는 법이다. 개혁을 순리적으로 진행하기 위해서는 먼저 황권을 통해 법률을 반포해야 하며 법률을 이용해 백성의 신뢰를 획득하면서 보수 세력과 투쟁해야 한다.

상앙은 "시대에 맞춰 법을 만들고 상황에 따라 예의를 제정한다當時而立法, 因事而制禮."고 주장하면서 기성 귀족세력이 극력 주장한 "옛것을 추종하고法古", "예의를 준수하는循禮" 논리를 철저히 반박했다. 그는 두 차례의 대규모 변법을 주도하였고, 현제縣制 건립의 추진, 군공軍功의 장려, 생산 발전 등 일련의 개혁조치를 추진함으로써 진나라 경제사회의 발전을 강력하게 진행하여 진시황의 천하통일로 가는 확고한 토대를 구축하였다.

비록 자신의 개혁으로 인하여 목숨을 잃었지만, 그는 냉혹하리만큼 엄격한 법가사상을 정책으로 강력하게 추진하여 질서체계를 창조해 기껏 미개한 주변국에 지나지 않던 진나라가 근본적인 사회개혁을 통하여 부국의 길로 도약하도록 만들었다.

진나라 효공이 상앙을 중용한 이후, 상앙은 정력적으로 법을 개혁하여 부국강병책을 추진하려고 했다. 그러나 신하들의 거센 반발을 두려워 한 효공은 상앙의 개혁책을 시행하는 데 주저주저하고 있었다. 이에 상앙이 효공을 설득하였다.

"행동을 주저하면 명성을 얻지 못하고 일을 추진하면서 머뭇거리면 결코 공을 이룰 수 없습니다. 식견이 높은 사람은 세상의 비난을 받기 마련이며 독창적인 생각을 하는 사람도 대부분 백성들의 조롱을 받습니다. 어리석은 자는 일을 분별하는 데 어둡지만 현명한 사람은 보이지 않는 것을 보기 때문입니다. 백성들과는 처음부터 같이 일을 도모할 수 없으며 오직 일이 이뤄진 연후에 비로소 함께 즐길 수 있습니다. 높은 덕을 논하는 사람은 세상과 타협하지 않고 큰 공을 이루는 사람도 남과 상의하는 법이 아닙니다.

그렇기 때문에 성인은 진실로 나라를 부강하게 하는 일이라면 옛 전통을 따르지 않고, 진실로 백성을 이롭게 하는 일이라면 옛날의 예법에 집착하지 않는 것입니다."

그러나 감룡이 반론을 폈다.

"그렇지 않습니다. 관습을 바꾸지 않고 백성을 이끄는 사람이야말로 성인이며 법을 바꾸지 않고 훌륭한 정치를 행하는 사람이야말로 지혜로운 사람입니다. 백성의 관습에 맞추어 가르치면 수고로움 없이 공을 이룰 수 있고 법에 따라 다스리면 관리들도 익숙하여 백성들도 안심하게 됩니다."

상앙이 반박했다.

"감룡의 말은 속된 의견일 뿐입니다. 범인들은 관습에만 의지하고 학자들은 배운 것에만 집착합니다. 이 두 부류의 사람들은 관직에 앉아 법을 지킬 수는 있어도 그 이상의 일은 해낼 수 없습니다.

예禮나 법은 절대 바꿀 수 없는 것이 아닙니다. 하, 은, 주 3대는 예를 달리 했으면서도 천하를 지배했으며 춘추 5패도 각기 그 법이 달랐으나 모두 패자가 되었습니다. 지혜로운 사람은 법을 만들고 어리석은 사람은 그것을 지킬 뿐이며, 현명한 사람은 예를 바꾸지만 못난 사람은 그것에 얽매이는 법입니다."

이번에는 두지가 반론을 제기하였다.

"백배의 이로움이 없으면 법을 바꾸지 아니하며, 열 배의 편리함이 없이는 도구를 바꾸지 않습니다. 옛 법을 따르면 과오가 없으며 예를 따르면 잘못이 없습니다."

그러자 상앙이 차분하게 설명을 했다.

"나라를 이롭게 할 수 있다면 굳이 옛 것을 따라야만 하는 것이 아닙니다. 탕왕과 무왕이 옛 것을 따르지 않고도 왕자가 된 반면, 하나라와 은나라는 예를 바꾸지 않았는데도 망했습니다. 옛 것에 따르지 않는다고 모두 잘못인 것이 아닙니다. 또 예를 잘 지킨다고 해서 무조건 잘하는 것도 아닙니다."

효공은 상앙의 주장에 찬성했다.

명령형 계획경제, 전민全民 군사동원형 체제

결국 상앙은 재상으로 중용되었고, 상앙이 추진한 '20급작級爵제도'는 진나라 군사체제를 획기적으로 강화시킴으로써 진나라를 급속하게 강대국으로 성장하게 만들었다. '20급작제級爵制'에 의하여 주나라 이후 유지되었던 봉건적 군자소인君子小人의 체제가 해체되고 오직 전쟁에서의 공적에 의하여 신분이 결정되는 체제가 시행됨에 따라 고도의 군사화가 진행되었다.

이렇게 군공軍功과 농업 수확물에 의하여 작위를 주는 군작제도 개혁은 이전의 귀족제도 하에서 전혀 신분 상승의 기회를 가질 수 없었던 일반 평민들에게 군사적 공헌과 농업 및 잠업 그리고 방직업의 수확물에 의한 신분 상승 기회를 제공하였다. 이에 따라 생산력이 증가하고 아울러 백성들의 에너지도 집결시킬 수 있었다. 또한 부세賦稅 제도를 정비하고 인두세를 징수함으로써 국가 재정을 충실화하였고, 도량형을 통일하고 현제縣制를 시행함으로써 중앙집권과 행정제도 정비를 도모하였다.

상앙의 개혁은 곡물과 직물의 공납이 많으면 부역을 면제하고 심지어 작위를 주는 등 우대했지만, 반면에 상업에 종사하면서 게으르고 가난한 자는 관비로 삼았다. 농업을 중시하고 상업을 철저하게 억압하는 이러한 극단적 정책은 유목민족이었던 진나라 백성들을 농경민족으로 전환시키는 데 효과적이었으며 이로부터 진나라의 국력은 급속하게 강대해졌다.

상앙 변법은 일종의 명령형 계획경제였고 동시에 전민全民 군사동원형 체제였다. 그리고 진나라는 이러한 상앙 변법의 시행을 통하여 천하

통일로 가는 결정적인 토대를 구축할 수 있었다.

개혁가의 최후

그러나 항룡유회亢龍有悔, 솟아오른 용은 후회하는 법이다.

상앙을 중용했던 효공이 죽고 태자가 즉위하였다. 그러자 상앙에게 형벌을 받고 복수의 날만을 기다리던 많은 사람들이 일제히 나서서 상앙이 반란을 꾀하고 있다고 고발하였다. 마침내 상앙에 대한 체포령이 내려졌다. 상앙은 급히 도망쳐 함곡관에 이르러 여관에 묵고자 했다. 하지만 여관 주인은 "상군商君의 법은 증명서가 없는 사람을 재워주는 것을 벌할 것이라고 하였습니다."라면서 방을 줄 수 없다고 했다. 상앙은 크게 탄식하였다.

"법령을 제정한 폐단이 이제 이 정도까지 오다니!"

상앙은 밤길을 재촉하여 위나라로 도망쳤다. 그러나 위나라는 그가 전에 위나라 군대를 패배시켰던 일로 그를 원망하고 있었기 때문에 그를 받아들이지 않았다. 상앙이 다른 나라로 가려 하자 위나라는 "상앙은 진나라의 반역자이다. 지금 진나라가 저토록 강한데 그 반역자를 돌려보내지 않고 도망하게 그냥 놔둔다면 봉변을 당하게 될 것이다."라고 생각하여 상앙을 진나라로 추방했다.

진나라로 추방되자 상앙은 그의 영지인 상읍商邑으로 가 가족들을 데리고 북쪽의 정나라로 가려 했다. 그러나 진나라는 군사를 동원해 상앙을 추적하여 드디어 정나라 면지黽池에서 상군을 살해하였다. 그의 시체는 진나라로 들려와 거열車裂[11]에 처해졌다. 그러고는 시체를 천하에 내

---

11. 마차에 사지를 매달고 사방으로 말을 몰아 몸을 찢어 죽이는 형벌.

걸어 "상앙처럼 모반하면 이렇게 되리라." 하며 경고했다. 상앙의 가족
들 또한 모두 처형되었다.

8. 통일 제국의 전통을 세우다 ❈ 진시황

진시황 출생의 비밀

중국 역사에서 진시황이 누구의 자식인가는 계속해서 세인의 관심사
였다. 사마천은 진시황이 사생아라는 점을 확신한다. 그는 이 점을
『사기』 <열전> '여불위전'에서 분명하게 기록하고 있다.

　조나라의 서울인 한단邯鄲은 예로부터 미인향美人鄉으로 잘 알려져 있
던 풍류의 도시였다.[12] 돈 많은 부자 상인 여불위는[13] 돈의 위력으로 미
모의 무희舞姬들을 집에 들여 놓고 있었다. 어느 날 자초가 여불위의 집
에 초대되었는데 가장 아름다운 무희를 보는 순간 반해 버렸다. 자초는
축배를 들자마자 그 여자를 자기에게 달라고 했다. 그런데 그 무희는 이
미 여불위의 애첩이 되어 아이까지 임신하고 있었다. 그러나 자초의 청
을 거절하게 되면 이제까지 전 재산을 던져 투자한 것이 물거품이 되어
버리고 말 것이기에 여불위는 "이 여인이 금란金卵을 낳아줄 것입니다."
하며 그녀를 자초에게 넘겨주었다.

　그녀는 임신한 사실을 숨긴 채 자초에게 재가해 갔다. 후에 그녀는
자초와의 사이에서 한 사내아이를 낳았다. 그리고 아이의 이름을 정政이

12.　'덧없는 꿈'을 말하는 '한단지몽邯鄲之夢'이라는 고사성어도 한단을 배경으로 할 만큼 한단은 꿈
　　의 도시였다.

13.　천금의 재산을 가졌다던 여불위의 부귀는 훗날 한나라 시대의 보통 사람들의 재산이 열 금이었
　　다는 사실로 미루어 짐작할 수 있을 것이다.

라고 지었다. 이 정이야말로 6국을 평정하여 천하를 통일하고 뒤에 '호랑虎狼'이라 칭해졌던 진시황이었다.

진시황

일찍이 위료자尉繚子[14]는 진시황에 대하여 이렇게 평하였다.

"그는 갸름한 얼굴에 찢어진 눈을 가지고 있다. 가슴은 마치 매의 가슴처럼 생겼으며 목소리는 들개와 같이 스산한 소리를 낸다. 인정도 각박하여 호랑이나 이리와 같이 잔인하다. 어려울 때는 남에게 겸손한 체 하면서 도움을 청하지만 사정이 좋아지면 눈 하나 까딱하지 않고 남을 해칠 사람이다.

용모도 마음도 각박한 사람이다. 이런 인물과 함께 있다가는 사정이 좋을 때는 죽도록 부림만 당하고 사정이 나빠지면 느닷없이 쫓겨날 것이 분명하다.

만약 그가 천하를 호령하게 된다면 천하는 모두 그의 노예가 될 것이다. 더불어 오래 할 위인이 아니다."

분서갱유의 진실

사실 진시황은 대단한 인물이었다.

---

14. 전국시대 위나라 사람으로 한때 진시황에게 책략을 내어 채택되었다.

어린 나이에 왕이 되어 상상할 수도 없는 냉정하고도 강력한 추진력으로 역사상 가장 거대한 통일 국가를 실현시켰다. 물론 상앙 변법과 범저의 원교근공책 등 이전부터 진나라에 축적된 강점의 토대 위에서 천하통일이 가능했다는 점을 인정한다고 해도, 수백 년 동안 장기적으로 분열되었던 천하를 단시간 내에 통일시킨 진시황이 전략의 측면이나 추진력과 결단력 그리고 정세 판단력과 용인술의 모든 분야에서 주변 국가를 정복하는 데 특별한 능력과 권력 의지를 지니고 있었다고 평가할 수밖에 없다.

그리고 진시황이 세운 '통일 제국'의 이 위대한 전통은 이후 역대 중국 왕조가 수없이 분열되면서도 예외 없이 항상 당위적으로 지향된 지점이고 목표였다. 이 한 가지 사실만으로도 진시황의 업적은 결코 지워질 수 없다. 또한 그는 전국적인 군현제도를 시행했다. 이는 뛰어난 행정 제도로 역대 중국의 모든 왕조에서 채택되고 시행되었다.

진시황은 분서갱유로 유명하다.

그런데 '갱유坑儒'에 대해서는 약간의 과장이 있다. 진시황이 당시의 모든 유생을 흙에 파묻은 것은 아니다. 당시 노생과 후생이라는 방사가 있었는데 그들은 진시황에게 불로장생의 약을 구할 수 있다고 호언장담했지만 결국은 구하지 못하고 도망치면서 오히려 황제를 비방했다. 이 사실을 알게 된 진시황은 크게 분노했다. 그는 당시 함양에 사는 일부 유생들이 유언비어를 날조하고 백성들을 미혹시키고 있다면서 어사에게 유생을 심문하도록 했다. 그리고 반드시 서로 상대의 잘못을 고해야 비로소 자기 죄에서 풀려나도록 했다. 이렇게 하여 법령을 어긴 자는 4백 6십여 명에 이르렀고, 이 '법령을 어긴 4백 6십여 명'의 유생을 구덩이를 파고 산 채로 묻어버린 데서 '갱유'라는 말이 만들어졌다.

한편 『사기』에는 "차동궤 서동문자車同軌. 書同文字"라는 구절이 나오는

데, 여기에서 '서동문자書同文字'는 흔히 알려진 것처럼 진시황이 전국적으로 문자를 통일시켰다는 그러한 의미가 아니다. 전국시대에 각국마다 여러 가지 서체가 사용되고 있었는데, 이렇게 서로 다른 서체를 진시황이 천하 통일 후 진나라가 사용하던 소전小篆체로 통일시켰다는 의미이다. 즉, 진나라는 천하통일 후 정부 문건의 표준 서체를 소전小篆체로 통일시켰다. 이후 한나라 시기에는 표준 서체가 예서隸書로 통일되었다.

소전체(시황제始皇帝)

진시황의 왕성한 의욕은 대단해서 하루에 1석[15]의 서류를 결재하지 않으면 잠을 자지 않을 정도였다. 전국 시찰만 해도 통일 후 다섯 번이나 강행군했다.

진시황은 스스로를 황제로 칭하기로 하고 "짐은 최초로 황제가 되었기 때문에 시황제始皇帝라 부르기로 한다. 짐의 뒤는 차례대로 2세, 3세 등으로 하여 이를 천만 세까지 이어 나가도록 하겠다."고 다짐했지만 신나라는 겨우 2세에 이른 15년 만에 멸망하고 말았다.

지난 과오를 잊지 않는 것은 훗날의 스승이다

가생賈生이 진나라 멸망의 요인을 논하며 한 문제에게 올린 '과진론過秦論'은 이렇게 말하고 있다.

"진시황은 스스로에 도취되어 아랫사람에게 자문을 구하지 않고, 과

---

15. 한 석은 약 30kg에 달한다.

실을 계속 범하면서도 이를 고칠 줄 몰랐다. 2세 황제도 부친의 과오를 그대로 계속 이어받아서 고치지 않았고, 잔인하고 흉학하여 오히려 더욱 화환禍患을 가중시켰다. 자영은 오직 혼자뿐이고 가까운 친인척도 없었으며, 아무도 보필하는 이가 없었다. 이 세 명의 군주는 평생 미혹되었으면서도 깨닫지 못했으니 국가의 멸망이 마땅하지 않은가?

당시 세상에 심려원모하고 권세 변화에 밝은 인물이 없었던 것이 결코 아니었지만, 감히 충성된 마음으로 직간하고 착오를 바로잡지 않은 이유는 바로 진나라의 풍습에 금기가 매우 많아서 충성된 말을 미처 마치기도 전에 이미 살해되는 상황이었기 때문이다. 이 때문에 천하의 선비들이 입을 닫고 말을 하지 않았다. 세 임금이 치국의 원칙을 잃어도 충신은 감히 직언으로 권하지 않았고, 지사智士는 감히 계책을 내놓지 않았으며 천하가 어지러워졌지만 이 간사한 사정은 군주에게 보고되지 않았으니, 이 어찌 슬픈 일이 아니겠는가!

진나라가 강성할 때에는 법이 번잡하고 치밀하였고 형벌이 엄혹해 천하가 두려워하였지만 나라가 쇠약해지자 백성들은 원한을 가졌으며 온 천하가 들고 일어나 배반을 했다. 주 왕조의 오서五序[16]는 대의에 부합했기 때문에 천여 년 동안 나라의 명맥이 끊이지

가생

---

16. 공公, 후侯, 백伯, 자子, 남南을 말한다.

않았다. 하지만 진나라는 본말을 모두 잃었기 때문에 결국 멸망했다.

안정과 위란의 실마리는 그 차이가 실로 너무 멀다. 속담에 "지난 과오를 잊지 않는 것은 뒷날 일을 할 때의 스승이다.[17]"라고 하였다. 이 때문에 도덕이 있고 수양을 한 사람이 국가를 다스릴 때는, 원고遠古의 득실을 관찰하여 당대의 조치를 고찰하고, 사람의 요인을 참작하여 성쇠의 이치를 이해하고, 권력과 위세의 타당한 운용을 세심히 살피어 출척黜陟[18]과 상벌에 선후가 있도록 하였으며, 변화와 개혁이 시의에 맞게 하였다. 그리하여 오랜 기간에 걸쳐 국가가 안정되었다.

하지만 진시황은 도리어 탐욕스럽고 비열한 마음을 품어 오로지 자기의 작은 꾀만 부렸다. 그리고 공신들을 믿지 않고 선비와 백성들을 가까이 하지 않았으며, 인의 치국의 원칙을 폐기하고 개인의 권위를 수립하면서 문서文書[19]를 금하고 형벌을 가혹하게 행사하였다. 권모술수와 폭력을 우선적으로 하면서 인의는 뒤로 함으로써 폭력과 학대를 천하 통치의 출발로 삼았다. 천하를 겸병하는 사람은 권모술수와 폭력을 숭상하고 천하를 안정시키는 사람은 민심에 순응하는 것을 중시하나. 이는 곧 공격과 수성이 방법상에 있어 다르다는 사실을 말해주고 있다.

그러나 진나라는 이미 전국 분쟁의 국면을 벗어나 천하를 통일했음에도 불구하고 그 통치 원칙은 바뀌지 않았고 그 정령 역시 변화가 없었다. 즉, 창업과 수성의 방법에 전혀 변화가 없었던 것이다. 진시황은 자제공신에게 분봉하지 않고 오로지 홀로 천하를 독점하였기 때문에 그토록 빨리 멸망했다.

---

17. 전사불망前事不忘, 후사지사後事之師

18. 관직의 강등과 승진.

19. 시서고적詩書古籍을 말한다.

만약 진시황이 상고上古의 사정과 은나라와 주나라 흥망성쇠의 자취를 능히 고려하여 정책을 제정하고 시행했더라면 설사 훗날 교만하고 음란한 군주가 있었다고 하더라도 나라가 기울고 망하는 위험에 이르지는 않았을 것이다. 그러므로 3대三代 군왕이 건립한 천하는 그 이름이 드날리고 완전한 것이며, 그 공업이 대대로 전해지는 것이다."

9. 중국의 헌법 ❀ 공자孔子

공자

"이룰 수 없음을 알지만
굳이 그 길을 간다"

중국의 전 역사 과정에 심대한 영향
력을 미친 유학의 도덕규범은 서양
식으로 말하면 중국의 성전聖典과 헌
법을 종합한 것에 비유될 수 있다.

공자는 참으로 성실하고 항상 노
력하는 사람이었다.

그러한 그의 성격은 위편삼절韋編
三絶이라는 고사성어에서도 잘 드러
난다. 그때는 아직 종이가 없던 시대였기 때문에 가죽으로 대나무 죽간
을 엮어 책을 만들었다. 그런데 공자가 얼마나 주역 책을 열심히 봤는
지 주역의 죽간을 엮은 가죽 끈이 세 번이나 닳아 떨어질 정도였다.

그는 현실 정치에서 등용되고자 평생 노력했지만 거의 기용되지 못
하였다. 한 마디로 상가喪家 집을 유랑하며 먹을 것을 구하는 '상갓집 개喪
家之狗' 신세였다. 그렇지만 공자는 끝내 좌절하지 않고 왜곡된 현실을 바
꾸려 노력하였다. 그리고 이러한 노력이 성공을 거두지 못하자 말기에
이르러서는 일종의 대학을 설립하여 제자들을 가르쳤다. 이렇게 하여
그는 결국 성공을 거두었다. 공자는 비록 단기적인 현실 정치에서는 실

패했지만 중국 역사상 가장 영향력이 있는 사상과 학파를 형성하는 일에는 성공했다.

바로 유가儒家였다.

공자는 춘추시대 노나라의 한 가신家臣 집안에서 태어났다.

그의 아버지 숙량흘叔梁紇은 선비 계층으로서 노나라 귀족 장흘臧紇의 가신이었는데 장씨 봉지의 읍재邑宰를 맡고 있었다. 이 벼슬은 오늘날 우리나라로 말하면 시골 면面의 면장 정도의 벼슬로 볼 수 있다. 일설에 의하면 숙량흘이 공자를 낳을 때 이미 70세였다. 공자의 모친 안顔씨는 그때 나이 겨우 17세였다. 이에 대하여 사마천은 "숙량흘은 안씨 여자와 야합野合하여 공자를 낳았다", "공자가 태어나고 숙량흘은 세상을 떠나 방산防山에 묻혔다. 방산은 노나라 동쪽에 있었는데, 공자는 아버지의 무덤이 어디 있는지 알지 못했고 어머니는 그 장소를 공자에게 가르쳐 주지 않았다."고 기록하고 있다. 공자의 어머니는 가난한 집안 소녀로서 노예 혹은 평민의 딸이었다.

공자는 "나는 태어나면서 곧 안 사람이 아니라, 옛것을 좋아하고 힘써 알기를 구한 사람이다"我非生而知之者, 好古, 敏以求之者也(『논어·술이述而』)라고 말하였다. 그는 자신이 태어나면서부터 이미 모든 것을 알았던 성인이 아님을 명백히 밝히고 있다. 그는 역사문화를 좋아했고 성실한 학습을 통하여 지식을 얻었다.

『사기·공자세가』는 "공자는 어린 시절 소꿉놀이를 할 때 곧잘 제사 그릇을 늘어놓고 제사를 모시는 예절 동작을 하였다."고 묘사하고 있다. 이는 공자가 어릴 적에 제사와 예악 활동이 활발한 장면에 자주 접했으며 그로부터 그것을 좋아하고 모방하여 따라했던 사실을 보여주고 있다. 특히 당시 "주나라 예의는 모두 노나라에 있다"는 말이 있을 정도로 문화 중심지였던 노나라는 하·은·주 3대의 예악문명이 집대성된 곳으로 공자에게 커다란 영향을 미쳤다.

공자는 자신의 삶에 대하여 "나는 열다섯 살에 학문에 뜻을 세우고 30살에 스스로 자립하였으며 40세에 어떤 일에도 혹하지 않는 경지에 이르렀다. 그리고 50살 때가 되자 천명을 알게 되었고, 60살에 어떤 일을 듣게 되면 곧바로 이해가 되었으며, 70세에 어떻게 행동해도 도에 지나치는 법이 없게 되었다 吾十有五而志于學, 三十而立, 四十而不惑, 五十而知天命, 六十而耳順, 七十而從心所慾不踰矩"고 술회하고 있다.

공자는 이렇게 어릴 적부터 뜻을 세우고 각고의 노력을 하였으며 신중하게 생각하고 정확하게 판단하여 행동함으로써 점차적으로 인품과 학식을 쌓아 탁월한 인물로 성장했다.

공자는 법치보다 인치人治를 중시했다. 그는 사람을 통하여 그가 꿈꾸는 도덕의 이상 사회를 이루려고 했다. 그는 '인仁'을 실천하는 지도자를 군자로 내세웠다. 원래 군주의 자제라는 고귀한 신분을 뜻하는 '군자'는 공자에 의해 이상적 인격의 소유자로 개념화되었다. 군자는 도道를 추구하고 도에 입각하며, 도가 통하는 세상을 만드는 존재이다. 그리하여 이 위대한 정치가 공자는 예禮로써 자신을 다스리고, 악樂, 음악으로 조화를 추구하며, 문文, 문예으로 열심히 학습學을 실천함으로써 훌륭한 군자로 거듭나 정치政治를 통해 민생民生을 안정시키고 도덕의 이상을 실현하고자 했다.

공자의 사상은 한 마디로 인仁으로서 그 기본 정신은 사람과 사람 관계의 처리를 중시한다는 것이다. 『논어』에는 '인仁'을 언급한 장이 58장에 이르고 '인仁'이라는 글자가 무려 108곳에 출현하고 있다. '인仁'은 구체적인 인간 생활에서 공恭, 관寬, 신信, 민敏, 지智, 용勇, 충忠, 서恕, 효孝, 제悌 등의 다양한 내용으로 표현된다. '예禮' 역시 공자가 『논어』에서 제기하고 있는 중요한 개념으로써 공자가 평생 학문했던 대상이기도 하다. 공자는 '예禮'가 인간에 내재된 진실된 정감의 외부적 표현이며, 그것의 최고 경지가 곧 '인仁'이라고 인식하였다.

공자는 '주례周禮'를 회복함으로써 선왕의 '인정仁政'의 경지에 이르기를 희망하였다. 그리하여 공자가 의도했던 것은 일시적인 성패득실이 아닌 사회의 장기적인 안정과 백성들의 행복이었다. 그렇기 때문에 그는 당대 통치자들과 타협하지 않고 끝까지 자신의 주장을 펼쳐 나갔으며 '이룰 수 없다는 것을 잘 알고 있으면서도 굳이 그렇게 함知其不可而爲之'으로써 제세구민濟世救民의 삶과 정신을 구현하였다.

공자는 괴이한 일, 폭력, 변란, 귀신에 관한 말은 하지 않았다子不語怪力亂神.[20] 공자가 일평생 관심을 가지고 몰두했던 대상은 미래의 일이 아니라 어디까지나 현실의 문제였으며, 추상의 세계가 아니라 항상 구체具體와 실제實際였다. 문자 그대로 그는 철두철미한 실용주의자였다. 이러한 공자의 실용주의적 태도와 관점은 그의 제자 및 유가에 그대로 전수되었고, 역대 중국 사회의 주류 사고방식으로 굳건하게 정립되었다.

맹자가 살았던 백가쟁명 시대에 맹자는 공자의 정치사상과 교육 사상 등을 계승하는 동시에 다른 측면을 더욱 발전시켜 자신의 정치 학술 사상을 형성했다. 맹자는 당시 묵가, 도가, 법가 등 학파와의 격렬한 논쟁과 경쟁 속에서 유학학파의 이론을 옹호하였고 아울러 유학에서의 자신의 지위를 확립하면서 공자에 버금가는 정통 대유大儒가 되었다.

맹자는 공자의 덕치사상을 계승, 발전시켜 인정학설仁政學說을 정립했

---

20. 『논어·술이述而』에 나오는 이 문장의 '괴怪'를 동사로 간주하여 "공자는 한동안 말을 멈추었다. 힘을 너무 소모하여 정신을 어지럽히지 않기 위해서였다."라고 해석하는 견해도 있다.

맹자

다. 그리고 도덕수양이야말로 정치를 잘하는 근본이라는 점을 강조했다. 그는 "천하의 근본本은 국가에 있고, 국가의 근본은 가족에 있으며, 가족의 근본은 나 자신에 있다"라고 말하였다. 훗날 『대학』에서 제기하는 '수신修身 제가齊家 치국治國 평천하平天下'는 바로 맹자의 이러한 사상으로부터 발전되었다.

맹자의 정치론은 일반 백성의 행복이 무엇보다도 우선되어야 한다고 주장한다. 통치자가 더 이상 인仁과 의義로 다스리지 않을 때는 천명天命이 그에게서 멀어진 것이므로 그러한 통치자는 마땅히 제거되어야 한다는, 당시로서는 획기적인 역성혁명론易姓革命論을 주창하였다. 맹자가 이처럼 공자보다 강력한 주장을 제기하고 있는 것은 맹자의 시대의 상황이 공자의 시대의 상황보다 더욱 악화되었음을 반영한다고 볼 수 있다.

'유儒'란 무엇인가?

원래 유儒란 중국 고대시대에 일정한 문화지식을 소유하고 예禮를 이해하고 있으며, 관혼상제 등의 의식을 돕는 일을 직업으로 하는 사람들을 총칭하는 용어였다. 공자孔子가 그러한 '의식을 직업으로 삼았던' 사람인데다가 제자들을 모아 지식을 체계적으로 전수하였기 때문에 그가 창립한 학파를 유가라고 불렀다.

유가사상은 수천 년에 걸쳐 중국의 고대 법률을 지배하였고, 사람들의 생활방식과 사유방식에 융화되어 중국 특유의 법률 의식과 법률 심리를 형성했다.

유가의 법률사상은 기본적으로 주周나라 이래의 '예치禮治'와 주공周公旦이 주장한 "덕을 밝히고 형법을 신중히 행한다."는 사상을 계승, 발전시킨 것이다.

주공은 종법제도를 주창한 선구자였다. 종법제도는 혈연을 유대로 하는 가족 전체의 내부 관계를 규율하며 족장과 가장의 통치 지위와 세습 특권을 유지하는 족규族規나 가법家法으로서 원래 씨족사회 말기의 부계 가부장제로부터 비롯되었다. 주공이 만들었던 '주례周禮'는 종법제도를 형식으로 하고 윤리도덕을 내용으로 하고 있었다. 그 중에서도 특히 친친親親과 존존尊尊을 가장 중요한 원칙으로 삼고 있었는데, 여기에서 친친은 아버지를 정점에 위치시킨 가부장제의 종법원칙이고 존존은 군주를 정점에 위치시키는 군주제의 등급원칙이었다. 부부관계에 있어서는 남존여비 사상을 강조하였고 부자관계에서는 "불효보다 더 큰 죄는 없다"는 말로써 부권을 강조하였으며, 씨족관계에서는 조상을 숭배하고 종친을 공경하는 족권族權을 중시하였다. 나아가 국가제도에서는 군주에게 충성하고 사직을 최우선시하는 군권君權을 강조하였다.

법률 역시 이러한 종법등급윤리를 표준으로 삼았다. 주공이 제정한 이러한 예禮는 정치, 경제, 군사, 가정, 혼인, 윤리도덕 등 모든 방면에서 행위규범의 총화였으며, 이는 철저하게 상하 등급의 질서를 강조하고 있다. 특히 '예불하서인 형불상대부禮不下庶人 刑不上大夫(예는 서민들에게 베풀지 않고 형벌은 대부에게 미치지 않는다)의 원칙은 이른바 예치禮治의 기본 특징이다. 이는 곧 예치 사상을 종법 등급제도의 사상 영역에서 구현시키고 있음을 의미하고 있다.

그런데 이 '예불하서인 형불상대부'에서 예禮는 '지배층의 명예로운 법률'이며, 법法은 '서민이 복종하는 법령'이다. 법의 강직함에 비하여 예의 유동성은 그 본래의 매우 강력한 사회적 위신을 몇 세기 이상 유지하고 훌륭한 중국 유학의 일반적 경향과 합치되었기 때문에 관료제가 오랜 기간 견고하게 확립된 뒤까지도 예가 법을 압도하였다. 결국 예의 신축자재성과 미묘한 융통성은 항상 특권적인 관료 지배 계급에게 유리하도록 작용했으며, 후세의 유교는 종종 서민들에게 손해를 끼치는 법의 자의적 성격을 줄이기는커녕 오히려 강화하였다.

주공을 가장 이상적인 군자상으로 삼아 그의 이념을 존경해 마지않았던 공자는 주공의 사상을 계승하고 발전시켜 유교를 완성시켰다. 왜냐하면 그는 지배층인 군자와 생산을 담당하는 소인으로 나누어져 있는 주周 사회질서周禮를 완전한 사회질서로 인식하고 있었기 때문이다. 이 과정에서 공자는 백성들에게도 예를 가르쳐야 한다고 주장하였고, 또한 친인척만을 중시하고 혈연관계만으로 관작을 세습하도록 했던 주공에 비해 현인천거와 현인정치를 주장하는 등 여러 가지 진일보한 측면을 지니고 있었다. 하지만 공자는 주공으로부터 골간적인 내용과 형식을 그대로 이어받았다.

그리하여 유가는 예치를 견지하고 덕치를 제창하며 인치를 중시하는 법률개념을 제기했다. 물론 여기에서 유교사상의 중심개념인 인仁이나 예禮 그리고 덕德이란 결국 종법등급 제도를 유지하기 위한 핵심적 개념이다. 결국 공자는 귀천貴賤 및 군신君臣과 부자父子의 등급 종속관계를 핵심으로 하는 사회 통합체제 구축을 기하고자 했던 것이다.

자공子贛의 이름은 단목사端木賜이고, 자공은 자字이다. 기원전 520년 춘추시대 말기 위나라의 상인 집안에서 출생한 그는 중국 유상儒商의 시조로 추앙되고 있다.

자공

『논어·선진先進』에서 공자는 뛰어난 제자인 안회와 자공을 비교하여 "안회는 도덕적으로 거의 완전하지만 항상 가난하였다. 그러나 자공은 운명을 받아들이지 않고 재산을 모았으며, 예측을 하면 항상 적중하였다."고 술회하고 있다.

사마천도 '화식열전'에서 자공을 자세하게 기술하였다.

"자공은 공자로부터 학문을 익힌 후 위나라에서 벼슬을 하였다. 그는 물건을 비축하여 조趙나라와 노나라 일대에서 비싼 물건을 팔고 싼 물건을 사들이는 방법으로 상업을 하여 공자의 우수한 70제자 중에서 가장 부유했다. 원헌原憲은 술지게미조차도 배불리 먹지 못하고 궁벽한 동네에 숨어 살았다. 그러나 자공은 수레와 말이 무리를 이루었고 비단 예물을 가지고 각국을 방문하여 제후들의 연회를 받았다. 제후들은 그를 맞아 군신의 예가 아니라 평등한 예로써 대하였다.

공자의 이름이 능히 천하에 떨칠 수 있었던 데에는 자공의 도움이 결정적인 역할을 하였다. 이야말로 부자가 세력을 얻으면 명성과 지위가 더욱 빛난다는 것이 아니겠는가?"

공자의 유가사상은 전형적으로 의義를 중시하고 이利를 가벼이 여긴다. 『논어·술이述而』에서 공자는 "만약 부가 도에 부합하다면 그것을 추구할 수 있다. 설사 나를 말몰이꾼을 시켜도 할 것이다. 그러나 부富가 도道와 부합되지 않는다면 그것을 추구하면 안 된다. 차라리 내가 좋아하는 것을 하겠다."라고 말하였다. "부귀란 하늘의 뜻"이므로 그는 반복하여 "이利에 대해서는 거의 말하지 않는" 사상을 주창하였다. 하지만 자공은 공자의 이러한 숙명론을 받아들이지 않고 상업을 통해 공자 제자 중 가장 부유한 사람이 되었다.

여기에 나오는 '값이 쌀 때 사들이고 비쌀 때 판다'는 말은 『사기』 '중니제자열전仲尼弟子列傳'에 '폐거廢擧'로 표현되고 있다. '중니제자열전'은 계속하여 자공이 시장 상황의 변화에 맞춰 물건값이 쌀 때 사들이고 비쌀 때 파는 방법으로 이익을 얻어 거부가 되었음을 기록했다.

세상 이치에 통달하다

자공은 자신의 상업 활동과 뛰어난 언변으로 많은 제후들과 교류했으며 정치적 능력 또한 탁월하였다. 『논어·옹야雍也』를 보면, 계강자가 공자에게 자로와 자공 그리고 염구의 정치적 재능에 대하여 묻는 장면이 나온다. 이에 공자는 세 사람이 모두 정치를 담당할 수 있지만 세 사람의 장점은 각기 다르다면서 구체적으로 자로는 과감_果하고, 자공은 달_達했으며, 염구는 예술적_藝이라고 대답하고 있다.

여기에서 이른바 '달_達'이란 세상 이치, 즉 사리에 통달하였다는 의미로서 어떤 사안의 처리에 있어 흔들림 없이 전체적으로 전후좌우 살펴잘 해결한다는 뜻을 지니고 있는 말이다. 한 마디로 정치적 임무 수행에 있어 빠져서는 안 되는 장점이다. 이에 비하여 '과감함'이라든가 '예술적'인 측면은 정치적 임무 수행에 있어서 단지 어떤 한 부분을 구성하는 요소일 뿐으로 통달하고 있다는 '달_達'에 비해서는 아무래도 한 수 아래일 수밖에 없다. 그리하여 자공은 노나라와 위나라의 재상을 역임할 수 있었다. 그가 가는 곳마다 "제후들은 그를 맞아 군신의 예가 아니라 평등한 예로써 대하였다."

한때 공자 일행은 진과 채 두 나라로부터 포위되어 식량이 끊어지는 위기에 빠져있었다. 공자 일행은 먹을 것도 없고 완전히 기력이 쇠하여 속수무책이었다. 이때 자공이 초나라에 사신으로 가서 초나라 왕을 설득했다. 초나라가 군대를 출동시켜 공자를 영접하자 비로소 공자 일행은 곤경으로부터 벗어날 수 있었다.

공자, 제자 자공을 통하여 세상에 뜻을 펼치다

본래 자공이 처음 공자를 만날 때만 해도 자신이 오히려 공자보다 낫다고 생각했다. 『논어·강서_{講瑞}』는 "자공은 처음 공자를 스승으로 모신 그 해에 스스로를 공자보다 낫다고 여겼다. 2년째에는 스스로를 공자와 같다고 여겼다. 그러나 3년째가 되자 자신이 공자에 미치지 못함을 알았다. 처음 한두 해 동안에는 공자가 성인임을 알지 못했으나 3년 뒤에는 성인임을 알았다."라고 기록하고 있다. 자공은 공자의 학식이 헤아릴 수조차 없을 정도로 높다고 말했으며 공자를 성인이라 칭하였다.

사실 당시에 자공의 명성은 대단히 높아 그가 오히려 공자보다 현명하다는 평가도 있었다. 노나라 대부인 손무孫武는 조정에서 공개적으로 자공이 공자보다 현명하다고 말한 바도 있었다. 이 말을 전해들은 자공은 "비유하여 말하자면, 내 학문 수준은 낮은 담장으로 둘러친 집이어서 누구든 볼 수 있지만, 공자 스승님의 학문 수준은 몇 길이 넘는 높다란 담장으로 둘러친 종묘와 같아서 들어갈 수도 없고 들어간다고 해도 볼 수가 없다. 더구나 능히 그 문을 찾아갈 수 있는 사람도 극히 적다. 그렇기 때문에 사람들이 정확하지 않은 말을 하게 된다."고 대답하였다. 자공이 이처럼 대답했음에도 불구하고 노나라의 다른 대신 진자금陳子禽은 자공에게 고개를 저으며 "스스로 겸손해서 한 말이오. 공자가 당신보다 무엇이 더 현명하다는 것이오?"라고 반문하였다. 자공에 대하여 이렇게 높은 평판이 존재한 것은 우연히 만들어진 것이 아니다. 당시 자공의 명성과 사회적 지위 그리고 영향력은 그의 스승 공자에 비해서 결코 낮지 않았다.

하지만 자공은 스승 공자의 성인됨을 알고 그의 사상을 세상에 보급하는 일을 자신의 임무로 삼았다. 그리하여 그는 자신이 얻은 정치적 명예와 부富를 토대로 스승 공자의 사상을 널리 천하에 전파했다. 역으로 공자는 제자 자공의 이러한 경제적 정치적 지원이 있었기에 자신의 뜻을 세상에 펼칠 수 있었다.

공자는 이利를 가벼이 여기고 상인을 천시했지만, 그의 이름을 천하에 떨치게 한 사람이 바로 그 부유함이 제후와 어깨를 나란히 했던 단목사, 자공이었다. 이러한 강렬한 대비는 실로 "공자는 안연을 현명하게 여겼고, 자공에 대해서는 비판하였다."는 반고班固의 해석에 대한 가장 좋은 풍자였다.

"군자애재, 취지유도君子愛財, 取之有道", 즉 "군자는 재물을 사랑하지만 그 것을 취하는 데에 도가 있다."는 뜻이다. 이는 바로 자공이 남긴 유상儒商의 기풍이었다.

공자는 자공을 아껴 그를 가리켜 '호련지기瑚璉之器'라 평했는데, 이는 '재능이 매우 뛰어나 큰 임무를 담당할 만한 인물'이라는 의미이다.

당 현종은 자공을 '여후黎候'로 봉했다. 뒷날 송 도종은 그를 '여공黎公'으로 한 단계 올려 봉했으며, 명나라 때에 이르러는 그를 기리는 사당도 지어졌다. 그리고 청나라 건륭제는 그를 '선현先賢'으로 봉하였다.

11. '재물의 신'이라 불린 백규

중국은 유사 이래 계속하여 천하가 황제 1인의 재산이었다. 그리고 지속적으로 관료 지배계급이 통치했던 국가였다. 근본적으로 민간인 출신이 거부가 될 기회는 거의 없었다. 하지만 이러한 상황을 뚫고 거부로 성장한 민간인 출신 사람들이 있었다. 그들은 대부분 정당한 방법으로 부를 모았고, 그 재산을 의롭게 사용하였다. 사람들은 그들을 '재물의 신'이라고 불렀다.

백규

백규白圭는 전국시대 위나라의 유명한 상인이다. 사람들은 그를 '천하 치생治生의 비조鼻祖'라면서 속칭 '인간재신財神'이라 부른다. 후대의 송나라 진종은 그를 상성商聖으로 추존하였다. 백규는 경제 전략가이자 이재가理財家로서 도주공 범여도 그에게 치부致富의 방법을 자문했다고 전해지고 있다.

전국시대에 들어서면서 사회는 극심한 변화를 겪게 되었고, 신흥 봉건지주제도 역시 각국에서 앞서거니 뒤서거니 하면서 확립되었다. 생산력의 신속한 제고에 따라 시장의 상품도 급속하게 증가하였고, 사람들의 소비력도 급속히 확대되었다. 이에 따라 많은 거상들이 출현하게 되었고, 백규도 그중 한 사람이었다.

백규는 일찍이 위나라 혜왕의 대신이었다. 당시 위나라 수도인 대량은 황하에 가까이 위치해 있어 항상 홍수의 피해를 받아야 했다. 백규는 뛰어난 치수 능력을 발휘하여 대량의 수환水患을 막아냈다.

뒤에 위나라가 갈수록 부패해지자 백규는 위나라를 떠나 중산국과 제나라를 잇달아 방문하였다. 이 두 나라 왕들은 모두 치국에 도움을 받고자 그에게 자기 나라에 남아 있기를 간청 했지만 백규는 이를 완곡하게 거절하였다. 그는 제나라를 떠난 뒤 진秦나라로 들어갔는데, 당시 진나라는 상앙의 변법을 시행하고 있었다. 백규는 상앙의 중농억상 정책을 강력히 반대하는 입장이었으므로 진나라에서는 받아들여지지 않았다. 백규는 천하를 유력하면서 점점 정치에 대하여 혐오감이 강해졌고, 마침내 관직을 버리고 상업에 종사하기로 결심하였다.

본래 낙양洛陽은 일찍부터 상업이 발달했던 도시였다. 낙양 출신인 백규는 본래부터 상업에 뛰어난 눈을 지니고 있어 얼마 지나지 않아 전국시대 최고의 대부호가 되었다.

이 무렵 상업이 급속히 발전하여 상인 집단이 대규모로 형성되었고, 그들 대부분은 공평한 매매와 정당한 경영을 실행하였다. 하지만 일부는 희귀한 물건을 대량으로 매점매석하고 시장을 독점하였다. 심지어 어떤 사람들은 고리대를 하여 폭리를 취했다.

그러므로 당시에 상인들을 두 종류로 분류하여 한 쪽을 성고誠賈이나 염상廉商 혹은 양상良商이라 하였고, 다른 쪽은 간고奸賈나 탐고貪賈 혹은 영상佞商이라고 지칭하였다.

사람들이 버리면 나는 가지고, 사람들이 가지면 나는 준다

당시 상인들 대부분은 보석 장사를 특히 좋아하였다. 대상大商 여불위의 부친도 일찍이 보석 사업은 백 배의 이익을 남긴다고 말한 바 있다. 하지만 백규는 당시 가장 돈을 많이 벌 수 있는 사업을 택하지 않고 다른 길을 선택해 농부산품農副産品의 무역이라는 새로운 업종을 창조하였다.

백규는 재능과 지혜가 출중하고 안목이 비범하였다. 그는 당시 농업 생산이 신속하게 발전하는 것을 목격하고 농부산품 무역이 장차 커다란 이윤을 창출하는 업종이 될 것이라는 점을 이미 예측하고 있었다. 농부산품 경영의 이윤율은 비교적 낮지만 그것의 큰 교역량이 큰 이윤을 남길 것을 알았기에 백규는 농부산품과 수공업 원료 및 상품 사업을 선택했다.

한편 백규는 재산을 움켜쥘 시기가 오면 마치 맹수와 맹금猛禽이 먹이에게 달려드는 것처럼 민첩하였다. 그래서 그는 언젠가 "나는 경영을 할 때는 이윤伊尹이나 강태공이 계책을 실행하는 것처럼 하고, 손자와 오기가 작전하는 것처럼 하며, 상앙商鞅이 법령을 집행하는 것처럼 한다."라고 말하였다.

사람들이 버리면 나는 취한다

백규는 자기만의 독특한 상술을 지니고 있었다. 그는 자신의 경영원칙을 여덟 글자로 요약하였다.

바로 "인기아취, 인취아여人棄我取, 人取我予"였다. 즉, "사람들이 버리면 나는 취하고, 사람들이 취하면 나는 준다."는 뜻이었다. 구체적으로 상품 공급이 수요를 넘어서서 아무도 구하지 않는 그 기회에 사들인 뒤, 수

중에 있는 상품의 공급이 수요를 따르지 못하여 가격이 크게 오르는 기회에 판매하는 것이었다.

어느 날 많은 상인들이 모두 면화를 팔아넘겼다. 어떤 상인은 면화를 빨리 처분하려고 가격을 헐값으로 팔기도 하였다. 백규는 이 광경을 지켜보고 부하에게 면화를 모두 사들이도록 하였다. 사들인 면화가 너무 많아서 백규는 다른 상인의 창고를 빌려서 보관할 정도였다.

얼마 지나지 않아 면화를 모두 팔아넘긴 상인들은 이제 모피를 사들이느라 혈안이 되었다. 누구에게서 들은 것인지는 알 수 없었지만, 앞으로 모피가 크게 팔리게 될 것이라는 것과 겨울이 오면 아마도 모피를 시장에서 살 수 없게 될 것이라는 소문이 있었다. 그런데 당시 백규의 창고에는 때마침 좋은 모피가 보관되어 있었다. 이 소식을 들은 백규는 모피의 가격이 더 오를 것을 기다리지 않고 모든 모피를 몽땅 팔아 큰돈을 벌었다.

그 뒤 면화가 큰 흉년이 들었다. 그러자 면화를 손에 넣지 못하게 된 상인들이 면화를 찾느라 야단법석이 되었다. 이때 백규는 사들였던 면화를 모두 팔아 다시 큰돈을 벌었다.

백규의 "인기아취, 인취아여人棄我取, 人取我予"의 경영 원칙은 일종의 상업 경영의 지혜이며, 맹목적으로 시류에 편승하지 않는 것을 의미한다.

재산을 움켜쥘 때는 마치 맹수가 먹이에 달려들듯

사마천의 시각에서 보자면, 성공한 상인들은 모두 때를 아는(지시知時) 사람들이었다. 범여는 "도 지방이 천하의 중심으로서 각국 제후들과 사통팔달하여 화물 교역의 요지라고 판단하였다. 그래서 그곳의 산업을 경영하여 물자를 비축하고, 적절한 때에 맞추어 변화를 도모하였다. 그는 천시天時에 맞춰 이익을 내는 데 뛰어났으며, 고용한 사람을 야박하게 대하지 않았다.

그러므로 경영에 뛰어난 자는 반드시 신뢰할 수 있는 사람을 잘 선택하고 좋은 시기를 파악할 줄 아는 법이다." 범여는 장소를 알고(지지知地) 때를 알아(지시知時) 부를 쌓을 수 있었다.

백규의 '지시知時'는 주로 사물에 내재된 규율을 정확히 파악하는 데 있었다. 그는 시장 동향을 예측하고 자신의 정책 결정에 있어 맹목성을 감소시킴으로써 객관적으로 상품을 언제 매입하고 매도하는지를 파악하였다. 백규는 상가商家에 있어서의 '지시知時'란 곧 "때의 변화를 즐겨 살핀다(낙관시변樂觀時變)"라고 인식하였는데, 이는 풍년과 흉년을 예측하는 데 근거하여 경영 방침을 적시에 조정하는 것을 말한다.

백규는 초절정의 시기 포착 능력을 지니고 있었다. 그는 천문학과 기상학의 지식을 응용하여 농업 풍흉의 규율을 알아냈으며 이러한 규율에 따라 교역을 진행하였다. 풍년이 들어 가격이 저렴할 때 사들여서 흉년이 들어 가격이 등귀할 때 판매함으로써 커다란 이익을 얻었다.

이밖에도 백규는 일단 기회가 오면 곧바로 신속하게 결정하고 과감하게 행동에 옮겨야 한다는 점을 강조하였다.

사마천은 이러한 백규의 모습을 "재산을 움켜쥘 시기가 오면 마치 맹수와 맹금猛禽이 먹이에게 달려드는 것처럼 민첩하였다."라고 묘사하고 있다.

눈앞의 작은 이익을 넘어서라

백규는 수입을 늘이고자 하면 곧 낮은 등급의 곡물을 사들였고(욕장전, 취하곡 欲長錢, 取下穀) 곡물의 비축을 늘리고자 하면 곧 높은 등급의 종자種子를 사들였다(장석두, 취상종 長石斗, 取上種).

백규가 살던 당시에 곡물은 시장에서 가장 근본이 되는 상품이었고, 소비자의 대부분은 평민들이었다. 다만 일상생활에서 평민들의 요구는 그다지 높지 않았고 단지 배만 곯지 않으면 그만이었다. 그러므로 평민들은 돈을 아끼기 위하여 값이 싸고 질이 약간 떨어지는 곡물을 샀다. 이러한 상황에서 상인이 비축해야 할 곡물은 하등급의 곡물이었다.

백규는 보통 상인들의 좁은 이익관을 과감하게 뛰어넘어 욕장전, 취하곡欲長錢, 取下穀의 상업 방침을 취했다. 백규는 판매 대상이 대부분 평민이었기 때문에 그들의 생활을 가혹하게 만들지 않기 위하여 언제나 박리다매의 경영 책략을 채택하고 가격을 높이지 않았다. 대신 상품 유통 속도와 판매 속도를 빨리 하는 방법으로 더욱 많은 이익을 얻었다.

이와 반대로 당시 대부분의 상인들은 커다란 이익을 손에 넣기 위하여 매점매석을 일삼고 일시에 가격을 높였다. 그러나 백규는 식량이 부족할 때에도 곡물 가격을 올리지 않았다. 그는 박리다매가 장기적으로 부를 쌓는 방법이라는 상인 경영의 기본 원칙을 견지하면서 눈앞의 이익만 추구하는 상인은 결코 큰돈을 벌지 못할 것이라고 지적하였다.

또한 백규는 농민의 생산을 중시하고 그것을 자신의 상품 조달의 원천으로 삼았다. 그는 농민에게 우량 품종을 공급하면서 장석두, 취상종長石斗, 取上種의 주장을 제기하였다. 즉, 농민들의 곡물 생산이 증가할 수 있도록 지원하여 더욱 풍부한 공급처를 확보하는 것이다. 장석두, 취상종의 의미는 농민이 풍년을 바란다면 반드시 상등上等의 종자를 사들여야 한다는 것이다. 상등의 고급 종자를 사들여야만 곡물의 생산이 증가하여 더 좋은 가격에 팔 수 있다.

백규는 자신의 상업 경영을 농업생산 발전의 토대 위에서 운용하고, 상업을 통하여 농업생산을 촉진하고, 농업생산의 발전을 통하여 상업 경영을 추진하였다.

'인술仁術' 경영

백규는 "곡물이 익어가는 계절에 그는 양곡을 사들이고 비단과 칠漆을 팔았으며 누에고치가 생산될 때 비단과 솜을 사들이고 양곡을 내다팔 았다."

백규는 농민들이 곡물을 대량으로 내다파는 수확의 계절이나 풍년 일 때는 곡물을 사들였지만, 비교적 부유한 농민들에게는 비단과 칠기 등을 판매하였다. 반대로 경기가 좋지 않을 때는 양곡을 팔고 적체된 수 공업 재료와 산품을 사들였다. 백규가 말하는 '준다予'는 것은 사람들에 게 우대하여 넘긴다는 의미이다.

일부 간상奸商들은 물건이 넘칠 때 일부러 더욱 압박을 가해 가격을 최저치로 끌어내린 뒤 물건을 사들였다. 하지만 백규는 오히려 다른 사 람보다 높은 가격에 사들였다. 시장에 물건이 귀해졌을 때 간상들은 매 점매석했지만, 백규는 오히려 다른 사람보다 저렴한 가격에 판매하여 사람들의 수요에 맞췄다.

백규의 이러한 경영방식은 자신의 경영 주도권을 보장시켜 줄 뿐 아 니라 이윤도 풍부하게 획득하게 만들어 주었다. 나아가 객관적으로 상 품의 수요공급과 가격을 조정함으로써 일정 정도로 농민과 수공업자 의 이익을 보장할 수 있었다. 이러한 방식을 가리켜 백규는 '인술仁術'이 라고 불렀다.

백규는 일꾼들의 노동 효율과 그들의 정서 혹은 심리 사이에 긴밀한 관련이 있다는 사실을 알고 있었다. 그러므로 그의 용인술用人術은 결코 강압과 이익에 의한 유도가 아니라 오히려 일꾼들과 더불어 한 덩어리가 되는 것이었다. 그것은 비단 그들의 적극성을 높일 뿐만 아니라 일꾼들과의 갈등도 해소하여 주인과 일꾼의 관계를 더욱 화합할 수 있도록 만들었다.

그러나 그는 "변화에 시의적절하게 대처하는 지혜가 없거나, 과감한 결단을 내릴 용기가 없거나, 구매를 포기하는 인덕仁德이 없거나, 비축을 견지할 강단이 없는 사람에게는 그가 나의 방법을 배우고 싶다 해도 결코 알려주지 않겠다."라고 단언함으로써 인재에 대한 분명한 기준을 제시했다. 그는 인재란 반드시 충분한 지혜로 임기응변에 능해야 하며, 충분한 용기로써 결단을 해야 하고, 더불어 인덕과 강단도 있어야 한다는 점을 강조했다.

한편 백규는 고난을 견딜 줄 아는 사람이었다. 그는 거부가 되어 축적한 재부財富를 확대재생산 분야에 투자하면서도 자신은 "음식을 탐하지 않았고 욕망의 향수를 절제하며 기호嗜好를 억제하고 극히 소박한 옷만 입으면서 일꾼들과 동고동락하였다."

백규의 이러한 상업 사상은 후세에 커다란 영향을 미쳤다.

근대 유명한 중국 민족자본가인 영종경榮宗敬은 백규의 '인기아취人棄我取'의 경영 원칙을 준수하였으며, 저명한 화교 기업가인 진가경陳嘉庚은 백규의 사상을 더욱 발전시킨 '인기아취, 인쟁아피人棄我取, 人爭我避'의 경영 방침을 세웠다.

12. 명예로운 부자 ❀ 범여

범여

범여는 초나라 사람이었지만 월나라의 대부의 자리에 있었다. 그는 와신상담의 주인공 월나라 구천을 보좌하여 오나라에 복수하도록 하고 패업을 이루게 하였다.

그러나 범여는 구천이 어려움은 같이 할 수 있어도 즐거움을 같이 할 수 없고 결국에는 공신을 살육할 인물이라는 것을 알고 있었다. 그리하여 그는 공직을 포기하고 상업을 하기로 결심했다. 그는 조용히 자신의 재산을 수습하여 이름을 바꾸고 가족과 노비를 이끌고 배를 타고 떠났다.

그는 상업이 발달한 제나라에 도착하여 스스로를 '치이자피 鴟夷子皮'[21]라고 칭하며 해변가를 경작하고 힘들게 노동을 했다. 얼마 지나지 않아 그 재산이 10만 금에 이르렀다. 제나라 사람들이 그 현명함을 알아보고 그를 재상으로 삼았다. 하지만 범여는 존귀한 명성을 오래 지니는 것은

---

21. 치이자피란 소가죽으로 만든 자루를 말한다. 겉보기에는 촌스럽지만 실제로는 신축자재하여 사용하기도 편리하고 많은 양을 담을 수도 있다. 범여는 타지에서 사업을 개척하면서 다른 사람들과 쉽게 교류할 수 있도록 자신의 이름 대신 치이자피라는 별칭을 사용하였다. 아울러 치이자피는 그 자체로도 상표의 의미를 지니고 있었다.

상서롭지 못한 일이라고 여겨 재상의 인을 반납하고 모아둔 재산을 모두 나눠주고 두 번째로 관직을 버리고 떠났다.

그는 상업 중심지인 도陶라는 곳에 거주하면서 스스로를 주공이라 하였다. 사람들은 그를 도주공이라 불렀다. 범여는 농업과 목축 그리고 상업을 결합하여 또 다시 커다란 재산을 모았다.

범여는 진정한 대상인이었다. 그는 적절한 시기에 적절한 사업 파트너를 선택해 상대방을 충분히 신뢰했으며 어떤 문제가 생겨도 책임을 떠넘기거나 비난하지 않았다.

이러한 그의 인격적 매력이야말로 그를 도량이 넓은 위세당당한 대정치가로 만들어주었다. 그가 정계에서 홀연 사라져 홀로 깨끗했을 때에도 여전히 능히 천하를 구제하고 자신이 모은 재산을 다시 한 번 자기와 별로 교류가 없던 어려운 사람들에게 나누어 줄 수 있었던 것도 그의 인격적 매력 때문이었다. 그는 허명虛名을 분토糞土처럼 여겼고, 오직 숨어서도 자신의 모습이 보일까 걱정하였으니 이러한 그의 도덕 품격은 일반적인 부자들의 차원을 훨씬 뛰어넘는 것이었다.

다른 사람들을 돕기 좋아하는 행적과 명리名利에 담백한 그의 풍모, 그리고 관후 인자寬厚仁慈한 그의 품격은 과연 무엇이 지혜로운 것인지를, 그리고 차원이 다른 인생의 비범한 선택을 여실히 보여주고 있다.

고통은 함께할 수 있으나 기쁨은 함께 나눌 수 없다

범여는 구천을 도와 22년 만에 와신상담의 숙적 오나라를 멸망시켰다. 그 후 구천은 범여에게 상장군上將軍이라는 최고 벼슬을 내렸다. 그러나 범여는 벼슬을 사양했다. '이미 목적을 달성한 군주 곁에 오래 있는 것은 위험하다. 구천은 고생은 함께 나눌 수는 있어도 편안함은 함께 나

누지는 못할 인물이다.'

이렇게 판단한 범여는 구천에게 편지를 올렸다.

< 군주께서 괴로워하실 때 몸이 부서지도록 일해야 하며 군주께서 모욕을 당하실 때는 생명을 내던져야 하는 것이 신하의 도리입니다. 회계산에서 대왕께서 치욕을 당하시는 것을 보면서도 생명을 이어온 것은 오직 오나라에 복수하기 위해서였습니다. 그것이 이뤄진 지금, 마땅히 그 죄를 받겠습니다. >

그 편지를 받고 깜짝 놀란 구천은 사자를 보내 범여에게 말했다.

"무슨 말을 하는 것인가? 나는 나라를 둘로 나누어 그대와 둘이서 다스리려 하고 있는데 내 말을 듣지 않으면 그대를 죽여서라도 듣게 하겠다."

그러자 범여는 가벼운 가재도구와 보석을 배에 싣고 떠났다. 구천은 회계산 일대에 표지판을 세우고 그곳을 범여의 땅으로 선포하였다.

범여는 제나라로 간 후 대부 종에게 편지를 했다.

< 하늘을 나는 새가 없어지면 활을 없애고 토끼가 죽으면 사냥개를 참혹하게 죽인다고 합니다. 구천은 목이 길며 입이 검습니다. 좋지 못한 관상입니다. 이런 사람은 고생은 같이 해도 기쁨은 함께 할 수 없습니다. 대부께서는 왜 물러나지 않으십니까? >

대부 종이 그 편지를 읽고는 마음을 정하지 못하고 머뭇거리다가 병을 핑계로 조정에 나가지 않았다. 어느 날 < 대부 종이 반란을 꾀하고 있습니다 >는 고발이 들어왔다.

구천은 대부 종에게 칼을 하사하고 이렇게 말했다.

"귀공은 과인에게 오나라를 토벌하는 일곱 가지 비결이 있다고 했는데 과인이 그 중 세 가지를 사용하여 오나라를 멸망시켰다. 이제 나머지 네 가지는 그대가 가지고 있는데 돌아가신 선왕先王을 모시며 시험해 보는 것이 어떤가?"

대부 종은 결국 그 칼로 자신의 목숨을 끊어야 했다.

제나라로 간 범여는 스스로를 '치이자피鴟夷子皮[22]'라고 칭하였다. 그는 해변가에서 자식들과 함께 땀 흘리며 밭을 갈아 재산을 모았다. 얼마 지나지 않아 그는 큰 부자가 되었다. 그러자 제나라에서 그에게 재상으로 와달라고 간청했다. 범여는 탄식했다.

"들판에서 천금의 재산을 모으고 관가에서 재상의 벼슬에 올랐으니 그 이상의 명예가 없다. 그러나 명예가 계속되면 도리어 화근으로 된다."

범여는 제나라의 요청을 사양하고 재산을 마을 사람들에게 나눠준 다음, 값나가는 보석만 지니고 몰래 제나라를 떠나 도陶나라로 갔다. 도나라는 천하의 중심이 되므로 교역을 하면 각지와 통하여서 재산을 모을 수 있을 것이라고 판단하였기 때문이다. 그는 스스로를 도주공陶朱公이라 칭하고 아들과 함께 농경과 목축에 힘썼으며, 물가의 변동에 따라 시세 차이가 나는 물건을 취급하면서 1할의 이익만 취했다.

얼마 지나지 않아 그는 수만 금의 거부가 될 수 있었고, 세상 사람들은 도주공을 칭송하였다.

진정으로 재물을 아끼는 길은

범여가 도나라에 살고 있을 때 막내아들이 태어났다. 그 막내가 20세가 되었을 때 차남이 초나라에서 살인을 하여 붙잡혔다. 그러자 범여가 말했다.

---

22. 부차는 오자서가 자결한 뒤 그를 치이鴟夷에 싸서 강물에 버렸는데, 범여는 스스로의 죄가 오자서와 똑같다는 뜻으로 자신을 치이자피라고 칭했다.

"살인을 했으니 죽는 것은 당연하다. 그러나 천금을 가진 부자의 아들은 길거리에서 죽지 않는다고 한다."[23]

그는 막내아들에게 급히 황금 천 일鎰[24]을 헝겊 자루에 넣어 마차에 싣도록 하였다. 막 출발하려는데 갑자기 장남이 자기가 가겠다고 나섰다. 범여는 고개를 가로저었다. 그러자 장남이 불만을 터뜨렸다.

"장남은 집안을 살피므로 그를 일러 가독家督이라 합니다. 그런데도 지금 막내 동생을 보내시는 것은 제가 무능하다고 생각하시기 때문입니다. 그렇다면 저는 죽고 말겠습니다."

어머니가 깜짝 놀라 범여에게 하소연했다.

"막내를 보낸다고 꼭 둘째를 살려온다고는 못할 것입니다. 그런데도 이 때문에 집안의 장손을 죽게 할 작정이십니까?"

범여는 하는 수 없이 장남을 보냈다. 그는 자기 친구인 초나라의 장생庄生에게 편지를 쓰는 한편 장남에게 단단히 일렀다.

"초나라에 가거든 가지고 간 황금을 장생에게 주고 모든 일을 그에게 맡겨라. 무슨 일이 있어도 내 말대로 하여라."

장남은 따로 수백 금을 갖고 초나라로 떠났다. 그런데 장남이 막상 장생의 집에 도착해 보니 그의 집은 변두리에 있었고 대문 앞까지 잡풀이 무성했다. 장남은 아버지의 편지와 가지고 온 황금을 그에게 주었다. 그러자 장생이 말했다.

"초나라에 머물러 있지 말고 지금 곧장 집으로 돌아가시오. 설사 아우가 풀려나도 어떻게 풀려났는지 그 이유를 묻지 마시오."

그러나 장남은 초나라에 계속 머물면서 따로 가져온 황금을 초나라

---

23. 천금지자, 불사어시千金之子, 不死於市.
24. 1일鎰은 금 20냥에 해당.

실력자들에게 뿌리고 다녔다.

　장생은 가난하게 살았으나 청빈함으로 왕을 비롯한 모든 신하들의 존경을 받고 있는 인물이었다. 범여에게도 황금을 받을 마음은 추호도 없었으며 일만 마치면 곧 되돌려주려고 작정하고 있었다. 그러나 범여의 장남은 '천하의 청렴한 장생도 돈 앞에서는 별 수 없구나.' 하고 생각했다.

　어느 날 장생이 궁에 들어가 왕에게 아뢰었다.

　"별이 움직이는 모양이 좋지 않습니다. 우리나라가 어려움을 당할까 두렵습니다."

　왕은 장생을 신뢰했기 때문에 "그렇다면 어떻게 해야겠소?"라고 물었다.

　"대왕께서 덕을 베푸셔야 할 줄로 아옵니다."

　왕은 즉시 금, 은, 동을 모아둔 부고府庫를 봉인하게 했다. 그때 범여의 장남에게서 황금을 받은 한 대신이 장남에게 급히 말했다.

　"여보게! 곧 사면이 있을 듯하네."

　"왜 그렇습니까?"

　"사면이 내리기 전에는 반드시 부고가 봉인되도록 되어 있네. 어젯밤 왕께서 부고를 봉인하도록 명령하셨네."

　그러자 장남은 '대사면이 내리면 마땅히 동생이 석방된다. 쓸데없이 그 많은 황금을 장생에게 주었구나.'라고 생각해 곧장 장생에게 달려갔다.

　장생이 깜짝 놀랐다.

　"아니, 자네가 왜 지금까지 여기에 있는 것이오?"

　"동생이 사면되어 나오게 되었답니다. 그래서 작별 인사를 드리려고…."

장생은 황금을 돌려 달라는 그의 마음을 알아채고는 "금은 안에 그대로 있소. 가져가고 싶으면 가져가시오."라고 하였다.

그러자 장남은 재빨리 금을 찾아가지고 떠나버렸다. 새파란 아이에게 모욕을 당했다고 느낀 장생은 즉시 궁에 들어가 왕에게 말했다.

"엊그제 별이 불길하게 움직인다고 말씀드렸을 때, 왕께서는 급히 덕망을 베풀어 대처하려 하셨습니다. 그런데 요즘 이상한 소문이 돌고 있습니다. 지금 도나라의 부호인 범여의 아들이 사람을 죽이고 초나라 감옥에 갇혀 있습니다. 그래서 범여가 황금을 뿌리면서 대신들을 움직이고 있다고 합니다. 그런 까닭으로 시중에서는 사면이 범여의 아들을 살리려는 것이며 대왕께서 특별히 초나라 백성을 위해 덕망을 베푸시는 것이 아니라는 풍문이 떠돌고 있습니다."

왕이 노발대발했다.

"내가 어찌 그자 한 명 때문에 사면을 베푼단 말이오?"

왕은 당장 범여의 아들을 처형시키고 그 후에야 사면령을 내렸다.

결국 장남은 동생의 시체를 안고 돌아왔다. 어머니와 모든 마을 사람들이 슬퍼했으나 범여는 혼자서 웃고 있었다.

"이렇게 될 줄 알고 있었다. 큰아들이 동생을 위하지 않아서가 아니다. 그러나 큰아들은 어려서부터 나와 함께 갖은 고생을 다 해봤기 때문에 좀처럼 돈을 쓸 줄 모른다. 반대로 막내는 태어날 때부터 부유하게 어려움 없이 자랐기 때문에 돈 모으는 고통을 모르고 돈도 잘 쓴다. 내가 막내를 보내려 했던 것은 막내라면 거기 가서 돈을 크게 쓸 수 있을 것으로 여겼기 때문이었다. 큰아들은 그렇게 하지 못한다. 그것이 결국 동생을 죽이게 된 원인이다! 하지만 어쩔 수 없는 일인 것을 어찌 슬퍼만 하랴! 나는 밤낮으로 둘째 애의 시신이 도착하기를 기다렸다."

범여는 19년 동안 천금의 재산을 세 번씩이나 모았으나 그 중 두 번

상성商聖 범여상 (산둥성 페이청시 범여공원에 위치)

은 가난한 벗들과 일가친척에게 나누어주었다. 이른바 '부유하여 그 덕을 행하기 좋아하는 사람'이었다.

그는 늙어서 자손들에게 재산을 나누어 주면서 관리하게 했는데, 자손들의 재산도 수만금에 이르렀다.

범여는 세 번이나 옮기고도[25] 천하에 이름을 떨쳤다. 그가 멈추는 곳에서는 반드시 이름을 떨쳤다. 범여가 마침내 도陶 땅에서 늙어 세상을 떠나니, 세상은 그를 '도주공陶朱公'이라고 칭송했다.

『사기』의 저자 사마천은 범여를 극구 칭찬했다.

"범여는 세 번 자리를 옮기고도 모두 영광스러운 명성을 남겨, 그 이름을 후세에 길이 남기었다. 신하와 군주가 이러하다면 드러내지 않으려 할지라도 그것이 가능하겠는가?"

---

25. 월나라에서 제나라로, 다시 제나라에서 도나라로 옮긴 것을 말한다.

13. 진귀한 물건을 취하라 ❈ 여불위

여불위

기화가거奇貨可居**: 투자의 핵심**

여불위는 한나라 양책陽翟의 대상인이었다. 그는 여러 나라를 왕래하며 값이 쌀 때 물건을 사놓았다가 시기를 보아 비쌀 때 파는 방법으로 천금의 재산을 모았다. 그는 여러 나라를 돌아다녔기에 견문이 넓었으며, 모든 일에 대한 감식안이 비상하였다.

진나라 소왕 40년에 태자가 죽자, 42년에 차남인 안국군安國君이 태자가 되었다. 안국군에게는 20여 명의 아들이 있었지만 총애를 받고 있었던 화양부인에게는 아들이 없었다. 그 20여 명의 아들 가운데 자초子楚라는 왕자가 있었다. 자초의 생모인 하희夏姬는 안국군의 사랑을 받지 못했다.

그래서 자초는 별 볼일 없는 존재로 취급되어 조나라에 인질로 보내졌다. 자초는 사랑받지 못하는 첩의 자식인데다 인질의 몸이었기 때문에 매우 곤궁한 생활을 해야만 했다. 더구나 진나라가 조나라를 자주 공격하였으므로 인질로 간 자초는 갈수록 조나라의 냉대를 받아야 했다.

여불위가 어느 날 장사일로 조나라 수도 한단에 갔다. 그런데 거기에서 인질로 보내어진 자초를 만나게 되었다. 여불위는 자초를 보는 순간, '이것은 기화奇貨이다. 구해놓고 보자! 옛말에도 '기화가거奇貨可居'라고 하

지 않았는가!'라고 생각하였다.[26]

자초를 본 여불위는 집에 돌아가 아버지에게 물었다. "농사를 지으면 몇 배의 이익이 남습니까?" 아버지는 "글쎄, 열 배쯤 남을까."라고 대답했다. 여불위가 또 "보물을 갖고 있으면 이익이 몇 배나 되겠습니까?"라고 묻자 아버지는 "백 배는 되겠지"라고 대답하였다. 여불위가 다시 "그러면 임금이 될 사람을 사두면 이익이 몇 배가 될까요?"라 묻자 아버지는 "그야 계산할 수 없을 정도겠지."라고 말했다. 그러자 여불위가 말했다.

"농사를 지어서 얻는 이익이란 그저 추위에 떨지 않고 배를 곯지 않을 정도입니다. 그러나 장차 나라의 대권을 움켜쥘 왕을 키우게 된다면 그 혜택은 두고두고 남을 것입니다. 지금 조나라에는 진나라의 왕자가 인질로 와 있습니다. 저는 이 기화를 사놓겠습니다."

여불위는 말을 마치고 곧장 자초를 다시 찾아갔다. 이 무렵 자초는 매일 특별히 하는 일 없이 무료하게 시간만 보내고 있었다. 여불위가 큰절을 하면서 자초에게 바싹 다가서며 말했다. "제가 이제부터 왕자님의 대문을 크게 해 드리겠습니다." 자초는 힘없이 웃음을 짓고 말했다. "먼저 당신의 대문을 크게 만들고 나서 나의 대문을 크게 할 수 있는 것이겠지요."

여불위는 "공자께서는 잘 모르시는 말씀입니다. 저의 대문은 공자의 대문이 커지는 것을 기다려야 합니다."라고 말했다.

---

26. 기화奇貨란 진귀한 상품 즉, 뜻하지 않게 찾아낸 물건을 의미한다. 그리하여 기화가거奇貨可居란 보존하였다가 비싸지기를 기다려 팔 수 있는 진귀한 물건이라는 뜻이다. 보통 사람은 그다지 중시하지 않지만 전문가의 눈에는 매우 가치 있는 것이 있다. 그것이 비록 지금은 값어치가 없어 보이지만, 시간이 지나면 높은 가치를 지니게 된다. 실로 여불위는 자초를 점찍고 키워냄으로써 권력을 장악할 수 있었으며, 천하통일을 이룬 진시황도 여불위가 없었다면 역사상의 인물로 기록되지 못했을 것이다.

여불위는 차근차근 말하였다.

"지금 진나라 왕은 연세가 많고 공자의 아버님 안국군은 태자로 계십니다. 안국군은 화양부인을 총애하고 있는데 그 부인에게는 후사가 없습니다. 그렇다면 후계를 정하는 데는 화양부인의 힘이 크게 작용할 것에 틀림없습니다. 공자는 20여 명의 형제 중 중간쯤 태어나신 분으로 아버님의 관심도 크게 받지 못하고 오랫동안 외국에서 인질 생활을 하고 계십니다. 안국군이 왕위에 오르게 되면 당연히 후계를 정해야 합니다. 그렇다면 공자의 입장은 항상 옆에 있는 큰 형님이나 다른 형제분에 비해 훨씬 불리합니다."

자초가 "옳습니다. 어떻게 하면 좋겠습니까?"라고 묻자 여불위는 "공자께는 경제적 여유가 없으시기에 아버님에 대한 선물은 고사하고 찾아오는 손님들과 교제하는 일조차도 어렵습니다. 저도 별로 여유는 없습니다만, 이제부터 제가 가지고 있는 천금의 전 재산을 던져서라도 안국군과 화양부인에게 당신을 후계자로 삼으라는 공작을 시작하겠습니다."라고 말했다.

인물을 키우면 그 이익은 헤아릴 수조차 없이 크다

여불위는 자초에게 5백 금을 주어 교제비를 쓰도록 하고, 나머지 5백 금으로는 조나라의 진귀한 물건들을 샀다. 그는 즉시 진나라로 가서 화양부인을 가장 잘 움직일 수 있는 사람인 화양부인의 언니를 만났다. 화양부인의 언니는 여불위가 이전부터 몇 번 장사 관계로 만나 선물을 바쳤던 사람이었다.[27] 여불위는 선물로 사왔던 물건을 모두 그들 자매에

---

27. 여불위는 이러한 인맥 관계를 잘 활용하면 승산이 있다고 여겼기 때문에 처음부터 자초를 기화

게 바치면서 넌지시 그들을 떠보았다.

"지금 진나라에 계신 자초 왕자님은 각국의 유명 인사들과 널리 접촉하여 그 명성이 날로 높아가고 있는 총명한 분입니다. 그분은 항상 '화양부인을 하늘처럼 존경한다. 아버님과 부인을 사모하여 밤낮으로 눈물을 흘린다.'고 말씀하십니다."

이 말을 듣자 화양부인의 언니는 매우 기분이 좋았다. 여불위는 화양부인의 언니에게 다음과 같이 화양부인께 말씀드리라고 일러두었다. "듣건대 '색色으로 섬기는 자는 색이 쇠하면 사랑도 잃는다.'[28]고 합니다. 지금 당신은 태자의 사랑을 한 몸에 받고 있지만 애석하게도 후사가 없습니다. 지금부터 총명하고 효심이 두터운 분을 골라 태자의 후계로 정하고 그를 양자로 삼아야 합니다. 그렇게 해야 태자가 살아계실 때는 물론이고 또한 태자에게 만일의 일이 생겨도 양자가 왕위에 오르기 때문에 당신은 권세를 잃지 않고 살아갈 수 있습니다. 이를 두고 영원한 이로움을 얻는다고 합니다. 젊을 때 발판을 튼튼히 해둬야 합니다. 색향色香이 쇠하고 총애를 잃은 뒤에는 이미 늦습니다.

자초는 총명한 분입니다. 그는 형제들의 순서로 보아도 그렇고 생모의 순위로 보더라도 자신이 후계자가 될 수 없음을 알기 때문에 당신을 끝까지 섬길 것입니다. 그러니 자초를 후계자로 정해 놓으면 당신은 평생 편안하게 살 수 있을 것입니다."

화양부인이 들으니 그럴 듯했다. 얼마 후 화양부인은 태자에게 자초가 총명하며, 또 그와 교제하고 있는 많은 제후들이 얼마나 그를 칭찬하고 있는가를 자세히 설명했다. 그러고는 눈물을 흘리며 말했다.

로 판단했다.

28. 색쇠이애홍色衰而愛弛.

"저는 다행히도 태자님의 사랑을 한 몸에 받고 있지만 아들이 없습니다. 바라옵건대 자초를 후계자로 정하여 저의 장래를 맡길 수 있도록 해 주십시오."

안국군은 그 청을 받아들였다. 이후 안국군과 화양부인은 자초에게 많은 액수의 자금을 보냈고 여불위에게 자초를 잘 돌봐주도록 부탁하였다. 그리하여 자초의 명성은 제후들 사이에서 갈수록 높아져 갔다.

여불위의 말처럼, 농사를 지으면 열 배의 이익을 얻을 수 있다. 또 보물을 비축해 두면 능히 백 배의 이익을 얻을 수 있다. 하지만 왕이 될 인물, 즉 '왕재王才'를 키워 '투자'하게 되면 그 이익이란 계산할 수 없을 정도가 된다.

여불위는 사람의 '그릇'과 '가능성'을 알아보는 '눈'이 있었다.

여불위는 투자 대상을 정확하게 찾아냈고, 그 투자 기회를 민첩하게 포착하여 과감하게 실천하였다. 즉, 자신의 투자 대상이 진정으로 꽃을 피우게 하기 위하여 정확한 방법을 찾아냈다. 당시 투자 대상의 아버지인 태자와 태자가 총애하는 화양부인이 아들이 없다는 점을 교묘하게 활용해 자신의 재산을 던져 결국 자신의 투자 대상이 권좌를 거머쥘 수 있게 한 것이다. 이러한 인맥관계의 활용이 여불위의 성공 요인이었다.

2부

중앙 제국의 전성시대,
한·당·송 시대

14. 인재를 기용함으로써 천하를 얻었다 ✤ 한 고조 유방

한 고조 유방은 항우와 벌인 수십 차
례의 전투에서 연전연패하다가 마
지막 단 한번의 전쟁에서 승리를 거
둬 천하를 손에 넣었다.

유방이 천하 무적 항우에게 승리
를 거둘 수 있었던 까닭은 과연 무엇
일까?

한 고조 유방

한 고조 유방이 천하를 통일한 뒤,
연회를 베풀었다. 고조가 말했다.

"여러 제후와 장군들은 나를 속일
생각을 말고 모두 속마음을 이야기
해보시오. 과연 짐이 천하를 얻을 수 있었던 까닭은 무엇이며 항씨가 천
하를 잃은 것은 과연 무슨 이유 때문이었겠는가?"

이에 고기高起와 왕릉王陵이라는 신하가 대답하였다.

"폐하께서는 오만하여 다른 사람을 모욕하고 항우는 인자하여 다른
사람을 사랑합니다. 그러나 폐하께서는 사람을 파견하여 성을 공략하
고 땅을 점령하게 하고 그곳을 그에게 봉하고 능히 천하 사람들과 이익
을 함께 나누십니다. 반면에 항우는 현명하고 능력 있는 사람을 질투하
고 공이 있는 자를 해치며, 현명한 자를 의심하고 전쟁에 이겨도 논공

행상을 하지 않으며 노획한 땅도 나누지 않으니 이것이 바로 그가 천하를 잃은 까닭입니다."

그러자 고조가 웃으며 말하였다.

"그대들은 하나만 알고 둘은 모르오. 군영의 장막 안에서 전략전술을 세워 천리 밖에서 승리를 결정짓는 일運籌策帷帳之中 決勝于千里之外에는 내가 장량만 못하며, 나라를 진수鎭守(군대를 주재시켜 요처를 지키다)시키고 백성들을 위무하며 군량을 공급하고 운송로가 끊이지 않게 하는 일에는 내가 소하蕭何만 못하오. 또 백만 대군을 통솔하여 싸우면 반드시 승리하고 공격을 하면 반드시 점령하는 일에서는 한신만 못하오.

이 세 사람은 모두 호걸 중의 호걸이오! 내가 그들을 능히 임용했다는 것, 바로 이것이 내가 천하를 얻을 수 있었던 원인이오. 항우는 범증한 사람이 있었으나 그를 임용할 수 없었소. 바로 이것이 항우가 나에게 사로잡혀 죽은 원인이오."

한 고조 유방은 "술과 여자를 좋아하고", 자주 "술에 취하여 술집에 그대로 누워 잘 때가 많았다." 그는 영락없이 동네 건달의 전형이었다.

한 번은 현령인 친구를 축하하는 자리에서 소하蕭何가 "진상한 예물이 천 냥에 이르지 않는 사람은 당하堂下에 앉으시오"라고 말했다. 유방은 거짓으로 선물 목록을 꾸며 '하례금 만 냥'이라고 써넣었지만, 사실은 한 냥도 지참하지 않았다. 그는 소하가 "유방 저 사람은 언제나 큰소리만 치고 실행하는 일은 드물다"라고 평가할 정도로 '사기성'이 강한 사람이었다.

유방이 처음으로 진나라의 서울인 함양에 입성했을 때에도, 그는 그곳의 궁실, 휘장, 개와 말, 값진 보배, 미녀 등을 보고 너무 입맛이 당겨 그것들을 즐기고자 계속 그곳에 머물고 싶어 했다. 그는 이렇게도 평범한 사나이였다. 심지어 항우의 군대에 쫓겨 수레를 타고 도망갈 때도, 그는 수레 무게를 줄여 자기만 무사히 달아나려고 자기의 아들과 딸마저 수레 밖으로 밀어 떨어뜨리려 한 못난 아버지이기도 하였다.

이렇게 많은 약점을 지녔어도, 유방은 자기 옆에 사람을 끌어들이는 인덕을 지니고 있었으며, 그렇게 모여든 인재들이 각자 자기를 위해 최선을 다해 헌신하도록 만드는 이상한 매력과 능력을 가지고 있었다. 또한 유방은 살육을 일삼고 잔학했던 항우와 달리 덕을 베풀고 인자한 정치를 펼침으로써 가는 곳마다 민심을 얻었다.

반면 역발산기개세力拔山氣蓋世, 일기당천一騎當千의 뛰어난 힘과 무용을 지닌 천하 명장이었던 항우는 초나라 명문 가족의 후예라는 좋은 집안의 배경과 천하에서 가장 용맹스러운 초나라 병사들을 보유하고 있었다. 사실 객관적 조건으로만 보면 항우는 유방과 비교 가능한 상대조차도 아니었다. 하지만 항우는 자신의 뛰어난 참모들을 활용하기는커녕 도리어 그들을 의심하고 핍박하여 모두 유방 진영으로 가게 만들었고, 오로지 자신의 힘과 무용만을 믿고 포악한 정치를 일삼았다.

유방은 자신의 약점을 뛰어넘는 장점으로 마침내 천하무적 항우를 물리치고 천하를 손에 넣었다.

15. 항우 ◈ 그는 왜 패배했는가?

항우

흔히 항우를 용勇, 살殺, 정情, 명命이 네 글자로 묘사한다.

"우지신용, 천고무이羽之神勇, 千古無二." "항우의 신묘한 용맹스러움은 천고에 다시 없다."는 뜻이다.

항우야말로 이른바 '용관삼군勇冠三軍', 즉 용맹함이 3군 중 으뜸가는 용장이었다. 그는 상장군 송의를 마치 초개와 같이 베어 버렸고, 파부침주破釜沈舟(솥을 깨뜨리고 배를 가라앉힌다[편집자 주])로 진나라 대군大軍을 대파하여 뭇 제후들을 무릎으로 기어 다니게 만들었다. 팽성 전투에서는 3만 병사로 수십 만에 이르는 한나라 대군을 격파하였는데, 그 시체가 너무 많아 강물이 막혀 흐르지 못할 정도였다. 최후의 해하 전투에서는 단 28기로 만 명의 한나라 진영을 유린하였다.

그의 용기와 배짱은 그가 어릴 적 진시황의 행렬을 보고서 "저 자의 자리는 내가 취할 수 있다!"고 말한 데에서 이미 엿볼 수 있었다. 그가 가는 곳 어디에서나 그의 용맹은 빛났으며, 호방하기 짝이 없는 그의 기세는 그가 자신의 시에서 스스로를 평한 바처럼 '역발산기개세力拔山氣蓋

世', 그야말로 천하를 뒤덮었다.

다음으로 '살殺'은 항우의 잔인한 성격이 드러나는 대목이다. 사마천은 '항우본기'에서 항우의 잔인한 성격에 대해 많은 부분을 할애하여 묘사하고 있다. 그리고 그것이 항우가 천하를 잃게 되는 커다란 원인 중의 하나임을 논증한다. 그는 회계군수와 송의를 죽이고, 함양을 도륙한 뒤 의제義帝를 시해한다. 또 20만 명의 진나라 포로 병사들을 산 채로 파묻어 버리는 장면에서 그의 잔인함은 극에 이른다. 항우는 사람 죽이기를 밥 먹듯이 했는데, 이것이 결국은 민심이 떠난 결정적 요인이 되었다.

이에 대하여 사마천은 "항우가 의제를 죽이고 스스로 왕이 된 것이야말로 용납할 수 없는 일이었지만, 항우는 도리어 왕후들이 자신을 배반한 것을 원망하였다. 이렇게 하고서도 다른 사람이 배반하지 않기를 바라는 것은 실로 너무 어려운 일이다!"고 비판하고 있다.

그런데 뜻밖에도 항우는 정이 많고 겸손하며 인자했던 인물이었던 것 같다. 항우의 휘하에 있었던 한신은 유방에게 항우의 성격에 대하여 "평소 항우가 사람을 대하는 태도는 겸손하고 자애로우며 유순합니다. 말투가 부드러우며 병이 난 사람이 있으면 눈물을 흘리며 음식을 나눠 줄 정도입니다. 그러나 부하가 공을 이루어 상과 벼슬을 내려야 할 때가 되면 항상 머뭇거립니다. 따라서 이는 다만 아낙네의 인정[29]에 불과할 뿐입니다."라고 평가한 바 있다.

항우는 해하에서 사면초가의 상태에 처했을 때, 우虞미인과 애마愛馬 추騅의 처지를 안타까워하면서 '해하가垓下歌'를 지어 읊었다. 이때 그의 얼굴에는 눈물이 흘러내렸다. 이렇게 '아녀자의 정情'은 있었지만, 그는 유방처럼 너그럽게 아랫사람들을 포용하지 못하고 오히려 그들을 불

---

29. 부인지인婦人之仁.

신하고 시기하였다. 사마천은 "항우는 자신만의 공로를 과시하면서 오직 자신만의 지혜를 믿고 옛 사람을 본받지 않았다. 그러면서 패왕의 사업이 이미 이뤄졌다고 생각하고 오직 무력으로써 천하를 정벌하고 경영하려 하였다."고 평한다. 결국 한신을 비롯하여 진평, 경표 등 아래에 있던 인재들이 모두 도망쳐 유방 진영으로 들어가 항우의 몰락을 재촉하였다.

마지막은 '명命'으로, 항우는 8천 병사로 시작해서 서초패왕이 되어 천하를 군림했는데, 그 명성은 황제를 넘어설 만큼 위세가 대단했다. 그러나 그의 세력은 갈수록 약화되었고, 그는 마침내 오강烏江에서 스스로 목숨을 끊었다. 그의 가슴속에는 천하를 경영할 큰 뜻이 없었고, 오로지 금의환향錦衣還鄕할 생각만 있었다. 그러니 그의 실패는 이미 정해진 셈이었다.

더구나 그는 승부처에서 승부를 결정하지 못하였다. 특히 '홍문鴻門의 잔치'에서 그의 유일한 모사謀士였던 범증의 책략을 받아들이지 않고 유방을 죽이지 않았던 것이 결국 패착이 되고 말았다.

실패했지만 역사를 얻고 민심을 얻은 항우

항우는 그 수많은 전쟁을 하면서도 단 한 번도 속임수를 쓴 적이 없었다. 홍문에서의 잔치에서 번쾌가 휘장을 밀치고 들어왔을 때에도 항우는 그를 나무라지 않았다. 번쾌가 항우를 노려보았는데, 이때 그의 머리카락은 위로 솟고 눈초리는 찢어져 있었다. 항우는 그 모습을 보고도 "장사로구나!"라고 칭찬하고는 술과 고기를 내렸다. 번쾌가 방패를 땅에 내려놓고 그 위에 돼지 다리를 올려놓고서 칼을 뽑아 잘라 먹자 항우는 다시 "참으로 장사로다! 더 마실 수 있는가?"라고 칭찬하였다.

실로 적과 아我를 떠나 영웅호걸을 알아보는 경지가 아닐 수 없다. 이어 번쾌가 항우를 정면으로 비판하면서 항우가 유방을 핍박하는 것이 "진나라를 이어받는 것"이라고 했지만, 항우는 '아무런 반응을 보이지 않은 채' 한참 만에 다만 "앉으라!"고 했을 뿐이었다. 이는 관대한 항우의 성격을 여실히 드러내는 대목이다.

항우는 부하들에게 인자하고 사랑으로 대하였다. 이는 한신과 진평의 증언에서도 나타나고 있다.

"항왕은 다른 사람을 공경하고 사랑하여 청렴하고 지조 있고 예의를 좋아하는 선비들이 대부분 그에게로 귀순하였습니다."

항우의 이러한 인간적인 매력은 사람들을 그의 휘하에 모여들게 하였고, 그들의 생명까지도 기꺼이 피비린내 나는 전쟁터에 내던지게 하였다.

항우는 심지어 자신의 정적인 유방을 대할 때에도 "한번 한 말은 반드시 지켜야 하고, 일을 할 때는 반드시 이뤄내야 한다言必信, 行必果"는 자신의 원칙을 지켰다. 그래서 그는 홍문의 잔치에서 유방의 교언巧言에 속아 넘어갔다. 또 유방의 부친과 처자를 포로로 잡아놓고도 "나의 아버지가 곧 그대의 아버지거늘 반드시 그대의 아비를 삶겠다면 바라건대 내게도 국 한 그릇을 나눠 주거라!"는 무뢰배와도 같은 유방의 조소를 들어야 했다.

하지만 이러한 항우에게도 치명적인 약점이 있었다. 항우가 전쟁에서 거둔 빛나는 승리들은 개인영웅주의를 낳았고, 그로 하여금 무력이 모든 것을 해결해 줄 수 있을 거라 확신하게 만들었다. 그리하여 그는 스스로의 무용만을 긍지로 여기면서 다른 사람을 믿지 않았다. 그는 지나친 자신감을 가졌으며, 유방을 과소평가하여 그가 결코 자신의 장애물이 될 것이라고 생각하지 않았다. 죽음을 목전에 두고서도 그는 "하늘이 나를 망하게 하는 것이지, 전쟁을 잘하지 못했기 때문이 아니다"며 끝내 반성하지 않았다.

항우는 결국 실패하였다. 그는 천하도 잃고 목숨도 잃었다. 그러나 그는 역사를 얻었고, 인심을 얻었다.

첫째, 그는 자신의 정적政敵 유방의 정중한 제사를 받았다. 항우가 죽은 뒤 유방은 왕의 예우를 지켜 그를 노공魯公으로 봉하여 안장하였을 뿐만 아니라 "직접 가서 상을 지내고 한바탕 곡을 한 뒤 떠났다." 이렇게 자신의 정적으로 하여금 진심으로 애도하고 제사를 지내게 만든 것은 항우가 지닌 인간적 매력 때문이라 할 수 있다.

둘째, 역사가들로부터 호평을 받았다. 사마천은 "그는 한 치의 땅을 지니고 있지 않으면서 민간에서 기세를 타고 흥기하여 3년 만에 5로五路의 제후의 총수가 되어 진나라를 멸망시키고 천하를 분할하여 왕과 후를 봉하니, 모든 정사가 항우 한 사람의 명령으로부터 나와 스스로 '패왕霸王'을 칭하였다. 비록 그 지위를 끝까지 유지하지는 못했지만 자고 이래 일찍이 이러한 일은 존재하지 않았다."라며 항우를 격정적인 톤으로 평가하고 있다. 역사가들은 진나라 붕괴라는 커다란 업적을 세운 항우를 크게 평가

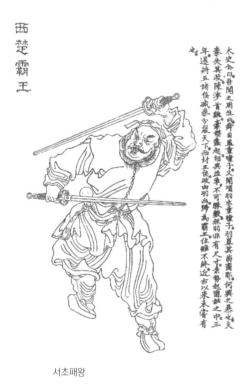

서초패왕

하고 있다.

셋째, 항우는 후세 사람들의 마음에서 우러나오는 찬탄을 얻었다. 왕안석을 비롯하여 이청조李淸照, 두목杜牧 등 후세 시인들은 "차라리 옥쇄할지언정 구차하게 목숨을 구걸하지 않는寧爲玉碎, 不爲瓦全" 항우의 영웅본색英雄本色을 열정적으로 칭송하며 그에 대한 시를 지었다. 오늘날까지 항우와 관련된 많은 영화와 TV 드라마가 계속 끊이지 않는 것은 바로 항우라는 인물이 지닌 인간적인 매력과 영웅적 기개, 그리고 깊은 연정이 주조해낸 비극미 때문이라고 할 수 있다.

16. 장막 안에서 계략을 꾸며 천리 밖의 승리를 얻다  장량

張良

천하 통일 후, 한나라 고조 유방이 낙양에 머물던 어느 날 대궐에서 내려다보니 장군들이 여기저기에 무리를 지어 앉아 쑥덕거리고 있었다.

그러자 고조는 장량張良에게 물었다.

"저 자들은 왜 저렇게 매일같이 모여 있는 것이오?"

장량이 의아한 표정을 지으며 대답하였다.

"폐하께서는 아직도 모르시겠습니까? 반란을 모의하고 있는 중입니다."

장량

"아니! 이제야 천하가 안정됐는데 반란이라니 무슨 망발이오?"

이에 장량이 찬찬히 설명하였다.

"폐하께서는 한낱 서민이셨지만 출세하신 뒤 저 사람들을 부려 천하를 장악하셨습니다. 그런데 폐하께서 천자가 되신 지금, 땅을 하사 받은 자들은 소하라든가 조참과 같이 옛날부터 폐하의 마음에 들어 온 사람뿐입니다. 반면에 벌을 받은 자들은 평소부터 폐하의 미움을 샀던 사람들입니다.

지금 각 개인의 공적을 평가하고 있는 중입니다만 필요한 땅을 모두 계산하면 천하의 땅 덩어리를 모두 준다고 해도 오히려 모자랄 지경입니다. 그래서 저 사람들은 폐하께서 자기들 모두에게 땅을 내리시지는 못할 것 같다, 그렇다면 과거의 과실을 들추어내어 오히려 주벌을 도모하시지나 않을까 두려워하여 저렇게들 모여 앉아 아예 반란을 모의하고 있는 것입니다.”

이 말을 들은 고조는 심각한 표정을 지었다.

“그러면 어떻게 해야 좋겠소?”

“폐하께서 평소에 가장 못마땅해하셨고 그 사실을 남들이 다 인정하는 그런 인물이 있는지요?”

“그야 두말할 필요도 없이 옹치지. 그 자는 나를 여러 번 골탕 먹였거든. 지금이라도 죽여 버리고 싶은데 공적이 크기 때문에 참고 있는 중이라오.”

“그러시다면 우선 옹치에게 벼슬을 내리시고 여러 신하가 모인 자리에서 발표해 주셔야 합니다. 옹치가 벼슬을 받았다고 하면 다른 사람들도 저절로 조용해질 것입니다.”

그 말을 듣자 고조는 술자리를 베풀고 옹치에게 벼슬을 내리는 한편 승상과 어사를 독촉하여 상을 주는 행사를 조속히 추진하도록 할 것도 그 자리에서 발표했다. 아니나 다를까 군신들은 모두 술잔을 부딪치며 환성을 올렸다.

“옹치도 벼슬을 받는데 하물며 우리랴? 우리는 기다리기만 하면 된다오.”

장량, 즉 장자방張子房은 중국 역대 참모 중에서도 뛰어난 참모로 꼽히는 사람 중 하나다.

그는 유방이 지적한 바와 같이 '장막 안에서 계략을 꾸며 천리 밖의 승리를 얻는' 데 있어서 누구도 따를 수 없는 제1인자였다. 무적 항우를 마지막으로 몰아넣었던 '사면초가'의 전술도 장량의 전술이었다.

하지만 그는 항상 뒤에서 참모 역에 만족하고 결코 앞에 나서지 않았다. 유방이 천하 통일을 이룬 후 그는 자신에게 하사된 엄청난 규모의 영지를 사양하고 벼슬자리에서도 물러나 도사로 살면서 여생을 유유자적 즐기며 천수를 누렸다. 이에 반해 끝까지 벼슬자리에 머물러 있던 한신, 팽월, 경포 등은 큰 공을 세우고도 결국 모두 토사구팽을 당해 참수되었다. 장량은 권력의 생리를 잘 알고 있었으므로 비정하고도 살벌한 권력 투쟁이 벌어지는 그 곳을 스스로 떠났다.

무엇보다도 그에게는 개인적인 욕망이 없었다. 그는 전국시대 한(韓)나라 출신이었다. 그의 집안은 대대로 한나라 재상을 지낸 바 있던 명문가였다. 하지만 한나라는 장량이 조정에 나아가기 위해 열심히 학문을 닦던 중 진시황에 의해 멸망당하고 말았다.

이후 그에게는 오직 멸망한 조국에 대한 애정만 남아 있을 뿐이었다. 그는 힘센 장사를 고용하여 120근짜리 철퇴로써 진시황을 저격하였지만 실패하고 말았다.

하지만 이후 그는 유방의 진영에 참여하면서 결국 조국을 멸망시킨 진나라를 멸망시키는 데 큰 역할을 하였고, 또한 한나라의 왕을 암살했던 항우에 대한 보복도 끝내 이루었다.

어쩌면 그에게 있어서는 유방조차도 그의 목적을 실현시키기 위한 도구에 불과하였는지 모른다.

장량이야말로 유능하면서도 깨끗하고 현명한 참모의 '표준'이 되는 인물이 아닐 수 없다.

17. 그릇의 차이가 인물의 등급을 결정한다 ❈ 한신

사람이 가지는 '그릇'에는 차이가
있다.

『사기·회음후열전』에 이러한
'그릇'과 '인물'의 관계를 잘 나타내
주는 내용이 있다.

한신

천하 통일을 이룬 뒤 한고조 유
방은 자주 한신과 여러 장수의 능
력에 대하여 평가하곤 하였다.

하루는 고조가 한신에게 이렇
게 물었다.

"나 같은 사람이 거느릴 수 있는 군사가 어느 정도 된다고 보는가?"

그러자 한신은 "10만 정도까지는 되겠습니다."라고 대답하였다.

고조가 "그렇다면 그대는 어떤가?"라고 묻자 한신은 "저는 많으면
많을수록 좋습니다(다다익선多多益善이라는 말이 이로부터 비롯되었다)."라고 대
답했다.

그러자 고조는 웃으며 "많으면 많을수록 좋다고? 그런데 그러한 그
대가 어찌 나에게 사로잡히게 되었는가?"라고 물었다.

이에 한신이 대답하였다.

"폐하께서는 병사들의 장군이 되실 수는 없지만 장군들의 우두머리

가 되실 능력이 있으십니다. 제가 붙잡힌 것이 바로 그 때문입니다. 더욱이 폐하의 권력은 하늘이 준 것이기 때문에 사람의 힘으로는 어찌할 수 없습니다."

한고조 유방은 기껏해야 10만 명의 병사를 지휘할 만한 능력을 지녔다. 반면 한신은 백만 명 이상, 아니 많으면 많을수록 더욱 그 지휘 능력이 빛나는 명장이었다.

그러나 한신이 지닌 능력은 병사를 지휘하는 능력이었고, 유방이 지닌 능력은 그러한 장군을 지휘하는 능력이었다.

많은 병사들을 다스릴 줄 아는 능력과 장군을 다스리는 능력, 그것이 바로 그릇의 차이이다. 그리고 그것이 인물의 등급을 결정했다.

한신의 비극

한신은 군사적 작전과 전략에 있어 비할 바 없이 탁월한 상승장군常勝將軍이었지만 정치적 식견과 안목은 부족하였다. 그는 천하 제패의 웅대한 꿈을 지니지 않았고, 왕이나 제후의 자리에만 만족했다.

그에게도 기회는 있었다. 책사 괴통과 항우의 부하인 무섭은 한신에게 스스로 독립하여 항우, 유방과 함께 천하를 삼분하라고 거듭 건의하였다. 물론 당시 한신에게는 그렇게 할 만한 충분한 힘이 있었다. 하지만 한신은 "한왕은 나에게 커다란 은혜를 베풀었소. 그의 수레에 나를 타게 하였고 그의 옷을 내게 주어 입도록 하였으며 그의 밥을 내게 주어 먹도록 하였소. 속담에도 '남의 수레를 얻어 탄 사람은 그의 환난을 나눠야 하며, 남의 옷을 얻어 입은 사람은 그의 근심을 함께 나눠야 하고, 남의 음식을 얻어먹은 사람은 그의 사업을 위해 목숨을 바쳐 일해야 한다.'고 했소. 내가 어찌 사사로운 이익에 사로잡혀 의리를 저버릴 수 있다는 말이오?"라고 말하며 그들의 제안을 받아들이지 않았다.

천하가 통일된 뒤, 유방은 한신을 약화시키기 위하여 한신에게 항우의 휘하에 있었던 명장 종리매를 체포하라고 명령하였다. 한신은 며칠을 고민하다가 결국 종리매를 체포하였다. 그때 종리매는 "한왕 유방이 감히 초나라를 공격하지 못하는 이유는 바로 나 종리매가 당신 옆에 있기 때문이오. 만약 그의 비위를 맞추기 위해 나를 잡아갈 생각이라면 오늘 내 스스로 죽겠소. 하지만 당신 역시 곧 망할 것이오." 그러고는 스스로 목숨을 끊었다. 결국 종리매의 말대로 한신은 곧 망하였다. 한신은 자신의 수족도 잘라내면서 유방에게 굴복하여 목숨을 부지하려 했지만 그는 더욱 작아졌고, 그렇게 작아지다가 결국 하나의 점點이 되어 덧없이 사라지게 되었다.

이것은 한신의 선량한 성격에서 비롯된 것이기도 하였지만, 본질적으로 말하면 그가 제왕帝王으로서의 큰 꿈을 가지고 있지 않았기 때문이라 할 수 있다. 오히려 이 점에서는 "왕후장상의 씨가 따로 있는가!"라고 선포했던 진섭보다 못하였다.

유방의 입장에서 보면, 한신은 항우와 천하를 쟁패할 때 그야말로 없어서는 안 될 반드시 필요한 장군이요 인재였다. 실로 한신이 있었기 때문에 유방은 천하를 손에 넣을 수 있었다. 하지만 천하를 평정한 뒤, 한신이라는 존재는 이제 언제 폭발할지 모르는 폭탄으로서 반드시 제거하지 않으면 안 되는 대상이었다.

이로부터 "토끼가 죽으면 사냥개를 삶아 먹는다", 즉 토사구팽兔死狗烹이란 말이 나오게 된 것이다.

더구나 한신은 장량이나 소하와 같은 "빛을 감추고 어둠을 기르는" '도광양회韜光養晦'의 철학도 갖지 못하였으니, 그의 비극은 차라리 필연적이었다.

18. 검약으로 나라의 번영을 이끌다 ◈ 한 문제

하룻밤의 인연

한 문제漢文帝는 한 고조 유방의 넷째 아들이고 그의 모친은 박희薄姬이다.

박희의 부친은 오나라 사람으로 성은 박씨薄氏이다. 진나라 때에 그는 과거 위나라 왕의 종실 여자 위온魏媼과 사통하여 박희薄姬를 낳았다. 박희의 부친은 산음山陰에서 죽었고 그곳에 묻혔다.

제후들이 일어나 진나라에 반란을 일으켰을 때 위표魏豹는 자립하여 위나라 왕이 되었고, 위온은 자기 딸을 궁에 들어가게 하였다. 위온은 허부許負에게 박희의 관상과 사주를 보게 하였는데 허부는 박희가 장차 천자를 낳을 것이라고 말하였다. 당시 항우와 한왕 유방은 형양滎陽에서 대치하고 있었다. 그래서 천하가 누구에게 귀속될지에 대해서는 결정된 바 없었다. 위표는 처음에 한나라를 도와 초나라를 공격하였는데, 허부의 말을 듣고 마음속으로 몰래 기뻐하면서 곧 한왕을 배반하고 중립을 지켰다. 그러다가 또 변심하여 초왕과 연합하였다.

분노한 한왕은 조참 등을 파견하여 위표를 공격하도록 했다. 그로 인해 포로가 된 위표의 국토는 군郡으로 바뀌었으며, 박희는 한나라 궁의 직실織室에 보내졌다. 위표가 죽은 후 한왕은 직실에 들어갔다가 박희가 미색이 있음을 보고 곧 그녀를 후궁으로 들였다. 그러나 궁에 들어간 지 1년여 동안 박희는 황상의 총애를 입지 못했다.

박희는 어릴 때 관부인管夫人, 조자아趙子兒 등과 친하였는데, 세 사람은

"누구든 먼저 귀하게 되더라도 좋은 친구를 잊지 말자!"라고 약속을 하였다. 훗날 관부인과 조자아가 먼저 한왕의 총애를 받았다.

한 번은 한왕이 하남궁河南宮의 성고대成皐臺 위에 앉아 있었는데, 관부인과 조자아 두 미인이 박희와 했던 약속을 얘기하면서 웃었다. 한왕이 그 까닭을 물으니 두 사람은 사실대로 한왕에게 말해 주었다. 한왕은 그 말을 듣고 마음속으로 박희를 애처롭게 생각하여 이날 곧장 그녀를 불러 시중을 들게 하였다.

박희가 "어젯밤 저는 창룡蒼龍이 저의 배 위에 둥지를 틀고 들어앉은 꿈을 꾸었습니다."라고 말하자 한왕은 "이것은 크게 귀할 징조이다. 내가 너의 꿈을 이루도록 하겠노라."라고 하였다. 하룻밤의 동침 후에 곧 사내아이를 낳았는데, 그가 바로 대왕代王이다. 그 동침 이후에 박희는 한왕을 거의 만나지 못하였다.

고조가 세상을 떠나자 여태후는 그녀가 지독하게 증오하던 총희 척부인 등을 모두 유폐하여 출궁하지 못하게 하였다. 그러나 박희는 고조를 거의 만나지 못했기 때문에 출궁할 수 있었고, 아들을 따라 대代나라로 가서 대왕代王 태후太后가 되었다. 태후의 동생 박소薄昭 역시 대나라로 따라 갔다.

한 문제가 그의 어머니 박희의 약을 맛보고 있는 모습
(19세기 우키요에浮世繪의 대가인 우타가와 쿠니요시의 작품)

대왕이 왕위에 오른 지 17년이 지나서 여후가 세상을 떠났다.

여씨 일족이 멸망한 후, 주발周勃 장군을 비롯한 중신들이 모여 후계자 문제를 논의하였다. 중신들은 모두 여씨 외척에 염증을 내고 있었다. 그래서 결국 옛날 박희의 아들이 추천되었다.

"그분은 현재 살아 있는 유방 폐하의 친자식 중에서 최연장자이며, 외가인 박씨는 조촐한 집안일 뿐이다."

이렇게 의견이 일치되자, 중신들은 박희의 아들에게 급히 사자를 보냈다. 박희의 아들은 거듭 사양했지만, 중신들은 계속 권유했다. 박희의 아들이 할 수 없이 황제의 자리에 오르니, 바로 문제文帝였다.

황권의 강화

문제가 즉위한 뒤 주발 장군은 문제 옹립에 가장 공이 컸으므로 조정을 오갈 때 거만한 태도를 보였다. 마치 새로운 황제의 존재를 전혀 개의치 않는 듯하였다. 어떤 사람이 주발에게 공적功績이 군주를 넘어서는 것은 불을 끌어들여 자기의 몸을 태우는 것이니 조심하라고 충고하였다. 이후 주발은 모든 거동을 매우 신중하게 하였다. 본래 문제는 자신의 즉위에 제1 공신은 주발이라고 생각하여 주발을 우승상으로 삼고, 진평을 그 다음 직위인 좌승상으로 삼았다. 주발이 문제에게 우승상 자리를 진평에게 양보하겠다고 말하자, 문제는 전혀 망설이지 않고 곧바로 받아들였다. 진평이 죽은 뒤 주발이 승상 자리를 이어받았다. 그러나 10개월이 채 못 되어 문제가 주발에게 말했다.

"지금 제후들에게 각자의 봉지로 돌아가도록 명령했는데, 잘 지켜지지 않고 있소. 그러니 승상께서 먼저 봉지로 돌아가 모범을 보여줄 수 없겠소?"

주발은 승상직을 사임하고 그의 봉지로 돌아갔다. 그때부터 주발은 극도의 불안감에 사로잡혔다. 누군가 자기를 주살하는 것이 아닌가 하고 의심하여 스스로 갑옷과 투구로 무장하였으며, 손님들도 그러한 상태로 맞았다. 이러한 일이 되풀이되자, 주발은 마침내 반역 혐의로 고발되었다. 그래서 주발은 옥리에게 넘겨져 취조 받기에 이르렀다. 주발은 두려운 나머지 변명조차 제대로 하지 못했다. 그러나 취조가 심해졌을 때 옥리에게 천금의 뇌물을 준 것이

漢文帝像

한 문제

효과를 보았다. 옥리가 조서 뒤에 "공주에게 증언을 시키시오."라고 써주었는데, 이 공주가 바로 문제의 딸이자 주발의 큰며느리였다.

마침내 공주가 증인으로 나왔고, 재판은 즉각 주발에게 유리하게 되었다. 그때 문제도 이미 주발의 조서를 읽고 그가 무죄라는 것을 알았으므로 주발을 즉시 풀어주었다. 감옥에서 나온 주발은 한탄하였다.

"일찍이 백만 대군을 이끌던 나였지만, 옥리 하나가 이렇게 대단할 줄은 미처 몰랐구나!"

검소한 황제

한 문제는 검약하기로 유명한 제왕이었다.

그는 23년의 재위 기간 중 궁실의 정원과 거기車騎 그리고 의복을 늘이지 않았다. 언젠가는 그가 누대를 짓고자 생각해 담당 관리에게 비용을 계산하라고 명하니 모두 백금百金이 필요하다고 답하였다. 그러자 문제는 "백금이면 중인 열 가구의 재산에 해당한다."며 중지하도록 하였다. 문제의 총애를 받던 신부인愼夫人도 "의복이 땅이 끌리지 않았으며, 휘장에도 수를 놓지 않았다."

한 문제는 자기가 묻힐 능묘도 검소하게 만들 것을 명하여 절대 금은동으로 장식하지 말고 기와로만 하도록 하였다. 임종 직전에도 자신의 장례를 검소하게 지낼 것을 유언하였다.

그는 백성들의 조세와 요역을 크게 경감시켰다. 밖으로는 전쟁을 삼가고 안으로는 생산을 장려하는 휴양생식休養生息의 정책을 추진함으로써 나라의 경제를 번영하게 했다. 그의 치세는 그의 아들 경제景帝의 시기와 함께 '문경지치文景之治'라 칭해진다. 이 '문경지치'가 한 무제 시기의 흉노 정벌을 가능하게 하는 등 전성기의 토대를 구축했다.

문제는 기원전 157년 미앙궁에서 향년 47세로 세상을 떠났고, 패릉에 묻혔다.

신하를 접견하는 한 문제 (송대 작품)

잔인한 형벌을 폐지하여 문명의 시대를 열다

한편 명의名醫로 유명한 창공倉公은 천하를 돌아다니며 환자를 치료하고 질병의 원인을 찾아내는 데 힘썼다. 그리하여 집안일을 돌볼 수도 없었으며, 또 그를 부르는 환자가 너무 많아 가보지 못하는 환자들에게 원망도 많이 받게 되었다. 마침내 한나라 문제 4년에 그는 고발을 당하여 육형肉刑을 받을 처지에 놓이게 되었다. 당시 육형은 얼굴에 자자형刺字刑을 하는 경형黥刑을 비롯하여 코를 베는 의형劓刑, 좌우 발을 자르는 참좌우지형斬左右趾刑 등이 있었다.

창공에게는 다섯 명의 딸이 있었는데, 그들은 창공을 붙들고 울었다.

창공은 크게 탄식했다.

"내가 자식을 낳았으되 아들을 낳지 못했더니 이런 일이 생겨도 어쩔 도리가 없구나!"

그러자 막내 딸 제영이 가슴 아프게 생각하고 황제에게 상소문을 올렸다.

< 제 아버지가 관리일 때, 청렴하고 공정하다고 제나라 사람들이 칭찬하였습니다. 그런데 지금은 법을 위반하여 죄를 받게 되었습니다. 제가 깊이 마음 아파하는 것은 죽은 자는 다시는 살아날 수 없고, 죄를 받게 되면 몸이 다시는 원래대로 될 수 없다는 것입니다. 잘못을 고쳐서 스스로 새롭게 되고자 해도 그렇게 할 방법이 없으니, 결국 새롭게 될 수 없는 것이 마음 아픕니다. 바라옵건대 제 한 몸을 관비官婢로 바쳐 아버지가 받게 된 죄를 대신 갚고 아버지가 행실을 고쳐서 스스로 다시 살아갈 수 있도록 해 드리고자 합니다. >

이 글을 읽은 한 문제는 딸을 불쌍히 여기고 창공을 풀어주도록 했으며, 그해 안에 오형五刑[30]을 폐지하였다.

한 문제의 이러한 덕정德政은 중국 형법을 야만의 단계에서 문명의 단계로 도약하게 하는 역할을 하였다.

---

30. 오형五刑: 매를 치고 코를 베고 다리를 자르고 귀를 베고 혀를 자르는 형벌을 가리킨다.

19. 웅재대략雄才大略의 황제 ◈ 한 무제

진황한무秦皇漢武

한나라 무제武帝는 중국 역사상 '진황한
무秦皇漢武'라고 칭해진 불세출의 두 황제
중 한 사람이다.

'진황한무秦皇漢武'는 과감하고도 강
력한 정책을 펼쳐 후세에 탁월한 업적
을 남긴 한 무제와 중국 최초로 통일
국가를 이룩했던 진시황을 지칭한다.

한 무제가 즉위했을 때 한나라는
건국한 지 70년을 지나고 있었다. 정
치는 안정되고 국고 또한 충실하였다.
한 무제는 이를 토대로 하여 한나라의
전성기를 구가할 수 있었다. 한 무제
는 연호年號를 사용한 최초의 황제였
고, 연호는 6년마다 바뀌었다.

像 帝 武 漢

한 무제

무제의 업적 중에도 압권은 흉노 토벌이었다. 흉노족은 중국 북방의
용맹스러운 민족으로서 수백 년 동안 중국을 괴롭혀 왔던 장본인이었
다. 진시황조차도 이들을 두려워하여 만리장성을 쌓았고, 한 고조 유방
도 흉노 공격에 나섰다가 오히려 완전 포위되어 모욕적으로 도망쳐 나

불상에 절하는 한 무제
(둔황의 막고굴에서 발견된 8세기 작품)

와야 했었다. 그 뒤 한나라는 흉노와 굴욕적 화약和約을 맺고 오직 회유책으로 일관했다.

그러나 '웅재대략雄才大略'의 한 무제는 이를 묵과할 수 없었다. 그는 회유책을 버리고 적극적인 공격에 나섰다. 무제는 흉노의 본거지까지 대군을 파견하여 공격하였다. 흉노 역시 필사적인 반격에 나섰지만 전세는 점차 한나라쪽으로 기울었다. 특히 위청과 곽거병 장군의 공격은 흉노에게 결정적인 타격을 주었다.

한편 무제는 흉노 토벌과 함께 적극적으로 서역西域 진출을 기도하였다. 그는 장건을 파견하여 서역 제국에 대한 상세한 정보를 얻게 되었는데, 이는 '실크로드'를 열게 된 중요한 계기가 되었다.

한 무제 시기에 이르러 한나라는 창업 이래 취해 오던 '무위無爲'의 노장 사상에서 '유위有爲'의 유교 사상으로 전환하였다. 특히 동중서의 사상을 받아들여 이후 중국 역사에서 유가 사상이 주류적 지위를 굳히게 만드는 결정적인 역할을 하였다.

유재시거惟才是擧, 재능이 있으면 발탁한다

한 무제는 인재 등용의 측면에서 탁월하였다.

그는 무엇보다 능력을 중시하였다. 재상 공손홍은 원래 돼지를 치는 천한 사람에 지나지 않았고, 어사대부 복식은 양치기 출신이었으며, 상홍양은 장사치 출신이었다. 어사대부 아관, 엄조, 주매신 등도 모두 빈한한 평민 출신이었고, 어사대부 장탕, 두주, 정위 조우는 아전에서 선발되었다. 또 흉노 토벌의 명장 위청은 노예 출신이었고, 황후 위자부衛子夫 역시 노비 출신이었다. 그리고 한 무제는 흉노족과 월족越族 출신의 장군도 발탁하였다. 이를테면, 진미디金日磾는 궁중에서 말을 기르던 흉노 포로 출신의 노예였지만 한 무제는 자신이 죽기 전에 이 진미디와 함께 곽광, 상관걸에게 자신의 제위를 이을 어린 황제를 잘 부탁한다고 유언을 남겼을 정도로 그를 신뢰했다. 이들의 출신은 모두 비천했지만 이들의 능력을 발견하고 능력 발휘의 기회를 제공한 사람은 다름 아닌 한 무제였다. 그의 인재 기용 원칙은 재능이 있는 사람은 발탁한다는 '유재시거惟才是擧'였다. 한 무제 시기는 가히 '인재 경제人才經濟'의 시기라고 칭할 만하다.

한 무제는 각급 관청에 명을 내려 현량방정賢良方正하고 직언과 간언을 잘하는 선비를 추천하는 '찰선察選'[31] 제도를 시행하였는데, 동중서와 공손홍은 이러한 '현량賢良' 시험[32]을 거쳐 중용되었다. 또한 한 무제는 '공거상서公車上書'라는 제도도 시행하였다. 즉, 관리와 일반 백성을 막론하고 직접 황제에게 국사에 관한 제안을 건의하게 하여 좋은 의견을 낸 자에

---

31. 이를 찰거察擧라고도 하였다. 즉, 살펴서 천거한다는 뜻이다.
32. '현량'이 지방에서 천거되어 중앙정부에 도착하면 몇 가지 정치문제를 묻는데 이를 책문策問이라 하였다. 색策이란 일종의 죽편竹片인데 문제들을 이 죽편에 썼기 때문에 책문이라 불렀다. 이 책문에 대하여 각 현량들이 답하는 것을 대책對策이라고 하였다.

게는 특별 관직을 주도록 하였다. 동방삭과 주보언, 주매신은 이러한 경로를 통하여 중신이 될 수 있었다. 그리고 각 군郡에 조서를 내려 1년에 한 명의 효자와 청렴한 관리, 즉 렴리廉吏를 물색하여 조정에 추천하도록 하였다. 당시 한나라에 100곳이 넘는 군이 있었으므로 매년 200명이 넘는 '효렴孝廉'이 조정에 추천되었다.

반고班固는 『한서』에서 이를 칭송하여 "한나라의 인재를 얻는 것이, 여기에서 가장 성하였도다!"라고 기록하였다.

여민쟁리與民爭利와 염철회의鹽鐵會議

그러나 한 무제 시기에 추진된 대규모 흉노 정벌은 국고를 탕진시켰고 국가에 엄청난 재정적 부담을 가중시켰다. 이에 소금과 철의 국가 전매 제도, 상업의 국가 관리, 상공업자들에 대한 재산세 부과 등의 정책이 평준법과 균수법에 의해 시행되었다. 사마천은 『사기』에서 상홍양 등 의 '흥리지신興利之臣'에 의하여 강행된 '백성과 이익을 다투는' 정책이야 말로 가장 나쁜 정책이라는 것과 국가 대사로서 거창하게 거행된 봉선封 禪 의식이 실제로는 한 무제 개인의 불로장생을 기원하는 것에 불과했 다는 사실을 신랄하게 비판하였다.

사마천은 『사기』의 '화식열전'에서 "가장 좋은 지도자는 자연적인 추 세에 순응하는 자이고(선자인지善者因之), 그 다음은 이익을 내세우며 인도 하는 자이며, 그 다음은 그들을 교화하려는 자다. 그리고 그 다음은 억 압적인 수단을 사용해 모든 것을 일치시키는 자이며, 가장 나쁜 지도자 는 백성과 다투는 자이다(여민쟁리與民爭利)."라고 천명한다.

'여민쟁리與民爭利'에 대한 이러한 비판은 이후 중국 역대 경제정책 및 개혁 방향에 있어서도 중요한 지침으로 작동한다. 한 무제 사후 소제昭

帝 6년(기원 전 81년)에 이른바 '염철회의鹽鐵會議'가 진행되었다. 이 회의는 한 무제 때 장기간에 걸쳐 정책을 장악했던 어사대부 상홍양과 유가사상에 충실한 현량문학賢良文學의 선비 출신 관리들 간에 이뤄진 회의다. 그들은 염철의 국가전매를 비롯하여 평준과 균수 등 경제정책에 대해 토론했다. 이 '염철회의'로 인해 한 무제의 전쟁정책은 종식되고 휴양생식休養生息과 평화가 이뤄졌다. 이는 한나라 초기 유가와 법가의 합류 시대가 종식되고 선진 시대의 공맹 사상의 회복을 알리는 계기였다. 이후 유가사상은 중국 역대에 걸쳐 독주하게 되었다.

하지만 '염철회의'에서 유생들은 단지 '도덕적인' 이유만으로 국가에 의한 염철 전매 등 '백성과 이익을 다투는' 국가 정책을 지지하지 않았다. 반대만 존재했을 뿐, 전대미문의 광활한 영토와 엄청난 인구의 제국에 있어 그것을 대체代替할 수 있는 유효한 정책을 내놓지 못했다. 번영을 구가했던 당나라도 이러한 영향을 그대로 계승하여 백성에 대한 세금 경감을 중심으로 하는 '작은 정부小政府'를 실행하였는데, 이는 통일대제국에 대한 장기적 관리라는 측면에서 부합되지 못하는 정책이었다. 하지만 이러한 경향은 이후 중국 역대 왕조를 걸쳐 청나라 시기까지 계속 유지되었다.

20. 서역으로 가는 비단길 ❈ 장건

흉노 공략攻略을 기화로 한나라와 서방 제국과의 교섭이 시작되었다. 이때 서방의 길을 개척한 사람이 바로 장건張騫이다.

한나라의 하급 관리에 불과했던 장건은 흉노족에게 사로잡혀 있던 절망적 상황에서도 귀중한 자료를 모아 본국으로 들고 왔다. 그리고 이 보고에 의해서 무제武帝의 세계를 향한 꿈은 피어났고, 그 꿈은 차례차례로 장건의 후계자를 낳았다.

13년 만에 귀국한 장건

장건은 섬서성 한중漢中에서 기원전 164년에 태어나 한 무제 때 낭관을 지냈다. 당시 무제는 흉노의 투항자들에게서 여러 가지 정보를 캐내고 있었다. 투항자들은 흉노가 월지月氏의 왕을 쳐부수고 그 왕의 두개골로 술잔을 삼았다고 하였다. 그로 인해 서쪽으로 도주한 월지는 흉노에 대한 끊임없는 적개심과 복수심을 불태우고 있었으나, 그와 협력해서 흉노를 공격할 나라가 없다는 것에 대해 번민하고 있다고 하였다.

때마침 흉노를 격멸하고자 기도하고 있던 한나라 조정에서도 이러한 말을 듣고는 월지와 손을 잡기 위해 사자를 파견하기로 결정했다. 그러나 한나라와 월지 중간에는 흉노가 버티고 있었기 때문에 한나라의 사자使者는 흉노의 세력권을 통과하지 않으면 안 되었다. 그리하여 조정에서는 그 중임을 완수할 인물을 모집하기로 했다. 이때 스스로 월지로 가

장건출사서역도
(둔황 막고굴에서 발견. 당나라 초기 작품)

겠다고 지원하여 발탁된 사자가 바로 장건이었다.

사자가 된 장건은 흉노인 감보甘父라는 사람을 데리고 출발했다. 그러나 일행은 흉노 영내를 통과하다 잡혀서 선우에게 압송되게 되었다. 선우는 장건을 구속하고 이렇게 문책했다.

"월지국이라면 우리나라보다도 북쪽에 있는데 어찌 한나라가 사자를 그곳에 파견할 수가 있느냐? 우리가 남월에 사자를 파견하려 한다면 한나라에서 잠자코 보내 주겠는가?"

그러면서 장건을 10여 년 동안 억류하였는데, 장건은 그곳에서 아내도 얻고 아이도 키우게 되었다. 그럼에도 그는 한나라 사자임을 나타내는 황제의 부절符節을 항상 몸에 지니고 있었다.

흉노에서 오래 살게 됨에 따라 장건에 대한 감시도 날이 갈수록 완화되었다. 그 틈을 이용해 장건은 부하와 함께 월지 방향으로 도망쳤다.

일행은 서쪽으로 길을 걸어서 수십 일 후에 대원국에 도착했다. 대원국 국왕은 한나라의 강력한 힘과 풍부한 물자 소식을 전해 듣고 전부터 한나라와의 통상을 바라고 있었는데, 장건 일행을 보고 대단히 기뻐하면서 물었다.

"그대는 어디로 갈 생각이오?"

장건은 "우리들은 한나라를 받들고 월지로 가는 길입니다. 불행히도 흉노에게 잡히어 뜻하지 않게 세월을 허송하다가 겨우 도망쳐 오는 길입니다. 바라옵건대 제가 앞으로 계속 갈 수 있도록 해주십시오. 만약 제가 월지에 도착한 후 다시 한나라에 돌아갈 수 있다면 한나라는 대왕에게 말로 설명할 수 없을 엄청난 예물을 보낼 것입니다."라고 청하였다.

왕은 장건의 제안에 동의했다. 그러고는 장건 일행에게 안내와 통역을 붙여서 보내주었다.

일행은 우선 강거康居[33]에 도착했고, 이어서 강거 지방 주민의 도움으로 대월지大月氏[34]에 무사히 도착할 수 있었다.

그런데 대월지에서는 전에 흉노족에게 왕이 죽었으므로 태자가 새 왕이 되어 있었다. 대월지는 새 왕이 등극한 이후 대하大夏[35]를 완전히 복속服屬시켜 종주국宗主國이 된 데다가 외적의 침공도 없이 평온한 나날을 보내고 있었다. 더구나 그들에게 있어 한나라는 너무도 멀었다. 그러므로 대월지는 한나라와 협력하여 흉노에 보복할 생각이 전혀 없었다.

일행은 이 나라에서 1년 남짓 머문 끝에 귀로에 올라 강족羌族의 영토를 통과할 무렵 또다시 흉노에게 잡혔다. 그런데 그들이 이 땅에서 1년 가까이 머무는 동안 선우가 죽고 좌욕려왕이 반란을 일으켜 스스로 왕이 되었다. 이 혼란을 틈타 장건은 흉노인 아내와 감보를 데리고 한나라로 도망쳤다.

조국을 떠난 지 10여 년이 넘어서야 장건은 귀국할 수 있었다. 한나라 왕은 성대한 잔치를 베풀어 장건 일행을 환영하고 장건을 태중대부太

33. 오늘의 키르키즈 지방.
34. 오늘의 우즈베크 지방.
35. 오늘의 아프가니스탄.

^{中大夫}로 임명하였다.

장건은 신체가 건장했으며 관대하며 신의가 두터운 인물로 이국 사람에게도 호감을 샀다. 또한 감보는 흉노 출신으로 궁술_{弓術}에 능하였는데, 식량이 떨어졌을 때 그는 궁술을 사용해 짐승을 잡아 굶주림을 면했다. 한나라를 출발할 때, 장건 일행은 백 명 이상이나 되었으나 13년이 지나서 귀환한 사람은 이 두 사람뿐이었다.

해를 따라 서쪽으로

장건이 실제로 발을 들여놓은 나라는 대원·대월지·대하·강거이고, 정보를 가져온 주변국들도 5, 6개국이 되었다. 그들은 이들 나라에 대해서 황제에게 상세한 보고서를 올렸다.

< 대원은 흉노의 서남방, 한나라의 서쪽에 위치하며 거리는 1만 리쯤이나 됩니다. 그 땅에 사람들이 정주하여 농경에 종사하며 벼와 보리를 재배하고 포도주를 만듭니다. 또한 품종이 좋은 말을 대량으로 사육하고 있습니다. 그 말은 피땀을 흘리므로 그 조상은 천마_{天馬}의 새끼라고 합니다. 도시마다 성곽을 쌓고 가옥에서 살고 있습니다. 대원에는 70여 개의 성이 있고 인구는 넉넉히 수십만을 헤아릴 수 있을 것입니다. 무기로는 활이나 창을 사용하며 기마전_{騎馬戰}과 궁술에 능합니다. 대원의 북쪽은 강거, 서쪽은 대월지, 서남쪽은 대하, 동북쪽은 오손, 동쪽은 한미·우전입니다.

우전 서쪽 지대에는 강이 있는데 서쪽으로 흘러 서해_{西海}³⁶로 들어가

---

36. 아랄 해.

고 동쪽의 강은 동류하여 염택鹽澤으로 갑니다.

오손은 대원에서 동북으로 2천 리쯤 떨어진 곳에 위치하고 있습니다. 그 생활 풍습은 흉노와 같으며 사람들은 일정한 곳에 정착하여 살지 않고 가축을 따라 이동합니다. 활을 쏘는 전사戰士는 수만 명으로 모두 용감히 싸웁니다. 이전에는 흉노에 예속되어 있었지만 그 후 세력이 왕성해졌고 현재 명목상으로만 흉노의 종주권宗主權을 인정하고 있을 뿐 흉노에 바치는 조공을 거부하고 있습니다.

엄채奄蔡[37]는 강거 서북쪽 2천 리쯤 되는 곳에 있으며, 정착하지 않고 사는 강거의 풍속과 매우 비슷합니다. 활을 쏘는 군사는 10여만 명입니다. 큰 못에 잇대어 있는데, 끝이 없어서 아마도 이곳이 북해北海[38]라고 불리는 곳인 것 같습니다.

대월지는 대원에서 서쪽으로 2, 3천 리 떨어진 북쪽에 위치하고 있습니다. 남쪽으로는 대하, 서쪽으로는 안식, 북쪽으로는 강거가 있습니다. 그들은 가축을 따라 이동하는 유목 민족으로 생활 방식은 흉노와 다를 바가 없습니다. 활을 쏘는 전사가 대충 20만 가량 됩니다. 이전에 강력했던 시기에는 흉노마저도 우습게 볼 정도였습니다. 그러나 흉노에서 묵돌선우가 나타나서 월지를 격파했고, 그 다음에 즉위한 노상선우 때에는 월지왕을 죽여서 그 두개골을 술잔으로 삼았습니다. 처음에 월지의 생활권은 돈황敦煌·기련산祁連山 일대였으나, 흉노에게 패한 후 그곳을 포기했습니다. 그리하여 그들은 대원 땅을 통과하여 서방의 대하를 공격하고 그곳을 점령한 뒤 규수嬀水 북쪽에 도읍을 세웠습니다. 그곳에 살던 원주민 중에서 채 도망가지 못한 나머지 무리들은 기련산에 있는

---

37. 고대 서역제국으로서 카스피 해 부근에 있었다.

38. 카스피 해.

강족羌族의 거주지로 들어가 소월지小月氏라 칭하고 있습니다.

안식국安息國39은 대월지에서 서쪽으로 수천 리쯤 떨어진 곳에 위치하고 있습니다. 안식 사람들은 정착해서 농경을 영위하며 벼와 보리를 재배하고 포도주를 생산합니다. 성벽을 둘러쌓아 도시를 갖춘 것은 대원의 경우와 같습니다. 안식국에는 수백 개의 성城 도시가 있고 면적은 수천 리에 이릅니다. 규수嬀水라는 강에 접하고 있으며 교역 시장이 서고, 사람들은 수레와 배를 함께 활용하여 인근 제국뿐 아니라 때로는 수천 리 떨어진 먼 나라와도 흥정을 합니다. 은으로 화폐를 주조하여 사용하고 있고, 화폐 문양에는 왕의 초상을 넣습니다. 왕이 죽을 때마다 화폐를 다시 찍고 왕의 초상도 바꿉니다. 서신과 기록은 피혁을 사용하고 문자는 횡서로 씁니다.

이 나라 서쪽으로는 조지條枝40, 북으로는 엄채와 여헌이 있습니다. 조지條枝는 안식으로부터 서쪽으로 몇천 리 떨어진 곳에 있으며, 서해西海에 임해 있습니다. 날씨는 덥고 습기가 많으며 밭갈이하여 벼를 심습니다. 큰 새가 있는데 알의 크기가 항아리만합니다. 인구가 대단히 많으며 대부분의 지역에는 소군장小君長이 있습니다. 안식은 이 나라를 정복하여 속국으로 삼고 있습니다. 사람들은 마술에 뛰어납니다. 안식의 장로長老들은 "조지에는 약수弱水41와 서왕모西王母42가 있다고 전해 듣기는 하였으나 아직 한 번도 본 일은 없다."라고 말합니다.

대하는 대원에서 서남쪽으로 2천여 리이고 규수의 남쪽에 위치합니다. 이 나라 사람들이 정착해서 성곽과 가옥을 갖추는 것이 대원의 경

---

39. 오늘날의 이란 지역.
40. 오늘날의 이라크 지역.
41. 고대 하천 명.
42. 고대 전설상의 여신.

우와 거의 같습니다. 왕 한 사람이 전권을 쥐고 있는 것이 아니고 각 도시별로 영주가 분립하고 있습니다. 그 때문에 전투력은 약하며 전쟁을 두려워하지만 그 반면에 상업이 발달되어 있습니다. 서쪽으로 이동해 온 대월지에게 격파되어 완전히 예속되어 있지만 백여 만에 이르는 풍부한 인구가 있습니다. 중심 도시는 남시성藍市城이며 교역 시장에서는 갖가지의 물자들이 거래되고 있습니다.

대하 동남쪽에는 신독국身毒國[43]이 있습니다. >

황제의 꿈

장건은 계속해서 다음과 같이 보고하였다.

< 제가 대하에 있을 무렵, 공邛나라의 죽장竹杖과 촉나라의 직물織物을 본 적이 있습니다. 그 고장 사람들에게 물어보자 이렇게 대답했습니다.

서한시대의 명주 직물 (후난성 창사시 마왕퇴 무덤에서 발굴)

---

43. 천축국으로서 인도와 파키스탄 일대.

'이 물건은 우리 상인들이 신독국의 시장에서 사온 것입니다. 신독은 대하에서 동남으로 수천 리 떨어진 곳에 있는 나라로서 정착 생활을 하는 점은 대하와 거의 차이가 없지만 습기가 많고 덥다고 합니다. 이 나라에는 큰 강이 흐르고 있으며 코끼리가 있어 사람들은 그것을 타고 싸움을 합니다.'

제가 추측하건대 대하는 한나라에서 1만 2천 리요, 방향은 서남쪽에 해당합니다. 신독국은 대하에서 동남방 수천 리 밖에 위치하고 또 촉나라 산물이 유통되고 있는 점으로 미루어 촉 땅에서 그리 먼 거리가 아님을 알 수 있습니다. 따라서 대하로 가려면 강족羌族 땅을 통과해야 하는데 길이 험할 뿐 아니라 주민의 환영도 받지 못할 것입니다. 그렇다고 약간 북쪽 길을 택하면 흉노에게 잡히게 됩니다.

이상으로 미루어 짐작하건대 대하로 가기 위해서는 촉 땅에서 출발하는 것이 거리도 짧고 방해받을 염려도 없을 것으로 생각합니다. >

천자는 이미 대원·대하·안식 등의 여러 나라에 진귀한 산물이 많다는 것과 그들이 정착생활을 하면서 중국 본토와 비슷하게 농사를 짓는다는 것, 그리고 그들의 군사력이 약하며 한나라 물자에 대한 욕구 또한 강하다는 것도 알고 있었다. 또한 그들 북쪽에 위치한 군사력이 강한 대월지나 강거 같은 나라들에게 이익을 주어 유인을 한다면 그들도 내조來朝할 수 있다는 사실을 알고 있었다.

만약에 한나라가 도의에 부합하는 방식으로 그들을 귀속시킨다면 한나라의 영토는 만 리萬里 밖까지 확대될 것이고, 한나라의 언어는 풍속이 다른 민족들을 통일시킬 것이다. 황제의 권위와 은덕은 그로 인해 사해에 널리 떨칠 것이다. 한 무제는 매우 기뻐하면서 장건의 말을 옳다고 여겼다. 그리하여 장건에게 명하여 대하로 가는 길을 4개로 나누어

밀사를 파견하기로 하였다.

밀사들은 각각 천 리에서 2천 리쯤 전진했으나 그 가운데 북쪽으로 향해 간 자는 저氐족과 작筰족에게 길이 막히고, 남쪽으로 간 자는 휴巂족과 곤명족에게 앞길이 막혔다. 곤명족은 군주가 없고 도둑질에 능하여 매번 한나라 사자를 모두 살해하고 강탈했기에 사자들이 통과할 수 없었다. 그런데 이 지방에서 서방으로 1천 리 남짓 떨어진 곳에 코끼리를 사용하는 전월국滇越國이라는 나라가 있는데 촉 지방의 밀무역상密貿易商들이 개인적으로 교역을 할 때 이곳까지 왕래하고 있다는 정보를 얻을 수 있었다. 이렇게 하여 한나라는 대하국과의 통로를 탐색하는 과정에서 처음으로 전월국과 교통하게 되었다.

한나라는 그 이전에도 서남 방면의 이민족과 통상을 시도했으나 막대한 비용을 들이면서도 통로가 발견되지 않아 체념하고 있었다. 그런데 대하국과의 통상이 가능하다는 장건의 보고에 의하여 한나라는 다시 서남쪽 이민족과의 교섭을 시작하게 되었다.

장건, 다시 떠나다

장건은 교위校尉의 신분으로 대장군 위청의 흉노 토벌에 참가했다. 그때 토벌군은 장건의 안내로 물과 풀이 있는 장소를 따라 전진했으므로 물과 말 사료의 공급에 곤란을 받지 않았다. 장건은 이 공로에 의하여 박망후博望侯라는 칭호를 받았다.

그 이듬해 장건은 또다시 이광 장군과 함께 흉노 토벌에 나섰다. 이 토벌에서 이광 장군은 흉노의 포위망에 갇혀 크게 패배했다. 장건이 이광 장군에 합류할 날짜에 도착하지 못한 것이 패배의 한 요인이 되었다. 그 때문에 그는 처형에 처해질 뻔했으나 속죄금을 물고 평민이 되었다.

그러나 이 해에 한나라는 표기 장군 곽거병을 파견하여 서역 지대에서 수만 명의 흉노군을 격파하고 기련산까지 진출했다. 그리고 그 이듬해에는 혼야왕이 부족민을 거느리고 한나라로 항복해 왔기 때문에 금성과 하서의 서쪽으로 남산을 따라 염택에 이르는 일대에서는 흉노의 모습이 완전히 사라졌다. 흉노측은 이따금씩 척후병을 내보냈으나 그것도 흔한 일은 아니었다.

2년 후 한나라는 또다시 선우를 공격해 그들을 사막의 북쪽으로 쫓아버렸다.

무제는 그 후에도 대하 등의 외국 사정에 대해 장건에게 묻는 때가 종종 있었다. 장건은 이때 이미 작위를 잃었을 때였는데, 이렇게 대답하였다.

"제가 흉노 땅에 있었을 때 곤막昆莫이라는 오손의 왕이 있다고 들었습니다. 곤막의 아버지 시절에 오손은 작은 왕국이었습니다. 그때 흉노가 이 땅을 침략하여 그 부친을 죽이고, 낳은 지 얼마 안 되는 곤막을 들판에 버렸습니다. 그러자 새들이 고기를 물어 날라 주었고, 늑대도 찾아와 젖을 물렸습니다. 선우는 '신기한 일이구나, 필경 신의 아들일 것이다!'라면서 아기를 데리고 와 길렀습니다. 성장한 곤막은 군대를 잘 다루고 번번이 공을 세웠으므로 선우는 오손의 옛 부족민을 곤막의 지휘 하에 편성해 서역을 지키도록

실크로드의 중요한 관문 역할을 했던 옥문관
(둔황시에서 서북쪽으로 98km 떨어진 곳에 위치)

하였습니다. 곤막은 부족의 경제력 강화에 힘을 기울였으며 주변 부락을 습격하면서 수만의 병사를 양성했습니다.

선우가 죽은 것을 기화로 곤막은 수하 부족을 이끌고 멀리 이동하여 독립을 선포하고 흉노에 대한 조공을 거절했습니다. 흉노 측에서는 군대를 자주 파견하였으나 결국 제압하지 못했습니다. 그러고는 곤막을 신의 아들이라고 생각하여 공격을 중단하고 예속 관계를 유지시키면서 진공하지 않았습니다.

그런데 지금 선우는 한나라에 포위되어 있으며 혼야왕의 옛 땅은 무인지경이 되어 있습니다. 이민족들은 한나라 재물을 탐내고 있으니 이번 기회에 오손에게 후한 선물을 준다면 그들은 점차 동진하여 혼야왕 본래의 주둔지를 차지하고 한나라와 형제 관계를 맺을 것입니다. 그들은 당연히 한나라의 말을 들을 것이고, 그것은 곧 흉노의 오른팔을 잘라 놓는 일이 될 겁니다. 또한 오손과의 연합이 성립된다면 오손의 서쪽에서 대하에 이르는 일련의 국가들을 모조리 길들여 번국藩國으로 삼을 수 있습니다."

무제는 장건의 말을 매우 타당하다고 여기고 장건을 중랑장에 임명하여 3백 명의 인원과 각기 말 두 필, 그리고 만 마리가 넘는 소와 양과 수천만 금에 해당하는 폐백을 지참케 했다. 그는 황제의 친서를 지닌 다수의 부사副使도 수행시켰다.

요령부득 要領不得

그 뒤 장건은 드디어 오손에 닿았다. 그런데 오손왕 곤막은 한나라 사자를 거만한 태도로 맞았다. 장건은 수치심을 느꼈으나 그들이 한나라 물건에 대한 욕구가 너무 강하다는 것을 알고 있었기 때문에 지체 없이 말했다.

"이것은 천자께서 보내신 물자이니 만일 왕께서 즐겁게 받아들일 수 없으시다면 도로 내주시기 바랍니다."

그러자 곤막은 일어나서 예를 갖추면서 선물을 받았다. 그러나 그 밖의 경우에는 여전히 오만한 태도였다. 장건은 곤막을 설득하였다.

"지금이야말로 오손이 동쪽으로 이동하여 혼야왕의 옛 영토를 소유할 때입니다. 만약 그렇게 하시면 우리 한나라는 옹주翁主를 왕의 부인으로 내드릴 것입니다."

그러나 오손의 내부는 이미 분열 상태에 있었고 왕도 노경에 들어 있었다. 게다가 한나라와는 너무나 멀었기 때문에 한나라에 대한 아무런 지식도 갖지 못한 상태였다. 그리고 너무 오랫동안 흉노의 속국으로 있었던 탓에 공포심이 발동하여 한나라에 접근하는 일은 모조리 반대했다. 결국 왕도 이를 단독으로 처리할 수 없었기 때문에 장건은 어떻게 해야 할지 그 요령을 알 수 없었다.[44]

당시 곤막에게는 10명 안팎의 아들이 있었고 가운데 아들이 대록大祿이었다. 그는 강건하고 통솔력이 있으며 1만여 기를 거느리고 다른 지역에 거주하고 있었다. 이 대록의 형이 오손의 태자였는데, 그에게는 잠취岑娶라는 아들이 있었다. 태자는 젊어서 죽었는데, 태자가 죽을 때 아버지 곤막에게 뒷일을 맡겼다.

"무슨 일이 있더라도 잠취를 태자로 삼아 주십시오. 절대로 다른 사람을 태자로 삼지 마시옵소서."

곤막은 아들의 심정을 이해하여 잠취를 태자에 봉했다. 그러나 이번에는 대록이 노했다. 그 자리가 자기 몫이라고 생각했던 것이다. 그는

---

44. 요령부득要領不得이라는 말은 이로부터 비롯되었다.

아우들을 선동하여 조카인 잠취와 아버지 곤막에 대한 공격을 준비하고 있었다.

곤막은 당시 이미 늙었고 또 평소부터 대록이 잠취를 죽이지 않을까 염려하고 있었기 때문에 잠취에게도 1만여 기를 주어 거주지를 이동시켰다. 곤막 자신도 1만여 기를 가지고 스스로 방위대를 조직하여 가지고 있었다. 그리하여 나라는 세 조각으로 분열되었고, 곤막은 그저 명목상으로만 통솔권을 장악하고 있었다. 이런 배경이 있었기에 곤막도 장건과의 약속을 혼자서 결정할 수는 없었다.

장건은 할 수 없이 같이 온 부사副使를 주변 여러 나라에 나누어 파견하고 자신은 귀국했다. 곤막은 길잡이와 통역을 붙여 장건의 귀로歸路를 전송했다. 장건은 오손의 사자 수십 명과 답례로 받은 말 수십 두를 대동하고 돌아와서 그들에게 한나라의 국력을 과시했다. 장건은 국가 대사를 완수한 공로로 9경九卿의 자리에 올랐다. 그러고는 1년쯤 지나 장안에서 세상을 떠났다. 향년 50세였다.

장건을 따라 한나라에 왔던 오손의 사자는 한나라 인구의 풍부함과 왕성한 경제 활동을 상세히 관찰하고 돌아가 그 사실을 보고했다. 오손은 그 보고를 듣고 한나라를 중시하게 되었다.

다시 1년쯤 지나자 대하를 위시한 여러 나라에 사자로 갔던 장건의 부하들 모두가 원지인原地人을 데리고 돌아왔다. 이로써 서북 여러 나라들과 한나라와의 교통이 열리게 되었다.

장건 이후의 사자使者들은 모두 박망후의 명의로 상대국에 대한 성의를 증명했고, 상대국 또한 이로써 한나라의 사절使節을 신뢰하였다.

21. 거짓된 아름다움을 추구하지 않는다 ✦ 사마천의 『사기』

명품, 『사기』

원래 사마천이 『사기』를 완성했을
때 책의 제목은 아직 존재하지 않았
다. 사마천은 당대의 대학자였던 동
방삭에게 완성된 책을 보여주었는
데, 책을 읽은 동방삭은 경탄해마지
않으며 즉시 책에 '태사공太史公'이라
는 세 글자를 붙였다. 그리하여 이 책
은 오랫동안 '태사공서'로 불려졌다.
우리가 지금 부르고 있는 『사기』라
는 명칭은 본래 고대 사서史書의 통칭
이었고, 중국의 3국 시대부터
『사기』는 점차 '태사공서'의 고유명
사가 되었다.

사마천

　사마천은 당대 최고 수준의 지식인이었다. 사마천은 열 살 때 이미
경전을 읽고 암송할 정도였으며年十歲則誦古文('태자공자서'), 당시 최고 대학자
인 동중서로부터 유학을 배웠다. '태사공자서'에는 음양가, 유가, 묵가,
명가, 법가, 도가 등 이른바 '6가六家'에 대한 평론이 자세하게 소개되어
있는데, 이 글은 사마천의 아버지 사마담이 저술한 것이다. 사마천이 이

처럼 6가에 통달해 있던 아버지 사마담으로부터 그 학문을 익혔던 것은 두말할 나위도 없다.

사마천이 『사기』를 저술할 때, 결코 누군가의 소문을 듣고 불확실한 야사野史를 쓴 것이 아니다. 사마천은 어디까지나 정사正史로서의 기록을 지향하였고, 그것은 대대로 사관史官을 지냈던 가문으로서 반드시 준수해야 할 자존심이었다.

이러한 사마천의 투철하고도 과학적이며 동시에 체계적인 사고방식은 '태사공자서'에 기록된 "산실散失된 문헌들을 최대한 수집하여 제왕 대업의 건립에 대해서 그 시말始末의 과정을 고찰하고 그 극성기에 그것이 점차 쇠락해가는 원인을 관찰해야 하며 다시 역사 인물의 실제 행동으로부터 검증하고 고증해야 한다."라는 그의 증언에서도 여실히 증명된다.

특히 궁형이라는 천형을 받고 극도의 불우한 처지를 견뎌야 했던 자신의 경험을 토대로 한 역사와 인간 존재에 대한 근원적인 성찰이 『사기』의 전편에 걸쳐 그대로 담겨져 있으며, 훌륭한 능력을 지녔으면서도 끝내 그 뜻을 펼칠 수 없었던 비극적인 인물에 대한 동정과 연민의 탄식도 곳곳에서 발견된다.

당시 아직 종이가 발명되지 못했던 시대였다. 그는 대나무를 엮어 만든 죽간竹簡에 일일이 한 글자 한 글자 먹을 갈아 붓으로 써야 했다. 그렇다고 해서 글에만 몰두할 수 있는 그런 처지도 못 되었다. 낮에는 자기를 궁형에 처했던 장본인인 한 무제에게 아부하고 봉사하는 환관으로 근무해야 하였으며, 밤에는 지친 몸을 끌고 집에 돌아와 『사기』의 저술에 임해야 했다.

그는 볼 품 없는 집에 혼자 살면서 밤늦도록 호롱불을 밝히고 눈을 부비며 굳은 손을 매만지면서 글을 써 나가야 했다. 특히 사마천은 당시의 황제인 무제의 통치에 대하여 매섭게 비판하였기 때문에 이 작업은 더욱 비밀스럽게 진행되어야 했다. 만약 그 사실이 밝혀지게 되면 당장 능지처참될 운명이었다. 어렵고 고통스러운 이러한 작업을 거쳐 비로소 『사기』라는 대작大作, 아니 명품名品이 나올 수 있었다.

하지만 정작 사마천 생전에 이 대작은 공개될 수 없었다. 마치 위대한 작곡가들이나 미술가들이 세상을 떠난 뒤 100년이 지나서야 비로소 세상 사람들의 높은 평가를 받을 수 있었듯이, 『사기』 역시 사마천이 세상을 떠나고 오랜 시간이 흐른 뒤에야 비로소 세상에 널리 퍼져나갔다.

사마천과 같은 탁월한 역사가가 있었기에 중국은 정확하고 체계적으로 정리된 역사 기록을 보유하게 되었고, 이로 인하여 중국은 훌륭한 정신적·문화적 토대를 지닐 수 있었다.

불후의 실록정신

『사기』의 '항우본기'에는 "항우가 장한과 원수洹水 남쪽 은허殷墟에서 만나기로 약속하였다"고 기록하고 있다. '송세가'에도 '은허'에 대한 언급이 보인다. 그러나 사람들은 이 '은허'의 존재에 대하여 믿지 않았다. 그러다가 20세기 초에 이르러 은허가 발굴되고서야 비로소 사마천의 '은허' 기록이 사실과 완전히 부합하다는 것을 알게 되었다.

한편 국내의 많은 책들에서는 항우가 진나라 서울을 점령한 뒤 아방궁을 불태웠다고 알려져 있다. 그러나 『사기』 '항우본기'에는 "진나라 궁실을 불태웠는데 석 달 동안을 타고도 꺼지지 않았다", 즉 "소진궁실, 멸삼월불멸燒秦宮室, 滅三月不滅"이라고 분명히 기록되어 있다. '아방궁'이 아니라 '진나라 궁실'이라고 명백하게 기록되어 있는 것이다. 실로 『사기』

기록의 정확성과 실록 정신이 여실히 드러나는 대목이 아닐 수 없다.

반고는 자신이 저술한 『한서』에서 항우를 '항우열전'으로 편찬하였다. 그러나 항우는 이미 한고조 원년에 사망했기 때문에 그를 한나라 사람으로 칠 수 없다. 그러므로 항우를 한나라 초기 인물로 배열한 것은 잘못이다. 이 점에서 항우를 한 왕조와 다른 범주에서 다룬 사마천의 시각은 올바르다. 무엇보다도 사마천은 항우라는 인물의 크기와 그가 역사에 미친 영향력을 평가하여 그를 '본기' 편에 포함시켰다. 그리고 사마천은 '본기'를 '서초패왕본기'로 명명하지 않았다. 비록 항우가 진나라를 항복시키고 한 왕조가 수립되기 전 5년 동안 서초패왕으로 군림했지만 하나의 왕조를 이루지는 못했기에 사마천은 그에 대한 기록을 '서초패왕본기'가 아닌 '항우본기'라 칭했다. '정명正名'을 견지하는 사마천의 주도면밀함이 여기에서도 잘 드러난다.

"거짓된 아름다움을 추구하지 않고 악을 숨기지 않는不虛美, 不隱惡"[45] 실록 정신은 『사기』의 전편에 걸쳐 관통하고 있는 기본 원칙이다.

사마천은 공정한 실록 역사가였다. 역사 전반에 대한 그의 기술은 민중의 사실적인 감정을 여과 없이 반영해야 했다. 뿐만 아니라 역사적 사실에 대한 충실한 기록과 역사가로서의 객관적 분석 또한 요구되었다. 그것은 일부러 꾸며낸 허구적인 아름다움美을 추구하지 않고, 악惡을 비판하되 그 공적功績까지 부정하지 않음으로써 감정과 사실事實의 양자를 통일시키는 것이어야 했다. 그리고 이 점에 있어 사마천의 『사기』는 완전한 성공을 거두고 있다.

즉, 사마천은 감정의 묘사와 표현에 탁월한 솜씨를 보여주면서도 동시에 감정을 적절하게 절제하는 측면에서도 뛰어난 이성적이며 냉정

---

45. 『한서漢書』의 저자 반고는 『한서』에서 사마천의 문장을 이렇게 평가하였다.

한 역사가였다. 역사 인물에 대한 그의 평론은 도덕을 중시했지만, 그렇다고 해서 결코 도덕을 유일한 기준으로 삼지 않았다. 또한 시비공과是非功過의 분석을 중시했지만 그 잣대로만 영웅을 판별하지 않았다.

실로 역사상 성공을 거둔 사람은 대단히 적으며, 대부분의 사람은 그저 실패자일 뿐이다. 그러나 사마천의 눈에 영웅이란 결코 성패에 의하여 논할 범주가 아니었다. 스스로의 마음에 부끄러움이 없이 살았던 사람이나 정情과 의義를 중히 여겨 자신의 목숨을 버린 사람 모두 참된 영웅이었다. 사마천은 그러한 인물들을 숭앙하고 『사기』에 그들의 행적을 한 글자 한 글자 심혈을 기울여 묘사하고 기술해냈다. 그리하여 그들을 역사에 큰 족적을 남긴 인물로 승화시켜 후세 사람들이 모범으로 삼도록 하였다.

평민을 역사의 전면에 세우다

사마천은 평민의 역할을 강조한 최초의 역사가였다.

그는 진승의 입을 빌려 "왕후장상의 씨가 따로 있는가?"라는 과감한 질문을 던졌다. 당시까지 역사란 오로지 왕을 비롯한 고관대작 귀족들의 몫이었다. 평민들이야 단지 그 왕후장상들에게 의지하면서 평생을 아무 생각도 없이 순종하며 살아가는 무지렁이에 지나지 않았다. 그러나 사마천은 그러한 평민들을 일약 역사의 전면에 끌어올린다.

이는 당시 시대의 상황과도 관련이 있다.

진나라가 천하를 통일할 때까지 역사라는 장場은 사실 왕후장상과 귀족들에 의하여 독점된 잔치였다. 평민들이 나설 기회는 거의 마련되지 않았다. 그러나 진나라 말기에 접어들면서 커다란 변화가 발생하였다. 일개 평민에 불과했던 진승과 오광이 반란의 불꽃을 들어 올리자 강력했던 진나라는 일순간에 혼란에 빠졌다. 이어서 역시 평민 출신인 유방이 뜻밖에도 명문귀족 가문인 항우를 끝내 물리치고 천하의 패권을 손에 넣었다. 이 '조그맣게 보이지만 사실은 엄청나고 심대한' 변화를 사마천은 날카롭게 잡아냈다.

여기에서 사마천은 과감하게 평민들을 역사의 전면에 내세우면서 이들을 위한 열전을 기술한다.

"정의롭게 행동하고 비범하여 풍운의 기회를 놓치지 않고 공업功業을 천하에 세워 백세에 이름을 날리니 이에 70열전列傳을 짓는다."

이를테면 '유협열전'은 『사기』의 명편名篇 중 하나로서 사마천은 다양한 유형의 협객을 사실적으로 생생하게 묘사하고 있으며, 그들의 "말에 신의가 있고 행동에 성과가 있으며 약속은 반드시 지키고 몸을 아끼지 않는" 고귀한 품격을 높이 찬양하고 있다.

사마천은 이들 유협 집단을 천하 백성들의 영웅으로 높이 평가하면서 그들이 살아가면서 당해야 하는 갖가지 불행에 깊은 동정을 표시하였다. 반면에 그들을 박해하는 사람들에 대해서는 분노를 나타내면서 거짓과 불공정으로 가득 찬 한나라 봉건왕조 체제의 본질을 여지없이 폭로하고 있다. 이러한 의미에서 '유협열전'은 사마천의 진보적인 역사관과 민중성을 잘 드러내 주고 있는 글로 평가된다.

특히 사마천은 어떠한 개인도 모든 지혜를 독점할 수 없으며, 영웅 혼자서 세상을 창조할 수 없다는 관점을 견지하였다. 즉, 3황 5제 시기 명군의 경우에도 그 명군의 특징이란 현명한 선비를 등용하는 데 있다는 것이다. 그는 "요임금이 비록 현명했으나 천하의 사업을 완성하지 못하고 순임금을 얻고서야 비로소 구주九州(천하)를 안정시켰다"고 기술하고 있다. 또 한 고조 유방이 천하를 얻어 문신文臣들이 비와 같고, 맹장들은 구름과 같았다. 하지만 강대한 흉노에게 속수무책이었으므로 도읍을 어디에 두어야 할지 아직 정하지 못하고 있었다.

이때 농서隴西(지금의 감숙성 일대)의 변경을 지키던 유경劉敬이라는 수졸戍卒(고대 시대 변경을 지키던 군졸)이 수레를 끄는 막대를 내려놓고 양털 가죽 옷을 걸친 채 한 고조 유방을 뵙고는 관중에 도읍하여 흉노와 화친할 것을 건의하였다. 결국 이 건의는 받아들여졌다.

이 대목에서 사마천은 일개 하급 병사의 건의로부터 민중의 지혜를 발견한다. 그리고 특별히 유경劉敬을 위한 열전을 짓고 나아가 "지혜가 어찌 독점될 수 있는가!"라는 철리哲理의 차원으로 높인다.

"속담에 이런 말이 있다. '천금의 값이 나가는 가죽 옷은 여우 한 마리의 털로 만들 수 없고, 높은 누대의 서까래는 나무 한 그루로 만들 수 없으며, 3대三代(하, 은, 주 3대 왕조를 가리키는데, 이들은 중국 역사에서 모범적인 정치제도의 모델로 존숭을 받았다)의 성대함은 한두 명 선비의 지혜만으로 이루어진 것이 아니다.' 참으로 옳은 말이다!

고조는 미천한 신분으로 몸을 일으켜 천하를 평정했는데, 그것은 여러 사람의 지혜가 합해진 결과이다. 그러나 유경은 수레를 끄는 막대를 내던지고 한 번 도읍을 옮기라고 유세함으로써 만세의 안정을 이루었으니, 지혜라고 하는 것을 어찌 한 개인이 독점할 수 있겠는가!"

또 사마천은 국가의 흥망에 있어 민심의 향방이 그 결정적인 요소라는 인식을 지니고 있었다. 사마천은 이러한 관점에 의하여 역사의 변천을 고찰하고 생동감 있게 대중들의 창조적인 역량을 묘사한 최초의 역사가였다. 사마천은 『사기』의 각 편에서 다음과 같이 기술하고 있다.

"3대의 제왕들은 덕을 베풀고 선善을 쌓았기 때문에 백성들에게 떠받들어졌다." 또 "항우는 포악했으나 한나라는 공덕을 행하였으므로" 천하를 얻었다. 한나라 효문제는 "오로지 덕으로 백성들을 교화하였기 때문에 천하는 인구가 많아지고 부유해졌으며 예의가 흥하였다."

한편 무왕이 은나라 주왕을 토벌할 때, "주나라 병사들은 모두 무기를 거꾸로 들어 무왕에게 길을 내줬다." 그리고 "무왕이 상나라의 도성에 이르자, 상나라의 백성들은 모두 교외에서 기다리고 있었다." 진나라의 멸망은 "천하의 사람들이 진나라 통치의 가혹함에 고통 받은 것이 오래된" 것에 그 원인이 있었다. 그러므로 진섭이 군사를 일으키자 백성들이 "마치 바람처럼 일어나고 구름처럼 모여들어 마침내 진나라를 소멸시켰다 風起雲蒸, 卒亡秦族." 여기에서 '풍기운증風起雲蒸'이라는 말은 백성들이 천지를 뒤덮는 힘을 지니고 있다는 점을 표현하고 있다.

또 한신은 초나라를 탈출해 한나라 진영에 가담한 뒤 유방에게 항우가 반드시 패배할 수밖에 없는 이유에 대하여 이렇게 말하였다. "항우의 군대가 지나간 곳에 학살과 파괴가 없는 곳이 없습니다. 천하의 많은 사람들이 그를 원망하고 백성들이 친하게 따라주지 않습니다. 다만 그의 강한 위세에 위협당하고 있을 뿐입니다. 그러므로 항우가 비록 패자라고 불리지만 사실은 천하의 인심을 잃은 것입니다. 그렇기 때문에 그의 강대함은 약화시키기가 쉽습니다."

과연 그 뒤에 펼쳐진 역사적 과정은 한신이 예언한 바처럼 정확히 진행되어 초나라가 망하고 한나라가 천하를 얻었다.

22. 흉노 땅으로 떠나간 미녀 ❁ 왕소군

한나라 원제는 재위 16년 만에 죽었다.

이 해에 원제는 흉노의 선우에게 왕소군王昭君이라는 빼어난 미모를 지닌 후궁을 시집 보냈다.

왕소군은 중국 역사상 4대 미녀로 꼽히는 인물로 한나라 원제의 후궁이다. 본래 이름은 왕장王嫱이다. 이 왕소군의 이야기는 지금도 널리 회자되어 드라마나 소설에 자주 등장하고 있다.

뒤바뀐 운명

기원전 36년, 원제는 전국에 궁녀를 뽑아 올리라는 조서를 내렸다. 왕소군은 호북의 평민 집안에서 태어나 어릴 적부터 가무와 비파 연주에 뛰어났고 자색이 뛰어나 18세에 궁녀로 뽑혔다. 그런데 이렇게 선발된 궁녀는 수천 명이었고, 황제는 화공이 그린 초상화를 보고 후궁을 간택하였다. 후궁들은 앞을 다투어 화공

왕소군

모연수毛延壽에게 뇌물을 주고 예쁘게 그려 줄 것을 부탁하였다. 하지만 왕소군만 한 푼의 뇌물도 주지 않았다. 그리하여 평범한 얼굴에 큰 점이 찍힌 초상화가 그려졌다. 결국 왕소군은 5년 동안 원제의 얼굴조차 보지 못하고 궁녀 신분으로 외롭고 쓸쓸한 궁중 생활을 비파 연주로 보냈다.

기원전 33년 흉노 내부에 분란이 발생하였는데 패배한 호한야 선우가 한나라에 도망을 왔다. 황제가 직접 교외까지 나아가 그를 맞이하였다. 호한야 선우는 최초로 한나라에 온 흉노 선우였다. 그는 한나라의 사위가 되기를 청했다. 원제는 성대한 연회를 베풀었고, 자기에게 간택되지 않은 궁녀들에게 연회의 참석을 명하였다. 왕소군도 이 자리에 나와 있었다. 군계일학 왕소군의 미색에 마음을 완전히 빼앗긴 호한야는 황녀가 아닌 궁녀도 좋다면서 왕소군을 선택하였다. 원제는 황녀를 보내지 않아도 되어 크게 다행으로 여기고 호한야의 요청을 기꺼이 받아들였다.

원제는 흉노에 시집가는 궁녀는 공주와 동일한 대우를 받게 해주겠노라고 약속하고 날을 택해 결혼을 시키고 그녀에게 "한나라 황실과 황제를 빛내라"는 의미로 '소군昭君'이라는 호칭을 하사하였다. 흉노족 차림의 붉은 색 옷을 입은 신부 왕소군을 태운 말이 떠날 때 원제는 비로소 왕소군의 빼어난 자색을 알아보았다. 후회막급이었다. 그러나 이제 와서 번복할 경우 흉노와의 관계가 악화되고 체면도 말이 아닐 것이 분명하였다. 궁궐로 돌아온 황제가 초상화를 대조해 보니 실물과 전혀 달리 추녀로 그려진 것을 발견하고 즉시 철저히 조사하도록 명을 내렸다. 과연 뇌물이 오간 사실이 밝혀졌고, 모연수는 참형에 처해졌다.

날아가는 기러기가 미모에 취하다

왕소군이 장안을 떠나던 날, 왕소군에게는 '낙안_{落雁}'이라는 별명이 붙여졌다. 날아가던 기러기가 왕소군의 미모에 넋을 잃고 떨어졌다는 의미다.

왕소군은 눈물을 뿌리며 고향 땅을 떠나 수만 리 머나먼 흉노의 이국 땅으로 갔다. 뜻밖에도 대단한 미인을 맞이하게 된 호한야 선우는 그녀를 극진히 대우하였고, 흉노족은 그녀를 존경하였다. 호한야는 그녀를 '녕호알지_{寧胡閼氏}'에 봉했는데, 이는 흉노에게 안녕과 평화를 가져다주기를 바란다는 의미가 담겨 있었다. 1년 뒤 그녀는 이도지아사라는 아들을 낳았다. 이 아들은 훗날 흉노의 왕이 되어 한나라를 위협하기도 하였다.

기원전 31년 호한야 선우가 세상을 떠났다. 20대 초반이던 왕소군은 아버지가 죽으면 아들이 어머니를 아내로 맞는 흉노 풍습에 따라 호한야의 장자 복주루_{復株累} 선우와 혼인을 해야 했다. 왕소군은 이러한 풍습을 거부하고 고향으로 가고자 했으나 한나라 황제의 만류로 흉노에 남아야 했다. 결국 복주루와 혼인을 한 왕소군은 11년 동안 그와 살면서 두 명의 딸을 낳았다. 한나라에 있던 왕소군의 형제들은 제후의 신분에 봉해졌으며, 그녀의 두 딸은 장안에 머물며 원제의 황후를 모시는 등 한나라와 흉노 간에는 오랫동안 평화가 지속되었다.

그녀는 흉노에게 길쌈을 가르치고 흉노와의 우호를 유지하는 데 힘써 60년 동안 전쟁이 벌어지지 않았다.

기원전 20년 복주루가 사망하였고, 왕소군은 이후 홀로 살다가 흉노 땅에서 세상을 떠났다. 그녀의 무덤은 내몽골자치구 후허하오터 시에서 남쪽으로 10km 떨어진 곳에 있다.

23. 중국 고대 최고의 과학자 ◈ 장형

장형
(1955년에 발행한 기념우표)

한나라 시대의 인물인 장형張衡(78~139년)은 하남 남양에서 태어났다. 원래 그의 집안은 지역에서 대단히 유명한 가문이었다. 그의 조부는 광무제로부터 촉군 태수로 임명받아 반란을 진압했고, 이어 흉노를 격퇴한 공으로 어양 태수로 영전하였다. 그의 임기 내에 흉노의 침범은 없었다.

그러나 장형의 부친 대에 이르러 그의 집안은 몰락하여 한미한 집안으로 전락하였다. 그리하여 장형은 어려서부터 고학을 했고, 16세 이후 고향을 떠나 각지로 유력하면서 문학을 비롯하여 각 방면의 지식을 두루 섭렵하였다. 몇 년 후 그는 최고학부인 태학에 진학하였다. 그는 오경과 육예에 정통하였고, 산학을 비롯하여 천문, 지리와 기계제조 등의 분야에도 조예가 깊었다. 이 무렵 그의 문장은 이미 나라 안에 유명해졌고, 특히 부賦를 잘 지어 훗날 사마상여, 양웅揚雄, 반고와 더불어 한부漢賦 4대가의 한 명으로 칭해질 정도였다. 그가 지은 "이경부二京賦"는 사치를 일삼는 조정을 풍자하여 그의 명성을 더했다.

---

46. 한 무제 때 각 군郡에 조서를 내려 1년에 한 명의 효자와 청렴한 관리, 즉 렴리廉吏를 물색하여 조

그는 몇 번이나 조정에서 효렴孝廉[46]으로 추천을 받아 벼슬을 할 수 있었지만, 그때마다 장형은 사양하였다.

청년 시절에 장형은 시와 문장에 좀 더 관심을 가졌지만, 그는 기계에 조예가 깊었으며 아울러 천문과 음양, 역산에도 관심이 높았다. 그는 평소 양웅이 저술한 『태현경太玄經』[47]을 탐독하는 등 평생 동안 연구에 게을리하지 않고 사상 및 이론체계를 심화시켰다. 그는 33세 되던 해에 조정에 들어가 태사령에 임명되어 본격적으로 음양을 연구하고 천문역법에 정통하게 되었다. 그때 혼천의를 제작하였고, 『영헌靈憲』을 저술하였다.

탁월한 천문학자

장형은 자신의 천문학 대표작인 『영헌靈憲』에서 당시로서는 놀라운 수준의 천문학설을 전개하였다.

그는 우주란 무한하고 천체의 운행은 일정한 규율을 지니고 있다고 인식하였다. 달이 본래 스스로 빛을 발하는 것이 아니고 태양의 반사라는 사실도 알아냈다. 또 일식의 원인에 대해서도 정확하게 해석하였다.

그는 모두 2,500여 개의 항성을 관측하여 기록하였는데, 이는 오늘날 사람들이 알고 있는 별의 숫자와 거의 동일하다.

장형은 특히 별들이 어떤 때는 빠르게 운행하고 어떤 때는 느리게 움직인다는 점에 주목했다. 그는 "하늘에서 가까우면 느리고 하늘에서 멀게 되

정에 추천하도록 하였다. 당시 한나라에 100곳이 넘는 군이 있었으므로 매년 200명이 넘는 '효렴孝廉'이 조정에 추천되었다.

47. 노자의 사상에서 유래된 '현玄'이라는 개념을 중심으로 하여 저술한 도가 사상의 저술.

면 빠르다"라고 말하면서 별들의 운행에서 나타나는 완급 현상을 태양과의 원근 관계로 파악하였다. 이는 17세기 서양의 위대한 케플러의 법칙과 유사하다.

한편 장형은 지진계를 만들었는데, 이 지진계는 수천 리 떨어져 아무도 감지할 수 없었던 농서 지방에서 발생한 지진의 조짐을 정확하게 예측하여 놀라움을 자아내기도 하였다. 유럽에서 정확한 지진계가 출현한 것은 19세기가 되어서였다.

뿐만 아니라 그는 세계 최초의 천문관측기인 혼천의도 제작하였다. 혼천의란 가운데가 텅 빈 커다란 동구銅球로서 표면에는 별자리가 가득 새겨져 '천구의'라고도 칭해졌다. 천구의 바깥 둘레에는 구리로 만든 바퀴가 여러 겹으로 둘러져 있었는데, 이는 각각 지평선과 적도 그리고 황도를 표시한 것이었다. 이 혼천의에는 동호적루銅壺滴漏라는 자동 장치가 부착되어 있었다. 동호적루란 구리로 만든 병에서 물방울이 떨어진다는 의미로서 아래에 구멍이 뚫린 구리병에 물을 넣고 그 물이 새는 양을 보고 시간을 측정하는 물시계였다.

세계 최초의 천문관측기인 혼천의

장형은 혼천설을 주장하여 하늘은 달걀의 노른자와 같아 하루에 1도씩 움직이며 1년은 365도와 1/4도라는 결론을 얻었다. 이 수치는 인류가 최근세사가 되어서야 얻었던 결론인 365일 5시간 48분 46초와 비교해도 거의 차이가 없다. 또한 원주율 π를 3.1622로 계산하였다.

장형은 만년에 상서尚書로 임명되었고, 향년 62세에 세상을 떠났다.

후세 사람들은 그를 숭앙하여 '목성木星'이

라 칭했는데, 목성이란 중국 고대시대 기계제작에 뛰어난 사람을 숭앙하는 칭호였다. 그의 이름은 오늘날에도 이어졌다. 태양계의 1802호 소행성은 그의 이름을 붙여 '장형성張衡星'이라 부르게 되었고, 달 뒷면에 있는 환형 모양의 산에도 '장형 환형산環形山'이라는 명칭이 붙여졌다.

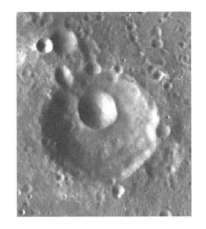

장형 환형산

24. 서역을 개척한 반초

반초班超는 33년 섬서성 함양에서 태어났다. 그는 역사가인 반표의 아들이자 『한서漢書』의 저자인 반고의 아우다. 그는 어려서부터 책을 좋아하였다. 하지만 체구가 크고 언변이 뛰어났던 그는 이상적 인물로 장건을 꼽았으며 가슴속에 큰 뜻을 품고 있었다.

어느 날 그는 '흉노가 자주 침입하여 주민들을 마구 죽이는 바람에 변경의 성문을 완전 폐쇄시켰다'는 소문을 들었다. 이 소문을 들은 반초는 분연히 일어나 붓을 던지고 흉노 토벌군에 가담하였다(이로부터 투필종융投筆從戎이라는 고사성어가 비롯되었다).

카슈가르에 있는 반초의 동상

그는 평소에 이렇게 말하곤 했다.

"대장부로 태어나서 마땅히 부개자傅介子[48]나 장건을 본받아 수만 리 이역 땅에 공을 세우는 것이 마땅하거늘, 어찌 편안히 집에 앉아 붓과 벼루를 벗하는 것만으로 만족할 수 있겠는가!"

호랑이 굴에 들어가지 않으면 호랑이 새끼를 잡을 수 없다

마침내 반초에게 기회가 왔다. 반초는 41세 되던 해에 두고 장군과 함께 흉노의 이오노성을 점령하였는데 이때 반초의 능력을 눈여겨본 두고 장군이 그에게 서역 개척의 임무를 맡겼다.

반초가 장안에서 6천 리나 떨어진 서역의 선선국에 도착하자 국왕은 그를 국빈으로 극진히 대접하였다. 그때 마침 흉노의 사신도 이 나라에 들어오게 되었다. 흉노 사신이 오자, 반초에 대한 대우가 금방 소홀해졌다. 당시 선선국은 흉노에 예속되어 있던 상태였고, 그러한 까닭에 자칫하면 반초 일행이 흉노의 압력 때문에 죽임을 당할 수도 있었다. 반초는 같이 간 수행원 36명을 모아놓고 말했다.

"옛말에 '호랑이 굴에 들어가지 않으면 호랑이 새끼를 잡을 수 없다'고 했다. 지금 당장 흉노의 사자를 죽이지 않으면 오히려 우리들의 생명이 위태로워질 수 있다. 뿐만 아니라 서역 땅 모두를 흉노에게 빼앗길 수도 있다."

그리하여 반초 일행은 밤을 기다려 흉노의 사신이 잠들어 있는 숙소에 불을 지르고 습격했다. 그들은 순식간에 사신과 수행원 30여 명의 목을 베었다. 이것을 본 선선국은 두려워하며, 한나라에 복종할 것을 맹

---

48. 한나라 시대 용사이자 외교가이다. 누란樓蘭에 들어가 누란왕을 참살하고 누란을 평정하였다.

세했다. 반초는 한나라 황제의 위엄과 덕을 선선국 왕에게 말해 주고, 금후 다시는 흉노와 통하지 말라고 경고했다.

조정은 이 소식에 크게 기뻐하고 반초에게 군사마의 벼슬을 내리고 한나라 공식 사절로 임명하여 서역 각국을 방문하도록 했다.

그 후 반초는 우전국에 사신으로 갔는데, 반초의 소문을 들은 우전국 왕은 미리 흉노의 사신을 베어 죽이고 항복했다.

이듬해 봄, 반초 일행은 우전국을 떠나 소륵으로 갔다. 이 무렵 소륵 왕은 흉노에 의해 세워진 구자왕에게 살해당하고 구자인 두제가 소륵 왕이 되어 있었다. 반초는 부하 전려를 파견하여 두제에게 항복을 권하였다. 전려가 당도하여 만났지만 두제가 항복을 할 생각이 없자 전려는 순식간에 두제를 위협하여 밧줄로 묶어 포로로 잡았다. 반초는 곧바로 성 안으로 들어가 소륵의 대신들을 소집하여 구자왕의 무도함을 설명하고 원래 소륵왕 형의 아들을 왕으로 즉위시켰다. 소륵인들 모두 크게 기뻐하였다. 반초는 한나라의 신망을 높이기 위하여 두제를 석방하였다.

이렇게 하여 서역의 여러 나라가 모두 왕자를 인질로 보내니, 왕망 이래 끊어졌던 서역과의 교통이 다시 열리게 되었다.

물이 맑으면 큰 고기가 깃들지 않는다

한편 이 무렵 황제는 서역에 대해 소극적인 정책을 취하였으므로, 서역에 나가 있는 반초에게 귀환 명령을 내려 수도로 돌아오라고 했다. 반초는 할 수 없이 돌아와야만 했다.

그가 귀국길에 오를 때 길가에 인근 백성들이 모두 나와 울부짖으며 귀국을 반대했고, 어떤 사람들은 반초가 탄 말의 다리를 붙잡고 매달리

기도 하였다. 이 광경을 보고 반초는 마음을 돌려 조정에 탄원서를 내고 그대로 서역에 머물기로 결심하였다. 결국 조정에서도 반초를 서역도호로 임명하게 되었다.

그 뒤 반초는 30년 동안이나 서역에 머물면서 서역의 50여 개 국을 정벌하여 한나라의 위세를 떨쳤다. 특히 오랫동안 중국을 괴롭혔던 '북쪽의 이리' 북흉노를 완전히 무너뜨린 것은 청사에 길이 남을 업적이었다.

서역을 평정한 공로로 정원후定遠侯로 봉해진 반초는 부하 감영을 대진大秦(로마)과 조지條支(오늘날의 시리아)에 파견하기로 했으나 항해 전문가들이 말리는 바람에 실천에 옮기지 못했다.

반초가 서역에 나간 지 30년 되던 해, 어느덧 68세가 된 그는 탄원서를 올려 귀국을 호소하였다.

"신은 다만 살아서 국경의 옥문관만이라도 들어가는 것이 소원이옵니다."

결국 2년이 지나서야 반초의 귀국이 허락되었다. 그는 돌아오고 얼마 안 있어 71세를 일기로 세상을 떠났다.

반초는 일개 서생에서 몸을 일으켜 붓을 내던지고 무공을 세워서 만리 타향의 제후가 되려는 큰 뜻을 품고 있었다. 그때 관상을 잘 보는 사람이 반초의 관상을 보고 말했다.

"그대의 아래턱은 제비와 같고, 머리는 범과 같소. 만리후萬里侯가 될 상이오(제비가 만 리 밖을 날고 범이 멀리 다니며 짐승들을 잡아먹듯이 후일 만 리 밖에서 활약할 것이라는 말)."

반초는 그 말대로 뒤에 서역에 들어가게 되었고, 화제 시대 때에는 서역도호 기도위에 임명되었다.

한편 반초가 귀국을 앞두고 있을 때 임상이라는 자가 그의 뒤를 이어 서역 도호가 되어 부임했다. 임상은 서역의 통치에 관해 반초에게 가르침을 청했다. 반초는 이렇게 타일렀다.

"그대는 성격이 너무 엄격하고 성미가 급하오. 물이 맑으면 큰 고기가 깃들지 않는다고 했소. 무슨 일이나 관대하게 해서 모나지 않게 다스려 나가야 하오."

그 뒤 임상은 다른 사람들에게 이렇게 말하였다.

"반초에게 비범한 책략이 있는 줄 알았더니, 하는 말이 극히 평범해서 아무것도 취할 만한 것이 없습디다."

과연 임상은 반초의 충고를 듣지 않고 자기 성질대로 엄격하기만 하고 가혹한 정치를 했기 때문에 변경 지방의 화목을 잃고 결국 오랑캐들의 공격을 받아 간신히 몸만 빠져나올 수 있었다. 이렇게 하여 한나라의 위세도 크게 떨어졌다.

25. 종이의 발명자 ◈ 채륜

후한 시대 채륜(기원후 63년~121
년)은 호남 계양 사람으로 기원후
75년 낙양에서 환관이 되어 소황
문小黃門부터 중상시中常侍, 상방령尚方
令까지, 다시 용정후龍亭侯에서 장락
태복長樂太僕에 이르러 9경까지 오른
인물이다.

채륜

　그의 선조들은 본래 제철과 주
조업을 하였다. 계양에 제철을 관
리하던 철관鐵官이 설치되어 있었
기 때문에 그의 집안은 조정 관리
들과 긴밀한 관계가 있었다. 그는
어려서 향학에 보내져 주례나 논어를 익혔으며, 주변에서 흔히 볼 수 있
었던 야금이나 제련, 양잠 혹은 마麻농사에도 흥미가 많았다.

　채륜은 18세 때 제철 운반을 책임지는 관원의 추천으로 조정 환관이
되었다. 그는 중국 강남지역에서 황궁에 진출하여 환관이 된 최초의 인
물이었다. 그는 처음에 비빈들 처소에서 액정掖庭으로 근무했으며 몇 년
뒤 황궁으로 옮겨 조령詔令을 전달하는 소황문小黃門으로 승진하였다.

　그는 평소 일을 신중하게 처리하고 사사롭게 권력을 남용하지 않았
으며 많은 손님들과 선물들도 사절한 채 혼자 고독하게 조용한 생활을

영위하였다. 이렇게 성실하게 일을 수행했기 때문에 채륜은 장제章帝를 측근에서 모시며 신임을 받았고, 장제의 뒤를 이어 열 살에 황위에 오른 화제和帝 때 중상시로 임명되었다. 화제가 막 즉위했을 때 아직 어렸기에 채륜이 이전에 모셨던 두황후가 두태후가 되어 조정을 장악하였다. 그리하여 두헌 등 두태후의 형제들이 모두 권세가로 되어 권력을 휘둘렀다. 평소 성격이 강직했던 채륜은 두씨 집안의 이러한 행태를 바로잡기 위하여 환관들의 힘을 모아 화제를 도왔다. 그리고 두헌이 출정하는 틈을 타 두헌의 대장군 인印을 회수하고 두씨 권력을 청산하여 황권을 강화하였다.

102년, 화제의 비妃인 음황후가 폐위되고 귀인이던 등鄧황후가 황후의 자리에 올랐다. 등황후는 학문과 재주가 뛰어났고 검소했다. 그녀는 궁궐에서 사치가 심하게 되면 백성들의 고통이 커진다고 생각하여 전국 각지에서 올리는 진상품을 금지시키고 다만 계절에 따라 종이와 묵을 올리도록 하였다. 그러면서 채륜을 상방령에 임명하고 이 종이와 묵을 관리하는 임무를 맡겼다.

'채후지蔡侯紙'의 발명

이 임무를 맡은 채륜은 자연히 제지술에 관심을 갖게 되었다. 그는 종이들이 품질이 고르지 못하고 매우 소규모로 만들어져 가격이 비싸 사람들이 구입하기 어렵다는 사실을 알았다. 그는 이러한 문제점들을 고치기 위하여 궁궐의 제지 장인들과 함께 전국의 제지술을 세심하게 조사하고 연구하기 시작하였다. 그는 궁중의 각종 기물에서 수피樹皮와 오래된 마포, 오래된 어망 등을 분리해내고 장인들에게 그것들을 자르고 분쇄하도록 한 뒤 큰 저수지에 담그도록 하였다. 어느 정도 시간이 흐른 뒤 잡스러운 것을 제거하고 부패하지 않는 섬유를 모아서 돌절구에 넣고 장鬛의 형태가 될 때까지 계속 갈게 하였다. 그런 뒤에 대나무로 만든 채로 끈적끈적하게 된 것들을 걸러내 건조시켜 마침내 종이와 같은 것을 얻었다.

이렇게 하여 105년, 채륜은 종래의 종이보다 훨씬 뛰어난 종이를 만들었다. 이 종이는 두께가 약 0.04mm 정도로 얇아 기존의 두껍고 표면이 조잡하여 글씨를 쓰기조차 어렵던 종전의 종이와 전혀 달랐다. 이렇게 우수한 데다가 또 대량 생산이 가능하여 저렴한 가격에 널리 보급할 수 있었다.

채륜이 이 사실을 황제에게 보고하자 황제는 크게 기뻐하였다.

9년 뒤 채륜은 용정후에 봉해졌고, 3백호의 봉토를 하사받았다. 그리고 채륜이 발명한 종이는 '채후지蔡侯紙'라고 칭해졌다. 그리고 이 종이는 비단길, 실크로드를 통하여 중앙아시아와 서방으로 전해졌다.

채륜은 더욱 큰 황제의 신임을 얻었고 황제는 그를 국가의 중요한 정책 결정에 참여하도록 하였다.

그러나 이 해에 황제가 스물일곱 살의 젊은 나이에 세상을 떠났다. 그런데 등황후에게는 아들이 없었고, 귀인과 비빈을 맞아들여 십여 명의 황자들이 태어났지만 모두 태어난 지 얼마 지나지 않아 죽고 말았다. 황제가 세상을 떠났을 때 아들은 이제 겨우 태어난 지 백일이 갓 넘은 유융만 있었다. 그래서 이 융이 황제로 즉위하니, 중국 역사상 가장 어린 황제였다. 등황후가 이 어린 황제를 강보에 싼 채 직접 정사를 처리하였다. 하지만 융조차도 8개월 만에 죽고 말았다. 등황후는 거기장군 등즐鄧騭과 의논하여 화제의 형인 유경의 아들 유호를 황제로 세우니 바로 안제安帝이다. 안제 역시 열세 살밖에 되지 않았으므로 아직 국사는 모두 등황후가 처리해야 했고, 자연스럽게 이제까지 황제를 잘 보좌해

왔던 채륜은 계속하여 황후를 잘 보필하였다. 채륜은 사심 없이 보필하여 안제가 친정을 할 때까지 국사를 보좌하였다.

스스로 세상을 등진 채륜

121년, 등황후가 세상을 떠나자 채륜은 위기에 몰리게 되었다. 채륜이 아직 소황문일 때 두황후의 명을 받아 송귀인을 관리하고 있었는데, 이 송귀인이 바로 안제의 할머니였다. 두황후는 송귀인을 함정에 빠뜨려 이 사건의 조사를 맡은 채륜으로 하여금 송귀인을 죽게 만들고 유경의 황위계승권도 박탈하게 만들었다. 안제가 친정을 하자 채륜은 이 사건에 관해 정위에 나아가 죄를 자복하라는 명을 받았다. 채륜은 목욕재계한 뒤 의관과 모자를 잘 갖춰 입고 음독 자살하였다. 그리고 그의 봉지는 회수되었다.

26. 거지가 된 부호 ◈ 등통鄧通

중국 역대 거부들의 대부분은 조정 중신이었거나 황제의 친척, 혹은 황제를 지근거리에서 모셨던 환관 출신의 이른바 '관상官商'이었다. 이들은 권력과 재산 그리고 명예를 모두 가진 상인이요 부호였다.

이들 '관상'은 황제 1인에게 끝없이 아부하고 조정 백관과 백성들 위에 군림하면서 한때 거대한 재산을 축적했었다.

하지만 그 종말은 항상 비극으로 끝났다.

등통鄧通은 서한 시대 문제文帝 때 총신으로서 딸만 셋 있는 집안의 막내아들로 태어나 황제의 사랑을 받았다.

등통은 어릴 적부터 학문에는 재주가 없었지만, 배를 타고 고기를 잡는 데에는 흥미가 많았다. 재산이 많던 부친은 그에게 관리가 될 기회를 주기 위하여 그를 서울 장안으로 올려 보냈다. 그리고 장안에서 등통은 황실의 선박을 관리하는 황두랑黃頭郞의 벼슬을 얻었다.

문제文帝는 좋은 황제였지만, 한 가지 단점이 있다면 그가 귀신을 믿고 불로장생과 승천을 꿈꿨다는 것이다.

등통, 하늘로 오르다

어느 날 문제가 승천하는 꿈을 꾸는데, 아무리 해도 하늘로 올라갈 수 없었다. 마음은 급한데 도무지 몸이 움직이지 않았다. 그런데 그때 어떤 사람이 몸을 밀어 주는 것이 아닌가! 문제는 비로소 하늘로 올라갈

등통반량
(등통이 주조한 동전)

수 있었다. 뒤를 돌아보니 황두랑이 등 뒤에서 묶는 짧은 적삼을 입고 있었다.

꿈에서 깬 황제는 꿈에서 본 사람을 찾기 위해 미앙궁 서쪽 연못 쪽으로 갔는데, 그곳에서 등 뒤에서 옷을 잡아맨 등통을 보았다. 등통을 불러 그 이름을 물으니 "하늘로 오르다"는 뜻의 '등통登通'으로 들렸다. 기분이 너무 좋아진 문제는 그를 불러 옆에 있게 하였는데, 날이 갈수록 그를 총애하였다.

하루는 유명한 관상가로 하여금 등통의 관상을 보라 했는데, 그는 "등통의 운명은 굶어 죽는 것입니다."라고 말했다. 그러자 문제는 "등통을 부자로 만들 수 있는 운명이 나에게 있거늘, 어떻게 그가 굶어죽는다는 말이냐?"라면서 장안 부근에 있는 크고 작은 구리 광산을 등통에게 하사하였다. 그리고 그에게 주전업鑄錢業 독점권을 주었다. 이렇게 하여 등통은 순식간에 엄청난 부를 쌓을 수 있었다.

그런데 문제는 심한 종기를 앓았다. 황제의 총애에 감읍한 등통은 항상 그 종기를 입으로 빨아 고름을 빼냈다.

문제가 물었다.

"세상에서 누가 나를 가장 사랑하겠느냐?"

그러자 등통은 "그야 물론 황태자이시죠."라고 대답하였다.

며칠 뒤 황태자가 문병을 왔을 때, 문제는 그에게 자신의 종기를 입으로 빨아달라고 했다. 입으로 빨면서도 황태자의 낯빛은 좋지 못했다. 뒤에 등통이 항상 황제의 종기를 입으로 빨아준다는 말을 듣자 그는 크게 부끄러워하는 동시에 그를 미워하게 되었다.

몇 년 뒤 문제가 세상을 뜨고 태자가 즉위하였다. 바로 경제景帝였다. 경제는 우선 등통의 직위를 박탈하고 구리광산을 비롯해 그의 모든 재산을 몰수하였다. 등통은 한 푼도 지니지 않은 채 하루아침에 거지가 되었고, 마침내 거리에서 굶어 죽었다.

27. 황제가 사랑한 남자 ❀ 동현董賢

동현은 서한 애제哀帝 때의 총신으로 엄청난 부를 쌓았다.

동현은 어사 동공董恭의 아들로서 태자의 사인舍人이었다. 그는 애제가 즉위한 뒤 낭관으로 승진했는데 애제는 상주문을 올리는 동현의 모습이 단아하고 준수하다고 느꼈다. 그러고는 그를 가까이에 있게 하였다. 황제가 그를 하도 어여삐 여기는 바람에 그는 집에 가지도 못하는 날이 많았다. 그런데 동현에게는 처도 버젓이 있었다. 그래서 황제는 아예 동현의 처를 궁으로 옮겨 살도록 하였다. 그러면서 동현의 누이도 비妃로 들여 황후 다음 가는 높은 지위를 주었다.

그의 벼슬은 1천호, 2천호로 올라가다가 마침내 대사마까지 승진하였다. 22살의 나이에 벌써 3공의 지위에 오른 것이었다. 모든 대신들도 동현을 통해야만 황제에게 상주할 수 있었다.

'단수斷袖'의 동성애

동현은 '단수斷袖'라는 고사로도 유명하다.

황제는 동현의 준수한 용모를 사랑하였고 두 사람은 일종의 동성애 관계였다. 두 사람은 항상 같이 자고 같이 붙어 있었다. 어느 날 두 사람이 낮잠을 자는데, 애제가 동현에게 팔베개를 해주었다. 한참 만에 애제가 먼저 잠에서 깨어 일어나려는데, 옆의 동현이 아직 곤히 자는 모습을 보자 그가 베고 있는 자신의 소매袖를 잘라냈다. 그만큼 동현을 아낀 것이다. 이후 단수斷袖라는 말은 동성애를 가리키는 용어가 되었다.

동현은 이러한 애제의 총애 속에서 권력을 농단하고 일약 국가 최고의 거부로 부상하였다. 그러나 애제가 죽은 뒤 왕망의 탄핵을 받고 모든 직위에서 파면되었으며, 그날로 동현은 자결하였다.

낮잠을 자는 동현을 위해 단수斷袖 하는 한 애제

28. 절대 여인 ❀ 가남풍

후한後漢은 '십상시十常侍의 난'을 거쳐 삼국지의 위, 오, 촉(정확히는 한)으로 분열된 채 치열한 각축전을 전개하였다.

결국 사마씨가 위나라를 전복하고 삼국을 통일하면서 진晉나라를 건국하였다. 그러나 불과 10여 년 만에 전국적으로 분열과 반란이 계속되면서 나라가 무너지고 강남 지역으로 옮겨 동진東晉으로 다시 재건하였다(동진의 재건에 따라 이전의 진은 서진西晉이라 칭해진다). 하지만 이 진나라는 중국 역사상 가장 무능했던 왕조로 평가되며, 사실상 진나라의 남겨진 업적은 거의 열거할 수도 없을 정도이다.

가장 무능한 왕조의 가장 무능한 황제

그 무능했던 진나라에서도 특히 혜제는 중국 황제 중 가장 무능한 혼군昏君으로 손꼽힌다. 그는 가뭄이 들어 백성들이 먹을 것이 없고 굶주려 죽는 사람이 부지기수라는 말을 듣자 "왜 고기로 쑨 죽을 먹지 않는가?"라는 '명언'을 남겼다.

또 개구리 우는 소리를 듣고는 "저 개구리들은 관官을 위하여 우는 것이냐, 아니면 백성을 위해 우는 것이냐?"라는 우둔한 질문을 던졌다. 그러자 옆의 신하는 "예. 관官에서 우는 개구리는 관을 위해 울고, 민民에서 우는 것은 민을 위해 웁니다."라는 우문우답의 극치를 보여 주었다.

우둔한 혜제의 황후 가남풍賈南風은 중국 역사상 측천무후에 비견될 만큼 절대 권력을 행사했던 여성이었다. 그녀는 딸만 넷 있었고 아들이 없었는데 다른 후궁에서 낳은 황태자를 끝내 암살하였고 대신大臣을 비롯하여 많은 정적들을 잔혹하게 죽였다. 다른 후궁들이 임신하면 창으로 복부를 마구 구타하여 유산시켰으며, 또 음란하여 몰래 자기 침실에 들인 미소년들을 비밀이 탄로되지 않도록 수없이 죽이곤 하였다.

"낙남洛南에 한 하급관리가 있었다. 용모가 단아하고 준수했다. 하루는 그가 갑자기 좋은 옷을 입고 나타나자 모두들 훔친 것이라 의심했다. 그러자 그가 설명하였다. '어느 날 한 노파가 와서 집에 병이 든 사람이 있다고 했다. 가기 싫어하자 반드시 보답하겠다고 하여 응답했다. 수레를 타고 10여리를 갔다. 6, 7개의 문을 지나 수레의 문이 열렸다. 누각과 좋은 집이 보였다. 어디냐고 묻자 천상天上이라고 하였다. 좋은 향이 나는 물에 목욕을 하고 나니 좋은 옷과 맛있는 음식이 들어왔다. 그리고 한 부인이 들어왔다. 나이는 삼십오륙 세 정도였고, 키는 작았으며 얼굴이 검었다. 눈가에는 흠이 있었다. 며칠을 머물면서 같이 잠을 자고 음식을 같이 하였다. 떠날 때 많은 선물을 주었다.'

이 이야기를 들은 사람들은 모두 그 여인이 가황후인 것을 알아차리고 비웃으며 흩어졌다."

『진서晉書』의 기록이다.

천하의 모든 권력이 그녀의 수중에 독점되다

진나라 혜제의 이름은 충이었는데 그는 매우 우둔하였다. 그가 태자로 있을 때 가충의 딸을 태자비로 맞았는데, 이 여자가 바로 가남풍으로 권모술수에 능한 여자였다.

어느 날 위관이라는 사람이 술이 취한 체하며 진 무제 앞에 꿇어 앉아 옥좌를 어루만지면서 말했다.

"이 자리는 아껴야 하지 않을는지요."

어리석은 태자에게 물려주는 것이 아깝다는 뜻이었다. 황제는 그의 뜻을 깨닫고서 박사에게 어려운 문제를 내게 하여 밀봉한 다음 태자에게 보내 풀어 보도록 했다.

태자비 가남풍은 이 대목에서 능력을 발휘하였다. 그녀는 시험 문제를 가져온 관리를 매수하여 답안을 모두 알아내고는 그것을 태자가 자필로 베끼도록 하여 황제에게 바치도록 했다. 답안을 받아 본 진 무제는 그 정확함에 매우 기뻐하고 만족했다. 그리하여 사마충은 무사히 제위에 오를 수 있었다. 이 사람이 바로 혜제이다.

진 무제

혜제가 즉위한 후 정치의 실권은 양태후의 아버지 양준의 손에 넘어가 있었다. 그런데 그러한 양준의 모습을 매우 못마땅하게 여기는 사람이 있었으니 다름 아닌 가남풍이었다.

가황후는 양준 제거 작전에 들어갔다. 그녀는 양씨의 반대파인 맹관, 이조, 동맹 등의 중신들과 더불어 반란을 추진하였다. 우선 여남왕 사마양에게 사람을 보내 군사를 일으키라고 하였다. 하지만 사마양은 이 제의를 받고 잔뜩 겁을 먹고 어디론가 종적을 감춰 버렸다. 이에 가남풍은 초왕 사마위에게 접근했다. 사마위는 혜제의 배다른 동생으로 용맹스러운 21세의 청년이었다. 사마위는 즉시 군사를 이끌고 낙양으로 진입하여 양준을 체포한 뒤 모반죄로 죽여 버렸다. 그리고 양태후도 폐하여 서인으로 삼고, 양태후의 어머니 방씨도 체포하는 등 3족을 멸하였다.

이때 양태후는 어머니 방씨를 살리기 위하여 가황후의 처소에 찾아가 자신을 '첩'이라 칭하면서까지 살려 달라고 애원했다. 일찍이 가남풍이 임신한 후궁의 복부를 창으로 구타해 유산시켰을 때 진 무제가 그 사실을 알고 가남풍을 폐위시키고 막 지어진 금용성에 연금하려 했었다. 그때 황후 양씨, 즉 양태후가 간곡히 말려 가남풍은 폐위를 모면할 수 있었다. 하지만 가황후는 양태후의 청을 끝내 들어주지 않고 방씨를 처형시켜 버렸다. 그 뒤 양태후에게도 모반죄를 뒤집어 씌워 금용성에 연금시켰다. 이듬해에 양태후는 굶어 죽고 말았다.

이제 천하는 온전히 가황후의 손에 들어가게 되었다. 가황후는 황족의 원로인 여남왕과 72세의 노대신 위관에게 태재와 태보라는 최고 벼슬을 주어 등용하였다. 그런데 이는 어디까지나 가황후의 술수였다. 즉 이번 난을 실질적으로 주도한 초왕 사마위를 분개하게 만들어 이들 두 명을 제거하자는 속셈이었다. 여남왕은 지난번 군사 동원 요청 때 도망친 사람이었으며, 위관은 혜제가 태자로 있을 때 태자 폐립을 주장했던 인물로서 가황후는 항상 그 원한을 갚고자 벼러 왔다. 아니나 다를까 초왕 사마위는 불만을 노골적으로 터뜨렸다.

"양씨를 무너뜨린 것은 나 초왕 사마위다. 그때 도망쳐 버린 늙은이 주제에 이제 와서 높은 자리를 차지하다니, 도저히 묵과할 수 없다."

그런데 두 원로 대신은 '초왕 사마위는 혈기만 믿고 우쭐대는 자로서 성격이 잔인하며 인명 살상하기를 거침없이 한다. 그자가 군대를 거느리고 있는 건 정말 위험천만한 일이다'라고 생각하여 초왕에게서 병권을 회수하고 그를 변방으로 좌천시키려 하였다. 그러자 이를 눈치 챈 초왕은 크게 분노하여 복수를 다짐하였다.

이때 가황후는 혜제로 하여금 "두 원로 대신은 황제의 폐립을 모의했으므로 그 관직을 삭탈하노라."라는 조서를 만들게 하여 초왕에게 군대출동을 명령하였다. 이에 초왕은 즉시 군대를 출동시켜 여남왕과 위관을 체포하여 살해하였다.

모든 일이 자신의 계획대로 되어 나가자 가황후는 더욱 주도면밀한 조치를 취하기로 하였다. 이번 기회에 자신에게도 커다란 위험 인물임에 틀림없는 사마위까지 제거하기로 한 것이다.

"초왕 사마위는 제멋대로 사람을 죽였으니 사형에 처하노라." 그녀는 조서를 내려 사마위를 체포하여 목을 베었다. 사마위는 죽기 직전에야 자신이 가황후에게 이용당했다는 사실을 깨달았지만, 때는 이미 늦었다.

이렇게 하여 가황후는 일거에 자신의 정적이었던 세 명의 실력자를 제거해 버렸다. 그 뒤 가남풍의 천하는 10년이나 지속되었다.

미소년이 살아남은 이유

가남풍은 원래 얼굴이 못생긴 데다 키가 작고 얼굴까지 검은 여자였다. 그렇지만 머리가 뛰어나 항상 권모술수를 능사로 알고 한시도 가만히 있는 법이 없었다. 게다가 그녀는 매우 음란했다. 그녀는 아름다운 미소년들을 상자에 넣어 궁중으로 들여와 정을 통한 다음 살해하였다. 간혹 매력 있는 미소년은 값비싼 선물을 주어 살려 보내기도 했다. 그런데 비싼 선물을 받고 돌아간 소년이 도둑으로 오해받아 심한 고문 끝에 가황후와의 관계를 털어놔 고문을 중지한 일도 있었다.

그 무렵 장영이라는 잘생긴 18세의 포졸이 있었다. 어느 날 그는 비번이라 산책을 즐기고 있었는데, 한 노파가 나타나 말을 걸어왔다.

"젊은이, 우리 집에 앓는 사람이 있어요. 점을 쳐보니 소년을 데려오면 병이 낫는다고 합디다. 잠시만 가주면 되는데…. 사례는 충분히 드리겠소."

장영은 사람 살리는 일이라 생각하여 기꺼이 승낙하였다. 노파는 마차를 가지고 왔는데, 그 안에는 큰 상자가 있었다. 노파는 그 상자를 가리키며, "저 상자는 주문을 외는 상자인데 저 속에 잠깐 들어가 있으세요. 만일 나오라고 하기 전에 나오게 되면 병자의 병도 낫지 않을 뿐 아니라 그대의 목숨도 위험하게 된다오."라며 상자로 들어가라고 하였다. 장영은 할 수 없이 상자 속으로 들어갔다. 마차는 달렸다. 장영은 아무것도 볼 수 없었다. 몇 번이나 마차가 섰다. 그럴 때마다 "문 열어라", "통과하십시오!"라는 소리가 들렸다.

'낙양에서 문이라면 궁중의 문밖에 없을 텐데… 혹시…' 여기까지 생각이 미친 장영은 깜짝 놀랐다. 그 무렵 젊은 청년들의 실종 사건이 많았다. 그것도 모두 미소년들이었다. 언제 어디서 사라졌는지 갑자기 소식이 끊기고 한 사람도 돌아온 적이 없었다.

한참 후 상자 뚜껑이 열렸다.

"이제 나와도 좋습니다." 노파가 말했다.

장영이 포장을 걷어 올리고 나와 보니 으리으리한 궁전이었다. 장영은 먼저 욕탕으로 안내되어 목욕을 하였다. 그런 뒤에 금은 색실로 만든 새 옷을 입었다.

"천상의 여황입니다." 노파가 말했다. 그러나 노파가 만나게 해 준

여성은 도저히 천상의 여인이라 할 수 없는 30대 중반의 키도 작고 얼굴도 검고 못생긴 여자였다. 바로 가황후였다. 그녀는 침대에 앉아 있었다.

"정말 멋있군!"

가황후는 그를 보자 환성을 질렀다.

"어서 옷을 모두 벗어라."

그리고 방의 장막이 드리워졌다. 그런데 장영은 살아 돌아왔다.

그는 어린 나이에도 불구하고 이미 여성들과의 경험이 많았으며, 그 기술도 매우 뛰어났다. 누구도 그에게 반하지 않은 여자가 없었던 것이다.

가황후의 최후

가황후는 이렇듯 흉폭하고 음란했지만, 그래도 장화를 존경하고 숭히 쓸 줄은 알고 있었다. 장화는 배위와 협력하여 정치를 질 보좌했으므로, 천자가 어리석기는 했지만 몇 해 동안 세상이 평온했다.

가황후는 공주만 네 명 낳았을 뿐 아들을 낳지 못했다. 그래서 그녀는 친정 동생이 낳은 아들을 양자로 키웠다. 그 아들을 자신이 낳은 것처럼 위장하기 위해 옷 속에다 짚을 넣어 임신한 것처럼 꾸몄다. 당시 태자는 가황후의 친자식이 아닌 사마휼이었는데, 그의 운명은 가황후의 욕심 앞에 풍전등화 같았다.

드디어 가황후는 태자 휼을 폐하였다. 다음해 가황후는 휼을 죽였다. 그녀는 태의령과 짜고 휼에게 독약을 마시도록 하였는데, 휼이 눈치를 채고 마시려 하지 않자 약 찧는 절구로 그를 쳐 죽여 버렸다.

그러자 가황후의 전횡을 항상 못마땅하게 여기고 있던 정서 대장군

조왕 사마윤은 혜제 충의 조칙이라고 일컫고 군사를 이끌고 궁중에 들어가 먼저 가황후의 외조카인 가밀을 죽였다. 그리고 곧장 가황후를 체포하여 금용성에 가두고 폐하여 서인으로 하였다. 아울러 가씨 일당을 모조리 체포하여 처형하였다. 가황후는 금용성에 유폐되었다가 며칠이 지나지 않아 금설주(금가루를 넣은 술)로 독살되었다. 그때 그녀의 나이 불과 45세였다.

사안

중국의 위진남북조 시대, 천하는 북쪽의 전진前秦과 남쪽의 동진東晉으로 나뉘어 있었다. 하지만 군사력에 있어서는 티베트족이 수립한 북쪽의 전진이 훨씬 강했다. 더구나 전진의 황제 부견符堅은 영특한 군주로서 전진의 국력을 비약적으로 강화시켰다.

이때 부견의 옆에는 명잠보 왕맹王猛이 있있다.

왕맹은 이전에도 여러 왕조에게 조정 입궐을 권고 받은 적이 있었으나 이에 응하지 않았다. 그러다가 부견의 인품을 알아보고 기꺼이 그의 참모가 되었다. 그가 입궐한 지 불과 수십 일도 되지 않아 그는 호족들의 횡포와 부정부패를 척결하는 일에 나섰다. 이제까지 호족들의 하늘 높은 줄 모르는 권세가 무서워 아무도 생각할 수조차 없던 일이었다. 그러나 그는 과감하게 실천에 나서 죄질이 무거운 20여 명의 호족들을 체포, 처형하고 그 시체를 저잣거리에 효수하였다.

이후 그는 군대의 개혁, 교육 진흥, 수리 시설의 개발, 농업과 양잠의 육성 등에 박차를 가하였고 전진은 순식간에 강대국으로 발돋움하게 되었다.

부견은 자기의 곁에 왕맹이 있음을 기뻐하면서 "촉나라 유비에게는 공명이 있었고, 나에게는 왕맹이 있도다."라고 자랑하였다.

이제 천하에서 전진에 대적할 수 있는 나라는 오직 남쪽의 동진밖에 없게 되었다. 부견은 천하 통일을 꿈꾸게 되었다. 그러던 때 왕맹이 세상을 떠났다. 부견은 통곡을 하면서 "하늘이 내가 천하 통일의 대업을 이루기를 원하지 않는구나! 어찌 이렇게 빨리 나에게서 왕맹을 빼앗아 갔단 말인가!"라고 부르짖었다.

이후 마침내 부견은 100만의 군사를 일으켜 남쪽의 동진을 공격해 들어갔다. 당시 동진의 군사는 전진의 10분의 1에 불과할 뿐이었다. 왕맹은 임종 때 부견에게 유언을 남겼었다.

"동진은 비록 중원에서 멀리 떨어져 있지만, 중국 중원의 정통성을 가지고 있으며 군신 상하가 질서를 존중하고 화목합니다. 신이 죽은 후에도 폐하께서는 동진을 공격하려는 생각을 마십시오.

그보다는 북쪽의 선비족과 강족羌族이야말로 우리의 숙적입니다. 얼마 지나지 않아 반드시 우리의 근심거리가 될 터이니 차차 이들을 제거하여 나라의 기반을 튼튼히 하지 않으면 안 됩니다."

하지만 부견은 왕맹이 남긴 유언을 듣지 않았다. 전진의 100만 대군의 대열은 수로와 육로를 통하여 동서 만 리까지 이어진 진군을 시작하였다. 그 위풍당당한 장관은 천지를 진동시키고도 남음이 있었다.

한편 막강한 전진이 군사를 몰아 총공격해 온다는 급보에 동진의 조야는 모두 불안에 휩싸여 벌벌 떨고 있었다. 당시 동진의 총사령관은 재상 사안謝安이었다. 사안은 명문세가에서 출생하여 어려서부터 다방면에 탁월하여 높은 명성을 얻었지만 벼슬을 거듭 사양한 채 회계산에 은거하여 왕희지 등과만 교유하면서 은거하였다. 그는 40세가 넘어서야 조정의 부름에 응하였고 재상으로 임명된 이후에도 여전히 은자처럼 처신하였던 현인이었다. 동진의 모든 사람들이 떨고 있었지만 사안은 오히려 태연하였다. 사람들이 사안에게 달려가 도대체 어떻게 작전을 쓸 것인가를 묻자, 그는 "염려할 것이 없다. 작전은 내 가슴 속에 있다."라고 말할 뿐이었다.

두 영웅은 나란히 설 수 없다

하나의 산은 두 마리의 호랑이를 키울 수 없는 법이다.

이렇게 하여 전진과 동진이라는 천하의 양웅은 비수淝水라는 강을 사이에 두고 서로 대치하였다. 유명한 '비수의 싸움'이 시작된 것이었다.

전진군의 선봉부대는 수양성을 공략하여 서전을 승리로 장식하였다. 이때 동진의 선봉부대는 이미 군량미 부족이라는 극한상황에 몰리고 있었다. 이 점을 알아챈 부견은 주서라는 장군을 동진의 진영에 파견하여 항복을 권하였다. 그런데 이 주서라는 인물은 원래 동진의 장군으로 이전에 벌어졌던 전투에서 패한 뒤 포로가 되어 부견 밑에 있게 된 사람이었다. 그는 비록 몸은 부견의 밑에 있었지만 마음은 언제나 고국 동진에 있었다. 동진의 진영에 도착한 주서는 동진 장군들에게 이렇게 털어 놓았다.

"전진의 군사 100만은 아직 결집이 약한 상태입니다. 만약 이 100만 대군이 결집된다면 승리하기 어렵습니다. 그러니 지금의 기회를 놓치지 말고 곧바로 기습 공격해야 합니다. 그렇게 되면 전진의 군사를 무너뜨릴 수 있습니다. 저도 내부에서 호응하겠습니다."

며칠 후 동진군은 전진군에 기습공격을 감행하였다. 이 전투에서 전진군 5만 명이 크게 패하여 서로 앞을 다투어 도망치려다가 무려 1만 5

천여 병사가 물에 빠져 죽고 말았다.

동진군은 계속하여 진격을 늦추지 않았다. 보고에 접한 부견은 수양성에 올라가 동진의 진영을 살펴보았다. 동진군의 군사 배치와 진지는 정연하여 한 치의 빈틈도 없었다. 다시 눈을 돌려 팔공산을 바라보니 바람에 흔들리는 초목이 모두 동진군으로 보이는 듯하였다.

"군사도 많고 정예 중의 정예로다. 강적이다, 강적이야!"

부견도 두려움을 감출 수 없었다.

그러한 상태에서 양군은 며칠을 비수淝水를 사이에 두고 대치하였다. 그러던 어느 날 전진 진영에 동진 진영의 서찰이 날아들었다.

"이렇게 양군이 강을 사이로 두고 대치하다가는 싸움이 얼마나 길어질지 모르는 일이오. 그것은 양군 모두에게 좋지 못한 일이오. 그러니 만약 귀측에서 속전속결을 원한다면 조금 후퇴하여 우리 측이 강을 건넌 뒤 정정당당하게 싸움을 벌여 승패를 결정짓는 방법이 어떻겠소?"

전진의 장군들은 모두 후퇴는 말도 안 되는 소리라고 일축하였다. 그러나 부견은 고개를 저으며 "조금 후퇴하는 척 하다가 저들이 강을 반쯤 건넜을 때 기병으로 돌진하여 공격한다면 승리는 우리의 것이다."라고 주장하였다. 이에 장군들도 수긍하였다.

풍성학려風聲鶴唳

이윽고 전진군이 후퇴를 개시하였다. 그런데 여기서부터 일이 빗나가기 시작하였다. 고향을 떠나 멀리 이국 만리 전쟁터에 끌려온 젊은이들은 막상 후퇴를 시작하자 마치 봇물이 터지듯 서로 앞을 다투어 도망치기 시작했다. 그리하여 순식간에 통제 불능의 상태가 되고 말았다. 이렇게 되니 동진군이 강을 반쯤 건넜을 때 공격한다는 원래의 작전은 쓸

래야 쓸 수가 없게 되었다. 뒤에서는 동진군이 맹추격해오고 있었고 전진군은 속수무책으로 도망쳤다. 부견은 군사를 돌이키려고 안간힘을 썼다.

그러나 이 순간 "우리는 졌다, 어서 도망쳐라!"라는 고함소리가 갑자기 여기저기서 터지는 게 아닌가! 바로 주서가 부하들과 짜고 질러댄 고함소리였다.

한 마리 개가 그림자를 보고 짖으면 뭇 개들이 덩달아 짖는 법이다. 이 고함소리가 불에 기름을 붓는 격이 되어 전진의 군대를 더더욱 속수무책으로 도망치게 만들었다.

전진의 후속부대들도 패배를 당했다는 소문을 듣고 도망치기에 급급했다. 이렇게 전진의 군사는 밤낮을 가리지 않고 걸음아 나 살려라고 도망치기 바빴다. 바람 소리와 학이 우는 소리를 듣고도 그것이 동진군이 뒤쫓아 오는 소리인 줄 알고 앞을 다투어 도망쳤다(이를 풍성학려風聲鶴唳라 한다). 이 와중에 대부분의 병사들은 굶주림과 추위에 시달리다가 죽고 말았다. 불과 3개월 전만 해도 100만 대군의 위용을 자랑하며 당당하게 진군했던 부견은 겨우 10만의 패잔병 속에 묻혀 궁궐로 돌아와야 했다.

엎친 데 겹친 격으로 전진으로 돌아간 부견왕은 왕맹의 예견대로 선비족과 강족의 반란에 의해 목숨을 빼앗기고 나라도 잃게 되었다.

그런데 바로 이 절체절명의 순간에 동진의 총사령관인 사안(謝安)은 태연하게도 자기의 별장에서 손님과 함께 바둑을 두면서 열심히 승부를 다투고 있었다.

그렇게 바둑을 두고 있다가 승리를 거두었다는 보고를 받은 사안은 기뻐하는 기색도 별로 보이지 않은 채 바둑판만 계속 응시했다. 한참이 흐른 뒤에야 바둑이 끝났다. 그제야 손님이 보고내용이 무엇이냐고 묻자 사안은 아무 것도 아니라는 듯이 "음, 자식 놈이 끝내 적을 이겼다는 군요."라고 말했을 뿐이었다.

하지만 사안은 손님을 배웅하고 난 다음에 기쁨을 참지 못하고 급히 방으로 들어오다가 신이 걸려서 뒤축이 떨어지는 것도 모를 지경이었다.

30. 중국화의 길 ❀ 북위 효문제

비수의 결전에서 참패하고 패망한 전진의 빈 자리를 차지하기 위하여 군웅들이 들고 일어났다. 무려 20여 개 나라들이 쟁탈전을 벌이다가 결국 선비족의 척발씨가 세운 북위가 130여 년 간 이어오던 5호 16국 시대의 종지부를 찍고 중국 북부를 통일하여, 남쪽의 남조에 맞서는 북조를 건설했다.

　북위의 창시자 척발규가 죽은 후 6대째에 효문제가 즉위하였다. 효문제는 어려서부터 총명하고 침착하여 겨우 세 살 때 태자가 되었고, 다섯 살 때 황제 자리에 올랐다. 당시 황태후인 빙태후가 섭정을 하였는데, 그녀는 낙랑군(조선) 출신의 독한 여자였다. 그녀는 균전제 등 개혁 정치를 강력하게 펼쳤다. 효문제가 25세 되던 해 그녀가 죽자, 그 때부

북위 효문제

터 친정을 시작한 효문제는 빙태후의 개혁을 이어받아 균전제를 뿌리 내려 백성들의 생활을 안정시키는 등 강력한 개혁을 추진하였다.

효문제의 개혁은 무엇보다도 선비족을 한족화하여 '문명화'시키는 데 목표가 있었다. 그래서 선비족의 옷 대신 한족의 옷을 입고, 선비족의 언어 대신 한족의 언어를 사용했으며, 선비족의 성을 한족의 성으로 바꾸어 나가도록 하였다. 효문제도 스스로 척발이라는 성을 버리고 원元씨로 고쳤다.

천도냐, 전쟁이냐

효문제가 개혁을 펴나가는 데에는 많은 어려움이 있었는데, 특히 수도를 옮기는 천도 문제를 둘러싼 논란이 그 중 하나였다. 효문제는 수도를 평성에서 중국의 중심지인 낙양으로 옮기려고 했다.

"우리 선비족은 몽골 사막 남쪽에서부터 평성에 걸쳐 살고 있소. 평성은 분명히 군마를 조달하고 군사들을 집결시켜 싸움을 벌이기에 적합한 곳이오. 하지만 여기가 문화의 중심지가 아닐 뿐더러 중원의 힘을 빌리지 않고는 강남과 대치하여 북방을 굳게 지키는 안정된 정치를 하는 것이 불가능할 것이오. 그래서 짐의 생각으로는 수도를 낙양으로 옮기는 것이 상책이라 확신하오."

그러나 조정 중신들은 강력히 반대하였다. 효문제는 천도 문제가 이미 수십 년 전부터 여러 번에 걸쳐 고관들과 귀족들의 반대에 부딪혀 실패했음을 잘 알고 있었다. 그래서 그는 우회 전술을 쓰기로 하였다.

어느 날 효문제는 백관들을 모아놓고 대군을 출동시켜 남쪽을 원정하겠노라고 발표하였다. 그러자 임성왕 척발징을 비롯한 모든 신하들이 완강히 반대하였다. 이에 효문제는, "이 나라는 짐의 것이오. 임성왕이라 해도 짐이 군사를 일으키는 것을 막는 것은 용서하지 않겠소." 하며 크게 화를 냈다.

척발징이 반박하였다.

"이 나라는 분명 폐하의 것이지만 저도 이 나라의 대신입니다. 지금 군사를 일으켜 이 나라를 위태롭게 하는 것을 뻔히 알면서도 가만히 있을 수는 없습니다."

회의가 끝난 후 효문제는 척발징을 비밀리에 궁중으로 불렀다. "남방에 원정한다는 명목을 걸고 낙양에 천도할 생각을 하고 있다오. 부디 협조해 주시오."

그 후부터 척발징도 효문제의 의견에 동조하였다. 드디어 효문제는 친히 30만 대군을 이끌고 황하를 건너 남정南征을 강행하였다. 그리하여 낙양에 주둔하게 되었는데, 때마침 가을비가 끊임없이 내려 신하들의 마음도 스산하기 짝이 없었다. 모두들 내심 '황제께서 정말 이렇게 강행하셔야 하는가?' 하며 매우 불안해하고 있었다. 더구나 선비족은 43년 전에 40만 대군을 몰고 의기양양하게 남방원정을 나섰다가 불과 수만 명의 군사들에 의해 불의의 패배를 당한 적도 있었기 때문이다.

어느 날 군복으로 갈아입은 효문제는 말에 오르더니 전군에게 출격 명령을 내렸다. 그러자 문무백관들이 모두 황제의 말 앞에 엎드려 머리를 땅에 조아리고 공격 명령 취소를 호소하였다. 하지만 효문제는 화를 버럭 냈다.

"짐이 천하를 통일하려는데 너희들은 짐의 큰 뜻을 가로막는구나. 더 이상 반대하는 자가 있으면 용서치 않겠다." 그러면서 말에 채찍을 가해 출발 자세를 갖추었다. 이때 척발휴라는 귀족이 황제 앞에 엎드려 눈물을 흘리면서 원정계획을 취소할 것을 간곡히 호소하였다. 그 말을 듣고 있던 황제의 얼굴빛은 차츰 누그러졌다. 한참 골똘히 생각하던 효문제는 이렇게 말하였다.

"이번 원정은 군신 상하가 모두 힘을 합해 추진해 왔던 일이오. 그런데 아무 성과가 없으면 곤란하오. 만약 원정계획을 취소한다면 대신 이번 기회에 천도라도 하는 것이 어떨까 생각하는데, 이에 대한 여러분의 의견은 어떻소? 찬성하는 자는 왼쪽에, 반대하는 자는 오른쪽에 서시오."

오래 전부터 천도에 반대해 왔던 신하들이었지만 이제 원정하느냐, 천도하느냐의 두 가지 선택에 있어서는 그래도 천도하는 편이 훨씬 낫다고 생각하였다. 이렇게 해서 결국 대군은 낙양에 머물렀고, 낙양은 자연스럽게 수도가 되었다. 이렇게 하여 효문제의 천도 계획 연출이 보기 좋게 성공했다. 효문제는 그 후 남방 원정에 나섰다가 병이 들어 죽었다. 그의 나이 불과 33세였다. 효문제가 죽고 나자 북위의 국세도 급격하게 기울었다.

새로운 역사의 전진, 남북조 시대

중국 남쪽에 동진이 건재하고 있을 때 북부 지역은 5호 16국 시대라 하여 다섯 이민족이 130여 년 동안 흥망을 거듭하며 무려 16개의 왕조를 세웠다. 한때 부견의 전진이 중국 북부를 석권하고 이어 천하 통일을 노렸지만 '비수淝水의 결전'에서 동진에게 불의의 일격을 당하면서 오히려 일패도지, 멸망하고 말았다. 이후 여러 나라가 일어나고 또 스러졌는데, 마침내 선비족의 척발씨가 세운 북위가 중국 북부를 통일함으로써 5호 16국 시대는 종지부를 찍었다.[49] 북위 효문제의 개혁은 이민족의 중국

---

49. 북위는 주로 전쟁 포로를 활용하여 농업기반을 강화했는데, 398년에는 같은 선비족인 모용씨와

문명으로의 포섭 과정이기도 하였다.

485년 북위는 균전제를 실시하였다. 균전제란 모든 토지를 황제의 소유로 규정하고 개인 경작자는 사용권을 갖는 것으로서 15세 이상의 남성은 전답 40무畝를 받았고 여성은 그 반을 받았는데 만 70세가 되면 국가에 반납하도록 하였다. 이 균전제는 이후 당나라 중기인 8세기까지 역대 왕조에서 시행되었다. 또한 북위는 조용조租庸調 제도[50]를 처음으로 시행하였고 병농兵農 일치의 민병제도인 부병제府兵制를 실시하는 등 소규모 자작농 사회를 기본으로 징병과 납세의 단위로 삼는 북위의 통제와 경영 방식은 중국 통일로 가는 밑거름으로 기능하였고, 이는 수나라의 천하 통일의 토대가 되었다.

일반적으로 중국 역사에서 주변 이민족은 언제나 한족의 높은 문화적 세례를 제공받은 것으로 이해되기 쉽다. 그러나 사실 중국 역사를 거시적으로 보면, 역설적이게도 남방의 한족이 도리어 북방의 이민족으로부터 커다란 자양분을 얻었다. 최초의 통일 왕조인 진나라도 본디 서북방의 변방 민족이었고, 수나라와 당나라도 북방 민족의 혼혈 내지 후예였다. 그 뒤에도 거란족이나 여진족 그리고 몽골족과 만주족 등의 북방 민족이 차례로 발흥하여 상대적으로 노쇠하고 정체된 중국 역사에 새로운 피를 주입하고 새로운 자극과 추진력을 제공했다.

한편 남쪽의 동진은 전진과의 전쟁에서 승리를 거둔 뒤 무사안일에

고구려 백성 10만 명을 평성平城, 지금의 산시성 다퉁大同으로 강제 이주시킴으로써 인구를 보강하고 농업에 종사하도록 하였다.

50. 토지에 대하여 조租, 사람에 대하여 용庸, 호戶에 대하여 조調를 시행하는 세금 부과제도로서 북위에서 처음 시행되었고, 수당 시대에 정비되어 이후 보편적으로 시행되었다. 당 왕조에서 조租는 장정에게 한 해에 곡식 두 섬, 조調는 비단 두 장丈을 각각 부과한 것이고, 용庸은 한 해에 20일 간 부역賦役을 부과한 것이다.

빠졌고 결국 수많은 반란이 잇달았다. 당시 덕망이 있던 진나라의 신하 유유劉裕는 사람들의 추대로 제위를 물려받고 송나라를 세우니 이것이 곧 남조南朝의 시작이었다.

이렇게 하여 439년 북위가 중국 북부의 통일을 이뤘고, 남쪽은 송나라가 석권하면서 이른바 남북조 시대가 열렸다.

남북조 시대의 사회 혼란은 극심했지만 황하 유역에서 강남의 양자강長江 유역으로 옮겨져 꽃피운 화려하고 정교한 육조六朝[51] 문화가 발전하였다. 문학으로는 전원시로 유명한 도연명, 서예로는 서성書聖 왕희지, 그림으로는 고개지라는 출중한 인물이 있었다.

150여 년 간에 걸친 남북조 시대는 북조의 수나라가 남조의 진나라를 멸망시키고 중국 천하를 통일할 때까지 이어졌다.

북위시절의 시녀모양 인형

---

51. 삼국시대 오吳를 비롯하여 건강建康(지금의 남경)에 도읍했던 동진東晉, 송宋, 제齊, 양梁 그리고 진陳의 여섯 나라를 가리켜 여섯 왕조, 즉 육조六朝라 한다.

31. 어찌 전원으로 돌아가지 않으리 ❈ 도연명

도연명

도연명陶淵明은 동진東晉 사람으로 365년경 태어났으며, 집 앞에 다섯 그루의 버드나무를 심었기 때문에 사람들은 그를 오류五柳 선생이라 불렀다.

하지만 그는 한미한 집안 출신으로 차별을 받아 높은 벼슬을 하지 못하였다. 뒷날 팽택彭澤 현 현령으로 있을 때 어느 날 우연히 상급기관의 관리인 독우督郵를 만났는데, 독우의 부하는 도연명에게 "의관을 갖추어 공손히 영접해야 한다."고 말하였다. 그러자 그는 "겨우 다섯 말(오두미) 봉급 때문에 어린아이에게 허리를 굽힐 수는 없다."면서 벼슬을 내놓았다. 현령 자리에 있은 지 불과 80여일밖에 되지 않았을 때였다. 그 뒤로 그는 두 번 다시 관직을 맡지 않았다.

자, 돌아가자歸去來兮.

전원이 황폐해지려는데 어찌 돌아가지 않겠는가田園將蕪胡不歸.

이미 내 마음은 형체의 노예로구나既自以心爲形役.

어찌 슬퍼하여 서러워만 할 것인가奚惆悵而獨悲.

지난 잘못은 이미 돌이킬 수 없지만悟已往之不諫

내일의 일은 잘 해낼 수 있음을 안다知來者之可追.

천고은일지종千古隱逸之宗으로서 '은일시인隱逸詩人'이라 칭해지는 그는 "동쪽 울타리에 있는 국화꽃을 따며, 한가로이 남산을 쳐다보네采菊東籬下 悠然見南山"의 시구로 유명하다. 그의 '음주飮酒'라는 시가에 나오는 구절이다.

마치 꿈꾸는 듯 아늑하고도 몽롱한 이상향을 그린 그의 '도화원기桃 花源記'는 기나긴 남북조 시대의 분열과 혼란을 벗어나 무릉도원武陵桃源의 이상향을 꿈꾸는 작가의 염원을 담고 있다.

그러나 '귀거래사'와 '도화원기' 등과 같은 담담하고 질박하며 서정 적인 시는 그가 세상을 떠난 후에도 수십 년 동안 전혀 사람들의 관심 을 받지 못하였다. 그러다가 양나라 소명태자 소통蕭統이 도연명 시를 손 에서 놓지 않고 애송하면서 『도연명집』을 직접 엮어 편집 하고 서문을 썼는데, 이 『도연 명집』이 바로 중국 문학사상 최 초의 문인 전집이다. 이후 도연 명의 성가는 높아져 이백, 구양 수를 비롯한 후대의 대시인들 은 모두 그의 시를 높이 평가하 였다.

오두미五斗米 때문에 허리를 굽 힐 수는 없다는 그의 정신과 기 개는 후대 선비들의 모범이 되 었다.

국화꽃 향기를 음미하는 도연명
(청대 화가 장풍의 그림)

32. 천고일제千古一帝 ✦ 당 태종

당 태종 이세민

천고일제千古一帝, 중국의 수많은 황제 중에서도 가장 명군이라고 일컬어지는 황제는 바로 당나라의 태종 이세민李世民이다.

당 태종은 그의 치세 기간 중에 중국 한족의 역사상 최전성기를 구가하였고, '정관貞觀의 치治'라 하여 치세에 있어 가장 모범을 보여준 황제로 손꼽히고 있다. 당시 오긍吳兢이라는 사관이 당 태종의 행적을 기록한 『정관정요貞觀政要』는 오늘날까지 제왕학帝王學의 기본서로 널리 알려져 있다.

당 태종이 어릴 때 어떤 선비가 그의 관상을 보고 "이 아이는 어른이 되면 반드시 세상을 구원하고 백성을 편안하게 할(제세안민濟世安民) 것이다"라고 말하고는 사라졌다. 아버지 이연李淵이 이 말을 듣고 '제세안민濟世安民'으로부터 '세민世民'을 따서 그의 이름으로 하였다.

어려서부터 매우 명민했던 그는 아버지를 도와 군사를 일으켜 무용을 크게 떨침으로써 당나라가 천하를 손에 넣는 데 으뜸가는 공을 세웠다. 그는 또 학문을 가까이 하여 특별한 일이 없는 날에는 학관學館에 가서 학문을 익히고 밤늦도록 토론하곤 하였다.

그가 즉위한 뒤 가장 먼저 한 일은 궁녀 3천여 명을 대궐에서 내보낸 것이었다. 그는 곧바로 홍문관을 설치하여 20만여 권의 서적을 모으고 학문에 뛰어난 인물을 선발하여 직책을 주었다. 그는 정사를 들을 때가 되면 학사들을 내전으로 불러 옛날 성인들의 언행을 논의하거나 고금의 정치에 대한 장단점을 비교 검토하여 때로는 밤중이 되어서야 비로소 그만두곤 하였다.

창업은 쉽고 수성은 어렵다

올바른 참모는 직언을 서슴지 않는다.

직언이란 몸에는 좋으나 입에는 쓴 양약과 같은 것이다. 대부분의 리더는 그것을 제대로 받아들이지 않는다. 직언을 기꺼이 받아들이고 잘못을 시정한 자는 모두 역사에 길이 남는 업적을 이룰 수 있었다.

하지만 직언이란 비록 그 때문에 화를 입을지라도 두려움 없이 직간할 수 있는 뛰어난 용기를 필요로 한다.

위징

당 태종의 옆에는 참으로 뛰어난 참모가 있었다. 바로 위징魏徵이었다. 위징이라는 명 참모가 있었기에 당 태종은 비로소 천하 명군의 이름을 얻을 수 있었다.

위징은 자가 현성玄成이며 거록현 출신이다. 어려서부터 고아가 되었고, 출가하여 도사가 된 후 줄곧 학문에 정진하였다. 수나라가 기울어 가던 무렵 그는 반란을 일으킨 이밀李密을 수행하여 도성에 들어갔다가 패한 뒤 당나라에 항복하기를 권하였다. 그 뒤 그는 당나라 고조 이연李淵을 섬겼고, 이어서 태자 이건성李建成을 보좌하였다.

이후 당 태종을 보좌하게 된 그는 황제에게도 굽힘 없는 직언을 서슴지 않았다. 그리고 당 태종 역시 그의 '공격적이기까지 했던' 직언을 아무런 노여움도 없이 잘 받아들여 자기 수양과 치세에 활용했다.

어느 날 당 태종이 신하들을 불러 모은 자리에서 물었다.

"나라를 세우는 창업創業과 나라를 온전히 지키는 수성守成 중 어느 편이 더 어려운 것인가?"

이에 재상으로 있던 방현령이 대답하였다.

"아직 질서가 잡히지 않았을 때는 군웅이 들고 일어나기 때문에 그들과 힘을 겨뤄 이긴 다음에 그들을 신하로 삼아야 합니다. 그러므로 창업이 더 어렵다고 생각합니다."

하지만 위징은 반대 의견을 폈다.

"예로부터 제왕이나 천하는 간난신고艱難辛苦 가운데서 얻었지만, 안일安逸할 때 그것들을 잃지 않은 자가 없습니다. 그러므로 창업보다 수성이 더 어렵습니다."

그러자 당 태종이 이렇게 말하였다.

"방현령은 나와 함께 천하를 얻기 위하여 몇 번이나 죽을 고비를 넘기고 겨우 살아남았으니 창업의 어려움을 누구보다 잘 알고 있소. 반면 위징은 천하를 얻은 뒤에 나와 함께 천하를 다스리면서 부귀로부터 교만과 사치가 생겨난다는 것과 일을 소홀히 하는 것에서 환난이 생겨난다는 것을 잘 알고 있기에 수성의 어려움을 누구보다 잘 알고 있소. 하지만 지금 창업의 어려움은 이미 지나갔고, 이제 수성의 어려움만 남아있소. 이제부터 경들과 함께 두려워하고 삼가하여 이 수성의 과업을 온전히 이루고자 하오."

치국의 근본은 오직 인재를 얻는 데 있다

원래 당 태종 이세민은 이른바 '현무문玄武門의 변變'이라는 정변을 일으켜 형과 동생의 일족을 모조리 죽이고 황제의 자리에 오른 인물이다. 그런데 위징이 바로 태종이 죽인 큰 형 이건성의 참모였다. 이미 이세민에게 큰 야심이 있음을 간파하고 있었던 위징은 태자 이건성에게 몇 번에 걸쳐 먼저 손을 써서 태종을 제거하라고 건의하였었다. 하지만 이건성은 그의 의견을 받아들이지 않고 있다가 선제 공격을 받아 결국 죽임을 당해야 했다.

형을 죽이고 태자의 자리에 오른 이세민은 즉시 위징을 불러 그가 형제 사이를 이간시키려 했다는 죄목으로 엄하게 국문하였다. 하지만 위징은 얼굴색 하나 변하지 않고 태연자약하게 하나하나 논리정연하게 답변해 나갔다.

"태자께서 신의 말을 따랐더라면 반드시 오늘의 화는 없었을 것입니다."

이 말을 듣고 있던 이세민은 고개를 끄덕였다.

그러고는 위징의 사람됨에 크게 감탄하여 그를 죽이지 않고 오히려 옆에 두고서 중용하였다.

당 태종은 즉위 후 "치국의 근본은 오직 인재를 얻는 데 있다"라고 말하면서 "국가의 요체는 현자를 임용하고 불초한 자를 물리치는 것이다"라고 천명하였다.

그는 '임용은 반드시 덕행과 학식을 근본으로 한다'는 용인用人 기준과 '사람은 모두 각자의 장점이 있다'는 용인 원칙을 세웠다. 그는 인재의 중요성을 대단히 중시했으며, 다섯 차례에 걸쳐 '구현령求賢令'을 반포하여 각양각색의 뛰어난 인재를 자기 주위에 배치하였다.

당 태종의 용인은 가문족벌과 지역 그리고 친소관계의 제한이 없었다. 그의 대신 중에는 이세민이 당 왕조 건국 후 진왕秦王으로 봉해졌던 시기부터 수행하던 방현령, 장손무기, 두여회 등을 비롯하여 농민봉기를 일으킨 서무공, 진숙보, 정교금 등이 있었고, 원래 정적의 부하였던 왕규, 위징 등도 있었다. 또 수나라 말기의 유신遺臣이던 이정, 오세남, 봉덕이封德彝 등도 많은 업적을 남겼고, 미천한 출신의 주마, 손복가, 장현소도 커다란 활약을 하였다.

당 태종 수하에 가장 믿을 만한 무장이었던 울지경덕尉遲敬德 역시 적으로부터 넘어온 인물이었다. 울지경덕은 원래 유무주劉武周의 부하로 유무주가 당에게 패배하여 항복한 뒤에 당나라를 배반하고 달아났다.

그러나 이세민의 부하가 울지경덕을 체포하여 막 목을 치려는 순간 이세민은 그를 풀어주도록 하였다. 그리고 무릎을 맞대면서 "대장부란 모름지기 의기투합해야 하며 조그만 오해로 미움을 남기지 않소. 어떤 자는 보는 눈이 짧고 얕아 장군의 기개를 알아보지 못하오. 나는 장군을 한 치의 의심도 없이 신뢰하오. 떠나든 남든 장군 편한 대로 하시오."라고 말했다.

그러면서 헤어질 때 여비도 두둑하게 주었다. 이에 울지경덕은 크게 감동하여 그 자리에 꿇어앉으며 절을 하고 "경덕은 떠나갈 뜻이 없습니다. 이렇게 후애厚愛를 받았으니 대왕을 평생 따르기로 결심했습니다. 죽어도 변치 않을 것입니다."

공을 내세우지 않다

특히 방현령房玄齡은 책략을 내는 데 능했으며, 두여회杜如晦는 큰일을 결단할 줄 알아 '방모두단房謀杜斷'이라는 말이 생겨났다. 두 사람 모두 승상을 지냈다.

당 태종 22년, 방현령이 세상을 떠났다.

방현령은 수나라 말 당나라가 처음으로 군사를 일으킬 때부터 이세민을 도와 천하를 평정하였고, 재상의 자리에 올라 죽을 때까지 모두 32년 동안 이세민을 섬겨 어진 재상이라고 칭해졌다. 하지만 그의 자취를 찾을 수 있는 화려한 업적은 없었다.

태종이 난세의 천하를 잘 다스리는 데 방현령과 두여회의 공로는 대단히 컸지만, 그들은 자신들의 공로를 결코 입 밖에 내지 않았다. 이 무렵 왕규와 위징은 곧잘 태종의 잘못을 간했으므로, 방현령과 두여회는 그 두 사람의 어짊에 양보하고 자신들은 간여하지 않았다. 또 이세적과 이정이 군사를 잘 쓰는 명장이었으므로 방현령과 두여회는 군사 방면 역시 이 두 사람의 방침을 그대로 시행하였다.

그리하여 천하에 태평을 가져왔지만 이를 전혀 자기들의 공이라 하지 않고 모두 황제의 공으로 돌렸다. 이처럼 공을 내세우지 않았으므로 사람들은 그들의 공을 잘 알지 못했지만, 실제로는 당나라의 으뜸가는 신하로 삼을 만한 어진 신하였다.

국가 법률은 제왕 일가—家의 법이 아니다

보련도 (토번국 사절단을 접견하는 당태종)

당 태종은 법치를 대단히 중시하였다. 그는 "국가 법률은 제왕 일가—家의 법이 아니며, 천하가 공동으로 준수해야 할 법률로서 모든 것은 법을 기준으로 삼아야 한다."라고 천명하였다.

법률이 일단 제정되면 당 태종은 이신작칙以身作則, 먼저 자신부터 법을 지켰다. 왕자들의 범법 행위도 반드시 일반 백성과 똑같이 적용하였다. 법률의 집행에서는 철면무사鐵面無私였다. 하지만 양형量刑 시에는 거듭 심사숙고하여 신중에 신중을 기했다. 그는 "사람이란 죽으면 다시 살아날 수 없다. 법률 집행은 반드시 관대하고 간략해야 한다."라고 강조하였다.

이렇게 하여 정관 시기에 법률을 어기는 사람은 적었고, 사형을 당한 사람은 더욱 적었다. 정관 3년의 기록을 보면 전국적으로 사형을 당한 사람은 겨우 29명이었다. 이는 당시 왕조로서 보기 드문 일이었다.

나아가 당 태종은 권력의 분권화를 추진하여 중서성中書省이 명령을 발표하고, 문하성門下省은 명령을 심사하며 상서성尙書省이 명령을 집행하도록 하였다. 일종의 3권 분립체제가 이미 당시 창출되어 운용되었던 것이다. 정령政令의 시행을 위해 재상들은 중서성 정사당에서 회의를 열어 결의를 해야 했고, 결의된 사항이 황제의 승인을 받은 뒤에야 중서성은 비로서 황제 명의로 조서를 발표할 수 있었다. 그런데 조서는 발표 전에 반드시 문하성의 심사를 거치도록 규정하여 만약 문하성이 부적합하다고 간주할 때는 거부의 '부서副署'를 할 수 있었다. 즉, 반드시 문하성의 부서가 있는 조서라야만 비로소 정식으로 국가의 공식 법령으로서 효력을 발생시킬 수 있었던 것이다.

당시 절약과 소박을 숭상하는 사회 분위기가 조성되었는데, 이는 당 태종이 스스로 모범을 보인 외에도 위징을 비롯하여 매우 빈한한 삶을 영위했던 장현소, 대주戴胄, 온언박溫彦博, 우지녕 등의 조정 대신의 모범 때문이기도 하였다.

민본 사상, 언로 개방, 직언을 장려하고 받아들이는 자세, 인재 중용, 능력 본위의 임용, 철면무사, 의법집행은 이 시기 정관지치의 특징이었다.

남을 거울로 삼으면 나의 득실을 알 수 있다

위징이 죽었을 때 태종은 크게 슬퍼하며 말했다.

"구리로 거울을 만들면 의관을 바로잡을 수 있다. 옛 일을 거울로 삼으면 흥망성쇠의 원리를 알 수 있다. 남을 거울로 삼으면 내 행동의 득실得失을 알 수 있다以銅爲鏡, 可以正衣冠; 以古爲鏡, 可以知興替; 以人爲鏡, 可以明得失. 이제 위징이 죽었으니 나는 진실로 거울 하나를 잃었도다."

그러고는 백관들에 명하여 위징이 남긴 말을 좌우명으로 삼고 위징을 모범으로 삼아 '아는 것은 곧 간하도록(지이즉간知而卽諫)' 하였다.

뒷날 고구려 공격에 나섰다가 참패를 당한 태종은 크게 탄식하였다.

"위징만 살아있더라도, 이 공격을 말렸을 텐데 …"

33. 티베트의 영웅 ✵ 송첸감포

송첸감포

송첸감포松贊干布는 티베트족이 영웅으로 추앙하는 토번吐蕃 왕이다.

송첸감포는 617년 토번의 제31대 왕인 랑르송첸朗日松贊의 아들로 태어났다. 티베트에서 용맹스러운 남자를 '송松'이라 칭하고, 성년이 된 장부를 '보普'라 하여 부락의 수령을 첸보贊普라 하였다.

송첸감포는 어려서부터 엄격한 가정교육을 받아 학문과 말타기, 활쏘기, 검술을 익혔으며, 시를 잘 짓고 민요도 잘 부르는 등 문무겸전의 왕자로 성장하였다. 송첸감포가 13세 때 부친이 독살당해 그가 왕위를 계승하였다. 하지만 이 무렵 사방에서 반란이 일어났으며, 이민족이 침입하는 등 그야말로 나라는 백척간두의 위기에 몰렸다. 송첸감포는 이러한 위기 속에서 침착하고도 과감하게 반란을 진압하고 3년여에 걸친 전쟁 끝에 나라를 안정시키고 다시 통일을 이루었다.

송첸감포는 여기에서 그치지 않고 네팔을 점령하고 운남雲南의 일부 지방에서 조공을 받았다. 그 뒤로도 본격적인 영토 확장에 나서 동쪽으로 당나라와 국경을 맞대고 남쪽으로 인도와 접경하는 대제국을 건설하였다. 이렇듯 그는 티베트족이 가장 숭앙하는 영웅이므로 티베트 사람들은 그를 송첸감포라 칭하게 되었는데, 그 의미는 "침착하고 관대하며 걸출하고 탁월한 남자"라는 뜻이다.

당나라를 격파하고 문성공주를 얻다

637년 송첸감포는 군사를 이끌고 토욕혼 지역을 공격하여 당시 세계 최강인 당나라 태종의 군대와 일전을 겨루었다. 이 전쟁에서 역부족을 느낀 당나라는 3년 뒤 당 태종의 딸 문성공주를 송첸감포 왕에게 시집

송첸감포와 문성공주

보내면서 타협을 도모하였다. 641년 당 태종은 예부상서 이도종으로 하여금 문성공주를 모시고 티베트로 가도록 하였다. 그리고 송첸감포와 문성공주의 성대한 혼례식이 거행되었다. 송첸감포는 문성공주를 위하여 궁궐을 짓도록 하였는데, 이것이 현재 푸탈라궁의 전신이다. 송첸감포는 이후 귀족 자제들을 장안에 보내 유학을 하도록 하였고, 당나라로부터 잠업과 지필묵 그리고 술 제조 장인들을 초빙하여 배우도록 하였다.

이 시기에 티베트의 고유한 종교였던 '본교'와 인도로부터 전래된 밀교 그리고 중국으로부터 전래된 대승불교가 결합되어 라마 불교가 형성되었다.

송첸감포 왕이 죽은 뒤 티베트는 북쪽으로 영토를 더욱 확장하여 비단길을 점령하였고, 당나라가 매년 토번 왕조에게 비단 5만 필을 조공으로 바칠 정도로 강력한 세력으로 군림하였다. 그 뒤 당나라가 비단 조공을 중단하자 토번은 764년 20만 대군을 파견하여 당나라 수도인 장안을 함락시키기에 이르렀다.

송첸감포의 존재로 대표되는 티베트 역사는 오늘날 티베트인들이 자치 능력을 지니지 못했다는 티베트 독립 반대의 논리에 대한 명백한 반론이다.

34. 공포정치와 호색 그러나 선정善政을 펼친
중국 유일의 여제女帝  측천무후

공포 정치

중국 유일의 여제女帝 무조武曌[52] 측천
무후는 어릴 적부터 미색이 뛰어나
열네 살에 태종의 후궁으로 들어갔
다. 태종이 세상을 떠난 뒤 스물네
살이던 그녀는 다른 후궁과 같이
머리를 풀고 여승이 되었다. 그런
데 태종 기일에 절에 공양 차 간 태
종의 아들 고종의 눈에 띄게 되었
다. 사실 고종은 아버지 후궁이던
그녀를 남몰래 사모하고 있었다.
그 뒤 궁으로 다시 들어온 그녀는
능력을 발휘하여 궁중의 실권을 장
악하였다.

측천무후

　병약했던 고종이 죽은 후 아들 현이 황제의 자리에 올랐지만 두 달

---

52. 측천이 스스로 새로운 왕조를 세운 뒤 12개의 한자도 다시 고쳤는데, 그 중 자신의 이름인 무조武
　　照의 조照도 조曌로 바꾸었다.

만에 폐위되었다. 다시 다른 아들이 즉위했지만 그녀에 의하여 또 폐위되었다. 그러고는 아예 자신이 제위에 오르면서(중국 역대 황제 중 가장 늦은 나이인 67세에 즉위하였다) 당 왕조도 폐지하고 나라 이름을 주周로 고쳤다. 10년의 수렴청정에 이어 다시 15년 동안 황제로 군림하였다.

측천무후는 공포 정치로 유명하다. 그녀는 자신에 대한 불만이 커지자 전국 각지에 구리로 만든 궤짝을 설치하고는 밀고를 접수하였다. 측천은 밀고를 공개적으로 장려하였고, 밀고하는 자에게는 누구든 관가에서 역마를 제공하도록 하고 밀고하는 여정 중에는 정5품으로 대우하도록 했으며 혹시 밀고가 사실이 아니더라도 처벌받지 않도록 하였다. 밀고자에게 큰 상을 내렸고, 그 중에서 쓸 만한 자는 관리로 등용하기도 했다. 그리고 혹리酷吏 래준신來俊臣을 어사중승에 임명하였다. 래준신과 그의 부하들은 사람들을 악랄하게 고문하여 거짓 자백을 받아낸 다음 사지로 보냈다. 심문을 받고 나온 사람들은 단 한 명도 온전치 못했다.

측천무후는 측근에게 말馬을 통제하는 세 가지 물건이 있다고 말한 적이 있었다. 하나는 쇠채찍이고, 또 하나는 쇠몽둥이며, 마지막 하나는 비수였다. 채찍으로 복종하지 않으면 쇠몽둥이로 제압하고 그것도 안 되면 비수로 숨통을 끊는다는 것이다. 말을 제압하는 방식으로 장악하기 어려운 신하들을 상대했음을 고백한 셈이었다.

'잠이은簪履恩'의 호색

권력욕이 강한 것은 남성뿐만이 아닌 여성에게도 해당하는 것일까? 아니면 여성의 권력욕이 더 강한 것일까?

측천무후 역시 그녀를 모시는 남성 '비빈妃嬪'들이었던 '남총男寵'을 총애하며 가까이 하였다. 그녀는 즉위 초에 설회의薛懷義라는 준수한 미남

청년을 총애하면서 그를 출가시켜 승려로 위장하여 궁에 드나들게 하였고, 70세에 이르러서는 영준한 용모에 건장한 체격을 지니고 있었던 장역지, 장창종 형제를 "붉은 분으로 화장시키고 화려한 비단옷을 입혀서" 가까이에 두었다. 이들 '남총'의 수는 매우 많았고, 이들을 관리하는 특별기관인 '공학감控鶴監'도 설치되었다. 측천은 불만을 가진 신하들에게 "여자의 몸으로 황제가 되었는데, 어찌하여 남자 첩을 두지 못하는가!"라고 말하기도 하였다.

하루는 사형소경司刑小卿 항언범이 상소하였다.

"폐하께서 잠이은簪履恩을 베푼 것이 오래되어 차마 먼저 형을 내릴 수 없습니다. 장창종은 난을 일으켜 죄가 많으니 이는 스스로 허물을 불러들이는 것입니다."

'잠이은'이란 귀밑머리와 발가락 사이에 있는 애정, 즉 남녀 간의 육체관계를 지칭한다.

그러나 측천무후는 항언범의 죄를 전혀 묻지 않았다. 그 뒤 주경칙의 상소는 더욱 신랄했다. 하지만 측천무후는 오히려 "경의 직언이 아니었으면 짐이 그것을 알지 못했을 것이오."라고 하고는 오히려 주경칙에게 오색 비단 100단을 상으로 내렸다.

'남총'과 함께 있을 때 "공경 비웃는 것을 웃으며 즐겼던" 그녀는 이미 관료들을 완전히 꿰뚫고서 마치 손바닥에 올려놓고 노는 듯 능수능란하고 대범했다.

그녀는 나이가 들었지만, 69세에 치아가 새로 나고 79세에 눈썹이 새로 날 정도로 다시 젊어졌다고 한다. 권력의 힘이었을까? 아니면 사랑의 힘이었을까?

하지만 측천무후는 적재적소에 인재를 잘 기용하였다.

그녀가 기용한 위원충, 누사덕, 적인걸, 요원숭은 모두 명재상으로서 많은 좋은 인물들이 조정에 모두 모였다하여 이 시대를 일러 군자만조君子滿朝라 하였다. 그녀는 항상 직접 선비들에게 정책을 물었으며, 가문을 따지지 않고 등용하였다. 그리하여 "관리를 보충하는 수레가 연이어 오고, 그래도 남겨진 수가 헤아릴 수 없이 많았다."

훗날 현종 때 개원지치開元之治의 성세를 이루는 데 큰 공을 세웠던 요숭姚崇과 송경宋璟 역시 무후가 등용한 인물이었다.

누사덕襄師德은 관대 온후하고 결백 신중하여 남이 무례하거나 난폭한 행동을 해도 결코 탓하지 않았다. 언젠가 그의 아우가 자사에 임명되었을 때 사덕이 아우에게 물었다.

狄仁傑

晉子之說武氏感悟
焉固忠良率運唐祚

적인걸

"우리 형제가 모두 이렇게 출세하여 총애를 받으면 남의 미움을 받게 될 터인데, 어떻게 그 미움을 면하려 하느냐?"

아우는 한참을 생각하더니 이렇게 대답하였다.

"오늘부터 남이 제 얼굴에 침을 뱉더라도 성내지 않고 그 침을 닦겠습니다."

그러자 누사덕이 말했다.

"그런 마음을 가지고 있으니 내가 걱정을 하는 것이다. 남이 네 얼굴에 침을 뱉은 것은 너에게 성이 나 있기 때문이다. 그런데 침을 닦는다면 상대방의 마음에 더 불을 질러 그 노여움이 배로 커지게 된다. 침은 닦지 않아도 저절로 마른다. 그러니 웃으며 가만히 있는 것이 좋다."

누사덕은 언제나 적인걸狄仁傑을 무후에게 추천했는데, 적인걸은 항상 누사덕을 공격하였다. 어느 날 무후가 적인걸에게 말했다.

"내가 그대를 중용한 것은 누사덕이 추천했기 때문이오."

이 말을 들은 적인걸은 대궐에서 물러나와 크게 탄식하였다.

"참으로 누사덕의 덕이 위대하구나! 나는 오랫동안 도움을 받았는데도 항상 그를 비난만 했으니 부끄럽기 짝이 없구나!"

적인걸은 여러 대신 중에서도 무후의 신임을 가장 크게 받았다. 그는 군주의 잘못을 면전에서 서슴지 않고 비판하였으며, 조정에서 시비를 다투는 데 조금도 거리낌이 없었다. 무후는 늘 자기의 생각을 굽히고 그의 말을 따랐다. 그러면서 적인걸을 국로國老로 존칭하여 이름을 부르지 않았다. 적인걸이 죽자 무후는 눈물을 흘리며 슬퍼하였다.

적인걸의 제자 원행중은 학식이 높고 모든 일에 생각이 깊어 적인걸이 그를 중하게 여겼다. 원행중은 늘 적인걸에게 직언을 하였다. 어느 날 원행중이 적인걸에게 말했다.

"스승님 문하에는 많은 인재가 있습니다. 저는 스승님의 입에 쓴 약이 되겠습니다."

그러자 적인걸이 말했다.

"아니지. 자네는 내 약 상자 속에 있는 비상약일세. 그러니 하루라도 없어서는 안 될 것일세."

어떤 사람이 적인걸에게 "천하의 도리桃李가 모두 어르신 문하에 모여 있습니다."라고 하자 적인걸은 "어진 사람을 추천하는 것은 나라를 위해서이지 사사로운 이익을 위해서가 아니오."라며 그 사람을 나무랐다. 무후가 어느 날 적인걸에게 물었다.

"훌륭한 인물을 한 사람 얻고 싶은데, 적당한 사람이 있겠소?"

"좋은 사람이 있습니다. 장간지라는 인물인데, 나이는 많지만 재상의 능력이 있습니다."

무후는 곧 장간지를 사마에 임명하고 얼마 뒤 재상의 자리에 앉혔다. 얼마 후 무후의 병이 중해지자, 장간지는 군사를 이끌고 궁중에 들어가 장역지와 장창종 두 총신을 베고 무후로 하여금 태자에게 황제의 자리를 양위하도록 강압하였다.

측천은 양위를 하고 당나라 이씨 왕조가 다시 복벽復辟하였다. 이 해 11월 26일 겨울, 호화롭지만 적막한 연금 생활 중 향년 82세를 일기로 세상을 떠난 무후는 중국 역사상 수명이 가장 긴 황제 중의 한 명이었다. 임종 전 그녀는 자신으로 인해 억울하게 죽어야 했던 왕황후와 소숙비 그리고 저수량 등을 사면한다는 유언을 남겼다. 또 자신의 황제 호칭을 거두고 황후로 칭해줄 것을 요청하면서 남편 곁에 묻어 달라고 유언하였다.

35. 전성기에서 몰락으로

❈ 명군과 혼군이 한 몸에 반영된 당 현종

당나라 여제女帝 측천무후 만년, 나라 정세는 어지러웠지만 당 현종의 즉위로 혼란 국면은 안정되었다. 장기간에 걸친 궁정 정변으로 중앙집권은 쇠퇴해졌고 관리들은 부패했으며 변경에서는 이민족과의 충돌도 잦아졌다. 특히 하북과 농서 지방의 반란은 당 왕조의 안전을 심각하게 위협하고 있었다. 토지 겸병도 심해졌고 농민들은 집단적으로

당 현종

유랑하였다. 이러한 상황에서 즉위한 당 현종은 먼저 자기 자신부터 규율을 지키고 현명한 신하를 등용하였으며 백성에게 관심을 쏟고 치국에 열정을 바쳤다.

당 현종은 요숭을 비롯하여 송경, 한휴, 장구령 등 현신賢臣을 등용하였다. 요숭은 재상이 되기 전 현종에게 언로를 개방하고 상벌을 분명히 하며 변경의 전공을 탐하지 말 것, 그리고 황제의 친족 및 공신과 환관의 전횡을 금할 것 등 열 가지 사항의 개선을 요구하였다. 현종은 이를 지키겠다고 약속하였고, 이로부터 개원開元 시정의 기본 방침이 다져졌다. 요숭의 뒤를 이은 송경은 강직하고 아부를 멀리하며 반드시 법을 지키는 철골鐵骨의 신하였다. 이 현상賢相들은 서로 협력하여 부역을 감소시

키고 형벌을 간략화했으며 백성을 풍요롭게 하였다.

　현종은 이밖에도 관료 제도를 정예화하고 정돈하여 불필요한 관직을 폐지하고 쓸모없는 관리 수천 명을 파면하였다. 그러면서 평가 제도를 정비하여 업무 성적이 좋지 않은 관리는 도태시켰다. 이렇게 하여 국가 재정도 절약되고 행정 효율도 높아졌다.

　경제 분야에서는 수리사업을 크게 발전시켰고, 대규모로 개간 사업을 일으켰으며 황하의 식량운반 방식을 개혁하는 등 농업생산의 발전을 중시하였다. 군사적 측면에서도 모병제를 실시하고, 군마를 증가시켰으며, 변경의 둔전을 개척하고, 변경 정책을 완화하여 변경 상황을 안정시켰다.

　현종 스스로도 절약하고 검소하여 궁녀들을 집에 돌려 보냈다.

　이렇게 하여 이른바 개원성세開元盛世를 열었다. 당 태종 때 360만 호였던 인구도 이 시기에 이르러 900만 호에 이르렀다. 두보는 그의 시 '억석憶昔'에서 이러한 개원성세를 "개원의 전성기를 생각하니, 소읍에도 만 호의 사람이 살고, 해마다 풍년이 들어 관공서나 개인 창고가 모두 가득 찼었네憶昔開元全盛日 小邑猶藏萬家室, 稻米流脂粟米白, 公私倉廩俱豊實."라고 읊었다.

　바야흐로 당 왕조의 극성기였다.

그가 있기 때문에 나는 쇠약해졌지만 천하는 살이 쪘다

양귀비와의 비극적인 사랑으로 유명한 당 현종도 원래 초기에는 '개원지치開元之治'라고 불리는 선정을 베풀었던 황제였다.

　현종 21년에 한휴韓休라는 사람이 재상이 되었다. 그런데 이 한휴는 매우 곧은 성격의 인물이었다. 현종은 가끔 지나친 쾌락을 즐길 때면 스스로 마음이 찔려 좌우를 돌아보면서 "지금 이 사실을 한휴가 아느냐,

모르느냐?"고 물었다. 하지만 언제나 이 말이 끝나기가 무섭게 곧바로 한휴의 상소가 들어왔다.

어느 날인가는 많은 신하들이 "한휴가 재상이 되고 난 뒤 폐하께서는 옥체가 쇠약해지셨습니다."라고 말하면서 한휴를 은근히 비방하였다.

그러자 현종은 이렇게 말했다.

"비록 짐은 쇠약해졌지만, 천하는 한휴 때문에 살쪘다."

명나라 말기 저명한 사상가인 왕부지王夫之는 개원開元 시기의 성세를 가리켜 한나라와 송나라가 도저히 미치지 못한 정도라고 평하였다. 하지만 당 현종 말기에 이르러 이미 부패는 심해졌다. 전체 인구 5,291만 명 중 세금을 내지 않는 사람 수가 자그마치 4,470만 명에 이르렀다. 이에 따라 국가 재정은 기울고 사회의 재부財富는 대지주와 대귀족에게 독점되는 한편 농민들의 부담은 갈수록 무거워졌다. 토지 겸병은 극심해지고 농민들은 파산하고 도탄에 빠져 반란은 속출하였고 마침내 당나라는 무너졌다.

개원 중엽 이후 당 현종은 정치적으로 점차 내리막길을 걸었다. 겸허하고 신중하며 국정에 몰두하던 그가 갈수록 안일을 탐하고 자만하여 향락에 빠지고 국정을 멀리하였다. 현능한 인물을 멀리하고 친족만 기용했으며 간언을 물리치고 백성들의 고통에는 눈 감았다. 쓸모없는 관리를 없애는 대신 나라에는 무능한 관리들로 가득 찼다. 후궁도 4만여 명이나 두었다. 황제가 투계와 경마에 빠지게 되니 시중에서는 "자식을 낳아 공부시킬 필요가 없다네. 투계 경마가 독서를 이기니."라는 민요가 불려졌다. 매년마다 생일잔치를 크게 열었으며 항상 연회를 베풀고 백관에게 연일 큰 상을 내렸다. 또 토목사업을 크게 벌이고 화청궁華清宮

등 궁전을 화려하게 지었다.

허명虛名에 대한 집착도 높아져 그에 대한 칭호는 "개원천지대보성문신무증도효덕황제開元天地大寶聖文神武證道孝德皇帝"로 더 이상 보탤 수 없을 정도가 되었다. 나아가 군사적 분야의 전공도 탐하여 걸핏하면 무력을 사용하여 결국 변경에서 무수한 젊은이들이 목숨을 잃어야 했고, 이민족에게도 엄청난 재난을 안겨 주었다. 필연적으로 국가재정도 궁핍해졌고 농촌의 토지도 황폐화되었다.

두보는 이 시대의 비극적 풍경을 한탄하였다.

"朱門酒肉臭, 路有凍死骨."
귀족의 집에서는 진수성찬 향기가 끊임없지만,
길가에는 얼어 죽은 시체가 널려 있네

현종은 특히 만년에 이르러 양귀비를 총애하고 간신 이림보[53]와 양귀비의 친척 오빠 양국충을 중용했는데, 이는 정치 부패의 큰 요인으로 작용하였다. 양귀비의 가족들은 모두 부귀영화를 누려 세 명의 언니는 국부인國夫人이라는 높은 지위를 얻었고, 양국충은 무려 40여개의 요직

---

53. 이림보李林甫(683~752)는 당 현종 때의 유명한 간신이다. 그는 환관들이나 비빈들을 매수하고 긴밀한 교류를 맺어 황제의 일거수일투족을 가장 먼저 알았고, 황제의 뜻에 맞추어 총애를 받았다. 겉으로는 온갖 듣기 좋은 말로 치장했지만, 뒤로는 항상 무서운 음모와 모해를 꾸몄다. 당시 사람들은 그를 가리켜 "입에는 꿀이 있지만, 뱃속엔 칼이 있다(구밀복검口蜜腹劍)"고 하였다. 그의 이른바 '말먹이론'은 유명하다. 그는 "신하된 자로서 말을 많이 해서는 안 된다. 의장마儀仗馬를 보지 못했는가? 소리 한 번 내지 않지만 오히려 3품의 말먹이를 받게 되는데, 반대로 소리 한 번 내면 곧바로 폐기처분되니, 그때 가서 후회해도 아무 소용이 없도다."라고 하였다. 이 위협을 들은 사람들은 모두 온순해져 말을 잘 듣게 되었고, 역사서는 "이로부터 간쟁의 길이 막혔다"고 기록하고 있다. 그리고 이 '말먹이론'은 대대로 '관가官家의 잠언箴言'이 되었다.

을 겸하였다. 수많은 관리들이 양귀비에 접근하여 진귀한 선물을 바치고 고위 관직을 얻었다. 유주 절도사 안록산은 스스로 양귀비의 양자가 되어 당 현종의 두터운 신임을 얻었다. 하지만 그가 통솔하는 정예병사는 이미 당 왕조 중앙정부의 병력을 능가하고 있었다. 마침내 755년, 안록산은 반란을 일으켰다.

당 현종은 양귀비와 함께 궁을 빠져나와 도망쳤지만 행군 도중 사병들이 양국충을 쏘아 죽이고 이어 황제에게 양귀비를 죽이라고 요구하였다. 일찍이 현종은 양귀비의 손을 꼭 잡고 하늘에 맹세한 적이 있었다.

"하늘에서는 비익조比翼鳥가 되고, 땅에서는 연리지連理枝가 될지어다."

비익조란 암수가 한 몸인 전설적인 새이고, 연리지는 뿌리는 둘이지만 가지가 합쳐 한 나무로 되는 나무를 가리킨다. 살아서도 죽어서도 영원히 함께 하자는 것이었다.

당나라 시대 여자들의 모습

그러나 현종은 양귀비가 스스로 목을 매 죽어가는 모습을 바라만 보고 있어야 했다. 757년, 현종은 황제의 자리에서 물러나 궁에 연금되었고, 그로부터 5년 뒤, 현종은 회한과 비분 속에서 병마와 싸우다 결국 아무도 돌보지 않는 가운데 외롭게 세상을 떠났다.

당 현종과 같이 명군明君과 혼군昏君 그리고 역사상의 현군과 역사의 죄인이라는 두 가지 전형이 한 몸에 집중된 제왕은 중국 역사에서 매우 드물다. 당 현종은 이렇게 사라졌고, 당 왕조 역시 이렇게 쇠락해져서 두 번 다시 재기하지 못하였다.

36. 천하 제1색 ✼ 양귀비의 사랑

봄의 입김 아직도 차가운데 목욕의 영을 내리신 화청의 연못,

온천물은 희고 매끄러운 살결에 부드러웠다.

몸종의 부축으로 일어나니 부드럽고 요염한 자태,

비로소 새로이 폐하의 사랑을 받은 때 …

— 백거이의 〈장한가〉에서

당 현종은 새 여자와 만날 때 보통 그 장소를 화청지 연못으로 정했다. 화청의 연못에서 목욕 하명을 받은 여자는 그날 밤 황제의 총애를 받았다.

현종 24년에 현종이 사랑하던 무혜비가 죽었다. 그녀를 잃은 현종은 실의의 나날을 보내고 있었다. 이 무렵 현종의 귀를 솔깃하게 하는 소문이 있었다. 바로 아들 수왕의 비妃가 절세미인이라는 소문이었다. 현

화청궁 안의 연못

종은 소문에 마음이 끌려 시종에게 수왕비를 불러 오도록 하였다. 수왕비를 보자 현종은 입이 벌어졌다. 그녀는 미녀일 뿐 아니라 매우 이지

적인 여인으로 음악과 무용에도 빼어난 재주를 가지고 있었다.

이 수왕비가 바로 그 유명한 양귀비_{楊貴妃}였다. 양귀비의 원래 이름은 양대진이며, 처음에 현종의 아들 수왕의 비로 10년 동안 섬겼다. 어쨌든 56세의 시아버지 현종과 22세의 며느리 양귀비는 이렇게 운명적인 만남을 가졌다.

첫눈에 양귀비에게 흠뻑 빠진 현종은 우선 양대진 자신의 뜻에 의해 여자 도사_{道士}가 된 것처럼 꾸며 궁중에 머물러 있게 하고, 아들 수왕은 따로 위소훈의 딸에게 장가들게 했다. 그런 뒤에 다시 양대진을 후궁으로 삼았다가, 마침내 궁중에 들어온 지 6년 만에 귀비로 삼았다.

이렇게 하여 미모의 후궁 3천 명에게 돌아갈 총애가 오직 양귀비 한 몸에 쏠리게 되었다. 현종과 양귀비 두 사람은 너무나도 서로에게 깊이 빠진 나머지 몇날 며칠을 서로 떨어질 줄 모르고 사랑을 불태웠다. 현종은 완전히 정치에 흥미를 잃고 오직 양귀비의 품속에서 지내고자 했다.

꽃 같은 얼굴, 귀밑머리에 흔들리는 금비녀

부용의 장막 속에서 봄밤을 어떻게 지내느냐

짧은 봄밤이 한스럽고 해가 중천에 떠야 일어난다.

봄에는 봄놀이 밤에는 밤놀이

후궁에 미인 3천 있으나 총애는 한 몸에 있다.

금옥金屋에서 화장하고 요염하게 밤을 기다린다.

옥루에서 주연이 끝나면 취해서 봄에 화합하리라.

— 〈장한가〉에서

양귀비는 원래 질투심이 강한 여자였다. 얼마나 성격이 독했던지 두 번씩이나 폐출되기도 하였다. 폐출된 양귀비는 자기 집으로 돌아와 매일매일 울음으로 지냈다. 한편 현종은 양귀비의 거친 성격이 미워 내쫓긴 했지만 그녀 없이는 아무런 즐거움도 없을 뿐 아니라 하루 세 끼 식사조차 입에 댈 수 없을 정도였다.

현종의 이 같은 심사를 알아차린 환관 고력사는 현종의 이름으로 양귀비에게 식사를 보내도록 하였다. 현종이 내린 식사를 받은 양귀비는 즉시 칠흑 같은 자신의 머리를 곱게 잘라 묶고 이를 고력사에게 건네며 눈물을 흘리면서 말했다.

"이제 저는 죽음으로써 제가 지은 죄를 갚으려 합니다. 지금 저의 모든 것은 폐하께서 하사하신 것이고, 오직 이 검은 머리만이 부모에게서 물려받은 것입니다. 이것을 폐하께 바쳐 오늘 제가 폐하와 영원히 이별하는 마음을 나타내고자 합니다."

고력사가 전한 양귀비의 칠흑 같은 머리를 받아 본 현종은 즉시 양귀비를 궁궐로 불러들였다.

현종 39년 칠월칠석날 밤에 현종은 아름다운 화청궁에서 양귀비와 함께 노닐고 있었다. 밤이 깊어 하늘에는 은하수가 촘촘히 박혀 빛나고 있었다. 그런데 갑자기 양귀비가 흐느껴 우는 것이었다. 현종이 몇 번이고 달랬으나 양귀비의 흐느낌은 그치지 않았다. 한참 후에야 양귀비

화청궁 안에 있는 해당탕
(양귀비가 사용했다고 전해진다)

는 눈물을 닦으면서 목 메이는 소리로 말했다.

"하늘에 반짝이는 견우성과 직녀성, 그 얼마나 아름다운 인연입니까? 그와 같은 지극한 사랑과 영원한 애정이 부럽기만 합니다. 나이가 들면 가을 부채처럼 버림받는 여자들의 허무함이 너무 서럽기만 합니다 …."

현종은 이 말을 듣고 양귀비의 손을 꼭 잡고 하늘의 반짝이는 별 앞에서 맹세하였다.

"하늘에서는 비익조比翼鳥가 되고, 땅에서는 연리지連理枝가 될지어다."

비익조는 암수가 한 몸인 전설적인 새로서 사이좋은 부부를 상징하고, 연리지는 뿌리는 둘이지만 가지는 합쳐 하나가 된다는 나무로 부부의 깊은 애정을 상징한다.

입에는 꿀이, 배에는 칼이

그 후 안록산은 어사대부를 겸했고, 이어 양귀비의 양아들이 되었다.

안록산이 조정에 들어올 때 현종의 명령으로, 양쇠를 비롯하여 안록산과 형제 자매가 된 자들이 모두 희수까지 마중을 나갔다. 양쇠는 양귀비의 6촌으로 대궐에 드나들게 된 사람이다.

양쇠는 나라의 재정을 맡고 있었는데 그는 가끔 현종에게 금은보화가 창고마다 가득 찼다고 아뢰었다. 그러자 현종은 군사를 거느리고 창고를 돌아다녀 보았다.

그 뒤부터 현종은 재물을 가볍게 여기고 신하들에게 아낌없이 하사했다. 그리고 양쇠에게 국충國忠이라는 이름을 하사했다.

얼마 후 현종은 안록산을 위해 수도에 저택을 지어 주었다. 현종은 안록산이 수도에 머물러 있을 때에는 날마다 양귀비의 가족을 보내서 연회를 베풀어, 안록산으로 하여금 마음껏 즐기게 하였다.

안록산은 궁중에 들어오면 반드시 제일 먼저 양귀비에게 절하고 나서 황제를 뵈었다. 현종이 그 까닭을 물었다.

"호인의 습관으로는 모든 일에 어머니를 첫째로 하고, 아버지를 둘째로 합니다."

안록산의 생일에는 천자가 하사하는 물건이 어마어마하게 많았다. 그리고 사흘째 되는 날 궁중에 들어오면, 양귀비는 아름다운 비단으로 만든 커다란 포대기로 록산을 둘둘 말아서(이는 안록산을 자기 아들로 본다는 뜻이다) 화려한 가마에 태워 궁녀들로 하여금 메고 다니게 했다.

현종은 궁녀들이 낄낄거리고 웃는 것을 보고 물었다.

"얘들아, 도대체 무슨 일이 일어났느냐?"

모시고 있던 한 신하가 대답했다.

"지금 양귀비께서 아들 안록산을 목욕시키고 계십니다."

그러자 현종은 양귀비에게 아이를 낳은 축의금을 내려 마음껏 즐기게 했다.

그 후부터 안록산은 궁중에 들어왔다가 밤이 되어도 물러가지 않는 때가 있었고, 양귀비와 안록산이 이상한 관계라는 소문이 세상에 퍼졌다. 그러나 현종은 조금도 의심하지 않고, 오히려 안록산에게 하동의 절도사를 겸하게 했다.

한편 당시 재상으로 있던 이림보는 안록산보다 한 수 위인 사람이었다. 그는 상대방의 마음을 꿰뚫어 보았다. 안록산이 미처 말하기도 전에 그가 하고자 하는 말을 먼저 할 정도였다. 그래서 안록산도 이림보를 대할 때면 한겨울에도 진땀을 흘렸다.

안록산은 수도에 부하가 오면, "이림보 재상이 내게 관해 뭐라고 하지 않더냐?" 하고 반드시 물었다. 그때 만약, "칭찬했습니다." 하면 몹시 기뻐하고, "안대인에게 조심하는 것이 좋을 것이라고 여쭈라고 하셨습니다." 하면, "아, 큰일 났다. 나는 죽는가 보다." 하고 불안해했다.

이림보는 현종을 가깝게 모시고 있는 신하들의 비위를 잘 맞추어 현종의 뜻에 들도록 해서 총애를 받고 있었고, 반면 충성스러운 말은 가로막아서 현종의 총명을 가리고 있었다.

이림보는 일찍이 여러 사람들에게 "그대들은 궁문을 호위하는 말을 생각해 보시오. 그 말들이 잠자코 온순하게 있으면 괜찮지만, 건방지게 한 번이라도 울음소리를 내게 되면 그 즉시 행렬에서 물러나게 되는 법이라오." 하며 위협했다.

그는 또 어진 사람이나 유능한 사람을 시기하고, 자기보다 훌륭한 사람을 배척하고 억압했다. 성질이 음험해서 세상 사람들은 그를 두려워했다. 그래서 사람들은 그를 가리켜, "입에 꿀이 있고, 배에 칼이 있다."라고 하였다.

그가 혼자 앉아 무슨 일엔가 깊이 생각에 잠겨 있으면, 그 이튿날에는 반드시 사람들이 죽었다. 그는 자주 큰 옥사를 일으켜서 많은 사람을 죽였으므로, 태자를 비롯하여 모두가 그를 두려워했다.

안록산의 난

한편 양국충은 재상이 되어 현종에게 아뢰었다.

"안록산은 반드시 반란을 일으킬 인물입니다. 한 번 시험 삼아 수도로 불러 보십시오. 그자는 반드시 올라오지 않을 것입니다."

안사의 난
(안록산과 사사명이 일으킨 반란)

그래서 정말로 현종이 안록산을 불렀더니, 뜻밖에도 그는 곧바로 수도로 올라왔다. 현종은 양국충을 크게 꾸짖었다.

"사람을 그렇게 몰아세우면 안 된다. 다시는 쓸데없이 의심하지 말라."

그러면서 안록산에게는 벼슬을 더 붙여 돌려보냈다. 그 후 안록산은 황제에게 말 3천 마리를 바치겠다고 아뢰었다. 말 한 마리에 두 명의 병사를 붙여서 모두 6천의 병사를 22명의 장군으로 하여금 감독하게 하여 하남 지방까지 보내겠다는 것이었다. 그때서야 비로소 현종은 안록산이 반란을 일으키려 한다는 것을 알게 되었다. 그래서 현종은 사신을 보내 말을 바치는 것을 중지하라고 명령하였다. 안록산은 걸상에 앉은 채로 그 사신을 보고 말했다.

"말을 바치지 않아도 좋소. 아무튼 겨울이 되면 수도로 올라가겠소."

그해 겨울, 안록산이 마침내 반기를 들었다. 총 15만의 대군이 수도를 향해 진군했다. 보병과 기병이 모두 정예였고, 그 행렬이 일으키는 흙먼지는 천 리를 덮었다.

이때는 태평스러운 세월이 수십 년이나 계속되고 있었기 때문에 사람들은 전쟁이라는 것을 까맣게 잊고 있었다. 그래서 당나라의 군대는 반란군의 위세를 바라만 보는 것만으로도 무너져 버렸다. 안록산의 군사는 계속 진군하여 승승장구하더니 마침내 낙양을 함락시켰다.

이때 하북 지방의 평원 태수 안진경이 의병을 일으켜 안록산 군대를 격파하였다. 안진경은 안록산의 반란군과 격렬한 전투를 벌여 안록산이 곡창지대인 강남으로 진출하는 것을 저지시켰다.

현종은 처음에 하북 지방이 모조리 적의 손에 들어갔다는 소식을 듣고는, "하북 지방의 그 많은 고을에 단 한 사람의 의사도 없더란 말이냐?" 하고 탄식했는데, 안진경이 의병을 일으켜 반란군을 격파했다는 보고를 듣자 크게 기뻐하며 칭찬했다.

"안진경이 어떤 사람인지 모르겠지만, 정말 충성을 다해 주었구나"

한편 안진경의 동생인 상산 태수 안고경도 의병을 일으켜 적을 쳤다. 그리하여 하북 스물네 고을 중에서 예닐곱 고을이 당나라에 되돌아왔다.

그 후 적장 사사명이 상산을 함락시키고, 태수 안고경을 잡아 낙양에 있던 안록산에게 보냈다. 안록산은 안고경을 보고 어째서 자기를 배반했느냐고 꾸짖었다. 그러자 안고경은 도리어 꾸짖었다.

"배반이라니! 도대체 무슨 말인가? 우리는 오직 나라를 위해 적을 친 것이다. 너를 베지 못한 것이 한이다. 이 오랑캐 놈아, 어째서 나를 빨리 죽이지 않는 거냐?"

이에 안록산은 크게 노하며 안고경을 천진교에 결박하고 그의 살을 깎아내어 뼈가 온통 드러나게 했다. 하지만 안고경은 목숨이 끊어질 때까지 계속하며 안록산을 비난했다.

이때 양국충은 스스로 대장이 되어 운남 지방의 남조 토벌에 나섰다. 하지만 그 전투에서 전사자를 6만 명이나 내는 참패를 당하였다. 그 전투는 원래 양국충이 공을 세우려고 무리하게 일으킨 것이었다. 장안으로 돌아온 양국충은 패전 소식을 숨기고 마치 커다란 승리를 거둔 것처럼 보고하였다.

그런데 양국충에게는 걱정이 있었다. 장안의 관문인 동관을 지키는 가서한이라는 장군이 군사를 돌려 자신을 공격하지나 않을까 하는 것이었다. 그는 가서한에게 낙양을 탈환하라는 명령을 내렸다. 하지만 당시 가서한은 병에 걸려 요양 중이었고, 병사들도 대부분 훈련조차 받지 못한 오합지졸이었다. 가서한은 명령에 거역할 수 없는지라 할 수 없이 공격에 나섰지만 곧바로 전멸 상태에 빠져 버렸다. 가서한은 결국 항복하고 말았다. 이렇게 하여 동관 지방은 안록산의 수중에 떨어지고, 바야흐로 장안은 풍전등화에 몰리게 되었다.

꽃잎은 흩어지고

드디어 안록산의 반란군은 장안에 육박하였다. 그러자 순식간에 장안 일대는 혼란에 빠져 버렸다.

72세가 된 현종은 양귀비 등 측근과 황족, 그리고 대신들을 데리고 2천 명으로 편제된 6군의 호위를 받으며 장안을 빠져나가 촉 땅으로 피신길에 나섰다. 그리하여 장안에서 백여 리 떨어진 마외역에서 하룻밤을 새우게 되었다.

이때 뜻하지 않은 일이 벌어졌다. 따르던 병사들이 굶주리고 피로해지자 모두들 이 모든 것이 양국충 때문에 벌어진 비극이라고 생각하였다. 특히 양국충의 무모한 운남 원정에서 일가 친척을 잃은 사람들이 엄청 많았기에 병사들은 분개하여 양국충에게 몰려가 활을 쏘았다. 양국충은 서문 안으로 도망쳤으나 병사들은 그 끝까지 추적하여 그의 목을 잘랐다. 그의 머리를 창끝에 꽂아 역문에 달고 나서 다시 현종의 거처를 포위하였다.

현종은 측근에게 물었다. "이게 대체 웬 소란이냐?"

측근들이 대답하였다.

"네, 6군의 병사들이 양국충을 죽였습니다."

이때 밖에 모인 병사들은 모두 "양귀비를 죽여라"며 외쳐대고 있었다. 양국충의 동생인 양귀비가 살아 있는 한 양국충을 죽인 죄로 병사들이 모조리 처벌받을 게 뻔했다. 결국 현종은 자신이 그토록 사랑했던 양귀비의 처형을 허락하였다. 고력사는 숙소 안의 조그만 불당으로 양귀비를 불러냈다. 양귀비는 이미 자기의 운명을 알고 있었다. 고력사는 사약을 내밀었다. 그러자 양귀비가 말했다. "약보다는…… 이것으로 하면 어떨지요……."

양귀비는 허리에서 담홍색 허리띠를 끌렀다. 고력사는 그것을 조심스럽게 받쳐 들었다.

"뜰에 배나무가 있지요. 그 가지 모양이 좋더군요."

이렇게 하여 천하 절색 양귀비는 허무하게 세상을 떠나갔다. 이 때 양귀비의 나이 38세였다.

군이 움직이지 않으니 어찌할 수 없구나.

요염한 미녀 말 앞에서 죽었나니

꽃 비녀 땅에 버려졌건만 줍는 사람이 없다.

비취 깃털, 공작 비녀, 그리고 옥비녀도

상감께서는 얼굴을 덮고 구해 주지 못했다.

돌아보는 얼굴엔 피눈물이 섞여 흘렀다.

— 백거이의 〈장한가〉에서

잠시 후 현종이 문을 열고 모습을 나타냈다. 병사들은 모두 침묵을 지키고 있었다.

"이번 일은 모두 짐이 결정한 일이다. 그대들은 모반을 꾀한 자를 주살했고 짐은 모반자와 관련이 있는 귀비에게 죽음을 내렸다. 그대들은 아무 염려 말고 원대 복귀하라." 이에 병사들은 모두 만세를 불렀다.

37. 인생은 뜻대로 될 때 마음껏 즐겨야 하리 ❀ 이백

이백

이백李白의 자는 태백太白이고, 파서巴西 지방 면주의 청련향에서 자랐다. 그는 부유한 가정에서 태어나 어릴 적부터 뛰어난 문재文才를 발휘하였다. 뿐만 아니라 검술을 좋아하고 의협심이 강한 대장부이기도 하였다.

그는 스물다섯 살 때 칼을 차고 천하 유랑을 시작하였다. 이 유랑은 마흔두 살까지 계속되었다. 그 동안에 그는 운몽 지방에서 재상 허어사의 딸과 결혼했으며, 병주에서는 당시 병졸로서 위기에 빠진 곽자의를 구해 주기도 하였다.

그러면서 도사들과 어울리며 노장 사상에 심취하였다. 그리하여 마흔두 살 때 도사 오운의 추천으로 장안에서 벼슬을 얻었다.

어느 날 현종은 이백을 궁정에 불러, "평민인 그대를 짐이 알게 된 것은 오직 그대의 사람됨과 글 솜씨가 다른 사람들과 비교할 수 없을 만큼 탁월하기 때문이오."라며 이백을 크게 후대하면서 대화를 나누고 함께 식사를 나눴다. 황제가 평민에 대하여 이러한 대우를 해주는 경우는 거의 없었기 때문에 이후 이백의 명성은 천하에 퍼지게 되었다.

환관 고력사를 골려주다

이백은 정치에 대한 자
신의 뜻을 펼쳐보려 했
지만 끝내 이룰 수 없었
다. 현종은 이백이 다만
궁정 시인으로 남아 있
기를 원했기 때문이다.

상양대첩上陽臺帖 (이백의 필적)

그래서 그는 이렇다 할 일도 없이 시를 짓는 친구들과 어울려 술을 마
시고 향수를 달래는 나날을 보내야 했다.

이러한 생활에 염증이 난 이백은 당시 모든 관리들이 두려워하는 환
관의 우두머리 고력사 앞에서 보란 듯이 다리를 쭉 뻗고 신을 벗기게 하
였으며, 황제에 대해서도 마치 친구를 대하듯이 놀려대기도 하였다.

어느 날 현종은 양귀비를 데리고 침향정에 나가 모란꽃을 구경하였
다. 그때 당시의 명가수 이귀년이 노래를 하려 했으나, 현종은 이렇게
말했다.

"아름다운 꽃과 아름다운 양귀비 앞에서 옛 가사로 노래를 부른 데
서야 무슨 운치가 있겠는가?"

현종은 이백을 급히 찾아오도록 하였다. 그러나 그의 모습은 보이지
않았다. 이귀년이 궁정 밖으로 나가 이백을 찾아 헤맸다. 시내의 주점
앞에 이르렀을 때 문득 흥겨운 노랫소리와 함께 취객들의 주정도 흘러
나왔다. 혹시나 해서 이귀년이 들어가 보니, 아니나 다를까 이백이 흠
뻑 술에 취한 채 노래를 부르고 있었다.

이귀년은 이백을 업고 주점을 나와 침향정으로 돌아왔으나 이백은 현종 앞에서도 침을 흘린 채 정신을 차리지 못하였다. 찬물을 끼얹어도 별무신통이었다. 현종은 술깨는 미음을 가져오도록 하였다.

이윽고 한참 만에 술에서 깨어난 이백은 붓을 들더니 금방 '청평조의 가사'를 지어 올렸다. 이백이 시를 짓자 이귀년은 그 자리에서 곡을 붙여 노래를 불렀다. 현종은 넋을 잃은 채 듣고 있었고, 양귀비도 웃음을 가득 머금고 들었다. 이 '청평조의 노래'는 이후 세상에 널리 알려져 즐겨 불려졌다.

그런데 환관 고력사는 이백을 매우 못마땅하게 여겨 항상 그를 모함할 기회를 노리고 있었다. 그리하여 '청평조의 가사'를 듣고 양귀비에게 이렇게 일러바쳤다.

"이백은 이 시에서 당신을 한나라 성제의 총희였던 조비연에 비유하고 있습니다. 이는 당신을 몹시 비난하는 내용입니다."

사실 '청평조의 가사'는 나라를 기울게 하고 있던 양귀비를 비난하는 내용이 숨겨져 있었다. 이백이 자신을 칭찬하는 시를 지었다고 생각하여 기뻐하고 있던 양귀비는 고력사의 말을 듣고는 완전히 심기가 상했다. 그에 따라 양귀비에 푹 빠져 있는 현종도 당연히 이백을 멀리하게 되었다.

냉대를 이기지 못하는 성격인 이백은 마침내 장안을 떠나 방랑길에 올랐다.

장진주將進酒

그대는 보지 못하는가!
황하의 물이 하늘 위로부터 와서

세차게 흐르다가 바다에 이르면 다시 돌아가지 못함을!

그대는 보지 못하는가!

고대광실 맑은 거울 속 슬픈 백발은

아침에 까만 비단실이더니 저녁에 눈발이 날린 것임을!

인생은 뜻대로 될 때 마음껏 즐겨야 하리

황금 단지를 달 아래 그냥 두지 마라

하늘이 내게 주신 재능이니 반드시 쓰일 것이요,

천금을 다 써버리면 다시 돌아올 것이니

양을 삶고 소를 잡아 잠깐 즐거움을 누리세

마신다면 모름지기 3백 잔은 들어야 하리!

얼마 후 이백은 낙양에서 두보를 만났다. 그때 이백은 44세, 두보는 33세였다. 중국 역사상 가장 뛰어난 두 시인인 두 사람은 형제처럼 함께 노닐고 함께 취하고 함께 잤다. 그러면서 하남, 산동 일대를 유람하면서 명승지를 방문하고 사냥을 하였으며, 명산의 전망 좋은 누대에 올라 함께 시를 읊었다. 이렇게 꿈과 같은 시절을 보내고 그들은 각기 다른 여행길로 떠났다.

이백은 벼슬할 생각이 추호도 없었다. 그는 "어찌 허리를 굽히면서 권력에 아부하여 내 마음을 펴지 못할소냐!"라고 노래 부르며 경치 좋은 강남으로 내려가 시와 술로 세월을 보냈다.

추포가 秋浦歌

백발 삼천장 白髮三千丈,

수심에 겨워서 이처럼 길어졌네

알지 못하리라

거울은 어디에서 가을 서리를 얻었는지를.

38. 시절을 슬퍼하니 꽃에 눈물이 흐르고 ❈ 두보

두보杜甫(712~770)는 자가 자미子美이
고 하남성 공현鞏縣 태생이다. 장안
의 두릉과 가까운 소릉에 산 적이
있기 때문에 스스로를 '소릉야로少
陵野老'라고 불렀다. 그래서 후에 사
람들은 그를 두소릉이라 하였다.

두보의 할아버지 두심언은 유명
한 시인이었다. 그래서 그는 어려
서부터 시와 관계가 깊은 환경에서
자라났다. 두보는 이미 일곱 살 때
'봉황시'를 써서 주위 사람들을 크
게 놀라게 하였다. 하지만 그의 집
안은 매우 가난하였다.

두보

두보는 스무 살에 천하를 유람하면서 많은 걸작을 남겼으나 과거에
는 낙제하였다. 그 후 낙양에서 이백을 만나고 다시 장안에 돌아왔을
때, 그의 나이 35세였다. 그 다음해 현종이 널리 인재를 구하는 조서를
내렸다. 그래서 두보는 이 시험에 응시하여 좋은 답만을 제출했으나, 웬
일인지 또 떨어지고 말았다.

그때 시험의 총 책임자는 간신 이림보였는데, 그는 훌륭한 인재가 조
정에 들어오면 자신을 위태롭게 할 수 있다고 생각하여 응시자 전원을

낙방시켰다. 그러면서 현종에게는 "폐하의 명령에 따라 신이 열성으로 인재를 구하려 했지만 끝내 인물을 발견할 수 없었습니다. 이제 재야의 어진 인물은 없는 듯합니다."라고 보고하였다

두보는 스물아홉 살이 되던 해 결혼했다. 부부는 장안 부근의 수양산에서 서로 아끼며 행복하게 살았다. 그러나 두보의 생활은 점점 어려워만 갔다. 그러는 사이에 두보는 아들이 끝내 굶어죽는 등 이루 말할 수 없는 비참한 처지에 빠졌다.

얼마 지나지 않아 '안록산의 난'이 일어났다. 전국에서 뜻있는 사람들이 반란 진압에 나섰는데, 이때 이백은 남쪽에서 이 대열에 참여하여 현종의 열여섯 번째 황자인 영왕의 막하로 들어갔다. 그런데 후에 영왕은 제위에 오른 형 숙종으로부터 반역자로 몰려 토벌당하고 이백도 체포되어 사형될 위기에 몰렸으나 전에 도와준 바 있던 곽자의 장군의 도움으로 간신히 죽음을 면하고 석방되었다.

마음은 이미 죽어 차디찬 재에 붙다

이백은 그 후 강남 지방을 방랑하다가 62세에 한 많은 세상을 떠났다.

한편 두보도 이때 커다란 고통을 겪어야 했다. 두보는 난리를 피하여 가족들을 데리고 강촌으로 거처를 옮겼다. 그때 숙종이 영무 지방에서 즉위하였기 때문에 그는 가족들을 떼어놓고 영무로 향했으나 도중에 반란군에 체포되어 장안에 유폐되었다. 그는 아홉 달 후 장안을 탈출하여 숙종이 있는 행재소로 달려갔다.

이때의 참담한 처지를 두보는 이렇게 읊었다.

내 눈은 (조정이 있는) 서쪽으로 기우는 해를 뚫어지듯 바라보지만,

마음은 이미 죽어서 차디찬 재에 붙는다.

두보는 그곳에서 좌습유라는 벼슬을 얻었으나 그의 솔직한 충언은 도리어 황제의 반감만을 불러일으켰다. 결국 그는 추방되고 말았다.

두보는 이때부터 각지를 방랑하는 신세가 되었다. 그런 가운데 전쟁과 부역에 시달리는 백성들의 크나큰 고통을 직접 목격하였다. 두보 자신도 먹을 것이 없어 초근목피로 연명해야 했다.

만년에 접어든 두보의 생활은 더욱 고통으로 이어질 뿐이었다. 그는 장강 중류 지역을 방랑하다가 마침내 호남성 악양 부근의 강에 떠 있는 낡은 배 안에서 병사하였다. 이때 두보의 나이 59세였다.

조선시대때 한글로 번역된 두보의 시

39. 다섯 나라에서 11명의 군주를 섬기다 ❋ 풍도馮道

5대 10국 시대

907년, 당나라가 멸망한 뒤 50여 년 동안 혼란의 시대가 이어졌다.

이 시기 중원에서는 후량을 비롯하여 후당, 후진, 후한 그리고 후주의 다섯 왕조가 계속 이어졌는데 이를 5대五代라 한다.

이들 나라는 짧게는 불과 4년부터 길게는 20여 년으로서 모두 단명한 정권이었고, 천하를 완전히 아우르지 못한 채 겨우 중원 지역만을 제한적으로 장악한 상태였다.

당나라는 영토가 360주에 이르렀었는데, 당나라를 멸망시킨 주전충이 세운 후량의 영토는 고작 70여 주에 불과했다. 또 다섯 왕조의 주인 중 최초의 후량과 마지막 후주만 한족이었을 뿐 나머지는 모두 사타沙陀 돌궐족이었다. 결국 후주의 장군이었던 조광윤이 송나라를 건국하여 천하 통일을 이루게 된다.

한편 중원 남쪽에서는 남당을 비롯하여 오, 오월, 민, 초, 형남, 전촉, 후촉, 남한, 북한 등 모두 열 나라가 세워져 이를 '10국十國'이라 불렀다. 10국 중 남당의 세력이 가장 강성하였다.

이 시대를 일컬어 5대 10국이라 한다.

역사가들은 모두 이 5대 10국 시대를 최악의 시대로 기록하고 있다. 그러나 5대 10국 시대에 분열되어 수립된 각 국가들은 각 지역에서 교통과 화폐 사용을 활성화하고 군비와 조세 징수를 증가하는 등 각 지역의 경제적 잠재력을 계발함으로써 통일된 대제국이 전체 지역을 통치하는 것보다 효과적인 통치를 선보였다. 이렇게 하여 5대 10국은 당나라 말기의 혼란을 수습하여 송나라의 번영기로 연결해 주는 과도적 역할을 충실하게 수행하였다.

엇갈리는 후세의 평가

풍도馮道(882-954년)는 5대 10국 시대의 풍운아로서 후당, 후진, 후한, 후주, 그리고 거란의 다섯 왕조에서 모두 11명의 군주를 섬겼다.

그가 살았던 5대 10국 시대는 중국 역사상 가장 왕조 흥망이 빈번했던 시기였다. 그가 관직에 몸을 담았던 31년 동안, 한 왕조의 평균 수명은 6년이었고, 한 군주의 평균 통치 기간은 2년이었다. 더구나 이 조대朝代 모두 음모나 무력으로 권력을 찬탈하였으며, 거란족 역시 혼란을 틈타 침략하였다.

풍도

어떤 조대로 바뀌든 그들은 모두 풍도에게 재상을 맡아 달라고 요청하였다. 풍도는 재상의 지위에 있었지만 초가집에 살면서 손수 농사를 짓고 땔감도 손수 준비하였다. 기근이 들면 자기의 돈을 이웃에 나눠 주었고, 전쟁에 나가서도 병사와 함께 같은 음식을 나누었다. 언젠가 전쟁 중에 부하들이 그에게 미녀 포로를 주었는데, 몇 번이나 거절해도 부하들이 듣지 않자 그는 할 수 없이 그녀를 받아들였다. 그러고는 그녀를 다른 별실에 머물게 하더니 전쟁이 끝나자 곧바로 본래 가족을 찾아 되돌려 보냈다. 그는 가난한 선비라도 재능이 있고 학문을 좋아하면 반드시 중용하였다.

풍도는 스스로를 "호랑이와 이리가 들끓는 곳에서도 몸을 일으킨虎狼叢中也立身" '상락로常樂老'라고 칭하였다. 『구오대사舊五代史』를 지은 구양수는 그를 가리켜 "스스로의 몸을 삼가지 않았고, 치욕을 무릅쓰는 삶을 도모했다."며 맹비난하였다. 사마광 역시 그를 가리켜 "간신 중의 간신"이라 폄하하였다. 그러나 소동파는 그를 일러 "보살, 인간으로 다시 오다."라고 표현했으며, 왕안석은 그를 "살아있는 부처"라 평하였다.

그가 세상을 떠났을 때 후주 세종은 그를 영왕瀛王으로 추존하였다.

40. 석각유훈, "사대부를 죽이지 말라" ❀ 송 태조 조광윤

송나라를 세운 태조 조광윤趙匡胤은 중국의 개국 군주로서는 유일하게 순수 직업군인 출신이었다. 그의 가문은 군사적 공로에 의하여 번성하였으며, 그가 송나라를 창업할 때에도 현역 고위 장군이었다. 그는 말 타기와 활쏘기 모두 뛰어났고 황제가 되기 직전까지 황제의 시위장 격인 전전도검점殿前都檢点이라는 장군의 신분으로 전투에 참가했었다.

사대부士大夫의 나라를 세우다

송나라는 사대부士大夫의 나라다. 사대부의 나라의 토대를 만든 인물이 바로 송 태조 조광윤이다.

송 태조는 후손을 위하여 돌에 유훈을 새기고(석각유훈 石刻遺訓) 그것을 궁궐 깊숙이 숨겨 오직 황제만 보도록 하였다. 그 유훈은 선대 황실의 후손을 끝까지 돌봐주어야 하며 사대부를 근거 없이 죽이지 말라는

송 태조 조광윤

내용이었다. 후대 황제들은 이 유훈을 철저히 준수하였다.

그리하여 송나라는 이후 구법당, 신법당 등 당쟁이 극심했지만 그 처벌 수준이 유배에 그쳤을 뿐 그로 인하여 처형되는 일이 없었다. 그렇기 때문에 송나라는 언로가 활성화되어 문화가 융성해지고 번영할 수 있었다.

'사士'란 일정한 재능을 가진 민간의 인재를 가리키는데, 그들은 가난한 가문 혹은 몰락한 귀족 출신으로서 자신이 가진 재능을 귀족에게 제공하면서 삶을 영위하였다. 중국 주나라 때 처음 출현한 이들은 경대부卿大夫의 아래, 그리고 서민庶民의 상층에 위치하고 있었다. 이후 춘추전국 시대 군웅할거의 상황에서 각국의 제후들이 수천 명의 식객食客을 자기 문하에 두면서 '사' 계층은 집단화되기에 이르렀다.

최초로 '사士'의 개념을 제기한 사람은 바로 공자이다.

『논어』 자로편에 자공이 "사士란 어떤 사람을 가리킵니까?"라고 묻자 공자는 "행함에 염치가 있고, 천하에 군주의 명을 욕되게 하지 않으면 곧 사士라고 할 수 있다"고 대답하였다. 즉, 자신에게 엄격하고 충성하며 국가를 사랑하는 사람이 사士라는 것이다. 공자는 지식인들의 '입세入世', 즉 세상에 나아가는 것을 적극적으로 장려하였다. 세상에 나아가 벼슬을 하고 정치에 참여하여 군주와 국가에 보답해야 한다는 것이다.

'사士'와 군자는 일반적으로 중첩되지만, 세분하자면 '사士'의 덕행수양의 정도가 군자와 비교하여 낮다고 볼 수 있다. 결국 '사士'란 군자가 되고자 뜻을 품은 사람이라 할 수 있다.

이러한 '사士'의 정신은 『사기』 자객열전에 나오는 형가나 예양과 같은 '협사俠士'의 정신이다. 군주와 나라를 위하여 생명을 걸고 의義를 실천하는 호방한 기개와 고매한 인품이 사대부의 전형적인 정신이었다.

과거제도는 수당隋唐 시기를 거쳐 송나라 시대에 정비되었다. 송나라 시대에 주자학은 주류 사상으로 확고하게 정립되었고, 주자학의 경전을 시험과목으로 하는 과거제도는 실제로 사대부 계층만이 합격할 수 있었다. 그리고 사대부 계층은 이제 국가의 공직에 진입하는 유일한 합법적 통로로 기능하게 된 과거제도를 통하여 국가의 지배계급으로 확고하게 자리 잡게 되었다.

이렇게 하여 송나라 시대에 '사대부' 집단은 반드시 지식층이어야 한다는 것을 정치 제도적으로 보장하게 되었고, 사대부 계층도 정식으로 형성되었다. 그리고 이 사대부 계층은 농업이나 상공업 종사자 이외의 독서인讀書人이나 지식 계층을 의미하게 되었다.

전쟁 시대에서 평화 시대로- '배주석병권杯酒釋兵權'

당나라가 쇠퇴하게 된 큰 이유 중 하나는 곧 지방 절도사의 힘이 너무 강했기 때문이었다. 그렇게 지방 절도사들의 힘이 강했기 때문에 천하는 분란에 빠져 5대 10국의 혼란을 겪어야 했다. 가까스로 천하를 수습하여 통일을 이룬 송 태조 조광윤은 어떻게 하면 지방 절도사들의 힘을 약화시킬 수 있는가의 문제에 골몰하였다.

어느 날 조광윤은 잔치를 열어 석수신石守信, 왕심기王審琦, 고회덕高懷德 등 장군들을 궁궐에 불러들였다. 잔치가 한창 흥이 올랐을 때 태조가 말했다.

"여러분의 힘이 아니었으면 나는 천자의 자리에 오르지 못했을 것이오. 그러나 내 마음은 밤낮 없이 불안하여 베개를 높이고 자지 못하오. 이것을 안다면 천자의 자리에 오르고 싶어 하는 사람이 아무도 없을 것이오."

이에 친위대 장군 석수신 등이 황공하여 머리를 땅에 조아리며 아뢰었다.

"폐하께서는 어찌 그런 말씀을 하십니까? 천명은 이미 정해져 있어 움직일 수 없습니다. 누가 감히 폐하의 자리를 넘볼 수 있겠습니까?"

그러나 조광윤은 고개를 가로저었다.

"아니라오. 여러분의 부하가 부귀를 탐낸다면 그때엔 어떻게 하겠소? 마찬가지로 일단 그대들에게 황색 옷을 입혀 놓으면(황색 옷은 황제를 상징한다) 그대들이 아무리 황제의 자리를 탐내지 않더라도 어쩔 수 없을 것이오."

석수신 등은 모조리 죽임을 당하지 않을까 두려워하여 더욱 고개를 들지 못하고 눈물을 흘리며 간청하였다.

"신들이 어리석어서 거기까지 미처 생각하지 못했습니다. 폐하께서 저희들을 불쌍히 여기시어 저희들의 갈 길을 지시해 주시옵소서."

강간약지強幹弱枝, 중앙 집권의 길

그러자 태조가 말했다.

"인생이란 햇빛이 문틈으로 지나가는 것과 같이 덧없는 한순간에 지나지 않소. 이 짧은 인생에서 사람들이 부귀를 바라는 것은 즐겁게 세월을 보내고 자손들을 곤궁하지 않게 해주기 위해서요. 이것이 즐거운 인생인 것이오. 그대들은 왜 병권兵權을 버리고 넓은 봉토의 주인이 되어 경치 좋은 곳에 집을 짓고 농사 지어 자손의 번영을 도모하며, 날마다 잔치를 열고 즐겁게 천수를 누리지 않는 것이오? 그때 나는 다시 그대들과 혼인을 맺고 군신이 서로 평안하여 서로 의심하지 않으니 어찌 즐겁지 아니하겠소?"

석수신 등 여러 장수들은 모두 엎드려 절하고, "폐하께서 그렇게까지 신들의 일을 생각해 주시리라고 생각하지 못했습니다. 성은이 하해와 같습니다."라며 이튿날 모두 병을 일컫고 사직하였다.

이렇게 하여 마침내 송 태조는 '천하일가天下一家'를 이루게 되었다.

이것이 '술로 병권을 내놓게 하였다'는 '배주석병권杯酒釋兵權'이라고 칭해지게 된 이야기이다. 한 고조 유방이나 명 태조 주원장처럼 송 태조는 자신을 도왔던 공신들을 살육하지 않고 평화적인 방법으로 문제를 해결했다.

이렇게 하여 송나라 이래 중국에서 무장武將들의 반란이나 지방 번진의 할거는 더 이상 출현하지 않았다. 간혹 일부 친왕親王들의 소규모 반란은 발생했지만 쉽게 진압되었다. 군대는 더 이상 황제에 대한 위협이 되지 못하였다. 하지만 군사력은 이로 인하여 크게 약화되었다. 그리하여 작은 규모의 농민 봉기는 진압할 수 있었지만, 대규모 농민봉기 진압은 성공하지 못하였다. 변방 민족에 대해서도 왕조 초기에는 괜찮았지만 후기에 이르러서는 제어 불능이었다. 더구나 외국 침략에 대해서는 거의 속수무책이었다.

41. 눈 내리는 밤의 대화 ❀ 송나라를 세운 참모 조보

조보

송 태조 조광윤을 도와 그로 하여금 어지럽던 세상을 통일시키고 천하를 호령하는 황제로 만든 사람은 바로 조보趙普라는 인물이다.

태조 조광윤은 신중하고 항상 반성하는 태도를 지닌 인물이었던 반면 결단력이 약했는데, 이를 보완해 준 인물이 바로 조보였다.

후주後周 시대에 남당南唐을 공격할 때 조광윤의 아버지 조굉은은 아들과 함께 출정했다가 과로로 사망하였다. 이때 조정에서 파견되어 조굉은을 지극하게 간호했던 사람이 조보였고, 이를 계기로 하여 조광윤과 조보의 관계가 맺어졌다. 조광윤은 처음 조보를 보고 '이 사람은 기奇이다!'라고 생각하여 항상 자기 옆에 있도록 하였다.

조보는 조광윤을 황제로 만든 공신 중의 공신으로서 조광윤을 도와 천하통일을 이루게 한 중추적 인물이었다.

태조 조광윤은 즉위한 이래 자주 신하들의 집을 불시에 방문하였다. 재상 조보도 황제가 언제 자기 집을 방문할지 몰라 집에 돌아와서도 의

관을 벗지 않았다.

어느 겨울밤, 눈이 몹시 많이 내렸다. 밤도 이미 깊었다. 조보는 마음 속으로 '이렇게 눈이 많이 오니 오늘은 오시지 않겠지' 하고 생각했다. 그러나 그 순간 똑똑 문을 두드리는 소리가 들렸다. 조보는 '이 밤중에 누굴까?' 하며 급히 문을 열고 나갔다. 거기엔 태조가 혼자 눈 속에 서 있었다. 조보는 황공해하면서 태조를 집안으로 모셔들이고는 방석을 여러 개 포개서 앉을 자리를 만들었다. 그리고는 숯불을 피워 고기를 굽고 아내에게 술을 권하도록 하였다. 태조는 조보의 아내를 누님이라고 불렀다.

"이렇게 눈이 많이 오고 밤이 깊어 몹시 추운데 어떻게 납시셨습니까?"

조보가 조용히 물었다.

그러자 태조도 나직한 목소리로 이렇게 대답하였다.

"영 잠이 오지 않는구려. 내 침대 밖은 모두 남의 집 같아서 쓸쓸하기만 하오. 오늘 밤엔 경의 얼굴이 보고 싶었소."

조보가 넌지시 물었다.

"폐하께서는 천하가 좁다고 하시는 것입니까? 지금이야말로 남정南征을 하거나 북벌을 하기엔 다시없는 좋은 시기입니다. 폐하께서 생각하시는 바를 말씀해 주십시

설야방보도雪夜訪普圖
(눈 내리는 밤에 조보를 찾아온 송 태조)

오."

이에 태조가 굳은 표정으로 말했다.

"이번에 북벌을 해서 어떻게든 태원太原을 빼앗고 싶소."

조보는 한동안 잠자코 있더니 "그건 저로서는 생각해 보지 않은 일입니다. 태원은 서쪽으로 서하와 접하며 북쪽으로는 거란과 맞대고 있습니다. 만약 군사를 일으켜 태원을 빼앗는다면 서하와 거란의 공격을 우리 혼자 막아내야 할 것입니다. 태원은 공격만 하면 금방 손에 넣을 수 있겠지만, 잠시 접어두셨다가 다른 나라를 평정한 뒤에 공격하시는 것이 좋을 듯합니다."라고 말했다.

이 말을 들은 태조는 빙긋이 웃었다.

"실은 나도 그렇게 생각하고 있었소. 잠시 경의 생각을 알아보았을 뿐이오."

그 뒤 태조는 군사를 내어 남쪽을 완전히 평정하였다.

솥이나 냄비에도 귀가 있다

언젠가 조보가 태조에게 어떤 사람을 추천하였으나 받아들여지지 않았다. 조보는 이튿날 또 아뢰었다. 그러자 태조는 크게 노하여 그 서류를 찢어버렸다. 하지만 조보는 찢어진 서류를 주워서 풀로 붙여 그 이튿날 다시 태조에게 바쳤다. 이에 태조도 다시 한 번 생각하여 마침내 자기 잘못을 깨닫고 수락하였다.

또 언젠가는 어떤 신하가 공을 세워 그의 벼슬을 올려주어야 하는 경우가 있었다. 하지만 태조는 그 사람을 싫어하고 있었으므로 조보의 진언을 받아들이지 않았다. 조보는 극력 주장하면서 물러서지 않았다. 태조가 물었다.

"내가 끝까지 받아들이지 않으면 어떻게 하겠소?"

그래도 조보는 굽히지 않았다.

"상벌은 항상 천하에 공평해야 하는데, 어찌 폐하 한 분의 감정에 의하여 그것을 함부로 좌우하겠습니까?"

그런데도 태조는 허락하지 않고 자리에서 일어섰다.

조보도 태조 뒤를 따라갔다. 태조는 내전으로 들어가더니 문을 달아걸었다. 조보는 계속 문 밖에 서서 물러가지 않았다. 결국 태조는 수락하고 말았다.

하지만 달이 차면 이지러지는 법.

조보는 항상 커다란 독을 갖춰 놓고 황제에게 올리는 글 가운데 자기의 마음에 들지 않는 것은 모조리 독 속에 처넣고 태워버려 아예 황제가 볼 수 없도록 하였다. 조보가 남에게 비난받은 것은 거의 이 일 때문이었다.

조보는 항상 자신감이 넘치는 사람이었다. 그는 천자의 조서를 받고서도 아무에게도 알리지 않았으며, 재상의 자리에 나아가 정사를 아뢰고 물러나 이것을 맡은 사람에게 인계해 주지도 않았다. 또 재상의 도장을 찍는 중요한 일도 하지 않았고, 회의에 참석하여 정치를 논하지도 않았다.

한번은 조보의 부하들이 조보의 명령에 따라 형벌을 마음대로 조정하자, 판관으로 있던 뇌덕양이라는 사람이 태조를 찾아가 아뢰었다.

"조보 재상은 권력을 이용하여 남의 집을 강제로 사들이고, 또 뇌물을 받아 재산을 모으고 있습니다."

이 말을 들은 태조는 버럭 화를 냈다.

"솥이나 냄비에도 귀가 있는데, 너는 조보 재상이 이 나라의 기둥이라는 말을 들어보지도 않았느냐?"

그리고는 즉시 뇌덕양을 좌천시켜 버렸다. 몇 년이 지난 뒤 이번에는 뇌덕양의 아들이 조보의 부정을 들춰내 상소하였다. 그렇게 되자 이제까지 조보를 그렇게도 신임해 왔던 태조도 점점 그를 경계하게 되었다. 그리하여 결국 조보는 재상에서 파면되고 말았다. 그러나 태조가 세상을 뜨고 태종이 그 뒤를 잇자 조보는 다시 재상의 자리에 복귀하였다.

한 권의 『논어』로 두 황제를 돕다

송나라 태조와 태종 두 황제를 보좌했던 재상 조보趙普는 태조를 도와 천하 통일을 이루는 데 커다란 공이 있었고 치세에서도 탁월한 공을 세운 명재상이었다. 조보가 71세의 나이로 세상을 떠났을 때 태종은 "조보는 대사를 과단성 있게 능히 결단했으며, 그야말로 진정한 사직의 신이었다."며 비통해했다.

조보는 공부를 많이 하지 못한 흠이 있었다. 언젠가 태조로부터 책을 읽으라는 권고를 받은 뒤로 그는 하루도 책을 손에서 놓은 적이 없었다. 조보는 조정에서 중요한 회의가 있을 때면 그 전에 혼자 방에서 책을 읽었다. 그가 죽은 뒤 집안 사람들이 그의 책궤를 열어보니 그 속에 논어 한 질이 있었다.

조보는 생전에 태종에게 이렇게 말했었다.

"저는 논어 한 질을 가지고 있는데, 그 절반은 선제를 도와 천하를 평정하는 데 썼고, 절반은 폐하를 도와 천하를 편안하게 만드는 데 썼습니다."

실로 『논어』는 그 반 권만으로도 능히 천하를 손에 넣을 수 있고 또 천하를 잘 다스릴 수 있을 정도로 보물과도 같은 고전이었던 것이다.

소년 시절에 배우면 장년에 도움이 되고,

장년에 배우면 늙어서 쇠하지 않으며,

노년에 배우면 죽어도 썩지 않는다.

42. "궁중이 즐거우면 백성은 적막해진다" ❋ 송 인종

송 인종

어느 늦은 밤 굉장히 떠들썩한 음악소리가 궁궐까지 들려오자 인종이 궁인에게 물었다.

"대체 어디에서 들려오는 음악소리냐?"

그러자 궁인이 답했다. "민간 주루酒樓에서 나는 소리입니다. 폐하, 들어보십시오. 바깥 민간은 이곳 궁중의 적막함과 달리 이토록 즐겁사옵니다."

인종이 답했다. "너는 아느냐? 궁중이 적막하기에 바깥 백성들이 이토록 즐거울 수 있는 게다. 만약 궁중이 바깥처럼 즐겁다면 백성들은 곧 적막할 수밖에 없다."

송 인종仁宗은 재위 기간 42년으로 북송과 남송을 통틀어 가장 오래 황제의 자리에 있었던 황제이다. 중국 역사상 인종 이전에 시호에 어질 '인仁' 자를 붙여진 황제는 없을 정도로 인종은 '인仁'으로써 치국을 시행한 황제로 기록되고 있다. 연회에도 항상 같은 옷을 빨아서 입고 나왔다. 유명한 감찰어사 포청천이 인종을 비판할 때면 황제의 얼굴까지 무수히 침이 튀는 일이 많았지만 인종은 전혀 불평하지 않았다. 또 그의 치세 기간에 왕안석을 기용하여 개혁을 추진했으며, 그 외에도 범중엄, 소동파, 소순, 부필, 심괄, 구양수, 사마광, 왕안석 등 명신名臣과 명상名相들이 줄을 이었다.

정치 안정과 경제 번영의 시대

정치가 안정되자 상업과 해상무역 등 경제가 대단히 번영하여 '인종성치仁宗盛治'를 이루었고, 활자 인쇄술과 나침반도 인종 시대에 발명되었다. 중국 최초의, 당연히 세계 최초의 지폐인 '관교자官交子'도 이 시기에 만들어졌다. 이 시기 농업세와 상업세의 비율은 3:7이었는데, 이는 중국 어느 역대 왕조도 도달하지 못했던 수준이었다. 인종 시기를 계기로 중국은 농업사회에서 상업사회로 진입하였다. 이 시기 송나라의 생산량은 전 세계의 80%를 점했다는 견해도 존재한다.

하루는 고려에 사신으로 다녀온 신하가 고려가 갈수록 공물을 적게 바친다면서 고려를 정벌해야 한다고 제안했다. 그러자 인종은 "그것은 단지 고려 국군國君의 죄일 뿐이다. 만약 공격을 한다 해도 그 국군이 아닌 무수한 백성들만 죽이게 된다."라면서 끝내 출병하지 않았다. 자기 백성만이 아니라 타국 백성을 생각하는 마음이 이 정도였다.

비록 그의 치세 기간동안 군사적으로는 서하와 요나라에 연전연패해서 수세에 몰렸지만, 풍부한 경제력을 바탕으로 정치적 안정기와 평화 시대를 구가할 수 있었다.

문화 또한 번성하여 당송팔대가唐宋八大家(한유, 유종원, 소식, 소순, 소철, 구양수, 왕안석, 증공) 중 당나라 시대의 한유와 유종원을 제외한 나머지 대가들이 모두 인종 시기에 활약하였다.

다만 훗날 왕부지王夫之는 인종의 과단성 부족을 비판하면서 "어떤 관리에 대해 말이 나오면 곧 바꾸고 서로 다투면 양측을 모두 바꾸고 하여 재위 기간 중 양부兩府에서 모두 40여 명이 바뀌었다. 비록 현명한 인물이 많았지만 안정적으로 직위에 있을 수 없어 그 능력을 발휘할 수가 없었다. 이렇듯 사람이 계속 바뀌고 이랬다저랬다 하는 바람에 모든 일이 조령모개식으로 진행되어 아랫사람들은 믿고 따를 수가 없었고, 결국 어느 하나도 이뤄지지 못했다."고 평하였다.

그가 세상을 떠나자 경향 각지에서 백성들이 시장 문을 닫고 통곡을 했으며 거지와 어린애들까지 지폐를 태워 그 연기가 하늘을 가려 며칠 동안 태양이 보이지 않을 정도였다고 『송사』는 기록하고 있다. 인종이 세상을 떠났다는 소식을 듣고 요나라 황제도 송나라 사신의 손을 부여잡고 통곡하면서 "42년 동안 전쟁이란 것을 도무지 알지 못했도다! 내 황제를 위해 의관묘를 모셔 애도하도록 하겠노라!"고 하였다. 이후 요나라 황제들은 인종의 화상畵像을 모시면서 조종祖宗으로 삼았다.

43. "깨끗한 마음은 다스림의 근본이며, 곧은 길은 이 몸이 갈 바이다" ✦ 판관 포청천

판관 포청천은 TV를 통하여 우리에게도 너무 잘 알려져 있는 실존 인물이다.

포청천은 999년부터 1062년까지 살았던 송나라 시대의 인물이다. 그의 성은 포包씨이고, 이름은 증拯이다. 그는 송나라 인종 때 30여 년 동안 관리를 지냈는데 현령부터 시작하여 도지사 등의 지방관, 간의대부, 감찰어사 등 중앙의 감찰관을 지냈고, 후에 추밀원 부사까지 역임한 송나라의 유명한 정치가 겸 사법감찰관이었다.

'청천靑天'이라는 이름은 티끌 하나 없이 깨끗한 삶을 살았던 그가 권세에 굴하지 않고 마치 신과 같이 사건을 처리하여 백성들의 억울한 원한을 풀어준다는 뜻으로 붙여진 이름이다.

백성을 보살피는 것을 본위로 삼다

역사 사료를 통해 살펴보더라도 포청천은 과연 청렴강직하고 개인적 감정 없이 사건을 정확히 처리한 보기 드문 관리였다.

당시 송나라는 비록 겉으로는 태평세대라고 불렸지만 이미 내부적으로는 환관귀족과 호족들의 횡포가 횡행하고 날이 갈수록 부패가 심해지고 있었으며, 밖으로는 거란족이 호시탐탐 침략의 기회만을 노리고 있던 형국이었다. 거기에 관료집단은 이미 포화상태에 이르렀고 조세부담도 가중되어 이에 따른 민원도 폭등하였다. 포청천은 이러한 상황에서 군주에 충성하고 백성들에게 관대하며, 이익을 일으키고 폐단을 줄이며, 탐관오리와 폭정을 엄중히 처벌하고, 청렴한 정치로 다스리며, 공정하게 법을 집행할 것 등의 정치법률 주장을 펴고 이를 실천했다.

특히 포청천은 "백성을 보살피는 것을 본위로 삼는다."를 그의 일생의 신념으로 삼았다. 그는 송나라의 대충신으로서 왕조를 공고히 다지며 나라를 윤택하게 만들고 천하를 안정시키기 위해서는 백성의 불만과 반항정서를 완화시켜야 하며, 이에 따라 법을 만들고 나라를 다스림에 있어서 반드시 백성을 보살피는 것을 본위로 삼아야 한다고 인식했다. 그는 하나의 좋은 법이 존재하면 반드시 나라에 이익을 가져다주고 백성에게도 이익이 되므로, 결국 공과 사의 양 측면에서 이익이라고 주장하였다. 반면에 오직 조정의 이익만을 추구하면서 백성들의 이익을 보살피지 않게 되면 도리어 커다란 해악을 가져오게 되고, 이는 이른바 "눈앞의 조그만 이익 때문에 장기적인 방책을 놓치게 되는" 어리석음이 될 뿐이라는 점을 강조하였다.

포청천은 국가를 잘 다스리기 위해서는 백성을 사랑하고 백성에게 너그러우며 많은 사람의 뜻을 널리 받아들이고 동시에 이익을 일으키고 폐단을 없애는 것 이외에도 반드시 좋은 법을 만들고 엄격하게 법에 의해 일을 처리해야 한다고 파악하였다. 그는 법치주의를 시행할 수 있는가의 관건은 황제가 법률을 집행하고 법률의 존엄성을 보호하는 데 솔선수범하느냐 그리고 동시에 법률 제정과 개정에 있어 신중한가의 여부에 달려 있다고 보았다. 법률이란 일단 제정되면 반드시 안정성을 확보해야 할 것이며, 결코 조령모개식으로 마음대로 바뀌어 백성들에게 신뢰를 잃어버려서는 안 된다는 점을 강조하였다. 그래서 그는 항상 송나라 인종에게 먼저 스스로 모범을 보여 법률을 준수할 것을 권했고,

황제가 법률을 어기는 행위를 할 때에는 항상 질책했다.

하지만 그가 법의 안정성을 주장했다고 해서 법이 절대 변할 수 없다고 생각한 것은 아니었다. 특히 나라에 해독을 끼치고 백성을 해치는 그러한 법률은 반드시 고쳐져야 한다고 주장하였다. 다만 법률을 수정함에 있어서는 경거망동해서는 안 되고 반드시 관련 기관에서 진지한 논의를 거쳐야 한다는 점을, 나아가 어떤 경우에는 연구조사를 거쳐야 비로소 오래도록 존속할 수 있는 법을 전국에 반포할 수 있다는 점을 강조하였다.

공평무사 신상필벌

포청천의 법률 집행에 있어 가장 큰 특징은 공평무사해야 할 것과 상벌이 분명해야 한다는 점이었다. 언젠가 황제가 총애하는 장귀비의 큰아버지뻘인 장요좌張堯佐라는 자가 그러한 배경을 이용하며 나라의 재정을 담당하는 3사의 요직을 모두 독차지한 채 재직 중에 각종 뇌물을 강요하고 공금을 유용하였다. 포청천은 이를 극력 반대하고 황제에게 수차례에 걸쳐 탄핵하였다. 그렇지만 황제는 끝까지 그를 비호하였다. 이후 비록 장요좌는 3사의 직책에서는 물러났지만 또다른 중책 4개를 맡았다. 그러자 포청천은 또다시 네 번에 걸쳐서 그를 탄핵하였고 동시에 인종의 잘못을 준열하게 비판하였다. 이러한 포청천의 결사적 반대에 힘입어 군신들의 불만도 점점 커져 장요좌는 결국 그의 자리를 모두 내놓아야 했다.

또 포청천이 고향에서 도지사를 하고 있던 무렵, 그의 일부 친척들이 그의 힘을 믿고 권세를 부렸다. 한 번은 그의 한 친척이 법을 어겼는데, 포청천은 이 사실을 알자마자 곧장 그를 체포하도록 하여 법에 의거해 엄격하게 태형을 가하였다. 이 일이 있은 뒤 그의 친척들은 다시는 죄를 짓지 않게 되었다.

포청천은 백성들을 돌보고 백성들에게 해를 입히지 않기 위해서는 반드시 탐관오리들의 위법적 행위와 투쟁하지 않으면 안 된다고 인식하였다. 실로 귀족들과 권세가들에 맞서 투쟁을 할 수 있느냐 없느냐가 법률을 지켜나가는 데 가장 중요하다고 생각하였다. 그는 역대왕조의 흥망을 거울삼아 탐관오리의 가렴주구가 반란을 일으키게 하는 데 가장 큰 요인인 것으로 파악하고 그러한 치명적인 우환을 제거하기 위해 '법률로써 천하를 공평하게 하는' 정치를 시행해야 한다고 인식했다.

그래서 그는 권세가들을 두려워하지 않았고, 사람들은 그를 가리켜 "황하와 같이 깨끗하다"라고 평하였다. 그가 개봉부윤^{開封府尹}으로 있을 때 개봉의 강이 범람하여 도시가 매우 위험하게 된 적이 있었다. 그는 치밀한 조사를 통하여 범람의 원인을 밝혀냈는데, 바로 개봉의 권세가들이 강변에 축대를 쌓고 호화별장을 건축하여 강물의 흐름을 막음으로써 강물이 범람하게 된 사실을 알아냈다.

포청천은 전 도시 백성의 안전을 위해 곧바로 강변의 모든 건물을 철거하라는 명령을 내리고 사람을 파견하여 하천의 물길을 만들도록 하였다. 이때 황제의 총애를 받고 있던 권세가들은 토지 계약서를 들고 황제 앞에 가

포증

서 자신들의 주장을 극구 변명하였다. 할 수 없이 포청천이 직접 출두하여 조사를 받았으나 조사는 형식적으로 진행될 뿐이었고, 결국 황제에게 탄핵하기에 이르렀다. 마침내 포청천은 적지 않은 권귀들을 처벌하는 데 성공하였다.

포청천이 이렇게 권귀를 두려워하지 않고 감히 모든 탐관오리들과 투쟁을 전개할 수 있었던 이유는 그가 청렴결백하게 공무를 수행하였고 모든 일을 법에 따라 처리하여 공격받을 만한 약점이 없었기 때문이었다. 그는 "나의 개인적인 책은 없었으며, 친구나 친지들은 일체 끊었다"고 말한 바 있다. 그의 집은 항상 검약하여 생활필수 도구 외에는 거의 없었고, 비록 신분은 귀했으나 언제나 관리를 처음 시작할 때와 같았다. 그는 후손에게 가훈을 남겼는데 그 내용은 "만약 후손 중에 관리가 되어 부정을 저지르는 자가 나타나면 본가로 돌아오지 못하도록 하라. 그리고 죽어서도 집안의 묘에 묻혀서는 안 된다. 내 뜻에 따르지 않으면 나의 자손이 아니다"라는 내용이었다.

포청천은 특히 '억울한 옥살이'가 관리들이 정확하게 조사를 못하거나 한 쪽 의견만을 듣는다든가 주관적인 판단에 의해 판결하는 데에서 비롯되며, 그 중 많은 사건은 관리들이 개인적 보복이나 수뢰, 혹은 시기나 질투에 의해 행해지고 있다고 판단하였다. 그리하여 그는 이러한 억울한 옥사를 없애고 법기강의 존엄을 유지하기 위해서는 반드시 현명한 인재를 등용해야 한다고 파악하였다. 그러한 정직한 인재를 선발하는 것이야말로 치란治亂의 근본이라고 인식했다. 그는 인재 등용에 있어서는 문무의 차별을 둘 필요가 없고 신분의 차별을 둘 필요가 없다고 판단하였다. 다만 용기 없고 용렬한 자는 절대 등용할 수 없다고 하였다.

그는 감찰관에게는 중대한 임무가 있다고 보았는데, 첫째 백관의 불법부정을 규찰하는 것, 둘째는 각종 법률과 법령의 집행 여부를 감독,

확인하는 것, 셋째는 억울한 누명을 벗겨주는 것이다. 그런데 범상한 사람들은 결코 이러한 임무를 수행해 낼 수 없기 때문에 그는 천성적으로 재능이 있고 공정하며 동시에 명석한 인물만이 이러한 임무를 수행해 낼 수 있다고 주장하였다.

당시의 법규에 의하면 소송하는 사람은 관청에 들어오지 못하도록 금지하고 있었기 때문에 사람들은 오직 문을 지키는 관리에게 고소장을 넘겨줄 수밖에 없었다. 그런데 포청천은 이 법령을 폐지하고 관청의 정문을 활짝 열어 법률에 호소하려는 사람들이 들어올 수 있도록 하였다. "스스로 시비곡절을 말해야 백성들이 속임을 당하지 않는다."는 것이 그의 주장이었다. 이 조치로 백성들의 소송절차는 쉬워지고 사건판결도 용이해졌으며 억울한 누명을 쓰는 일도 감소되었다.

한편 사형제도에 대해 포청천은 극히 신중한 태도를 보였다. 그는 지방에서 올라오는 사건 중 사형수에 관한 기록에 잘못 판결이 되었다고 여겨지는 사안에 대해서는 곧바로 황제에게 청하여 자신이 직접 심문에 나섰다.

포청천은 타인들의 비방과 보복을 두려워하지 않았으며, 결코 일신의 안위에 구애됨이 없었다. 포청천이 지은 시 가운데 "깨끗한 마음은 다스림의 근본이며, 곧은 길은 이 몸이 갈 바이다"라는 문장이 있는데, 바로 이것이 그의 신조였다.

그가 64세 되던 해, 그는 추밀원에서 근무하는 중에 갑자기 병을 얻어 세상을 떠났다.

44. 풍속을 바꾸고 법도를 세우다 ❈ 왕안석의 신법

"하늘의 변화를 두려워하지 말고, 과거의 관습에 얽매이지 말며, 사람들의 비난을 두려워 않겠다 天變不足畏, 祖宗不足法, 人言不足恤."

왕안석

송나라의 유명한 개혁정치가 왕안석王安石(1021~1086)이 한 말이다.

'왕안석의 신법新法'으로 잘 알려진 그는 강서성 임천臨川에서 군 판관인 부모로부터 태어났다. 어려서부터 총명하기로 근동에 소문이 자자했던 그는 스물두 살 때 진사시험에 합격하고 그 뒤 십여 년 동안 지방 행정 직무에 종사하였다. 이 무렵 그는 백성들이 겪는 고통과 사회의 심각한 구조적 모순을 몸소 직시하고 개혁 방안을 찾기 위하여 노력하였다. 재상 문언박이 그를 인종 황제에게 천거했지만, 왕안석은 등급을 뛰어넘는 기풍을 만들 수 없다며 고사하였고, 구양수가 그를 간관으로 천거했을 때에는 조모가 연로하다는 이유로 고사하였다. 그러자 구양수는 그가 조모를 집에서 봉양할 수 있도록 그를 지방 판관에 임명하였다.

그는 자신의 변법 사상을 정리하여 인종 때 만 자에 이르는 <상인종

황제언사서_{上仁宗皇帝言事書}를 황제에게 제출했으나 받아들여지지 않았다. 이후에도 조정에서 그에게 여러 차례에 걸쳐 벼슬을 내렸지만 그는 모두 거절하였다. 사대부들은 모두 그가 공명_{功名}에 뜻이 없고 벼슬에 멀리 한다고 생각하며 그와 잘 알고 교류하지 못함을 아쉽게 여겼다. 왕안석은 문학에도 탁월하여 당송팔대가의 한 명으로 꼽히고 있다. 그의 시와 산문은 매우 설득력이 있고 간결하면서도 정확하였다.

시대를 앞섰기 때문에 실패하다

송 신종

그 뒤 인종이 세상을 떠나고 신종이 즉위했다. 그런데 신종은 평소부터 왕안석의 이름을 많이 듣고 그를 숭모하고 있었던 터라 즉위하자마자 왕안석을 청해 한림학사 겸 시강_{侍講}으로 모셨다. 이로부터 왕안석은 신종의 중기_{重器}로 역할하였다. 왕안석은 얼마 지나지 않아 잇달아 중앙의 참지정사_{參知政事}와 재상에 임명되면서 '신학_{新學}'을 주장하고 변법을 시행하였다.

송나라는 960년에 건국되었고 왕안석의 신법은 1069년에 시행되었다. 송나라의 고급관료와 대토지소유 지주들이 마음대로 토지를 겸병하는 바람에 이들이 소유한 토지는 인종 시대에 이미 7, 80%를 점하게 되었다. 더구나 관리의 수는 갈수록 급증하여 건국 이후 100년도 안되어 두 배로 증가하였다. 이들은 세금과 병역을 면제받은 반면 백성들에게 부과된 세금은 갈수록 많아졌다. 게다가 북방의 강국인 금나라의 침략을 방어하기 위해 매년 군비엄청나게 소요되어 급기야 군비가 무려 전체 재정수입의 6분의 5를 점할 정도가 되었다.

특히 송나라는 병사의 수가 너무 많았다. 80만 명의 금군禁軍(정규군)에 다시 60만 명의 상군廂軍(지방군)이 더해져 총 140만 명의 군대를 유지해야 했다. 이 규모는 중국 역사상 가장 많은 병력수로서 이로 인한 재정 부담은 지대하였다. 여기에 송나라는 토지겸병과 관리들의 상업 경영을 금지하지 않고 있었다. 그리하여 빈부 격차는 갈수록 벌어졌고 재정은 고갈되었다.

이러한 상황에서 왕안석은 황제에게 '풍속을 바꾸고 법도를 세우는' 개혁정책을 건의해 마침내 부국강병을 기치로 한 변법이 시행되기에 이른 것이다. 그리고 변법의 가장 큰 목표는 대관료지주의 독점과 토지겸병을 억제하는 데 있었다.

그러나 왕안석은 개혁과정 중에 반대파와 격렬한 투쟁을 벌여야 했다. 결국 봉건적 관료지주 집단들의 격렬한 반대에 부딪혀 그의 개혁은 실패로 돌아가고 말았다.

중국 관료주의의 재정과 조세 징수를 오랫동안 연구해 온 저명한 역사가 황런위黃仁宇는 왕안석의 개혁이란 한 마디로 재정상의 조세 수입을 대규모로 상업화하려는 것이었으며, 그 구체적인 방침은 관용 자본을 이용하여 상품의 생산과 유통을 촉진하자는 것이었다. 즉, 그렇게 경제적 확대가 이뤄지면 세율을 변화시키지 않더라도 국고 수입을 증가시킬 수 있다는 주장인데, 이는 현대 국가들이 모두 따르는 원칙이다. 다만 이것이 시대를 무려 천 년이나 앞서나간 개혁 정책이었기 때문에 실패했다고 할 수 있다.[54]

---

54. 黃仁宇, 『赫遜河畔談中國』, 三聯書店, 北京, 1992, 157쪽.

부국강병을 지향한 신법

왕안석은 단지 부국강병의 희망만 가지고 있어서는 안 되며 반드시 법률로써 그 실현을 보장해야 한다고 역설하였다. 사실 중국에서는 사건 처리를 법률에 의거할 것인가 아니면 개인의 주관적인 의지 혹은 성현의 말씀을 따라 처리할 것인가의 논쟁이 장기적으로 진행되고 있었다. 그러나 한나라 동중서가 이른바 '춘추 판결'을 제기한 이후 공자가 지은 『춘추』의 어록이 국가의 법률에 우선하는 효력을 발휘해왔다. 하지만 왕안석은 결코 『춘추』를 최고의 가치로 설정하지 않았다. 그는 판결은 마땅히 국가가 제정한 법률에 의거해야 한다고 주장하였다.

예를 들어, 공자는 부모의 복수를 할 수 있도록 했는데, 왕안석은 새로운 시대에는 새로운 법이 있는 것이며 사사로이 복수하는 것을 허용할 수 없다고 인식하였다. 즉 법률의 해석이나 사건의 판결에 있어 그는 『춘추』에 구애되지 않고 어디까지나 사회의 안정에 그 목표를 두고 있었다.

원래 유가는 인치를 중시하고 법치를 경시하였다. 반면 법가는 법치를 중시하고 인치를 경시하였다. 그런데 왕안석은 인치와 법치를 모두 중시하는 정책을 펼쳤다. 그는 단지 좋은 법률만으로는 국가를 잘 다스리기에 부족하며, 반드시 좋은 관리가 존재하여 법률의 집행을 관철해야 한다고 주장하였다.

한편 왕안석은 당시의 과거제도에 대해서도 비판적이었다. 무엇보다도 과거시험이 무조건 유교 경전만을 암송하는 것에 그쳐 실제적인 일의 처리에 있어 아무런 효과가 없음을 신랄하게 비판하였다. 그리하여 왕안석은 실제적인 방면의 지식을 배양시키기 위해 과거시험에 법률과 판결 등의 과목을 추가해야 한다고 주장하였다. 왕안석의 이러한 노력은 후에 성과를 거두어 '명법明法'이라는 과목이 과거시험에 새롭게 추가되었다. 그리고 진사와 제과諸科 시험에 참가하여 합격한 모든 사람들은 모두 다시 한 번 '율령 대의 혹은 사안 판결' 시험을 보도록 하였다. 그가 얼마나 '법치'를 중시했는가 알 수 있는 대목이다.

왕안석은 법률학을 제창하고 법률학교를 설립하여 법률전문가를 육성하고자 하였다. 그는 공부를 하는 목적은 수단이 아니며 중요한 것은 그것의 응용이라고 주장하였다. 그리하여 그 학교에 율령과 판결 등의 과정을 설치하여 이론과 실제를 동시에 공부하도록 하였다.

왕안석이 시행한 신법의 주요 내용은 다음과 같았다.

균수법: 이는 국가 세수稅收가 새어나감을 방지하는 법이다. 즉 정부에서 특별운반 관리를 파견하여 중앙으로 들어오는 각 지방으로부터의 세수를 관장하게 하고 통일적으로 물자를 구입하며 중간 부상富商의 농간을 방지하려는 것이다. 그럼으로써 국가의 세수를 풍부하게 하고 백성들의 물자도 부족함이 없게 한다.

청묘법: 이는 매년 여름이나 가을 추수하기 전에 정부가 농민들에게 돈을 빌려주거나 양곡을 제공하는 것으로 봄에 빌리면 여름에 갚고 여름에 빌리면 가을에 갚도록 하는 법이다. 이 법의 목적은 빈민구제와 지방 토호들이 추수 전에 농민들의 궁핍을 이용하여 고리대금업으로써 엄청난 착취를 자행하는 것을 방지하려는 데에 있다.

농전수리법: 이는 각지의 황무지를 개간하는 것을 장려하고 수리사업을 확대하는 법으로서 규모가 큰 수리사업은 정부에서 융자

를 제공한다는 내용을 담고 있다. 결국 이 법은 농업생산을 증대시키기 위한 법이다.

면역법: 국가의 비용으로 사람을 고용하여 노역을 시키고 등급에 따라 면역금을 내게 한다. 지방의 4급 이하 농민들의 부역을 면제해 주는 대신 돈을 징수하고, 원래 노역을 면제받았던 부호들에게는 정액의 반액을 내게 해서 국가의 고용비용으로 쓰도록 한다. 이는 모든 부담이 농민들에게 전가되었던 이전에 비해 진보적인 것이었다.

시역법: 이는 수도에 시역무市易務를 설치하여 중간 상인들의 농간을 막고 물가를 보호하려는 데 그 목적이 있었다. 시역법의 실시는 중간상인들의 시장 독점권에 제한을 가하고 상업 방면에서 생기는 이익을 정부로 가져오기 위한 법이다.

방전균세법: 이는 매년 정부에서 토지를 조사하여 토지의 비옥도에 따라 등급별로 규정된 세금을 내게 하는 것이다. 그럼으로 이제까지 숨겨져 있던 관료지주들의 토지를 적발하여 세금을 물림으로써 세금의 누수를 방지하고 정부의 재정 수입의 증대를 도모하고자 하였다.

보갑법: 향촌의 민가에 대해 10가구를 묶어 1보保로 하고 50호를 1대보大保, 10대보를 1도보都保로 하며, 지방 유지를 보장, 대보장 그리고 도보장으로 임명한다. 두 명 이상의 장정이 있을 경우에는 반드시 한 명을 보정保丁으로 정해 농한기에는 군사훈련을 받게 하고 평소에는 순찰임무를 맡게 한다. 만약 이 보정이 도둑을 보고도 신고를 하지 않으면 그 보의 사람들이 연좌죄로 처벌되도록 하였다.

왕안석은 걸출한 계획경제학자로서 변법으로 중앙재정 확대를 도모하였다. 그는 중소 상인에 대해서는 시역법市易法을, 농민에 대해서는 청묘법靑苗法을 적용해 국가가 장기 저리로 자금을 공급하도록 했다. 대상인과 지주에게 부가 편중되는 것을 방지하기 위한 조치였다. 또 그는 정부가 지방의 물자를 사들여 다른 지방에 팔아 유통과 가격의 안정을 꾀하는 균수법均輸法을 시행하였다. 정부가 시장을 대신하였다.

결국 왕안석의 신법은 오로지 중앙정부만 이익을 보도록 만든 방안으로서 기타 농민과 상인, 지방정부 누구도 이득을 볼 수 없고 오히려 손해를 보는 개혁안이었다. 그렇기 때문에 실패는 필연적이기도 했다.

원래 왕안석의 신법 개혁은 국가 재원을 확충하여 당시 금나라와 서하의 군사적 위협으로부터 송나라를 방어하기 위한 목적으로부터 비롯되었다. 이 신법은 고급관료 및 대상인 그리고 대지주의 경제적 특권을 제한했으며, 특히 백성들에 대한 무차별적인 약탈과 착취에 제한을 가했다. 그리하여 이 개혁정책은 수구파의 완강한 저항과 반대에 부딪혀야 했다. 사실 왕안석의 개혁정책은 그 기반이 오직 황제의 신임 이외에 다른 것은 전혀 존재하지 않는 허약한 것이었다. 더욱이 왕안석이 믿고 개혁정책의 추진을 맡겼던 인물들이 대부분 무능하고 심지어 사리사욕에 빠져 일을 그르치기도 하였다.

결국 끝까지 왕안석의 개혁정책에 있어서 외롭게 버팀목이 되어주었던 신종이 세상을 떠나자 곧바로 사마광을 위시한 수구파의 재집권으로 이어졌고, 그리하여 신법은 모조리 폐기되기에 이르렀다.

이 경우에도 수구파의 대표적 인물이었던 사마광司馬光은 유명한 『자치통감』이라는 역사책을 저술한 인물이었다. 따라서 당연히 왕안석과 그 개혁정책에 대해서는 비난과 비방 일색이었다. 이 『자치통감』은 중국 역사기술의 정통을 계승하는 대작이었으므로 왕안석과 그의 신법에 대한 평가는 언제나 그랬듯이 매우 부정적일 수밖에 없었다.

왕안석의 신법은 거의 천년이 지난 최근에 이르러서야 그 개혁사상과 정책이 긍정적인 평가를 받게 되었다.

가히 '천년의 고독'이지 않을 수 없다.

45. 사마광과 『자치통감資治通鑑』

송나라 때, 어린아이들이 뜰에서 놀고 있었다. 한 아이가 커다란 항아리에 올라가 놀다가 그만 미끄러져 항아리 속에 빠지고 말았다. 항아리에는 물이 가득 차 있어서 아이는 허우적거렸다. 당황한 아이들은 어쩔 줄 모르고 비명을 지르며 우왕좌왕했다. 이때 한 아이가 돌을 들어 항아리 쪽에 던져 항아리를 깨뜨렸다. 그러자 항아리의 물이 비로소 빠지면서 물에 빠졌던 아이가 살아날 수 있었다.

사마광

돌로 항아리를 깨뜨린 아이가 바로 사마광司馬光이었다. 당시 나이 일곱 살이었는데, 이미 『좌씨춘추』를 읽고 그 의미를 이해하고 있었으며, 사람 살리는 법도 알고 있었다. 이 광경은 '소아격옹도小兒擊甕圖'라 하여 오늘날까지 개봉과 낙양에 그림으로 많이 걸려 있다.

중국인들은 예로부터 역사를 거울, 즉 '감鑑'으로 묘사하였다. 오늘의 현실을 역사라는 거울에 비춰 평가하고 성찰해나가 미래를 준비한다는 의미이다.

『자치통감』은 북송北宋의 대학자 사마광이 찬술하였다. 처음에는 전국시대에서 진秦나라 2세 황제二世皇帝까지의 편년사인 『통지通志』 8권을 지어 영종英宗에게 바쳤는데, 책이 너무 방대하여 황제가 책 전체를 볼 수 없었으므로 1066년 서국書局을 설치하여 계속 편찬하라는 명을 받았다. 이에 유서劉恕, 유반劉攽, 범조우范祖禹 등의 도움을 받아 2제二帝 19년 만인 1084년에 비로소 이 저작물을 완성하였다.

지난 일을 거울삼아 치도治道에 도움이 되도록 하다

사마광이 직접 쓴 자치통감의 일부

신종神宗은 "지난 일을 거울삼아 치도治道에 도움이 되도록 한다."는 의미에서 '자치통감'이라는 이름을 붙였다. 전체 294권에 이르는 엄청난 분량의 역사서로서 별도로 고이考異와 목록이 각 30권씩이다.

『자치통감』은 전국시대 주周나라 위열왕威烈王 때부터 오대五代 주나라 세종世宗 때까지의 1,362년 동안의 역사를 기록하고 있는데, 사료로는 정사正史 외에도 야사野史와 전상傳狀, 문집, 보록譜錄 등 300여 종을 참조하였다. 역사적 사실에 대한 기술이 서로 상이할 때에는 그 중 하나를 선택한 이유를 밝혀 '고이' 편에 묶었다.

『자치통감』이 책으로 완성된 것은 송 철종哲宗 때인 1086년이다. 인쇄본은 그로부터 6년 후에 나왔다. '통감'이라고 줄여 부르기도 한다.

『자치통감』의 기술은 통사通史와 편년사編年史의 체재를 취하고, 구양수의 『신오대사新五代史』와 같이 『춘추』의 규범을 모방하고 있다.

사마광이 이 책을 저술한 까닭은 전국 시대에서 5대五代까지 1362년의 정치적 변천을 더듬어 그 치란흥망治亂興亡을 정리함으로써 대의명분을 밝혀 제왕帝王 치세의 거울로 삼고자 하는 데 있었다. 따라서 이 책에는 자신의 역사관이 대의명분에 집약적으로 관철되어 있다. "신臣의 정력이 이 서書에 다하였도다."라고 그가 상주上奏한 바 있는 19년간의 수사 사업修史事業에는 각 왕조의 정사正史 외에 잡사雜史 322종이 이용되고 있다.

『자치통감』이 이후 역사서 저술에 미친 영향은 매우 크다. 특히 범조우范祖禹의 『당감唐鑑』은 정통론의 기초가 되었고, 이를 통해 호안국胡安國의 『춘추전春秋傳』과 주자의 『자치통감강목資治通鑑綱目』 등의 저술이 나오게 되었다.

사마광은 『자치통감』 저술 이외의 뚜렷한 정치적 업적이 없다. 그는 일평생 그야말로 거친 음식을 먹고 소박한 옷을 입으며 성실하고 담백하게 삶을 살아간 인물이었다. 그 스스로도 "나는 다른 사람에 비해 특별히 뛰어난 점이 없다. 내 평생의 모든 일을 다른 사람에게 말하지 못할 것이 전혀 없다."고 밝힌 바 있다. 그렇지만 그는 언제나 사람들의 존숭을 받았다.

사마광은 보수파의 거두답게 줄곧 존군尊君을 극단적으로 강조하였고, 이러한 시각은 『자치통감』 저술에도 그대로 반영되어 있다. 이를테면, 그는 "맹자를 의심한다疑孟"라는 표현으로 역성혁명을 주장한 맹자를 좋게 평가하지 않았다. 그리고 그는 중앙정부와 역대 군신들의 공식적인 사적 기록에만 중점을 두어 노중련이라든가 『사기』의 유협열전 인물 등을 기술하지 않았다. 그는 심지어 굴원조차도 언급하지 않았다. 또한 사마광은 덕망과 재능을 분별하는 데 있어 덕망을 지나치게 중시하면서 재능을 경시하는 경향을 보여주고 있다.

송나라 정계의 두 라이벌, 왕안석과 사마광은 같은 해에 세상을 떠났다.

46. 낭만의 시대 ◈ 소동파의 적벽부

역대 중국 왕조 정치제도의 큰 강점은 유능한 고급 관리를 과거제도에 의하여 제도적으로 임용할 수 있었던 것이었다. 이들 관리들은 단순한 관리의 차원을 뛰어넘어 학자이자 시인이며 정치가였다. 또한 사상가 이기도 했고, 화가의 재능도 갖춘 이른바 '전인全人'이었다. 소동파蘇東坡를 비롯하여 구양수, 왕안석, 사마광 등은 모두 그러한 능력을 갖춘 전인 들이었다.

적벽부赤壁賦

소동파

그대는 저 물과 달을 아는가.

가는 자는 저와 같으나 아직 한 번도 가지 않았다.

차고 이지러짐이 저와 같되 마침내 줄고 늚이 없으니

무릇 변화하는 관점에서 살펴본다면

천지의 모든 만물이 한순간이라도 변하지않고

그대로 있는 것이 없고

변화하지 않는다는 관점에서 본다면,

곧 사람이나 사물은 끝이 없다.

그러니 무엇이 부러우리오!

또 무릇 천지의 사물은 제각기 주인이 있어

소동파

진실로 나의 소유가 아니라면 비록 한 터럭일지라도

가지지 말 것이지만,

오직 강 위로 부는 맑은 바람과

산 사이로 떠오르는 밝은 달만은

귀로 들어 소리를 얻고

눈으로 보아 색을 이루어

취함에 금함이 없고

써도 다 쓰지 못할 것이니

이야말로 조물주의 끝없는 은혜가 아니겠는가!

그러니 나와 그대가 함께 누릴 바로다.

蘇子曰:

客亦知夫水與月乎?

逝者如斯, 而未嘗往也;

盈虛者如彼, 而卒莫消長也,

蓋將自其變者而觀之,

則天地曾不能以一瞬;

自其不變者而觀之,

則物與我皆無盡也, 而又何羨乎?

且夫天地之間, 物格有主,

苟非吾之所有, 雖一毫而莫取。

惟江上之淸風, 與山間之明月,

耳得之而爲聲, 目遇之而成色,

取之無禁, 用之不竭,

是造物者之無盡藏也,

而吾與子之所共適。

소동파蘇東坡는 송나라 인종 3년(1037년)에 사천성 미산眉山에서 태어났다. 그가 열아홉 살 되던 해 처음으로 상경하여 과거에 응시했는데, 당시 시험관이 바로 구양수와 매요신이었다. 당시 이 두 사람은 시문詩文의 혁신에 매진하던 중이었는데 신선하고도 호방한 소동파의 문장은 단번에 구양수의 마음을 휘어잡고도 남음이 있었다. 그 뒤 소동파의 명성은 날로 높아졌다. 그러나 그는 모친의 사망으로 고향으로 돌아갔고, 상이 끝난 뒤 다시 올라와 판관으로 재직하였다. 당시 왕안석의 신법이 시작되고 있었는데, 그의 은사인 구양수를 비롯하여 많은 주변 사람들이 재상 왕안석에 반대하여 모두 지방으로 좌천되었다. 1071년 소동파는 신법의 폐단을 비판하는 상서를 함으로써 왕안석의 분노를 사게 되었고, 소동파는 스스로 서울을 떠나 지방 좌천을 택하였다.

1079년 그가 43세 되던 해, 황제에게 바친 시가 "조정을 우롱하고 스스로를 망령되이 존귀하게 했다"는 비난을 받으며 커다란 논란을 불러일으켰다. 이른바 '오대시안烏臺詩案(오대란 어사대로서 그 위쪽에 잣나무를 심어 까마귀들이 살았기 때문에 까마귀 烏 자를 붙여 오대라 칭하였다)'이었다. 신법파는 일제히 그의 문장이 황제에 불충하기에 사형이 마땅하다고 비난하였다. 그들은 소동파가 그간 지은 시들에서 풍자의 뜻이 담긴 구절들을 인용하면서 그를 탄핵했고 조정은 순식간에 소동파 타도의 물결로 넘쳐났다. 결국 소동파는 체포되었고, 신법파들은 사형을 주청하였다.

이때 그의 구명 운동도 전개되어 그와 정견을 같이하는 사람만이 아니라 정견이 다른 신법파 중에서도 사형은 부당하다는 주장이 나왔다. 특히 왕안석은 당시 조정에서 물러나 남경에 기거하고 있었는데, "성세盛世에 어찌 재사才士를 죽인다는 말입니까?"라는 상서를 올렸다. 또 본래

송 태조 조광윤이 사대부를 죽이지 말라는 유훈도 있던 터였다. 마침내 몇 번이나 죽음의 위기에 몰렸던 소동파는 감옥에 갇힌 지 103일 째 되던 날 황주현재 호북성 황풍시로 강등되어 좌천하는 것으로 일단락되었다. 그의 유명한 '적벽부'는 그곳에 있을 때 적벽산을 유람하면서 지은 시이다.

1085년 드디어 왕안석의 신법파가 몰락하고 사마광 등 구법파가 집권하였다. 소동파도 서울로 돌아왔다. 그러나 자유로운 영혼의 소유자였던 소동파는 구법파가 집권한 뒤 부패한 모습을 보이자 서슴없이 신랄하게 비판하여 보수 세력의 극력 반대와 모함을 받게 되었다. 이렇게 하여 소동파는 신법파에게도 받아들여지지 않았고 동시에 구법파에게도 눈 밖에 났다. 그는 다시 외지로 유배되어야 했다.

소동파는 끊임없이 변경 벽지로 유배되었지만, 가는 곳마다 현지 사람들의 열렬한 환영을 받았다. 그가 항주에 있을 때 마침 제방이 공사 중이었는데, 사람들은 그 제방을 '소공제蘇公堤' 혹은 '소제蘇堤'라 불렀다. 그 미려한 풍광은 '소제춘효蘇堤春曉'라 하여 오늘날 항주 10경 중의 하나로 꼽히고 있다. 또 그는 미식가로서 이름이 높았는데, 항주에서 그가 즐겼다는 돼지고기 요리인 동파육東坡肉은 오늘날에도 유명한 요리이다.

항주뿐만이 아니라 영주, 양주, 혜주, 다시 멀리 가장 먼 섬 해남도까

아름다운 소제蘇堤의 풍경

지 그의 삶은 온통 유배로 점철되었지만 낙천적 성격이었던 그는 언제나 여유로운 삶을 영위하였다. 특히 해남도 유배는 당시 멸문滅門의 참형 바로 아래 죄에 해당하는 처벌이었다. 그가 그곳에서 학당을 열자 수많은 사람들이 불원천리 모여들었다. 얼마 지나지 않아 송나라 100여 년 동안 진사 급제자도 한 명 없었던 해남도에서 '파천황破天荒'으로 합격자가 배출되었다. 해

소동파가 즐겨 먹었다는 동파육

남도 사람들은 그를 한없이 존숭하였고, 지금까지 해남도에는 동파촌, 동파정#, 동파로, 동파교 등등 그의 호를 빌려 이름을 지은 곳들이 많고, 심지어 소동파의 언어까지 모방하여 계승한 '동파화東坡話'까지 있을 정도이다.

휘종 4년, 그는 마침내 대사면을 받고 복직되었다. 하지만 그는 서울로 돌아오는 길에 세상을 떠났다. 그의 나이 65세였다.

소동파와 왕안석

본래 소동파는 왕안석의 신법에 반대하여 좌천당해야 했다. 자유분방한 성격의 그에게는 법률에 의한 속박 그 자체가 맞지 않았던 것이다.

소동파와 왕안석은 정적이었지만 서로를 존경했다. 왕안석은 15세 연하인 소동파의 글재주를 아꼈다. 소동파는 황주에서의 유배가 풀려 여주로 갈 때 금릉(남경)의 종산에 은거하고 있던 왕안석을 방문하였다.

이때 왕안석은 '북산北山'이라는 시를 소동파에게 주었다.

> 북산 푸른 빛을 떨구고
> 옆의 연못은 넘치다.
> 곧게 뻗은 개천 둥근 못의 물결 출렁일 때
> 편안하게 방초芳草를 방문해도
> 돌아감은 늦으리.

소동파도 답시를 썼다.

> 나귀에 올라 일망무제 황폐한 언덕에 들어가다.
> 선생이 아직 병들지 않을 때 만나보고자 하였다.
> 내게 3묘畝의 집을 한 번 얻으라고 권한다.
> 그러나 공을 따르기엔 이미 10년이 늦었음을 한탄한다.

이렇게 신법의 창시자와 신법에 반대하는 구법파 인사가 상대방에 대한 미움을 던져 버리고 화기애애하게 서로 시를 주고받았다.

47. '천고 제1 재녀千古第一才女' ※ 천재 여류 문학가 이청조

이청조李清照는 송나라 시대를 대표하는 여류시인으로 산동성 제남濟南의 유복한 사대부 가문에서 태어났다. 그녀의 부친은 소동파의 학생으로서 집안 분위기가 문학예술을 애호하는 가문이었다. 소녀 시절 그녀는 아버지를 따라 변경에서 생활했는데, 우아한 삶의 환경과 특히 수도 변경의 번화한 문화는 그녀의 창작열을 자극하였다. 그녀는 비단

여몽령

시詩만이 아닌 사詞의 분야에서도 후세까지 널리 암송되었던 "여몽령如夢令"이나 "작야우소풍취昨夜雨疏風聚"를 발표했고 그녀의 명성은 장안에 자자했다.

여리고 쓸쓸한 사풍詞風의 대표적인 작가인 그녀는 저명한 학자의 집안에서 태어나 어려서부터 시명詩名을 얻었다. 그녀는 18세 되던 해 당시 21세의 조명성趙明誠이라는 태학생太學生을 만나 혼인을 하였다. 이청조의 부친은 예부 외랑, 조명성 부친은 이부 시랑으로서 두 사람은 이른바 '귀가자제貴家子弟'였지만, 두 집안이 모두 청빈하고 검소했기 때문에 두 사람은 결혼식을 마치고 전당포에 몇 벌의 옷을 맡긴 후 빌린 돈으로 그들이 좋아하는 비문碑文과 과일을 사서 돌아와 과일을 먹고 비문을 읽으면서 그들만의 문화예술을 향유하였다.

그러나 두 사람의 낭만적이고 문화가 있는 우아한 생활은 길지 못했다. 그들이 결혼한 지 2년 만에 조정에 신구 당쟁이 발생하여 이청조의 부친이 파직되었다. 또 부친의 죄는 자제까지 연루되어 자제도 변경에 거주하지 못하게 되었고 더구나 결혼도 금지되어 이청조는 홀로 먼저 고향으로 돌아간 가족의 집으로 가야 했다. 1년 뒤 다행스럽게도 정치 풍운이 변화하여 변경으로 돌아갈 수 있게 되어 남편과 다시 같이 살 수 있게 되었다.

짧았던 봄날과 이어지는 좌절

그렇지만 이번에는 남편의 가문이 당쟁의 화를 입게 되어 남편의 부친이 파직되고 그 5일 뒤에 남편의 부친은 세상을 하직하였다. 뿐만 아니라 변경에 거주하지 못하게 되어 남편을 따라 산동의 청주靑州로 이주하였다. 이때 이청조의 나이 25세였다. 청주로 거처를 정한 뒤 그들은 자신의 거처를 도연명의 '귀거래사'를 본떠 "귀래당歸來堂"이라 불렀고, 이청조 스스로는 이안거사易安居士라고 칭하였다. 비록 가난했지만 두 사람은 서로를 의지하고 지지하면서 창작에 열중하고 금석 서화를 수집하여 정리하면서 두 사람만의 미려美麗한 삶을 영위하였다.

하지만 이청조가 44세 되던 해 금나라의 침략을 받아 변경이 함락되는 정강靖康의 난이 일어났다. 이때 두 사람은 강남으로 피난을 하였다. 하지만 2년 뒤 남편은 임지에 부임하는 도중에 병을 얻어 세상을 떠났다. 그녀의 나이 46세였다. 이후 홀몸이 된 그녀는 계속 피난 생활을 하다가 대부분의 귀중한 소장품을 도둑을 맞는 등 그녀의 소유를 거의 모두 잃고 말았다. 아끼던 소장품을 잃은 고통, 장기간에 걸친 피난 생활에 지친 절망감은 그녀를 아무도 도울 수 없는 절벽 끝으로 몰아붙였다.

이 무렵 고립무원의 처지에 몰렸던 그녀는 장여주張汝舟라는 사람에게 재가했는데, 그는 일찍이 그녀의 진귀한 소장품에 눈독을 들였던 자였다. 하지만 그녀의 수중에 소장품이 없다는 사실을 알게 된 그는 크게 실망하였다. 그 뒤로 두 사람 사이에 다툼이 끊이지 않았고 급기야 서로 욕하고 폭력까지 휘둘렀다. 이청조는 이러한 생활을 견딜 수 없었고, 더구나 그에게 부정부패와 관리를 허위로 고발해 재산을 빼앗는 등의 악행이 있다는 사실을 발견하고 장여주를 관아에 고발하고 이혼을 요구하였다. 그리고 사실이 밝혀져 장여주는 파직당하였다. 그녀는 비록 이혼은 했지만, 당시 법률에 남편을 고발하면 3년 형에 처한다고 규정되어 있었기 때문에 감옥에 갇히게 되었다. 이후 한림학사 등 친우들의 도움으로 9일 만에 석방되었다.

나라는 기울고 마음은 둘 곳 없어

이청조는 외롭고 고통스러운 만년을 보내며 파란만장한 삶을 겪어야 했지만, 오히려 그녀의 문학창작 의지는 더욱 불타올랐다. 이 시기의 작품들은 대부분이 형용할 수 없는 비탄과 우수로 가득하다. 하지만 그 구절들은 아름다울 뿐만 아니라 음률의 조화가 뛰어나 더욱 아름다운 느

이청조

낌을 가지게 한다. 더구나 그녀는 개인적인 고통을 승화시켜 눈을 크게 국가대사에 돌려 애국적 문학을 절절히 묘사하였다.

그녀는 만년에 금화金華에 거주하면서 남편 조명성의 유작을 정리한 "금석문"을 저술하여 조정에 제출하였다. 이렇게 남편에 대한 애절한 그리움과 기울어간 국운에 대한 뼈저린 좌절감과 한을 가슴에 품은 채 그녀는 73세의 나이로 세상을 하직하였다.

그녀는 '천고 제1 재녀千古第一才女'로 칭해지고 있다.

48. 천지 무정의 시인 ◈ 육유

남송 제일의 시인 육유는 북송 휘종 7년에 회하淮河의 한 배 안에서 태어났다. 아버지 육재가 조정의 명령을 받아 남방의 물자를 개봉으로 운반하는 도중에 출생한 것이었다. 그러나 육유가 태어난 다음 해에 개봉이 함락되어 갓난애인 육유는 가족과 함께 피난길에 나서게 되었다.

육유의 아버지는 주전파主戰派였다. 육유의 집에는 언제나 아버지의 친구들이 모여 우국충정을 논하고 좌절감을 토로하였다. 육유는 그러한 정신적 영향을 받으며 자랐다.

스무 살에 그는 당완이라는 미녀와 결혼하였다. 그들은 매우 금실이 좋았는데, 육유의 어머니는 자기 친척인 이 아가씨가 마음에 들지 않아 결국 아들 부부를 갈라서게 만들었다. 그 후 육유는 왕씨와 재혼했으나 당완을 그리워하는 마음은 평생 동안 계속되었다. 당완도 얼마 지나지 않아 조사정이라는 남자와 결혼하였다.

육유는 28세 되던 해에 진사 시험을 수석으로 합격하였다. 당시 과거시험은 두 차례에 걸쳐 치러졌는데, 황제 참석 하에 치러지는 전시의 성적이 정식으로 인정되었다. 그런데 1차 시험에서 진회의 손자 진훈이 육유와 수석을 다투다가 차석에 머물렀다. 이 때문에 진회는 육유를 미워하여 다음 해에 치러진 전시에서 손을 써 손자를 수석으로 만들었고 육유를 낙방시켰다.

실의에 빠진 육유는 어느 날 고향인 소흥 근처에 있는 심씨의 정원에 놀러갔다. 그런데 뜻밖에도 그곳에서 10년 전에 헤어진 전처 당완을 만나게 되었다. 그녀는 재혼한 남편 조사정과 함께 나왔다.

　당완은 남편에게 부탁하여 육유에게 술과 안주를 가져다주었다. 육유가 진회의 손자와 수석을 다투다가 진회에게 미움을 받아 억울하게 낙방했다는 소문은 고향에 널리 퍼져 있었고 그는 그로 인해 크게 동정을 받고 있었다. 당완도 전 남편의 좌절과 실의를 위로하였다.

　육유는 감격하여 시를 지었다.

　　봄은 예전과 다름없는데

　　사람은 여위고 헛되다

　　아! 잘못이로다!

　　분홍빛 눈물은 얇은 옷 사이로 비치고

　　복숭아꽃은 진다

　　사람 그림자 없는 연못의 누각

　　변함없는 맹세는 있건만

　　글은 생각대로 되지 않는구나!

　　아! 슬프도다!

　당완이 여위었다고 표현한 것처럼 그녀는 그 후 얼마 지나지 않아 세상을 하직했다. 육유는 85세까지 살았으나 죽는 날까지 당완을 잊지 못했다.

　물론 육유가 당완의 꿈만 꾼 것은 아니었다. 그는 송나라가 북방의 금나라를 격파하며 잃었던 땅을 모두 회복하는 꿈도 꾸고 있었다.

　진회가 죽은 후 육유는 진회의 방해로 진사가 되지 못했던 것을 동정받아 진사와 같은 자격을 부여받았다. 하지만 당시 화평파가 득세하고 있었기 때문에 그는 2년 만에 해임되었다. 그 뒤 그는 절강 지방의 산 속에서 4년 간 몇 달 동안 죽만 먹을 정도로 가난에 찌든 생활을 했다.

육유는 4년 만에 간신히 국사 편찬관 자리를 얻었다. 하지만 그 해에 '풍월을 비웃어 읊었다'는 이유로 탄핵되어 사직해야 했다. 사실은 화평파의 세가 더욱 강해져 주전파인 육유가 면직된 것이었다.

그 후 육유는 낭인 생활을 하며 말할 수 없이 고생을 하였다. 그러다가 한탁주의 추천으로 벼슬을 얻었다. 조여우를 궁지로 몰아 죽게 만들고 주자의 학문을 억압하는 등 악정을 거듭한 한탁주는 이 무렵 많은 비난을 받았다. 이렇듯 평판이 좋지 않았던 한탁주는 애국 시인으로 유명한 육유를 기용함으로써 자기의 인기를 만회하고자 했다. 한편 육유도 당시 아끼던 술잔까지 팔면서 목숨을 부지할 정도로 궁핍한 생활을 하고 있었다.

이때 육유는 국사 편찬 작업을 맡았는데, 효종과 광종의 실록을 쓰고 단 1년 만에 귀향했다. 그동안 한탁주는 무리하게 금나라 공격을 하다가 패하고 결국 피살되었다. 그 머리는 함께 넣어져서 금나라에 보내졌다.

육유는 생전에 자그마치 1만 수의 시를 지었다. 그리고 85세를 일기로 세상을 떠났다.

그는 유언을 시로 남겼다.

죽으면 만사가 허무한 것을
오직 구주九州가 하나로 되는 것을 보지 못함이 슬프구나.
북방에 있는 중원을 평정하는 날에
잊지 말라. 반드시 내게 고할 것을.

그가 60세 되던 해 지은 '가을을 슬퍼함'이라는 시는 이렇게 끝맺고 있다.

장부 어느 정도인가, 금회襟懷의 일
천지 무정하여 모르는 것 같구나.

49. 당파 투쟁의 출발점 ◈ 주희의 주자학

주희朱熹는 주자학의 창시자로서 공
자를 계승하여 유학을 집대성하였
고 주자朱子로 칭송되었다.

주희

그는 1130년 복건성 우계현에
서 태어났으며, 다섯 살 때 이미
『효경』을 깨쳤다. 젊은 시절 원래
불교에 심취했다가 31세의 늦은
나이에 유학에 입문하였다. 그는
공자와 마찬가지로 중의경리重義輕
利와 공리지상公利至上의 기본 태도를 견지하였고, 이익을 보면 의를 생각
하라는 견리사의見利思義를 주창하였다. 동시에 맹자의 사상을 계승하여
물질 생활에 대한 인간의 욕망을 인정하는 태도를 보였다. 다만 생존 조
건의 연속을 넘어서는 물질 욕망의 추구에 대해서는 반대하였다.

그의 이학理學은 남송 정권에서 전면적으로 받아들여졌고, 그는 유종儒
宗으로 추앙되었다. 강남으로 천도한 남송의 입장에서는 이학에 의한
내부 단결 도모라는 의미도 담겨 있었다. 이렇듯 그의 학문과 사상은 널
리 추앙되었고, 그는 결국 황제의 스승으로 임명되었다. 그리고 그는 영
종 황제에게 『대학大學』을 진강하였다. 그러나 이때부터 사방에서 그에
대한 비난과 모함이 쏟아져 그는 끝내 조정에서 축출되었다. 그는 고종,
효종, 광종, 영종 등 4대에 걸쳐 관직에 재직하였고, 그의 주장은 모두

긍정하든지 아니면 모두 부정해야 하는 극단적 성격을 지니고 있어 항상 당파투쟁의 출발점이 되었다. 그의 이학은 위학僞學으로 배척되었고, 그는 위사僞師, 그의 제자들은 위도僞徒로 칭해졌다. 주희는 가슴에 한을 품고 71세를 일기로 세상을 떠났다.

하지만 그의 사상은 그의 사후에 더욱 영향력이 강해져 원나라 시기에 이르러서는 그가 저술한 『사서집주四書集注』가 과거 시험의 교재로 채택되었고, 주자학은 국가의 통치 질서를 공고히 하는 강력한 정신적 지주로 자리 잡았다. 주자학은 조선과 일본에서도 커다란 영향을 미쳤는데, 특히 조선은 주자학을 대단히 존숭하였다.

중국의 당나라 왕조와 송나라 왕조는 외향적이고 개방적인 성격을 지니고 있었지만, 그 뒤를 이은 명 왕조와 청 왕조는 내향적 성격으로 전환하였다. 이러한 전환은 물론 북방 민족의 흥기로 인한 수세적 정책으로 해석될 수 있겠지만, 사상적 측면에서 주자를 필두로 하는 성리학의 영향이 그 중요한 내재적 요인으로 작동되었다는 점은 쉽게 부인할 수 없을 것이다. 특히 주희는 실천을 강조한 공자와 달리 실천 및 현실과 유리된 형이상학에 치중하였고, 그것은 장기간에 걸쳐 오직 황제의 권한을 강화하는 이념으로 기능하였다.

제왕학의 원류, 『대학大學』

『대학大學』은 고대 중국의 현인 공자와 그의 제자 증삼曾參(증자)이 지은 것으로 전해지는 유교 경전이다.

『대학』은 오랫동안 유교의 오경五經 가운데 하나인 『예기禮記』의 한 편으로만 전해져왔으나, 당나라 때 한유와 이고李翺가 도통道統을 옹호하면서 『대학』과 『중용』을 숭상하였고, 북송의 정호, 정이 형제가 "『대학』은 공자가 남긴 유서遺書로서 덕으로 가는 학문의 길이다"라고 하여 이를 높이 평가하고 선양하였다. 그리고 마침내 12세기에 남송의 철학자 주희朱熹가 정호·정이 형제의 사상을 계승하고 『대학』을 『예기』로부터 떼어내 4서四書 가운데 하나로 독립시켜 간행함으로써 『대학』은 일약 '사서'의 반열에 오르게 되었다.

그렇다면 왜 이 『대학』이 제왕학의 가장 중요한 교과서가 되었을까?

『대학』이 제왕학의 교본으로 각광을 받기 시작한 것은 송나라 시기 때부터였다.

구법당舊法黨의 영수인 사마광은 『대학』을 주해한 『대학광의大學廣義』 1권을 저술하였는데, 사마광은 "예로부터 학문에 의거하지 않고 성덕을 이룬 삼왕오제는 없었다. 이른바 학문이란 장구章句나 암송하고 필찰筆札이나 익히며 문사文辭나 짓는 것이 아니라 정심正心, 수신, 치국, 평천하를 말하는 것이다."라고 주창하면서 『대학』을 제왕의 경세를 위한 교본으로 파악하였다. 나아가 사마광의 문인門人인 범조우范祖禹는 그의 관점을 계승하여 "제왕지학을 일컬어 대학이라고 한다."라고 규정함으로써 『대학』이 제왕학의 경전적 기초임을 확고히 하였다.

또 정이천程伊川은 "무릇 입덕入德의 문門으로서 『대학』만한 것이 없다. 모름지기 학자는 이 일편一篇에 의거해야 하며, 기타는 『논어』와 『맹자』만한 것이 없다."고 말하였다.

그리고 최종적으로 『대학』을 독립된 한 책으로 만들어 사서四書의 체계를 확립하고 송대 이학理學의 경전 토대로서 위치지은 인물이 바로 주자朱子이다.

주자는 『대학』이 학문의 강목을 모두 갖춘 경전으로서 모름지기 선비는 이 책을 읽고 난 뒤에야 다른 경전을 읽어야 하며, 따라서 『대학』, 『논어』, 『맹자』, 『중용』의 순서로 학습을 해야 한다고 주창하였다.

주자는 "나는 『대학』에 크게 힘을 쏟았다. 사마광이 통감을 저술할 때 자신의 평생 정력이 모두 그 책에 들어갔다고 말하였는데, 나는 『대학』에 그와 같이 하였다."고 말하곤 하였다. 그는 "학문은 반드시 『대학』을 시작으로 해야 한다"고 말하면서 "나는 사람들에게 먼저 『대학』을 읽게 하여 그로써 그 규모를 정할 수 있게 한다. 『대학』은 학문을 하는 강목綱目이다. 먼저 이 책을 통하여 강령을 정립해야 한다."고 강조하였다.

그렇다고 하여 주자가 『대학』을 단순히 이학理學의 경전적經典的 혹은 철학적인 기초로만 파악한 것은 아니었다. 그는 『대학』 이념의 기초로서 수신을 강조하고 나아가 이러한 수신 철학을 제왕학과 결합시키고자 하였다.

이렇게 하여 주자는 사마광과 범조우의 흐름을 계승하여 『대학』이 지닌 제왕학적 성격을 강조했다. 주자는 『대학』을 3대 성왕의 정치와 교육의 뜻이 담겨 있는 제왕학의 교재로 인식하였다. 그는 후대 군주들이 이 책을 성실하게 학습함으로써 3대의 이상적 유교정치의 회복을 기대했다.

이처럼 『대학』이 주목받았던 이유는 두 가지로 요약할 수 있다.

첫째, 『대학』이 성리학의 학문 체계를 전체적으로 조망할 수 있는 역할을 하고 있다는 점이고, 둘째, 이를 통하여 성인聖人이라는 궁극적 대상을 이상적 목표로 제시하고 있다는 점이다.

이렇게 『대학』은 초학자의 입문서 역할을 하게 되었다. 『대학』은 사서四書 중에서도 가장 먼저 위치하여 첫 번째 계단의 역할을 한다. 그리고 『대학』이 제시하는 성인이라는 목표는 제왕을 통하여 구현되는 것인 동시에 학문과 현실의 일치를 염원하는 이상으로부터 비롯되며, 내성외왕內聖外王이라는 도덕정치를 내용으로 한다.

『대학』에 따르면, 세상을 평화롭게 하기 위해서는 군주가 먼저 자기 나라를 잘 다스려야 하고, 이를 위해서는 먼저 자기 가정의 질서를 잘 유지해야 하며, 또 그러기 위해서는 먼저 심성을 바르게 하고 성실하게 자기 생활을 세워야 한다修身齊家治國平天下. 이와 같은 덕德은 만물을 연구해서 지혜가 늘어나면 자연스럽게 생겨나는 것이다.

따라서 『대학』은 덕치德治와, 그리고 천하태평은 군주의 개인적인 덕과 결코 분리할 수 없는 관계에 있으며, 군주의 덕은 학문이 지혜로 발전할 때 비로소 발현되기 시작한다고 주장하고 있다.

한편 주희는 『대학』의 서문에서 『대학』은 개인이 발전하기 위한 수단이라고 설명하였다. 그에 따르면, 각 개인은 자비심仁, 정의義, 예절禮, 지혜智를 길러야 하지만, 모든 사람이 다 높은 덕을 쌓을 수 있는 것은 아니다. 그러므로 선사시대 고대 중국 황금기의 전설적인 다섯 명의 왕, 즉 복희伏羲, 신농神農, 황제黃帝, 요堯, 순舜의 경우와 동일하게, 하늘은 덕이 가장 높은 사람으로 하여금 나라를 다스리도록 한다.

50. 귀뚜라미를 사랑한 간신 재상 ❈ 가사도

가사도

가사도賈似道(1213~1275)는 남송 이종理宗 때의 간신이며 졸장 중의 졸장으로서 망국의 원흉이었다.

당시 급속하게 성장한 몽골이 침략해오자 황제는 우승상이던 가사도에게 출정을 명령하였다. 하지만 군사에 대해서는 아는 것이 하나도 없었던 가사도는 오직 화의만을 청할 생각뿐이었다. 그래서 몰래 몽골군과 만나 송 조정이 원에게 진공進貢할 것이라고 했으나 몽골의 홀필열忽必烈 장군은 거부하였다. 그 뒤 몽골의 대한大汗 몽가蒙哥가 전사했는데, 가사도는 홀필열이 제위를 노리고 있다는 사실을 알고서 홀필열과 화약을 맺고 신하를 칭하며 매년 20만 냥의 은과 20만 필의 비단을 바치겠다고 약속하였다.

그렇게 비밀화약을 맺은 뒤 가사도는 장군들과 회의를 하고 몽골군이 철수하는 틈에 공격하였다. 이때 몽골군 170여 명을 살상했는데, 가사도는 이를 "일찍이 없었던 전공"으로 과대 포장하고 이 승전 첩보를 조정에 보냈다. 물론 몽골군 철수의 진짜 이유는 전혀 밝히지 않았다.

이 첩보를 들은 황제는 너무나 오랜만에 들어보는 승전보인지라 기분이 정말 좋았다. 그는 가사도를 크게 찬양하면서 문무백관들로 하여

금 가사도의 '개선'을 공손히 맞으라고 명하였다. 그 뒤 황제는 승상을 파직시키고 가사도에게 모든 전권을 주었다. 이후 가사도는 갖은 농간을 부리며 국가 재정에 맞먹는 재산을 착복하였다.

황제의 수염에 뛰어오른 귀뚜라미

1267년, 몽골군이 상양襄陽을 포위했다. 바야흐로 변방이 백척간두에 달려 있다는 문서가 계속 도달했지만 가사도는 자기의 놀이와 향락만 우선시 했다. 그는 올라오는 모든 문서를 가로채고 일체 조정에 올리지 않았다.

그는 귀뚜라미 싸움을 너무 좋아하여 어전회의 때도 귀뚜라미를 품에 품고 다녔다. 이 때문에 어전회의 중 귀뚜라미 소리가 들리고 소매에서 귀뚜라미가 뛰어나오기도 하였다. 심지어 어떤 때는 귀뚜라미가 황제의 수염에 뛰어오르기도 하였다.

도종度宗이 죽고 몽골은 악주鄂州를 점령하였다. 온 조정이 가사도에게 출정 압박을 가하자 가사도는 할 수 없이 출정하였다. 그는 몽골의 승상 백안伯顔에게 선물을 바치면서 땅을 떼어주고 배상금을 바치겠다고 간청했으나 백안은 끝내 거부하였다. 그는 저항할 생각은 전혀 하지도 않고 자신이 지휘하는 13만 대군을 버리고 몇몇 부하들과 함께 작은 배로 도망쳤다. 결국 송나라 군사들은 지금의 안휘성 정가주丁家洲에서 대패하였고, 사상자와 도망친 병사의 수는 부지기수였다. 몽골군은 순식간에 송나라의 수도 임안을 포위하였다.

그러자 조정은 가사도를 파면시키라는 소리로 가득 찼다. 조정 실권을 쥔 사태謝太 황후도 별 수 없이 가사도를 파면하였다. 이에 조정 내외에서 다시 가사도를 처형시키라는 요구가 빗발쳤다. 황후는 가사도를 멀리 광동 지방으로 유배를 보냈다.

이때 일찍이 가사도로 인해 가족이 화를 입었던 정호신이라는 현위縣
尉가 가족의 복수를 위하여 일부러 자신이 가사도를 수행해 유배지에
가겠노라고 자원하였다. 유배지로 가는 도중에 정호신은 여러 차례에
걸쳐 가사도에게 스스로 목숨을 끊으라고 강박했지만 가사도는 구차
하게라도 살고자 하였다. 그렇지만 계속 정호신이 압박을 가하자 가사
도는 약을 마시고 죽고자 하였다. 그러나 죽지는 않고 구토만 했을 뿐
이었다. 마침내 정호신은 그를 변소에 데려가 죽였다.

촉직경

가사도는 귀뚜라미에 관한
한 최고의 전문가였다. 그는
세계 최초로 귀뚜라미에 대한
전문서적인 『촉직경促織經』이라
는 서적을 펴냈다. 사람들은
그를 가리켜 '가충賈蟲', 즉 '가씨
벌레'라 불렀다.

51. 인류 역사상 가장 위대한 천 년의 인물 ❋ 칭기즈칸

천 년의 영웅

〈워싱턴포스트〉는 1995년 12월에 지난 천 년 동안 인류 역사에서 가장 위대한 인물로 칭기즈칸을 선정하였다. 그 선정 이유에 대하여 〈워싱턴포스트〉는 "칭기즈칸은 사람과 과학 기술의 이동을 통하여 지구를 좁게 만들었다. 그리하여 세계를 뒤흔들고 근본적 변화가 오게 만들었다."고 밝혔다.

칭기즈칸

　"하늘에서 명命이 있어 파란 이리가 출생하였다. 파란 이리의 아내는 창백한 암사슴이었다."
　칭기즈칸 가계의 '파란 이리의 전설'은 이렇게 시작된다.

　칭기즈칸의 원래 이름은 칭기즈칸의 아버지가 전쟁에서 포로로 잡은 테무진의 이름을 기념하여 지은 테무진이었다. 전설에 따르면, 그가 태어날 때 손에 생명을 상징하는 피 한 움큼을 쥐고 있었기 때문에 상서로운 기운이 감돌았다고 한다.

그가 9세 때, 몽골 왕족의 후예인 아버지가 그의 부족과 오랜 불화관계에 있던 타타르족에 의해 독살되었다. 이후 어린 칭기즈칸은 풀뿌리로 연명해야 했다. 그 어려웠던 시절에 대하여 『원조비사元朝秘史』는 "그림자 외에는 함께 가는 사람이 없고, 꼬리 외에는 채찍도 없었다."고 기록하고 있다. 그러나 테무진은 용맹스러운 청년으로 성장하였고, 아버지를 죽인 타타르족을 정복하는 등 평원을 장악해갔다. 마침내 1206년 몽골의 전 부족을 통일시켰고, 오논의 하반이라는 곳에서 '칭기즈칸'으로 추대되었다. 몽골어로 '칭기즈'는 '절대적인 힘'이라는 뜻이었고, '칸'은 군주라는 의미였다.

그의 영도 아래 몽골인들은 전 국민이 군인이 되었다. 10명을 최저 단위로 하여 100명이 되고 그것이 다시 1,000명이 되는 방식이었으며, 대장은 철저히 능력 위주로 선발되었다. 전공이 있으면 곧바로 승진하였다. 사흘 동안 말에서 내려오지 않을 정도의 기마술을 자랑하는 몽골의 용맹스러운 병사들은 비록 1만 명에 지나지 않았지만, 이틀 만에 210km를 이동하는 뛰어난 기동력을 바탕으로 세계를 정복해가기 시작하였다. 그들은 용맹스러울 뿐 아니라 신출귀몰한 기습 전술과 놀라운 작전을 구사해 감히 맞설 상대가 없었다. 적의 높다란 성벽도 투석기나 쇠뇌 그리고 사다리와 끓는 기름을 이용하여 공격하는 등 당시 세계 최고의 과학기술을 활용했다.

그는 적이 항복하면 관용을 베풀었지만, 저항할 경우에는 가차 없이 보복하였다. 예를 들어, 서하西夏를 멸망시킨 뒤 '백골이 온 들판을 뒤덮었다'고 사서史書가 전하는 바처럼 서하인들을 철저하게 살육해서 멸족시켰기 때문에 현재까지 서하인의 유전자를 가진 서하인의 후손을 발견하기 어렵다고 알려지고 있다.

가장 큰 전쟁으로 가장 큰 평화를 가져오다

칭기즈칸이 무자비하고 잔인한 정복자의 모습으로 알려져 있기도 하지만, 그는 세계에서 가장 큰 제국을 건설함으로써 역설적으로 가장 분쟁이 적은 평화의 시기를 가져왔다고 평

징기즈칸이 그려져 있는 몽골 지폐

가되고 있다. 몇 세기 동안 유라시아 대륙의 넓은 영토를 통치했던 몽골 제국은 몽골 제국에 의한 평화시대를 이루고, 인구학과 지정학적으로 큰 변화를 일으켰다. 몽골 제국의 영토는 현대의 몽골, 중국, 러시아, 벨라루스, 우크라이나, 몰도바, 아제르바이잔, 아르메니아, 그루지야, 이라크, 이란, 카자흐스탄, 키르기스스탄, 우즈베키스탄, 타지키스탄, 아프가니스탄, 투르크메니스탄, 쿠웨이트, 터키, 키프로스, 시리아 일부를 포함하고 있었다.

어릴 적부터 씨족과 친구의 배신으로 이루 말할 수 없는 고난을 겪어야 했던 그는 씨족과 민족 그리고 종교를 뛰어넘는 개방과 혁신으로, 그리고 오로지 능력과 충성이라는 두 가지 기준에 의한 인재 등용과 포용 정책으로 세계 제국을 건설했다.

특히 칭기즈칸은 인재를 알아보는 능력이 뛰어나 자신을 보좌한 명참모들을 모두 적으로부터 얻었다. 칭기즈칸에 대항했던 마지막 몽골 부족인 나이만의 한 신하는 그에게 문화의 유용함을 일깨워 주었고, 몽골어를 문자로 정착시키는 일을 도와주었다. 호라즘과 전쟁을 벌였을 때에는 이슬람 출신의 측근으로부터 성읍의 의미와 중요성을 배우게

되었다. 또 금나라의 신하였던 야율초재는 칭기즈칸에게 농민과 장인들이 생산해내는 물품은 과세의 대상이 될 수 있음을 일러주었다.

중국이 발명한 화약과 나침반, 종이가 이 시기에 서양으로 전파되었다. 몽골군이 침략 시에 구사했던 대포 전술에 속수무책으로 참패를 거듭해야 했던 유럽 국가들은 이후 화약에 대한 연구와 개발에 힘을 쏟게 되었고, 또한 나침반을 이용하여 해양에 진출하였다. 그리고 이는 곧바로 유럽의 세계 패권 장악으로 연결되었다. 역설적으로 유럽은 칭기즈칸으로 인하여 세계 패권을 장악할 수 있었다.

52. 칭기즈칸의 명참모 ◈ 야율초재

영웅의 옆에는 항상 명참모가 존재
한다.

세계 역사상 전무후무한 대제국
을 건설했던 칭기즈칸!

대부분의 사람들은 칭기즈칸 하
면 우선 짐승의 가죽옷을 걸친 야
만적인 인물의 이미지를 떠올릴 것
이다. 그러한 그를 세계 제1의 지도
자로 만들고 문명인으로 인도한 사
람은 다름 아닌 야율초재耶律楚材라는
명 참모였다.

야율초재

야율초재는 1190년 금나라 장종 때 상서우승(부수상) 야율리의 아들
로 태어났다. 때는 24세의 테무진이 몽골 북방에서 패권을 쌓아가던 무
렵이었다. 야율초재의 가문은 원래 요나라의 왕족이었다가 요나라가
금나라에 멸망당한 뒤 금나라에서 대대로 높은 벼슬을 하던 집안이었
다. 금나라의 연경이 함락될 무렵 그의 명성은 이미 높아져 있었다. 칭
기즈칸은 그의 명성을 듣고 그를 만나고자 하였다.

칭기즈칸이 직접 그를 만나 물었다.

"짐이 그대의 조국 요나라의 원수를 갚아 주었는데, 지금 그대의 심경은 어떠한가?"

이에 야율초재는 눈썹 하나 깜짝하지 않고 이렇게 담담히 대답하였다.

"신의 조부도 아비도, 그리고 신도 모두 금나라에 출사하였습니다. 한번 신하로 따른 이상 두 마음을 품을 수는 없는 것입니다. 전혀 금나라에게 복수할 생각이 없습니다."

칭기즈칸은 그의 인품에 반해 그를 보좌역으로 기용하였다.

야율초재가 세 살 때 부친이 세상을 떠났다. 그래서 그는 어려서부터 한족 출신인 어머니로부터 중국식 교육을 받았는데, 그는 특히 천문, 지리, 역법, 정치에 밝았고, 유교, 불교, 의학, 점술에도 고루 능하였다. 칭기즈칸은 그 많은 전쟁을 하면서 언제나 야율초재의 전략전술과 점성술을 존중하며 따랐고, 정치 분야에서도 언제나 그의 의견을 경청하였다.

칭기즈칸은 생전에 태종 오고타이에게 이렇게 말하였다.

"야율초재는 하늘이 우리에게 내리신 사람이다. 앞으로 모든 정사는 그의 의견대로 집행하라."

한 가지 이로움을 일으키는 것보다 한 가지 해로움을 없애는 것이 낫다

야율초재는 서류가 산더미처럼 쌓여 있어도 그 처리가 한 치도 그릇됨이 없었다. 조정에 있을 때에는 엄숙한 태도를 잃지 않았고, 권력에 굴복하는 일도 없었으며, 항상 자신을 희생하여 국가에 헌신하였다. 그리고 국가의 중대사나 백성들의 생활에 대해 성실한 자세로 말했다.

칭기즈칸이 세상을 뜬 뒤, 어느 날 야율초재가 대궐에 들어가니 황제가 그를 보고 말했다.

"공께서는 또 백성들을 위해 울려고 들어왔소?"

그러자 야율초재는 이렇게 대답하였다.

"한 가지 이로움을 일으키는 것보다 한 가지 해로움을 없애는 것이 낫고, 한 가지 일을 보태는 것보다 한 가지 일을 덜어내는 것이 낫습니다(흥일리불여제일해, 興一利不如除一害)."

특히 그는 몽골의 조세 제도를 정비하였다. 당시 몽골의 법령은 엄하기 짝이 없었다. 물을 더럽힌다든가 불 속에 침을 뱉는 행위, 그리고 절도, 거짓말, 간첩 행위, 간통, 남색男色, 계간鷄姦 등의 행위를 범한 자는 모조리 사형에 처하도록 되어 있었다. 이는 물론 몽골의 전통사회를 유지시켜온 방법이기는 했지만 한족을 비롯한 이민족에게는 지나치게 가혹한 법령이었다. 따라서 이민족들은 몽골 사람만 보면 무서워하여 무조건 피하려 하였다. 이에 야율초재는 몽골의 법령을 손질해 대폭 완화시켰다.

그는 18개 조항으로 이뤄진 법령을 공포하여 국가가 모든 징세권을 갖도록 함으로써 지방 관리들의 수탈을 막았다. 황제 오고타이는 대부분의 조항에 찬성했지만 '예물 헌상 금지' 조항에는 불만을 나타냈다.

"상대방이 헌납하기를 원할 경우에는 상관없지 않겠소?"

그러자 야율초재는 단호한 태도로 대답하였다.

"모든 해악은 바로 그러한 점부터 비롯되는 법입니다."

이에 오고타이는 크게 탄식하였다.

"짐은 이제껏 그대의 의견에 따르지 않은 것이 없지만, 그대는 단 한 번도 짐의 뜻을 따르는 일이 없구나!"

야율초재는 중국 한족에게도 관대한 정책을 썼다.

이에 몽골 관리들은 "한족들이란 국가에 아무런 이익도 없는 존재들이다. 그러니 그 놈들을 죽여 없애야 한다. 차라리 그곳을 목초지로 만드는 것이 낫겠다. 그렇게 하면 좋은 목초라도 잘 자라날 테니까.”라고 크게 반발하였다.

그러나 야율초재는 단호하였다.

“이제 곧 남쪽의 금나라를 쳐야 하는데 막대한 군자금이 필요하오. 중국 땅에는 지세, 상세商稅, 소금, 술, 철 등의 이익이 있으며, 은 50만 냥과 곡물 40만 석의 세금이 얻어지오. 지금 그대들의 말대로 한족들을 모조리 죽여 버린다면, 도대체 이것들은 어디에서 구할 수 있다는 말이오? 한족들이 무용지물이라는 것은 말도 안 되오.”

아무도 대답을 하지 못했다.

실제로 야율초재는 중국인들의 등용에 앞장섰으며 4천 30여명의 한족 지식인들이 그에 의해 등용되었다.

당시 북경 주변의 장관으로 있던 시모한토프라는 자는 탐욕스럽고 난폭해서 많은 사람을 멋대로 죽였다. 야율초재는 이 소식을 듣고 눈물을 흘리면서 즉시 상주하여 전국에 금령을 내려 황제의 옥새를 받지 않고서는 함부로 징발할 수 없고 죄수 중에 사형에 해당하는 자는 반드시 지시를 기다려야 하며, 이를 어기는 자는 사형에 처할 것을 주청하였다. 이후 탐욕과 포악의 풍조가 크게 줄어들었다.

뒷날 시모한토프는 사자를 황제에게 보내 “야율초재가 자기 친족만 등용하고 있는데, 아마 역심이 있는 것 같습니다. 지금 제거해야 합니다.”라고 진언하도록 하였다. 그러나 태종은 그 사자를 쫓아버렸다. 그러고는 야율초재에게 시모한토프에 관한 의혹 사건을 조사하도록 했다. 그러자 야율초재는 “그 자는 거만하므로 비방을 부르기 쉽습니다. 지금은 남정南征이라는 중대사가 있습니다. 이 사건은 중대하지 않으므로 뒤로 미뤄도 무방합니다.”라면서 명을 받지 않았다. 황제는 측근들에게 “초재는 구원舊怨 따위에 구애받지 않는 인물이다. 진실로 관후한 장자長者이니 너희들도 본받도록 하라."라고 말했다.

문명의 틀을 만들다

금나라 수도 변경을 함락한 것은
1233년이었다. 변경은 오랫동안
저항한 곳이었고, 저항한 마을은
철저하게 파괴하고 주민은 모조리
학살하는 것이 초원의 법칙이었다.
초원의 법칙대로 변경을 모조리 학
살하자는 '도성屠城'이 진언되었다.
야율초재는 이를 극력 반대하였다.

"병사들이 수년 동안 전쟁으로
고생하는 것은 바로 땅과 백성이
필요하기 때문입니다. 이제 땅을

원 태종 오고타이

획득해본들 백성이 없어진다면 무슨 소용이 있겠습니까?" 태종도 초
원의 법도로부터 자유롭지 못했다. 결국 금나라 황족의 죄만 묻기로 하
였다. 이렇게 하여 변경 백성 147만 명이 목숨을 건질 수 있었다.

태종 오고타이는 술을 엄청 좋아하였다. 야율초재가 수차례 간했지
만 도무지 듣지 않았다. 어느 날 야율초재는 쇠로 만든 술통마개를 가
지고 가서 "쇠조차도 술에 이처럼 삭습니다. 하물며 사람의 오장 따위
야……"라고 말했다. 그제야 태종도 하루 3잔으로 줄이게 되었다.

태종이 즉위 13년에 세상을 떠나고 황후의 섭정시대가 되자 황후의
신임을 얻고 있던 아브드 알 라흐만의 권세가 하늘을 찔렀다. 심지어 황
후는 옥새를 찍은 백지 조서를 아브드 알 라흐만에게 주어 필요할 때 사

용하도록 했는데, 야율초재가 극구 반대하였다.

"이 천하는 선제의 천하입니다. 이를 문란시키는 조서는 받을 수 없습니다."

태종이 죽은 지 3년 만에 야율초재도 세상을 떠났다. 향년 55세였다. 그는 사후에 태사太師, 상주국上柱國으로 추봉追封되었고, 시호는 문정文正이었다.

그가 작성한 조세대장은 추호의 오차도 없었다.

그가 죽은 후 그를 중상하는 자가 나타났다.

"야율초재는 오랫동안 고관의 자리에 있으면서 천하의 공부貢賦의 절반을 착복했다고 합니다."

이에 황제가 그의 집을 즉시 수색하라는 명령을 내렸다. 하지만 그의 집에서 나온 것은 음악 애호가였던 그가 아끼던 거문고와 같은 10여 개의 악기를 비롯한 책, 지도, 그리고 금석문 정도가 다였다.

야율초재가 죽은 지 2년 뒤 정종이 즉위하면서 아브드 알 라흐만이 국가재산을 착복한 죄로 주살되었다.

『신원사新元史』는 야율초재를 이렇게 평하였다.

"중원의 백성들이 융적에게 발라 죽임을 당하지 않은 것은 모두 그의 덕택이었다. 이른바 스스로 폄손貶損함으로써 권력을 행하는 자가 바로 야율초재 아닌가."

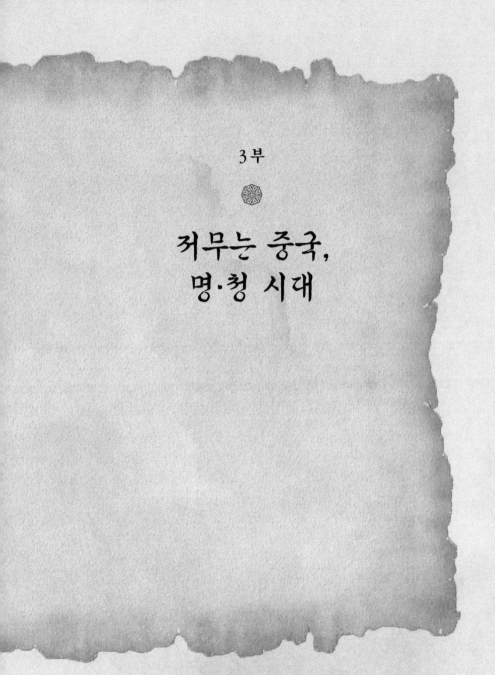

3부

저무는 중국,
명·청 시대

53. 평생 관료와 '투쟁'한 명 태조 주원장

평민 출신의 황제

중국 역사상 통일 제국을 건설한
군주는 대부분 호문세족豪門世族 출신
이었다. 오직 명 태조 홍무제洪武帝
주원장朱元璋과 한 고조 유방만이 평
민 출신이다.

명 태조 주원장

유방은 주원장의 우상이었다.
훗날 황제를 칭하게 된 주원장은
역대 제왕묘에 제사지낼 때 오직
유방에게만 술잔을 따르며, "오로
지 공公과 나만이 포의로 몸을 일으
켜 천하를 얻었소!"라고 하였다.

유방과 주원장을 좋게 말하면 평민 출신이지만, 실은 한 마디로 건
달 출신이라 할 수 있다. 아무것도 가진 것이 없고, 원래부터 도무지
살 길이 보이지 않았던 삶이었다. 이들은 오로지 자신들의 담력 하나
에 기대어 '성공하면 황제요, 실패하면 역적'이라는 도박 승부를 건 것
이었다.

그나마 유방은 하층 관리의 지위라도 있었지만 주원장은 완전히 빈
털터리로서 살아남기 위하여 중이 될 수밖에 없는 절박한 처지였다. 이

렇듯 비슷한 처지에서 시작하여 천하를 손에 넣은 유방과 주원장은 전란에 지친 백성을 위무하면서 휴양생식休養生息의 정책을 시행한 점에서도 동일하였고, 자신을 도운 공신을 차례로 토사구팽兎死狗烹하여 죽인 것도 역시 같았다.

실로 주원장은 영웅다운 호기豪氣(호방한 기개)와 비적匪賊의 분위기, 인의仁義와 허위와 사기 그리고 교활함까지 절묘하게 함께 어우러져 한 몸에 투영된 인물이었다.

맨손으로 일어나 천하를 움켜쥔 사람

주원장은 1328년 안휘성 봉양鳳陽의 한 가난한 농부의 아들로 태어났다. 열여섯 살에 부모와 형들이 세상을 모두 떠나 졸지에 고아가 된 그는 굶주림을 피하기 위해 절에 들어가 승려가 되었다. 그는 탁발승이 되어 전국을 돌아다니며 인간 사회의 갖가지 천태만상을 '학습'하였다. 스무 살 때 다시 고향 황각사 절에 돌아온 그는 학문에 뜻을 세우고 학습에 정진하였다. 당시 중국의 중부와 북부 지방에서는 기근과 가뭄으로 700만 명 이상이 굶어죽었고, 반란이 끊임없이 일어나기 시작했다. 주원장은 반란군의 지도자 가운데 한 사람인 곽자흥郭子興 밑에 일개 병졸로 들어가 계속 뛰어난 업적을 수행해냈고, 1355년 곽자흥이 죽자 반란군의 지도자가 되었다.

그 뒤 그가 이끄는 반란군 진영에 일부 사대부 계급 출신의 지식인들이 가세하게 되었고, 그는 그들로부터 역사와 유교 경전을 공부했다. 그는 유능한 조언자들을 밑에 거느리고 탁월한 능력을 발휘하여 이민족인 몽골의 원나라에 대항하는 가장 강성한 지도자가 되었다.

그리고 1382년, 마침내 그는 중국 전 지역을 장악하고 명나라를 건국하였다. 특히 그는 가난한 농민출신으로서 행정의 부패가 백성들에게 끼치는 커다란 고통을 잘 알고 있었으므로 관료들의 비리에 대해서는 가차 없이 처벌했다. 특히 백성들에게 법을 위반한 관리를 직접 잡아올 수 있도록 허가하였고 상급 관리에게 고발할 수도 있게 하였다. 이렇게 백성에게 직접 관리를 잡아올 수 있는 권한을 부여한 것은 중국 역사상 최초의 '사건'이었다. 정당한 고발을 받고도 처리하지 않은 상급 관리도 처벌되었다. 이밖에도 궁궐 문에 '신문고'(정확히는 명원고鳴寃鼓라 하였다)를 설치하여 억울한 백성들이 직접 고발할 수 있는 길을 제공하였다.

시기와 의심이 특별하게 심했다

그는 상업을 억압하였다. 농민은 비단, 면, 명주, 무명, 이 네 가지로 만든 옷을 입을 수 있었지만 상인은 오직 명주와 무명으로 만든 옷만 입을 수 있도록 규제하였다. 상인은 과거시험과 관리가 되는 데에도 많은 제한을 받았다. 상인을 천시하게 만들어 상업을 억제하려는 뜻이었다.

　주원장은 특무特務기구를 설치한 최초의 황제였다. 이에 따라 금의위錦衣衛가 설치되어 밀정과 체포 등 특무를 담당했으며, 황제가 가장 총애하는 신하가 그 책임자가 되었다. 이와 함께 그는 '검교檢校'라는 특무 조직을 만들어 관리들과 백성들을 몰래 감시하였다. 그는 의심이 많았고 성질이 급했는데 나이가 들수록 더욱 심해졌다. 예를 들어, 1380년 승상 자리에 있던 호유용胡惟庸[55]의 모반 음모가 적발되자 승상을 참수형에 처

---

55. 호유용이 처형된 뒤 재상이라는 직위는 영원히 중국 역사에서 사라져 결국 그는 중국 역사상 최후의 재상이 되었다.

했으며, 그의 가족을 비롯하여 연루된 관료 등 모두 3만 명이 처형되는 등 총 10만 명이 희생을 당했다. 그리고 재상이라는 직위는 영원히 없애도록 하였다. 오늘날 대부분의 역사가들은 이 모반 사건이 황제의 권위에 도전하는 재상의 존재를 없애기 위하여 만들어낸 사건으로 평가하고 있다.

재상 제도가 폐지된 뒤에 유일하게 남은 것은 중서사인中書舍人으로서 겨우 7품 지위에 불과하였고, 고작해야 문서를 관리하거나 옮겨 쓰는 직책에 그쳤을 뿐이었다.

청나라 역사학자 조익趙翼은 주원장을 다음과 같이 평하였다.

"여러 공신의 힘을 빌려 천하를 차지한 뒤 천하가 안정되자 곧 천하를 빼앗을 야심을 가질 만한 사람들을 추려내 모조리 죽였다. 실로 천고에 들어보지 못한 일이다. 시기와 의심이 심하여 죽이기 좋아함은 그 천성에서 비롯되었다."

조정에서 신하들은 공공연하게 곤장을 맞고 모욕을 당해야 했다. 희생자들은 엎드린 채 발가벗은 엉덩이에 매질을 당했다.

개국 군주인 주원장은 잔혹한 법률로 탐관오리를 엄벌하였다. 그의 뜻이 워낙 강했고 정책 역시 강력하고 정확하여 커다란 효과를 거두었다. 그가 즉위 후 타계할 때까지 그의 '탐관 박멸' 운동은 시종일관 강력하게 시행되었다. 하지만 탐관 현상은 시종 뿌리 뽑히지 않았다. 주원장은 만년에 "아침에 다스렸으나 저녁에 다시 범하고, 저녁에 다스렸으나 새벽이면 역시 마찬가지다. 시체가 아직 옮겨지지도 않았는데, 다른 사람이 계속 이어진다. 다스리면 다스릴수록 범죄도 더 많아지는구나!"라고 탄식하였다.

그러나 그는 몽골족을 격퇴하고 난 뒤 문신들이 가장 위험한 계급이라고 느끼면서도 동시에 효과적인 행정을 시행하기 위해서는 학자들

이 반드시 필요하다는 사실을 잘 알고 있었다. 그리하여 그는 예현관禮
賢館을 지어 유기劉基 등의 현사를 대우함으로써 명나라가 흥성하는 초석
을 닦았다. 중국 역사상 그 어느 나라보다 더 많은 학교가 이 시기에 설
립되었다.

청나라 말에 찍은 명효릉(주원장의 무덤) 내 풍경

54. 주원장의 장자방 ❀ 유기劉基

유기

주원장은 유기劉基를 일러 "나의 장자방張子房(장량)이다"라고 하였는데, 실제 유기는 주원장이 천하를 장악하고 명나라를 건국하는 데 가장 큰 공을 세운 인물이다.

유기는 절강성 청전현青田縣 출신으로 어려서부터 명민하여 '한눈에 열 줄을 능히 읽는' 신동으로 불렸다. 원나라 말기 23세의 나이에 진사에 급제한 그는 고안현高安縣(강서성 남창 서남

쪽에 있는 현)의 승丞(부지사)이 되었는데, 지위는 낮았지만 부정부패는 철저하게 다스리고 백성들을 세심하고 따뜻하게 보살폈다.

이후 절강성 해적 방국진의 난이 일어나자 그는 원수부도사로 임명되어 진압에 나섰다. 방국진은 해운업에도 손대 재력이 풍부했으므로 조정에 무력으로 저항하면서도 한편으로는 지방 관원만이 아니라 중앙의 궁궐까지 뇌물을 보냈다. 유기는 일선에서 진압에 진력했지만, 뇌물을 받은 중앙 정부 쪽은 귀순공작을 선호하였다. 결국 방국진을 귀순시키고 벼슬을 내리면서 유기는 오히려 견책을 받게 되었다. 유기는 크

게 염증을 느껴 관직을 사퇴하고 고향으로 돌아왔다. 고향에서 그는 『욱리자郁離子』10권을 저술하였다. '욱리자'라는 제목은 논어의 "욱욱호문재"郁郁乎文哉(찬란하게 빛나는 문채로구나)의 '욱郁'과 주역에 문명의 상이 있다고 해석되는 괘의 이름 '이離'를 합한 것이다. 이 책으로 문명정치를 펼칠 수 있다는 의미였다. 유기는 '욱리자'를 자신의 호로 사용하였다.

이 무렵 백련교 반란이 일어났다. 백련교는 불교 일파인데, 미륵불이 하생下生하여 세상을 구제한다고 믿는 종교였다. 백련교 반란은 하남지방에서 일어났는데, 하남지역은 가렴주구에 황하의 범람으로 민심이 흉흉해진 곳이었다. 반란을 일으킨 사람들은 백련교 교주 한산동이 송나라 황족 후예라고 선전하면서 몽골인에 대한 적개심을 키웠다. 이때 각지에 치수공사 때문에 가난한 청년들이 모여 있었는데, 이들이 반란에 가담하면서 붉은 수건을 둘러 표지로 삼아 홍건군이라 칭해졌다. 그러자 원나라 조정에서는 대대적 진압에 나섰고, 반란군은 뿔뿔이 흩어져 각개격파되었다. 그나마 강남으로 도망간 반란군만 살아남게 되었다. 강남지방은 물과 호수가 많아 몽골인이 자랑하는 기병전이 통하지 않았고, 몽골족이 같은 한족 중에서도 남송 사람들을 더 차별했기 때문에 몽골에 대한 적개심도 강한 지역이었다.

주원장도 강남으로 도망간 이 반란군 중의 하나였다. 주원장은 고향이 없는 유민의 아들로서 열일곱 살 때 큰 흉년이 들어 부모가 굶어죽었다. 그 뒤 그는 황각사라는 절에 들어가 탁발로 연명했다. 그런 뒤 홍건군에 가담했는데, 그 두

백련교 물품

목은 곽자흥이었다. 곽자흥은 주원장을 마음에 들어해 그의 양녀를 주원장과 결혼시켰다. 곽자흥 부대에 내분이 일어나자 그는 단독으로 활동을 하여 남하하기 시작하고 병력을 늘렸다. 당시 원나라 군대의 대다수가 빈곤층 출신이었는데, 그들 상당수가 강제 징용된 터라 같은 경험을 지닌 주원장은 그들을 어렵지 않게 흡수할 수 있었다. 당시 주원장 휘하 장수로는 안휘 봉양의 같은 고향 출신인 서달徐達과 탕화湯和[56]가 있었고, 남하하면서는 이선장李善長을 얻었다. 주원장은 이선장의 계책대로 남경을 점령하여 응천부應天府라 개명하고 스스로를 오국공吳國公으로 칭했다.

이 무렵 절강성 고향에 머물던 유기의 명성은 이미 근동에 자자했던 터라 주원장의 귀에도 그 이름이 전해졌다. 주원장이 초빙을 했지만 유기는 사양하였다. 그러나 거듭 초빙하자 마침내 승낙하였다. 유기는 송렴, 도안 등의 문인과 같이 새로 지은 예현관禮賢館에서 머물며 특별 대우를 받았다. 이곳에서 유기는 전에 『욱리자』에서 논했던 문명정치를 토대로 한 '시무십팔책時務十八策'을 주원장에게 헌책하였다. 주원장이 크게 만족해한 것은 물론이다.

유기가 없었다면 주원장의 성취는 이뤄질 수 없었다

이때 장강 유역에 3대 반란세력이 정립하고 있었다. 남경에 자리 잡은 주원장은 한림아韓林兒를 받들고 있었다. 한림아는 정부군에게 체포되어 살해당한 한산동의 아들이었다. 장강 상류에는 홍건군의 일파인 진우

---

56. 주원장과 같은 동네에서 태어나 종신토록 주원장을 보좌했던 장군이다. 명나라 개국공신 중 화를 당하지 않은 사람이 거의 없었지만 탕화만은 드물게도 화를 당하지 않고 보신에 성공하고 천수를 누렸다.

량이 황제를 칭하고 있었고, 소주에는 소금장수 출신의 장사성이 군림하고 있었다. 이들 세력 외에도 전에 반란을 일으켰다가 벼슬을 받고 타협했던 방국진이 다시 반란을 일으켜 절강에 자리 잡고 있었다. 주원장은 상류의 진우량과 하류의 장사성 사이에서 협공을 당할 가능성이 있었기 때문에 방국진과 협력관계를 맺었다. 유기는 주원장에게 먼저 진우량을 쳐야한다고 건의했다. 하지만 주원장은 그때 장사성이 남경을 급습하게 될 가능성을 걱정하였다. 유기는 장사성이라는 인물을 정확히 파악하였고 소주 상황을 조사하고 분석하여 장사성이 절대 움직이지 않을 것이라고 판단하였다. 실제 장사성은 밤낮없이 환락을 즐기고 있었다. 그는 천하에 큰 뜻이 없었고 다만 어떻게 하면 교역에서 나오는 이득을 크게 취할 것인가에만 골몰하고 있었다.

결국 주원장은 유기의 의견에 따라 진우량을 공격하여 승리를 거두었고 진우량은 크게 후퇴하였다. 이때 진우량의 승상 호미가 사자를 보내 항복의 조건으로 자신의 부대는 유지시켜 달라고 요청하였다. 주원장이 거절하려 할 때 유기가 받아들이라고 신호를 보내 항복을 받아들였다. 유기는 호미의 부대를 이미 정탐하고 있었고, 그들이 진우량을 위해 싸울 뜻이 전혀 없다는 것과 또 부대를 유지해도 위험성이 없다는 점까지 꿰뚫고 있었다. 이 호미의 투항으로 주원장은 남창 일대를 모조리 수중에 넣었다.

그로부터 2년 뒤 장사성이 한림아가 머물고 있던 안풍을 공격하자 주원장은 친히 군사를 이끌고 안풍 구원에 나섰는데, 이틈에 진우량이 공격해왔다. 주원장이 안풍을 구원하려 했던 목적은 실은 진우량을 유인해내는 것이었다. 진우량이 접근해오자 주원장은 안풍 공격을 중단하고 친히 대군을 지휘하여 남경에서 파양호로 향했다. 진우량도 60만 대군을 이끌고 파양호로 진격하여 마침내 일전이 벌어졌다. 주원장은 화공작전을 전개하여 완승을 거두었고 진우량은 이 전투에서 전사하였다.

주원장은 이 승리의 기세를 타고 장사성 세력을 차례차례 격파하여 마침내 궤멸시켰다. 이 과정에서 주원장은 유기의 계책을 그대로 채택하였다. 실로 유기가 없었다면 주원장의 성취는 이뤄질 수 없었고, 주원장에게 '십팔책十八策'을 헌책하는 등 수차례에 걸쳐 주원장을 돕고 사지로부터 구해낸 것도 모두 유기의 공이었다.

이제 반란 세력을 완전히 장악한 주원장은 북상을 시작하였다. 원나라는 내분에 휩싸여 단 한 번도 제대로 대항하지도 못한 채 북경을 포기하고 몽골로 도망쳤다. 원나라가 붕괴된 때는 1368년 8월이었고, 이해 정월에 주원장은 남경에서 즉위하고 국호를 명明, 연호는 홍무로 정하였다.

유기는 원나라의 멸망 원인을 지나치게 느슨한 것, 즉 '관종寬縱'에 있다고 분석하였다. 그 전철을 밟지 않기 위해서 기강을 바로잡아야 하고, 특히 창업 시기에는 더욱 엄해야 한다고 생각했다.

이때 중서성 고위관리였던 이빈이 부패사건으로 적발되었다. 이빈은 이선장과 밀접한 사이로 그 힘을 믿고 대담하게 부정부패를 저질렀다. 주원장이 북벌에 나간 때라 유기는 빠른 말을 이용하여 재가를 신속하게 받고 이빈을 곧바로 참형에 처했다. 이선장이 유기에게 관용을 베풀도록 요청했지만 유기는 거부했고 이로 인해 유기와 이선장 사이가 소원해졌다. 이렇듯 그는 너무 엄격했기 때문에 많은 중상모략이 발생하였다. 이 무렵 유기의 아내가 세상을 떠났다. 유기는 이를 이유로 사직하여 고향으로 돌아갔다. 언젠가 이선장이 죄를 지어 주원장이 벌을 주려 하자 유기는 "선장은 공이 많고 장군들을 화합시킬 수 있는 귀한 인재입니다."라고 옹호하였다.

이선장이 승상에서 물러났을 때 주원장이 유기와 친한 양헌을 승상에 기용하려고 유기와 상의하자 유기는 "양헌은 승상의 재능은 있지만 승상으로서의 도량은 부족합니다."라고 반대하였다. 그러자 주원장은 "호유용은 어떤가?"라고 물었다. 이에 유기는 "마차에 비유하자면, 그는 마차를 밀어 넘어뜨릴 우려가 있습니다."라 하였다. 주원장이 "그렇다면 그대밖에 없을 듯하오."라고 하자 유기는 "신은 악을 미워함이 지나치고 번거로워 감당할 수 없습니다."라며 거듭 사양하였다.

홍무 3년 유기는 홍문관 학사를 수여받았다. 같은 해 11월 유기는 '성의백誠意伯'에 봉해졌다. 녹은 240석에 불과하여 이선장의 4천 석에 비해 터무니없이 적었다.

유기는 거듭 벼슬을 버리고 귀향, 즉 사관귀향捨官歸鄕하였다. 유민 출신으로서 오로지 두 주먹으로 일어선 주원장은 지식인에 대한 증오심이 강했고, 오중사걸吳中四傑이라 칭해졌던 문인들은 모조리 숙청되었다.

위정의 요령은 관유寬柔와 강맹剛猛의 조화로운 순환에 있다

유기는 호유용과 사이가 좋지 않았다. 유기가 호유용의 승상 임명을 반대했었기 때문이었다. 유기가 담양이라는 땅에 묘지를 구입하자 호유용은 담양 땅에 왕기가 서려 있다면서 사람을 시켜 "왕기가 서린 땅을 구입함은 장차 왕이 되고자 함이 아닌가!"라고 비방하도록 하였다. 주원장도 이 말을 듣고 유기의 녹을 박탈하였다.

조정에서 물러난 5년 뒤, 호유용이 승상으로 임명되자 유기는 울분으로 풍한風寒에 걸렸다. 주원장이 이를 알고 크게 걱정하여 호유용에게 어의御醫를 딸려 방문하도록 하였다. 유기를 진맥한 어의가 약을 짓도록 하여 약을 복용하였는데, 유기는 마치 배에 돌덩어리가 쌓인 듯한 느낌

호유용

이 들었고 병세는 더욱 악화되었다. 다음달 유기는 병중에 주원장을 알현하여 호유용이 온 것으로 인해 그의 병세가 더욱 악화된 사실을 완곡하게 아뢰었다. 그러나 주원장은 위로하는 말만 했다. 유기는 더욱 마음이 상하였다.

유기는 자신에게 남아있는 날이 얼마 되지 않음을 알고 집에 돌아와서 아들을 모아놓고 말했다.

"위정爲政의 요령은 관유寬柔와 강맹剛猛의 순환이 서로 조화를 이루는 것에 있다. 지금 조정에서 가장 필요한 것은 제위에 있는 사람이 최대한 도덕에 수양하고, 법률은 될수록 간략해야 한다는 점이다. 그렇게 되면 하늘이 우리 왕조를 영원히 유지하게 할 것이다. 원래 나는 이와 관하여 상세한 유언장을 기록하여 황상에게 바치려 했으나 지금과 같이 호유용이 있는 한, 반드시 억울한 일만 초래할 것이 분명하다. 그러나 호유용이 실각한 뒤 황상께서 반드시 나를 기억하실 것이니, 그때 나의 말을 전하도록 하라."

유기는 홍무 8년(1375년)에 세상을 떠났다. 과연 그 뒤 얼마 지나지 않아 승상 호유용은 실각하여 처형되었고, 유기는 태사太師로 추존되어 태묘太墓에 모셔졌다.

유기는 문학에도 뛰어나 명대 3대 문장가로 손꼽히고 있다.

가을밤의 달빛이 황금 물결의 들판을 비추네

사람의 슬퍼함도 비추고 기뻐함도 비추네

사람은 기뻐하고 슬퍼하는데 달은 변함없이 웃고만 있네

달은 이지러지고 둥그러지는데 사람은 스스로 늙어만 가네.

- '가을밤의 달'

유기의 필적

55. 주원장의 한신 ❀ 서달徐達

서달

언젠가 주원장은 이렇게 말했다. "일찍이 한나라에 소하, 한신, 장자방, 3걸三杰이 있었다 … 지금 나에게도 그런 자들이 있는데, 이선장李善長은 나의 소하이고, 서달徐達은 나의 한신이며, 유기는 나의 장자방이다."

서달徐達은 1332년 안휘성 봉향에서 태어났다. 농민 출신이었지만 병서를 좋아하여 『육도삼략』에 심취하였고, 또 스스로 무예를 익혀 무술에 뛰어났다. 같은 고향 출신인 주원장보다 네 살 적은 그는 어릴 적부터 장성할 때까지 주원장의 친구이자 부하로 살았다.

그는 출정할 때마다 유생을 초청하여 병법에 대하여 논하였다. 서달은 말수가 적고 생각이 깊었다. 한 번 군령을 내리면 바꾸지 않았다. 그리하여 부하들은 서달의 명을 매우 두려워하였다. 하지만 주원장 앞에서는 항상 공손하고 신중하여 말 한 마디도 매우 조심하였다. 부하병사들을 잘 다독이면서 함께 동고동락했으므로 병사들은 모두 목숨을 다해 그의 명을 따르고자 했다. 그러므로 그가 지휘하는 군대는 남경과 북경의 도읍을 비롯하여 무려 100여 성을 공격하여 점령했던 상승군이었다. 하지만 백성들에게는 절대 해를 끼치지 않고 항상 전란에 지친 백성들의 삶을 안정시키고자 하였다.

이렇듯 그는 지용智勇을 겸비한 대장군으로 진우량을 격파하고 장사성을 제압함으로써 주원장을 옹립하였으며, 이후 북경을 함락시켜 원나라를 멸하였고 이어서 북상하여 몽골의 잔여 세력을 소탕하여 명나라 건국에 큰 공을 세운 공신 중의 공신이었다. 전국을 누비며 연전연승을 거둔 그에게 주원장은 '만리장성'이라는 영예로운 칭호를 붙여주었다. 그는 우승상의 직위에 올랐으며 위국공魏國公에 봉해졌다.

그는 1385년 향년 55세의 나이로 세상을 떠났으며, 중산왕中山王으로 추존되었다.

명나라를 건국한 후 주원장은 자기를 도운 공신들을 대단히 경계하고 있었다. 어느 날인가 주원장은 서달 장군을 불러 바둑을 두었다. 아침부터 시작된 바둑은 점심 무렵이 될 때까지 팽팽하게 진행되어 승부를 내지 못하고 있었다. 주원장이 서달의 돌

주원장이 서달에게 하사한 승기루

을 잇달아 따내면서 승기를 잡았다고 득의만만해 있는데, 서달은 웬일인지 다음 착수를 하지 않고 있었다.

주원장이 "왜 그대는 다음 수를 두지 않고 있는가?"라고 묻자, 서달

은 곧바로 바닥에 엎드리면서 "폐하, 전체 판을 살펴보십시오!"라고 아뢰었다.

자세히 바둑판을 살펴보고 나서야 주원장은 바둑돌들이 '만세_{萬歲}'라는 두 글자의 형상으로 되어 있는 것을 발견하였다.

주원장은 대단히 기뻐하며 아예 바둑을 두던 누각을 막수호_{莫愁湖} 정원과 함께 서달에게 상으로 하사하였다. 후세 사람들은 이 누각을 '승기루_{勝棋樓}'라 불렀다.

토사구팽

서달의 공적은 주원장을 뛰어넘어 주원장은 이를 매우 두려워하였다. 서달은 원래 종기가 있어 거위고기를 먹지 않았다. 하지만 주원장은 일부러 찐 거위를 서달에게 하사하였다. 당시 규정에 의하면, 황제가 하사한 음식은 반드시 곧바로 전부를 먹어야 했다. 서달은 주원장의 뜻을 알아차리고 눈물을 흘리며 거위고기를 모두 먹어치웠다. 얼마 뒤 그는 독이 올라 세상을 떠났다.

물론 이 고사는 민간에 퍼진 이야기일 뿐이다. 그러나 이 이야기는 후대에 소설의 소재로 애용되었다.

56. 명나라에서 보기 드물게 위대했던 황제 ◈ 영락제

영락제 주체朱棣는 주원장의 스물
여섯 황자 중 넷째 아들이다.

영락제는 당 태종처럼 아버
지인 명 태조 주원장을 도와 전
공을 많이 세웠고 정변을 통하
여 황제에 즉위하였다. 1368년
명나라가 건국한 뒤 연왕에 책
봉되었고 21세에 북경에 이주하
여 살았다. 그는 북방 변경지역
을 통치하면서 몽골족을 저지하
는 등 군사적으로 공을 세웠고
전란으로 피폐해진 경제를 안정

영락제

시킴으로써 명나라 황제로서는 드물게 커다란 업적을 남겼다.

명明, 그 용렬한 시대, 용렬한 황제

빈농 출신의 주원장은 몸을 일으켜 몽골 이민족이 세운 원나라를 멸망
시키고 명나라를 건국하였다. 이어 몽골의 수도인 카라코람을 불태우
고 패주하는 몽골군을 추격해 당시 중국의 군대가 도달했던 최북단이
었던 야블로노이 산맥까지 이르렀다.

명나라 시대는 삼국지를 비롯하여 서유기 등 유명한 소설이 창작된 시기로서 인구 4억 명에 세계 GDP의 28%를 점하였다. 영락제 때 수도를 난징에서 베이징으로 천도했는데, 오늘날 우리가 볼 수 있는 베이징의 많은 성곽은 이때 인조적으로 건설된 것이다. 이때부터 베이징은 20세기 현대에 이르기까지 국민당이 지배했던 21년을 제외한 모든 시기에 수도로서의 위상을 지켰다.

명나라는 승상 제도까지도 폐지된 가운데 가히 황제 독재의 시대라 칭할 만했다. 송나라 시대 이전까지 황제와 대신은 의자에 마주 앉아 마주 보면서 정무를 보고하였다. 송나라 때부터 황제는 의자에 앉고 대신은 서서 보고하였다. 하지만 명나라 시기에 이르러서는 황제는 앉고 대신들은 무릎을 꿇고 보고해야 했다.

그러나 그렇게 황제의 권위는 높아졌지만 정작 명나라 황제는 전반적으로 용렬하였다. 명나라 건국 후 태조를 거쳐 무장武將 출신으로서 정력적으로 대외원정에 나섰던 영락제永樂帝를 비롯하여 홍희제(재위는 고작 1년에 그쳤다), 선덕제로 이어지는 국운 상승기가 존재한 뒤 200여 년 동안 명군은 오직 효종 홍치제 한 명뿐이라는 말까지 있을 정도이다. 그나마 홍치제의 재위 기간도 20년에 미치지 못하였다. 황제 독재 시대에 황제가 계속 무능했으니 명대 자체가 특출한 점이 없는 것은 너무나 당연하였다.

특히 영종때는 역사상 가장 무모하다고 평가되는 북방 '토목土木의 변變'이 일어났다. 이는 영종이 오이라트 몽골족에 대한 친정에 나섰다가 도리어 포로로 잡히는 어이없는 참사를 가리킨다. 또 불로장생을 위하여 제단을 쌓고 기원하던 가정제嘉靖帝는 방사方士가 올린 단약丹藥을 마시고 목숨을 잃었다.

만력제萬曆帝는 집권 48년 중 후반기 30여 년간 몸이 아프다며 틀어박혀 조정에 나가지 않았고, 신하들과 만나 국사를 논하지도 않았다. 정사 처리는 주로 유지諭旨라는 형식으로 전달되었는데 그 마저도 황제가 거의 결정하지 않았다.

인사의 난맥상도 극에 달했다. 주요 관직에 사람이 임명 되지 않았지만 후임 인사를 미뤘다. 중앙부처가 텅 빈 상태에서 재상에 임용됐던 이정기李廷機는 당쟁에 지쳐 5년간 123차례에 걸쳐 사직서를 보냈으나 황제는 끝내 처리해주지 않았다. 그런 와중에도 황재는 여색에 빠져 하루에 무려 여섯 명의 비빈을 맞아들인 적도 있고, 젊고 잘생긴 남성 태감을 선발해 시중을 들게 하였다. 그 중 특히 10명의 젊은 태감을 선별하여 황제를 직접 모시도록 하고 같은 침대에서 자기도 하였는데, 이들을 "십준十俊"이라 불렀다.

이렇듯 황제가 정무를 게을리하면서 수많은 당파가 우후죽순 발흥하고 당쟁이 이어졌는데, 이들 당쟁의 요점은 조정 개혁에 있지 않았고 오직 어느 당파의 누구를 어디에 앉힐 것인가의 인사에만 있었다. 태자 책봉도 미루고 미뤄 후임 황제의 교육조차 이뤄지지 않았다. 이에 천계제天啓帝는 글도 모르는 일자무식 상태로 황제에 올랐으니 제대로 황제의 직위를 수행할 리 없었다.

근본적으로 천계제는 정사를 처리할 능력이 아예 없었고 재위기간 내내 대패와 톱 그리고 끌을 항상 품에 지니고서 오로지 목공木工과 칠漆 작업에만 열중하여 침대를 만들고 궁궐을 보수한 '목수 황제'였다. 어리석은 그가 죽고 10여년 뒤에 명나라는 멸망하고 말았다.[57]

---

57. 명나라는 중국 역사에서도 무능한 왕조의 대표적인 왕조로 손꼽힌다. 우리로서 참으로 비극적이었던 사실은 조선왕조가 가장 무능했던 명나라에 철두철미 의존하면서 시종일관 숭명崇明 사상을 극복하지 못했다는 점이다. 이것이 조선의 발전을 가로막고 끝내 패망에 이르게 만든 요인이었다.

명 태조 주원장은 관료를 극도로 혐오하였다. 관료들은 단지 황제들의 비서들로 간주되었을 뿐, 그저 글이나 읽을 줄 알면 그것으로 족하였다. 관료 선발 제도인 과거제도도 이른바 '팔고문'이라 불리는 이미 주어진 형식만 줄줄 외우는 자들이 합격하였다. 특히 이 시대에 관료들의 녹봉도 형편없었다. 조정 최고 관리인 정1품의 연봉이 고작 800석 정도였다. 좋게 보자면, 명대 관료 제도가 청렴한 것으로 평가받을 수 있겠지만, 실제로는 부정부패와 뇌물이 일상화되던 시기였다. 이와 달리 송나라는 송 태조가 "관리의 봉록이 적으면 청렴하지 않다고 책망할 수 없다."면서 관리들의 봉록을 올려 주었다. 그래서 송나라 관리의 녹봉은 다른 시대보다 높았다.

'정난靖難의 변變'

그런데 1392년 황태자가 갑자기 병사하였다. 주원장은 넷째 주체를 황태자로 세우려 했으나 차남과 3남이 반기를 들 것이라는 신하들의 반발에 아직 열 살에 지나지 않은 황태자의 아들을 후계자로 삼았다.

그 뒤 주원장은 1398년 세상을 떠났다. 황태자 주윤문이 16세의 어린 나이에 즉위하였다. 그가 바로 건문제이다. 건문제는 황권을 위협하는 숙부들을 약화시키기 위하여 그들을 투옥하거나 신분을 박탈하고 추방하였다. 위기감을 느낀 연왕 주체는 과감하게 거병하여 저항에 나섰다. 그리하여 1399년 휘하의 군사를 이끌고 남경으로 진격하였다. 바로 '정난靖難의 변變'이다.

건문제는 50만 대군으로 맞섰으나 태조 주원장이 이미 세 차례에 걸쳐 대대적인 숙청을 했기 때문에 조정에는 유능한 장군이 존재하지 않았다. 결국 3년에 걸친 전쟁 끝에 1402년 환관들이 내통하여 성문을 열어주면서 전투는 막을 내렸다.

영락제는 주원장이 환관을 억제한 것과 반대로 환관 세력을 적극 이용하여 환관을 감군監軍이라 칭하고 출병하는 군대를 감시하거나 외국 사절로 파견하였다. 특히 환관 출신 정화의 남해 원정은 너무나 유명하다. 영락제는 중앙 정치에서만이 아니라 지방 행정과 변경 군대까지 환관을 중용하여 성공적으로 황권을 강화하였다. 그러나 이는 훗날 명나라 정치를 크게 혼란시키는 요인으로 작용하였다.

특무 정치

그는 태조 주원장과 마찬가지로 특무 제도를 유지하면서 '특무 정치'를 더욱 강화하였다. 그는 태조 때 설치했던 특무기구인 금의위와 별도로 동창東廠이라는 특무기구를 신설하여 여기에도 환관을 임용하여 태감으로 하여금 책임을 맡도록 하였다(명 헌종 때는 두 명의 태감이 동창 관할권을 둘러싸고 다투자 서창西廠을 다시 설치하였다).

많은 나라로부터 종주권을 인정받고 명나라를 원 제국 시기의 규모로 성장시키고 싶어 했던 영락제는 북쪽 몽골족 정벌을 위하여 5차례에 걸쳐 친정에 나섰다. 그는 고비사막을 넘어 친정을 한 유일한 한족 황제였으며, 1410년 50만 대군을 이끌고 북방 타타르 족을 토벌하였다. 또 고분고분하지 않은 베트남을 정복하여 중국의 성으로 편입시켰다.

북경 천도

영락제는 즉위 직후 북평北平을 북경으로 개칭하고 북경 천도를 단행하였다. 그는 1407년 북경 천도를 선포하고 공사를 시작했으며, 1420년

자금성 (명대 작품)

자금성을 완공하였다. 그리고 마침내 1421년 정식으로 북경이 명나라의 수도가 되었다. 그는 대운하의 보수공사를 지시하여 강남의 풍부한 물자를 북부로 운반하게 하였다. 이로써 남북에는 활발한 물자 교류가 있었고, 경제도 따라 융성해졌다. 이렇게 명나라는 당시 세계 최고의 부국이 되었다.

영락제는 2천여 명의 학자를 동원하여 『영락대전』을 편찬하였다. 『영락대전』은 일종의 백과사전으로 총 22,937권이라는 방대한 분량을 자랑한다.

영락제는 기본적으로 명 태조의 정책을 이어받아 황제 권한을 강화했고, 조선 출신 궁녀가 관련된 궁녀들의 내분 및 황제 암살 계획설에 격분하여 두 차례에 걸쳐 모두 3천여 궁녀를 처형하기도 했다.

영락제는 1424년 다섯 번째 원정에서 병을 얻어 세상을 떠났다.

57. 위대했던 남해 원정 ✤ 정화鄭和

환관 출신의 색목인, 정화

정화鄭和는 색목인으로 본명은 마삼보馬三保이다. 그의 선조는 아랍계 이슬람교도로 칭기즈칸의 중앙아시아 원정 때 1천 명의 병력을 이끌고 몽골에 귀순하여 함양왕으로 봉해졌다. 그의 집안은 이후 쿠빌라이忽必烈(칭기즈칸의 손자) 시기에 운남성에 정착하여 벼슬을 했다. 마馬씨의 '마馬'는 예언자 무하마드 후손이라는 의미였고, 조부와 부친 모두 메카를 순례하였다. 부친의 이름인 마합지馬哈只는 메카를 순례한 사람에게 '순례자'라는 존칭의 의미로 붙이는 '할지'라는 말로부터 비롯되었다.

말레이시아 믈라카 시에 있는 정화 상

　명나라가 건국하고 15년이 되던 해에 명나라 부우덕 장군이 운남을 평정했다. 그때 11살이었던 정화는 포로로 붙잡혀 거세된 뒤 환관이 되었고, 훗날 영락제가 된 연왕에게 헌상되었다. 당시 각지에 파견된 장군들은 포로로 잡은 소년들을 거세하여 잡역에 동원하였고, 잘생기고 영리한 소년은 황족에게 헌상하도록 되어 있었다. 연왕은 총명하고 영리했던 그의 재능을 알아보고 곁에 두어 심복으로 삼았다. 정화는 연왕이 제위를 빼앗은 정난의 변 때 공을 세웠고, 환관의 최고 벼슬인 태감이 되었다.

정화의 제1차 항해는 영락 3년(1405년) 6월에 시작되었다. 영락제는 그가 이슬람교도인 점을 감안하여 그를 대항해의 총지휘자로 임명하였다. 정화의 항해에는 거선 62척을 포함한 총 2백여 척의 배가 사용되었으며, 총 2만 7,800여 명이 승선하고 있었다. 배는 길이 151.8m, 폭은 61.6m, 무게는 8천 톤에 이르는 세계 최대의 크기를 자랑했다. 이에 비하여 바스코 다 가마Vasco da Gama가 케이프타운을 발견할 때 사용된 배는 고작 120톤이었고, 콜럼버스가 신대륙 탐험 때 88명이 승선했던 배는 250톤에 지나지 않았다.

일곱 차례에 걸친 해상 원정遠征

정화는 20여년에 걸쳐 총 일곱 차례 원정에 나서 아프리카 동부와 홍해 그리고 메카 등지의 30여개 국을 경유하였다. 1423년 6차 원정 후 돌아오는 배에는 16국의 1,200여 명의 사신과 그 가족들이 승선하고 있었다. 이렇게 하여 영락제 말년에 명나라에 조공을 하는 나라는 60여 개국에 이르렀다.

당시 항해했던 거선巨船의 이름은 '서양취보선西洋取寶船'이었다. 보물을 구하러 가는 배라는 이름에서 알 수 있듯 항해의 목적은 우선 교역이었다. 동시에 이는 명나라의 국위를 과시하여 명나라를 종주국으로 인식하게 하는 목적이기도 하였다. 당시의 교역이란 주변국의 조공과 그

대명혼일도大明混一圖
(현존하는 최고最古의 동아시아 지도)
명나라 때 제작한 것으로
명나라의 세계관을 잘 보여준다.

에 대한 명나라의 하사였고, 이 교역
이 이뤄지기 위한 전제는 바로 명나
라를 종주국으로 인정하는 것이었다.
거선에는 중국의 비단, 도자기, 사향,
장뇌 등이 가득 실렸고, 싣고 오는 보
물로는 후추, 용연향(일종의 향료), 진
주, 보석, 산호 등을 비롯하여 사자,
기린, 표범, 얼룩말, 타조, 아랍말 등
이 있었다.

　총 일곱 차례에 걸친 대항해 중에
몇 차례 무력을 사용한 적도 있었다.
3차 항해 때는 실론과 전쟁을 벌였는
데, 실론 왕이 명나라의 종주권을 인
정하지 않자 정화는 단호한 조치를
취하여 왕궁을 기습하고 왕을 포로로

서응기린도瑞應麒麟圖 (명대 서예가 심도沈度 작)
보물로 싣고 온 기린을 그렸다.

잡았다. 실론 왕은 명나라에 끌려갔으나 곧 석방되었다. 1차 항해 때도 인도네시아 부근에서 해적행위를 일삼은 진조의陳祖義를 공격한 일이 있었는데, 이 자는 명나라에서 참형되었다.

정화는 7차 항해에서 귀국한 이듬해 사망하였다. 그의 나이 64세였다. 중국에서 그는 '삼보태감三保太監'으로 불리고 있다.

58. 황제를 비난하다 ❈ 해서파관海瑞罷官

'파관罷官'의 대명사, 해서

해서海瑞라는 인물은 1515년 12
월 해남도에서 태어났다. 네
살 때 부친을 여의고 삯바느질
을 하는 어머니와 유년 시절을
어렵게 보냈다.

　해서는 일생 동안 네 황제
를 모시면서 수없이 파관罷官과
파직罷職을 당해야 했다. 그가
파직되어 살았던 시간은 무려
16년이나 되었고 거기에 감옥
까지 갔으므로 관직 생활보다
파직 생활이 더 길었다. 그러
나 그는 파직된 뒤 항상 다시
복직되어 오히려 이전보다 더

해서 (청대 화가 고존도顧尊燾 작)

높은 벼슬을 하고, 만년에는 정2품까지 올라갔지만 그의 관직은 대부
분 높지 못했다. 하지만 그는 상대방의 지위와 세력에 전혀 신경을 쓰
지 않고, 불의함을 보면 시와 때를 가리지 않고 언제나 분연히 일어나
맞섰다.

해서가 순안이라는 지방의 현령을 하고 있던 무렵, 호종헌이라는 사람이 절강성 총독이었다. 총독과 현령은 그 지위에서 하늘과 땅 차이였다. 특히 호종헌은 당시 조정의 실세였던 엄숭의 일파로 모두들 두려워하던 인물이었다. 하지만 해서는 아랑곳하지 않았다. 순안에 오게 된 호종헌의 아들이 위세를 부리며 제멋대로 안하무인 굴자, 해서는 역참에서 베푼 대접을 문제 삼으며 역참의 관리인 역승驛丞의 죄를 물어 매를 쳤다. 그러고는 곧바로 호종헌 아들을 체포하도록 하고, 그가 가지고 있던 은자 천 냥도 압수하였다. 엄숭의 일파였던 원순도 절강성을 순시하던 중 해서와 크게 다툰 적이 있었다. 원순은 해서가 "분수를 모르고 오만불손하다"는 이유로 그를 탄핵했고 해서는 면직되었다. 그러나 실권자이자 탐관오리였던 엄숭이 실각하자 해서는 부정한 거대 권력에 당당히 맞서는 인물로 숭앙되어 오히려 일약 영웅으로 부각되었고 바로 복직되어 승진하였다.

관료조직 전체와 홀로 싸운 해서

그 뒤 해서가 소주 순무로 재직하고 있을 때, 그는 관원을 만나고자 하는 모든 사람들에게 관원에게 전할 이야기를 반드시 기록하여 제출하도록 하였다. 만약 기록을 하지 않거나 거짓으로 기록하면 기록자와 그가 만난 관원 모두를 처벌하였다. 관리들이 이동할 경우 경비 초과분은 해당 관원의 소속 관아와 이동한 지역 측의 관아 그리고 이동 수단으로 쓰인 운송 수단의 주인이 각각 분담하도록 했다. 관원들은 자신의 모든 일거수일투족을 기록해야 했고, 중앙과 지방 관원들은 해서의 관할지로 갈 때마다 불편해 했다. 그러자 관리들의 불만이 하늘을 찌를 듯 했고, 해서가 인정에 어긋나는 정책을 마음대로 시행한다는 탄핵 상주문이 줄을 이었다. 마침 아내도 이 무렵 죽자, 해서는 스스로 벼슬을 초개와 같이 던지고 고향으로 내려가 15년을 살았다.

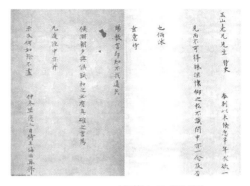

봉별첩奉別帖 (해서 필적)

해서에게는 두 가지 준칙이 있었다. 하나는 사서삼경에 기록된 도덕 준칙이었고, 다른 하나는 홍무제가 제정한 정책 법령이었다. 그 두 준칙에는 탐욕이나 부패, 권력을 이용한 이익 추구 같은 것이 없었고, 아부나 뇌물도 없었다.

그는 비록 지위는 높지 않았지만, 언제나 조정의 신하로서 마땅히 조정의 현실에 의견을 표명해야 한다고 생각하였다. 그의 눈에 비친 조정 현실은 한 마디로 위기 상황이었다.

당시 가정제는 불로장생을 위하여 단을 쌓아 기원하는 '재초齋醮'에 여념이 없었다. 그의 창끝은 곧장 황제에게 향했다. '지위는 낮으나 강직했던' 선비 해서는 상서를 올려 간언하였다.

"폐하의 잘못은 많습니다. 그 커다란 원인은 재초에 있습니다……아직 이른바 장생의 설이 있다는 말을 듣지 못하였습니다. 요, 순, 우, 탕, 문文, 무武는 성스러움이 두터웠으나 능히 장생하지 못하였습니다……폐하는 어찌 이를 홀로 바라시는지요!"

상서를 본 가정제는 크게 놀랐다. 이제까지 많은 상서를 봤지만 이렇게 직접적인 표현은 보지 못했다. 희한한 상소문을 호기심으로 끝까지 모두 읽기는 했지만, 끝내 분노를 견디지 못하고 해서를 곧바로 체포하도록 명하였다. 해서는 체포되어 사형 판결을 받았다. 그러나 가정제는 사형 집행을 계속 미루었다. 몇 달 뒤 가정제가 죽고 새로운 황제가 즉위하자 해서는 석방되었다. 그는 이미 백성들 사이에서 영웅이 되어 있었다. 그는 다시 복직을 하고, 승진에 승진을 거듭했지만 얼마 지나지 않아 다시 탄핵을 받아 사직을 당했다.

그의 관직 생활만 어려운 것이 아니었다. 가정생활 역시 다사다난, 매우 어려웠다. 그는 결혼을 세 번 했지만 두 번은 부인이 시어머니와 불화하여 쫓겨났고, 세 번째 부인은 해서가 53세 때 사망하였다. 그래서 그는 후사가 없다.

어쩌면 이렇게 고통스러운 가정사를 그는 자신의 직무를 혼신의 힘으로 수행하면서 잊고자 했는지 모른다.

해서는 자식이 없었고, 그가 죽었을 때는 방에 부서진 가구만 남아 있었을 뿐이었다. 그는 벼슬에 있을 때도 관저 뒤뜰에서 직접 기른 채소들을 주로 먹었고 술과 고기는 거의 입에 대지 않았다. 그의 유일한 사치는 노모에게 고기 두 근을 사 드리는 것이었다. 어느 날 해서가 고기를 샀다는 소문이 관가에 돌자 그의 상사는 깜짝 놀라며 주변 사람에게 말했다.

"자네는 들었는가? 해서가 고기를 샀다던데. 그것도 두 근이나 말일세. 허허허."

그의 일평생은 사실상 관료사회와의 투쟁으로 점철되었다. 유명한 개혁가인 재상 장거정조차도 그를 받아들이지 않았다. 결국 관료조직에 철저하게 패배한 그는 만년에 일곱 번이나 사직을 청했지만 그것조차 허락되지 않은 채 1587년 일흔 네 살의 나이로 부임지에서 쓸쓸히 세상을 떠났다.

그의 장례가 치러진 날 사람들은 가게의 문을 닫아 애도하였고, 장지까지 따라오면서 곡哭을 하는 행렬이 무려 백여 리에 이르렀다고 한다.

문화대혁명의 도화선이 된 '해서파관'

훗날 1959년 4월, 마오쩌둥은
간부들이 진실을 말하지 못하
는 문제를 비판하면서 해서의
'강직하고 아부하지 않으며 직
언하고 간언하는' 정신을 학습
하라고 주창하였다. 베이징 부
시장이며 저명한 명나라 역사
가였던 우한吳晗은 9월에 "해서,
황제를 비난하다"라는 글을
발표하였고, 이는 1960년에
'해서파관海瑞罷官'이라는 제목의
연극으로 상영되었다.

우한과 그의 부인

그러나 1965년 11월 10일
상하이 "문회보文匯報" 신문에
야오원위안姚文元이 "해서파관
을 평하다"는 글을 발표하였
다. 이 글은 우한의 '해서파

문회보 신문에 실린
"해서파관을 평하다"

관'이 반당反黨 반사회주의의 독초이며, 마오쩌둥을 비판하여 실각한 펑
더화이彭德懷를 찬미한 글이라고 맹비난하였다. 이는 장칭江靑의 치밀한 계
획 하에서 이뤄진 것이었고, 문화대혁명의 도화선이 되어 곧바로 비극
적인 문화대혁명으로 연결되었다.

우한은 1969년 무자비한 박해 속에서 숨졌고, 그의 유해는 아직까지
도 찾지 못한 상태이다. 우한의 명예회복은 1979년에 이루어졌다.

장거정

장거정張居正(1525-1582)은 명나라 만력제 신종 때의 개혁가로서 내각 수보首輔(내각 수석학사)를 지냈으며 '만력신정萬曆新政'을 이끌었다.

장거정은 다섯 살에 이미 글을 읽을 줄 알았고 일곱 살에는 6경을 깨우쳤다. 어린 나이에 즉위한 만력제 신종 때 수보의 직책을 맡아 일체의 군정軍政 대사를 재결하였다.

이 무렵 연해 지역의 왜구는 이미 소탕되었으나 북방 몽골족의 일파인 달단족이 변경을 자주 침범하여 여전히 명나라의 안전을 위협하고 있었다. 장거정은 왜구를 물리치는 데 큰 공을 세웠던 명장 척계광을 북방으로 불러 계주薊州를 지키게 했으며, 요동 지역은 이성량李成梁[58]으로 하여금 방비하도록 하였다.

이들은 달단의 진격을 막기 위하여 산해관에서 거용관에 이르는 장

---

58. 이성량은 척계광과 함께 북로남왜를 진압한 명장으로 본래 조선에서 귀화하였다. 80세가 되도록 요동지역을 관리한 장군이자 임진왜란 때 조선에 온 명군 대장 이여송의 아버지이기도 하다. 청나라 건국의 토대를 쌓은 누르하치와 미묘한 관계였고, 누르하치는 그 관계를 이용하여 힘을 강화시킬 수 있었다.

성 위에 3천여 개의 보루를 쌓았
다. 군율이 엄하고 무기가 좋은 척
계광 군대는 달단을 여러 차례에
걸쳐 격퇴시켰으며, 달단의 수령
알단 칸은 화의와 통상을 청했다.
장거정은 조정에 주청하여 알단
칸을 순의왕順義王으로 봉했다.

그 후 20-30년 동안 명나라와
달단 간에 전쟁이 없어 북방 백성
들은 안정된 삶을 영위할 수 있었
다. 그는 능운익凌云翼과 은정무殷正茂
두 장수에게 서남 지역의 반란을
진압하도록 하였다.

달단의 진격을 막아준 명장성

일조편법一條鞭法

당시 조정은 부패가 만연하여 대지주들이 백성들의 토지를 마음대로
겸병하고 수탈하여 지주 호족들은 갈수록 부유해졌지만 국고는 날이
갈수록 텅텅 비어갔다. 장거정은 토지를 재조사하여 황실의 내외척이
나 지주들이 숨겨놓은 토지를 밝혀냈으며, 지주들의 토지 겸병을 억제
하고 나라의 재정 수입을 늘렸다. 이후 그는 잡다한 부세와 노역을 하
나로 합쳐 세금을 은으로 납부하도록 하는 법을 만들었다. 이 법은 '일조
편법一條鞭法'이라 칭해졌는데, 이러한 일련의 세수稅收 제도 개혁으로 관리
들의 부정부패를 크게 억제시켰다.

한편 관료들에 대한 개혁 조치는 '고성법考成法'이라 칭했는데, 처리해

야 할 업무에 대하여 위로는 내각부터 맨 아래의 아전까지 모두 시험을 치르게 하였다. 이 '고성법'의 실행으로 각급 부문의 업무 효율은 크게 높아졌고 책임이 명확해졌으며 상벌이 분명해졌다. 이로 인하여 조정에서 어떤 정령이 아침에 내려지면 비록 천리 밖이라도 저녁에 시행될 정도가 되었다. 이 관료 개혁의 목표는 바로 부국강병이었다.

10년 동안의 개혁을 통하여 뚜렷한 효과가 나타났다. 부패하기 짝이 없었던 명나라 정치도 다소 변화되었고, 만성적으로 적자 상태였던 재정은 흑자 400만 냥으로 돌아섰으며, 국고에는 10년을 먹고도 남을 양식이 비축되었다. 그러나 이러한 개혁으로 인하여 손해를 입게 된 귀족들은 겉으로는 복종하는 척하면서 내심으로는 장거정을 매우 미워하였다.

1582년, 장거정이 병으로 죽자 신종은 자신이 직접 집정을 시작하였다. 이때 장거정에게 불만을 품고 있던 대신들이 들고 일어나 장거정이 집정할 때 독단 전횡하며 이러저러한 일들을 잘못 했다면서 비난하였다. 마침내 이듬해에 신종은 장거정의 직위를 모두 삭탈하고 가산도 모두 몰수하였다. 장거정이 시행했던 개혁 조치 역시 모두 철폐되어 그나마 개선되고 있던 명나라의 정치도 다시 어두워졌다.

역사적으로 장거정의 신정新政은 상앙과 진시황 및 수당 시대 이후 근대에 이르기까지 가장 큰 성공을 거둔 개혁으로 평가되고 있으며, 사실이 개혁으로 인하여 그나마 명나라의 명맥이 조금 연장될 수 있었다.

만력제가 장거정에게 하사한 편액(원보량신)

양계초는 장거정을 일러 "명대의 유일한 대정치가"라고 높이 평가
하였다.

60. 능지처참된 간신 ✦ 유근

명 무종

'팔호八虎'의 우두머리 환관

유근劉瑾은 명나라 천계제天啓帝 무종武宗 때 환관이었다.

그는 섬서성 출신이며 여섯 살 때 궁중 태감에게 맡겨져 키워졌다. 성장하면서 점점 지위가 높아져 효종 때 태감으로 올라 태자를 모시게 되었다. 1505년 효종이 세상을 떠나자 태자가 제위를 이으니 그가 곧 무종武宗이다. 유근은 당시 10여 세에 불과한 황제를 모시면서 국정을 농단하였다.

유근을 비롯하여 마영성馬永成, 고봉高鳳 등 일곱 명의 태감은 무종의 총애를 받아 '팔호八虎'라고 불렸다. 유근은 이 '팔호' 중의 우두머리였다. 이들은 경성의 정예 수비대까지 장악하면서 전권을 휘둘렀다. 반면 대신들은 조정 업무에서 모두 배제되었다. 그러자 대신들은 잇달아 간언을 올렸고 마침내 무종도 마음이 움직여 유근을 강남으로 유배시키기로 결정하였다.

그러나 대신들은 이 기회에 화근덩어리 유근을 처형시켜야 한다고 의견을 모으고 모든 대신들이 다음날 함께 모여 황제에게 유근을 죽이라고 간언하려는 계획을 세웠다. 그러나 이부상서 초방焦芳이 밤에 유근을 찾아가 그 계획을 폭로하였다. 크게 놀란 유근은 다른 일곱 태감들과 함께 황제를 찾아가 눈물을 흘리며 간청하였다. 무종은 유근이 자신에게 충성을 다했던 것을 생각하여 그들을 사면하였다. 그러면서 그에게 사례감司禮監 직책을 주었다.

이 사례감은 매우 중요한 내궁 관서였다. 명나라 때 백관이 황제에게 상서하게 되면 먼저 내각에 보내져 내각 대신들이 의견 처리를 한 다음 황제에게 올려지고, 황제는 빨간 색의 붓으로 재가하였다. 그런데 어떤 황제들은 정무가 귀찮아 사례감에게 대필하도록 함으로써 사례감이 국정을 농단할 수 있었다. 게다가 사례감은 황제의 뜻을 하달하는 직책이었기 때문에 태감이 황제 대신 대필을 하고 이를 내각으로 하여금 기초하게 하거나 혹은 태감이 구두로 관련된 대신들에게 황제의 뜻을 전달하였다. 이 제도는 환관들이 황제의 뜻을 왜곡시킬 수 있도록 만들었다. 사례감의 주관主管이었던 유근의 전횡과 발호는 바로 이 제도에 힘입은 바 컸다.

물론 유근은 전권을 손에 넣자 자신을 반대하던 대신들을 모조리 숙청하였다.

'서 있는 황제'와 '앉아 있는 황제'

사람들은 유근을 '서 있는 황제立皇帝'라고 불렀고, 황제 무종은 '앉아 있는 황제坐皇帝'라 하였다. 그는 사냥매로 토끼 사냥을 하는 등 놀기 좋아하는 무종으로 하여금 공놀이나 말 타기 그리고 매사냥에 심취하게 만들고, 가장 놀이에 흥이 겨워질 때를 기다려 정사를 청하였다. 무종은 항상 귀찮은 듯 "왜 모든 일마다 나를 찾느냐? 너희들은 놀고만 지내느냐?"라고 말했다. 유근은 몹시 미안한 표정을 지으며 물러갔으나 속으로는 쾌재를 불렀다.

그렇게 하여 국정은 모조리 그의 손에 넘어왔다. 각지 관리들이 서울로 올라오게 되면 모두 그에게 뇌물을 바쳐야 했다. 이름 하여 '접견의 예禮'였다. 뇌물은 바쳤다 하면 백은 천 냥이요 어떤 때는 5천 냥도 있었다. 사람들은 돈이 부족하여 서울 부호에게 빌려서 뇌물을 바친다고 해서 '경채京債'라 부르기도 하였다.

또 유근은 특무 비밀조직인 내행장內行場을 설치하여 관료들과 백성들을 감시, 탄압하고 공포 분위기를 조성함으로써 전권專權을 행사하였다. 이 시기에 "자기와 입장과 의견이 같은 무리는 편들고, 자기편이 아니면 공격하다"는 '당동벌이黨同伐異'가 극심하였다.

그의 국정 농단은 조정의 극심한 혼란을 초래했지만 천하의 모든 뇌물을 독점하는 그의 탐욕은 끝이 없었다. 이는 결국 조정을 크게 동요시켰다. 관리들이 그에게 뇌물을 바치려면 백성들을 착취해야 했기 때문에 궁지에 몰린 백성들은 결국 반란을 일으킬 수밖에 없었다.

1510년, 결국 무능하기 짝이 없던 무종의 귀에도 유근의 죄상이 들리게 되었다. 크게 놀란 무종이 직접 유근의 집을 수색하니 놀랍게도 옥새와 옥대玉帶까지 나왔다. 심지어 유근이 평소 사용하던 부채 속에는 두 자루의 비수도 있었다. 무종은 대노했다. 그리고 당장 그를 체포하도록 하였다.

그는 능지처참되었다. 그것도 무려 3,357차례 칼로 도려내는 극형이었다. 처음에 가슴부터 10차례 칼을 대는 '10도刀'부터 시작되었고, 그가 혼절할 것을 대비해 그가 깨어나면 다시 칼을 댔다. 이렇게 하여 이틀째 되던 날 그는 숨졌다. 그가 숨진 후에도 극형은 계속 이어져 3,357차례 칼질을 했다. 갈기갈기 잘려진 그의 살점은 그에게 피해를 입은 사람들에게 헐값에 팔아 사람들이 먹기도 하였다.

'아시아 월스트리트 타임즈'는 2001년 유근을 1000년 이래 세계에서 가장 부유한 50명 중 한 명으로 뽑았다.

뇌물로 이룬 그의 재산은 무려 황금 250만 냥과 백은 5000만여 냥에 이르렀다. 훗날 이자성李自成이 북경에 진공할 때 명나라 조정의 1년 재정수입은 고작 백은 20만 kg에 불과했다.

61. '일가지법'이 아니라
'천하지법'이 되어야 한다 ◈ 황종희

황종희
(청대 화가 엽연란葉衍蘭 작)

어느 시대이든 기존체제에 저항하는 소수의 창조적인 정신은 존재한다. 전체주의의 철저한 속박으로 인해 법치주의의 토양이 척박했던 중국에서도 황종희黃宗羲라는 인물이 존재한 것을 보면 이 말은 역시 사실인 듯하다.

황종희(1610~1695)는 중국 역사에서 보기 드물게 진보적인 민권사상가였다. 황종희는 명나라 말기인 1610년 절강성 소흥에서 태어나 청나라 초기에 살았던 인물로서 만년에 이르러 스스로 자기의 경력을 소개하기를 "처음엔 당인黨人이었고, 그 다음엔 유협이었으며, 후엔 유림이 되었다."고 하였다.

그의 말대로 그는 청년 시절에 명나라 왕조의 부패세력(환관)과의 투쟁에 적극적으로 참여하였고, 명나라가 멸망한 이후인 중년에는 목숨을 걸고 반청 무장투쟁을 실천했다. 이 과정에서 그도 한때 체포되어 투옥되었고 그의 동생은 체포되어 극형에 처해지는 등 그의 집안은 풍비박산이 났다. 구원병을 요청하기 위하여 일본까지 갔지만 실패하였다. 그 뒤 강희 황제가 여러 차례 예의를 갖춰 그를 입조시키려 했지만 그는 끝내 거부했으며, 평생 교육과 저술활동에 종사하며 민족의 기개를 견지했다.

그는 사상가이자 역사학자일 뿐 아니라 수학과 천문, 지리 등에도 해박하였다. 그의 대표적인 저서로는 『명이대방록明夷待訪錄』[59]이 있는데, 여기에서 그는 군주전제주의를 반대하고 민주를 주장하였으며 법치와 민권을 결합시킨 그의 진보적인 정치 법률사상을 전개시켰다.

명나라 말기에는 부패현상이 이미 극에 달했고 이에 따라 전에 볼 수 없었던 규모의 대규모 농민봉기가 잇달았다. 그리고 이는 명나라의 붕괴를 초래하게 되고 마침내 만주족의 청나라가 중국을 석권하기에 이르렀다.

명 왕조는 국가권력을 군주 일개인에게 고도로 집중시켰다. 그러나 군주들이 무능하고 부패했기 때문에 환관들의 전횡이 나타나게 되었다. 황종희는 이러한 상황을 목격하고 민본제로 군주제를 대체하고 군주와 신하가 함께 정치를 하는 군신공치君臣共治의 사상을 전개하였다. 이러한 정치적 주장을 설명하기 위하여 황종희는 "천하는 주인이고 군주는 객이다"라는 당시로서는 대단히 혁명적인 국가관을 제기하였다. 그는 군주 신권론을

명이대방록明夷待訪錄
(황종희의 대표적인 저서)

---

59. 명이明夷란 주역에 나오는 한 괘로서 "지혜로운 자가 어려운 처지에 있는 형상"을 의미하며, 대방待訪이란 "후대 명군의 채택을 기다린다"는 뜻이다.

맹렬히 비판하였는데, 그에 의하면 군주란 처음에 사람들의 천거에 의해 선출된 사람으로서 천하를 위해 일하는 공복公僕이다. 그는 인류사회에 존재하는 공리公利와 사리私利의 모순을 제기하였다. 인류사회 초기에는 이러한 공리와 사리의 모순을 조정하기 위하여 사회로 하여금 일정한 질서를 갖도록 하였고, 이에 따라 사람들이 어느 개인을 추천하여 사회를 다스리도록 하였는데, 이 사람이 곧 군주이다.

이러한 논리로부터 그는 당시의 봉건군주 전제주의를 신랄하게 비판하였다.

"지금은 군주가 주인이고 천하는 객이다. 천하의 모든 불안요소는 군주제도에 그 원인이 있다. 실로 천하의 가장 큰 해악은 바로 군주이다. 군주는 천하의 모든 권력을 자기 수중에 장악하고 천하의 모든 이익은 자기의 것으로 하는 반면, 천하의 모든 해악은 사람들에게 돌린다. 군주 일개인의 향락을 위해 천하의 모든 골수를 빼앗고 천하의 자녀들을 이산시키는 것도 당연시한다. 군주는 천하의 모든 사람을 자신의 호주머니에 있는 사유물로 간주할 뿐이다."

황종희의 이러한 사상은 '인민주권'의 색채를 띠고 있다. 이 점에서 그의 사상은 프랑스 대사상가 루소의 사상과 비슷하다고 할 수 있는데, 사실 황종희의 주장은 루소보다 1세기 앞선 것이었다. 단지 양자가 처해 있던 사회조건의 상이함으로 인하여 상이한 내용과 결과를 나타냈지만, 황종희의 사상은 명청明淸 사상계를 민주의 방향으로 인도하고 후대 중국 역사에도 심원한 영향을 미쳤다.

'사대부로 구성된 의회'의 구상

황종희는 천하는 반드시 한 집안의 천하가 되어서는 안 된다고 강조하였다. 고대에는 천하를 자손이 아닌 성현에게 잇게 하여 천하를 공公으로 삼았는데, 훗날에 와서는 국가를 마치 한 집안의 사유재산처럼 여겨 자기의 자손에게 넘겨줘 한없는 향락을 누리게 하였다는 것이다. 그는 군주 1인에게 입법, 사법, 군사, 행정 등 모든 권한이 집중된 것이 '일가지법一家之法'의 폐단이었다고 강조하였다.

황종희는 '천하지법'으로 '일가지법'을 대체하는 것이 곧 법치라고 주장하였다. 그리고 법치는 군권을 제한하는 것에 그 목적이 있다는 것도 주장하였다. 그의 말을 빌리면, 이는 권력의 집중을 권력의 분산으로 바꾸는 것이며, 전제專制를 자제自制로 바꾸는 것이다. 그리하여 황종희는 "따라서 천하의 모든 태평과 혼란은 결코 한 집안의 흥망인 것이 아니라 만민의 고락苦樂인 것이다."고 주장하였다.

그가 주장한 민본제는 사실 당시로서는 매우 진보적인 정치사상임에 분명하지만, 그의 주장은 군주제의 폐지가 아니라 재상을 비롯한 사대부 관리들의 역할을 강화하자는 것이었다. 그는 군주의 권한을 제한하고 환관들의 전횡을 방지하기 위하여 현인이 담당하는 재상제도를 설치해야 한다고 역설하였다. 그에 의하면, 신하와 군주는 이름은 다르지만 실질적으로는 동일하다. 관리는 군주의 분신이다. 관리가 비록 분산된 소군주이긴 하지만 그 역시 군주인 셈이다. 더구나 천자의 자손이 모두 현인일 수는 없다. 그래서 재상의 자리는 자손이 아닌 현인에게 물려주어야 하고 군주를 보좌하는 재상의 역할 또한 강화되어야 한다. 그리하여 황종희는 재상을 주체로 하는 국가행정기구를 구상하였다. 천하의 사무는 현능한 재상과 천자가 공동으로 상의하여 그 뒤 다시 각 부에 하달하여 집행하도록 한다. 이러한 방식은 오늘날의 내각책임제와도 유사한 형태이다.

여기에서 그는 역대 왕조가 추앙해 온 군위신강君爲臣綱을 반대하면서 군주와 신하는 정치적으로 평등하며 천하는 군주 1인이 잘 다스릴 수 없고 반드시 분업과 협력에 의한 군신공치를 시행해야 한다고 주장하였다. 그는 군신이 마땅히 동등한 위치에 놓여야 함을 주장했을 뿐만 아니라 관료의 책임은 "천하를 위함이지 군주를 위함이 아니다. 동시에 하나의 성姓씨, 즉 왕족만을 위함이 아니다"라고 주장하였다. 따라서 신하는 결코 군주의 수족이 될 수 없다고 강조하였다. 나아가 그는 군주가 무도하면 신하는 그를 갈아치울 수 있다고 주장하였다.

그는 사대부의 역할을 발휘시키기 위하여 과거제도나 추천, 태학 등 기존의 등용 방식을 질곡으로 간주하여 비판하는 한편 널리 인재를 등용하되 사람을 쓸 때는 엄격한 기준을 정해야 한다고 강조하였다.

황종희는 봉건제도 하에서의 권리와 의무의 불평등 현상을 비판하였다. 사대부와 지식계급은 광범하게 정치논의에 참여토록 해야 하는데, 이는 선비를 양성하는 학교를 많이 세우고 아울러 그러한 학교를 의정기구로 변화시키는 것을 통해 이뤄진다. 그는 역사적 경험을 기초로 하여 학교를 비단 선비를 길러내는 장소만이 아니라 "천하를 다스리는 기구"로 인식하였다. 즉, 학교를 선비들이 국사를 논하고 천하의 방책을 만들어내는 장소로 인식한 것이었다. 그는 구체적인 방법까지도 제안하였다. 즉, 학교의 교장, 제주祭酒는 당대의 대유학자로 추천된 인물이 맡는데, 그의 지위는 재상과 동등하다. 매월 1일 황제는 재상 이하 6경과 간의대부 등을 대동하고 태학을 방문하여 제자의 위치에서 제주의 강의를 듣는다. 정치에 결함이 있으면 제주는 모든 문제에 대하여 기탄없이 직언을 한다. 마찬가지로 각 지방의 수령들도 학교를 방문하여 같은 방식으로 행한다. 이러한 황종희의 제안은 사실 사대부 의회의 형태인 셈이고, 영국 초기의 의회와 상당히 비슷하다고 볼 수 있다.

사법제도의 개혁을 위하여

한편 중국 역사에는 법률제도에 관한 장기간의 걸친 '공公'과 '사私'의 투쟁이 존재하였다. 이른바 공公이란 법률을 모든 통치 계급 전체의 이익과 통치 질서를 유지하는 수단으로 간주하는 것이다. 반면 사私란 법률을 집권자 개인이나 집단이 개인의지를 시행하는, 즉 전횡을 시행하는 수단으로 간주하는 것이다. 사실 이것이 곧 법치와 인치를 둘러싸고 벌어진 논쟁의 본질이었다. 즉, 법률을 전체 통치계급의 의지로 파악하여 그것으로 하여금 나라를 다스리는 역할을 발휘하게 하는 것이 곧 법치이고, 법률을 개인의 전횡 수단으로 파악하는 것이 곧 인치이다.

이에 대해 황종희는 진지하게 그의 논리를 전개하고 있다.

"'비법지법非法之法', 즉 '법이 아닌 법'은 오직 천하 사람들의 수족을 속박할 뿐이다. 오로지 천하의 법만이 진정한 의미의 '법에 의한 다스림'을 실현할 수 있으며, '법에 의한 다스림'이 실현돼야만 비로소 법에 의해 일을 처리할 수 있고 나라를 다스릴 수 있다."

그는 무엇보다도 법이 '한 집안의 법, 즉 일가지법一家之法'으로부터 '천하의 법, 즉 천하지법天下之法'으로 바뀌어야 한다고 파악하였다. 그에 따르면, 당시의 법은 단지 군주와 그 일족만을 위한 법에 지나지 않았다. 또한 그는 진한시대 이래의 '법이 아닌 법'을 하루빨리 폐기해야 하며, 동시에 군주의 의지를 그대로 옮긴 입법과 사법제도를 폐기해야 하고

황종희의 서찰書札 탁본

관리들의 위법적 행위를 방지해야 한다고 강조하였다. 그리고 그는 선진시대의 "법은 권세에 영합하지 않는다."는 사상을 계승하여 모든 사람은 법 앞에서 평등하다는 사상으로까지 발전시켰다. 그는 천하를 천하 사람의 천하로 만들고 천하 사람에게 공평한 법이 존재할 때만 비로소 법치를 시행할 수 있고, 동시에 천하의 일을 공정하게 처리할 수 있는 사람이 존재할 수 있으며, 사람들이 천하를 군주의 개인소유로부터 빼앗을 수 있다고 주장하였다. 따라서 그는 '한 가족의 법'이라는 상황 아래서 법은 군주 개인의 이익만을 위한 점이라는 사실을 감추기 위해 비밀스러워질 수밖에 없으며, 이렇게 법이 비밀스러울수록 천하는 더욱 어지러워진다고 주장하였다. 결국 '한 가족의 법'이야말로 천하를 어지럽히는 근원이라는 것이다.

'천하지법'으로 '일가지법'을 대체해야 한다는 사상은 중국 봉건사회의 기나긴 밤에 나타난 한 줄기 빛으로 근대로 향하는 선구자 역할을 했다. 그의 이른바 '천하지법'은 천하의 사람들에게 모두 '개인 마음대로(자사自私)', '개인 이익을 좇아(자리自利)' 살 수 있도록 하는 법이었다. 이야말로 개인 본위 및 자유와 평등을 내세우는 서구의 법률관의 맹아적 형태였다.

그는 천하에 법치를 시행하기 위해서는 반드시 입법과 사법제도가 바뀌어야 함을 강조하였다. 특히 당시 형법을 위시한 모든 법률이 사실상 이방, 형방 등 지방 말단관리들의 수중에 장악되고 있는 점을 통렬히 비난하였다. 그에 의하면 "모든 법률 조항이 말단관리들에 의해 만들어진다. 천하는 말단관리들의 법만 있을 뿐 조정의 법은 없다." 그리하여 그는 지방의 법집행체계를 폐기하고 사대부 출신으로 하여금 심사 및 판결을 담당하도록 할 것을 제안하였다.

법률은 천하의 모든 사람을 위하여 존재한다

그는 국가의 기원에 대해서도 대단히 혁명적인 주장을 펼쳤다.

"태초에 사람들은 모두 이기적이고 각자의 이익만을 추구하였다. 그런데 천하는 공리公利가 있으면 그것을 일으키고 공해公害가 있으면 그것을 제거하였다. 그래서 한 사람의 이로움으로 이로움을 삼지 않고 천하가 그 이로움을 갖게 하며, 한 사람의 해로움으로 해로움을 삼지 않고 천하가 그 해로움을 없애도록 하였다."

여기에서 황종희가 논하는 국가기원론의 핵심은 일종의 공리설公利說로서 루소의 공의설과도 비교되는 개념이다. 이 공리는 자기 이익만을 위하고 자기 마음대로 하는 것이 다른 사람에게 끼치는 손해를 방지하기 위해 형성된 개념으로 곧 사회의 전체구성원에게 속하는 것이다. 그리하여 국가와 법률의 기원은 바로 이러한 공리와 사리私利의 관계를 통일적으로 조정하기 위하는 데 존재한다.

한편 그는 "다스릴 법이 있은 뒤 비로소 다스리는 사람이 있다"고 천명함으로써 이른바 법치와 인치의 논쟁에 대한 결론을 내리면서 정통 유학자들이 주장한 '인치'의 전통을 반대하고 법치에 대한 새로운 해석을 내리고 있다. 그는 '법치'는 근본이자 기초이며, '법치'의 토대 위에 비로소 진정한 '인치'가 출현할 수 있다고 주장하였다.

그는 단지 군신상하가 모두 법을 지켜야 함을 강조함에 그치지 않고 나아가 법률의 목적은 천하의 모든 사람의 이익을 반영하는 것이라는 점을 강조하는 동시에 법률적 평등도 주장하였다. '천하의 법'은 모든 사람이 다 평등하다고 주장하고 있는 것이기 때문에 모든 사람은 마땅히 법을 엄격히 지켜야 하고 어떠한 사람도 법 위에 존재하는 특권을 가져서는 안 된다는 점을 천명하고 있다. 이러한 그의 관점은 법률 작용의 범위를 논의하는 차원을 넘어서 법률 본질의 영역까지 언급하는 것으로서 서구의 근대 법률사상이 가지는 특징을 갖추고 있다고 평가될 수 있을 것이다.

지방분권제의 주장

황종희는 중국 역사에서의 봉건제와 군현제를 평가하면서 봉건제는 국가의 분열과 내란을 초래한 데 반해 군현제는 중앙전제주의와 함께 국가 자체의 허약화를 가져왔다고 분석하였다. 이에 그는 봉건제와 군현제를 결합시켜 양자의 결함을 없애려 하였다.

이러한 차원에서 그는 각 지방정권이 일정한 자주권과 자치권을 가져야 한다고 주장했다. 그는 결국 군주권한을 제한하는 데 목표를 두고 있었다. 예를 들어 그는 재정권의 독립을 주장하여 조세수입을 지방정권이 갖도록 하였으며, 군사권에 대한 통수권도 지방정권이 책임진다는 내용을 주장하는 등 모든 정책에 있어 중앙정부의 통제를 받지 않아야 함을 강조하였다. 이러한 황종희의 주장은 오늘날의 연방제와 일맥상통하고 있다.

황종희의 정치법률 사상은 당시까지의 중국 역사에 있어서 가장 진보적이라고 할 수 있었다. 다만 아쉬운 점은 이러한 혁신적인 황종희의 이론이 당시의 현실에서는 물론이고 이후의 중국 역사에 있어서도 전혀 적용되지 못한 채 단지 이론적 주장으로만 제기되었을 뿐이라는 사실이다.

황종희는 강희 34년(1695년), 85세를 일기로 세상을 떠났다.

62. 정해진 이치는 있지만 정해진 법은 없다 ❀ 왕부지王夫之

왕부지王夫之(1619~1692)는 명나라 말 청나라 초에 살았던 대사상가로서 만년에 고향인 석선산石船山에 은거하였기 때문에 선산船山 선생으로 불렸다.

24세에 과거에 급제했는데 명나라 말기의 부패상황에 대단히 불만이었기 때문에 사직社稷을 구제한다는 뜻의 광사匡社라는 조직을 만들었으며, 청나라의 침략을 받을 때에는 의병을 일으켜 저항운동을 전개하였다. 그리고 그 운동이 실패한 뒤 성명을 바꾸고 피신하여 기암절벽에 은거하면서 학술연구와 저술 그리고 강의에 종사하였다.

왕부지는 중국 고대의 시경과 서경 그리고 역경 등에서 나타나는 유물사상 및 음양오행에 바탕을 둔 기론적氣論的 세계관 전통의 집대성자로서 황종희 및 고염무顧炎武와 함께 명말 청초의 3대 학자로 꼽힌다. 또한 송나라 시대를 평론한『송론宋論』을 통하여 역사학자로서의 면모도 여실히 보여주었다.

왕부지

한편 그는 당시의 극심한 정치부패 상황을 목도하고 이러한 상황을 바로잡고 백성을 도탄에서 구제하기 위해서는 반드시 "법을 만들고 제도를 세워야 한다."고 인식하였다. 이러한 인식의 전제 하에 그는 '민주주의적'인 법치사상을 전개해 나갔다.

그는 법률이란 시대에 따라 변하는 것이라고 인식하였다. 동시에 이는 사람의 의지에 의해 변하는 것이 아닌 객관규율이라고 갈파하였다.

"정해진 이치는 있지만 정해진 법은 없다." 그는 법의 부단한 변화는 사회발전의 역사규율에 의해서 결정되는 것이라고 인식하였다.

"필연적인 추세에 따르는 것이 곧 이理이며, 이理의 본연은 하늘이다. 하늘은 이理이며, 이理는 추세에 따르는 것이다."

여기에서 이理는 필연적인 추세와 규율을 가리키며, 세勢란 사회발전의 추세를 가리킨다. 그는 "성현의 법을 바꿔서는 안 된다."라는 이른바 정통론을 맹렬히 비판한다. 오직 이理와 세勢의 요구에 따라야 하며, 동시에 '천하는 한 사람의 것이 아니고, 반드시 천하의 공公에 따를 때' 비로소 정正이라 불릴 수 있다는 것이다. 이에 따르면, 개인의 이익을 위한 모든 통치와 그 법률제도는 마땅히 부정不正인 것이며, 그 어디에도 이른바 정통이 존재하지 않는다. 그는 정통론이란 단지 전제군주의 앞잡이들에 의해 날조된 논리일 뿐이라고 통박한다.

또 그는 법치를 사私에서 공公으로 발전하는 것으로 파악하였다. 그는 법은 반드시 '천하의 공公'에 따라야 한다고 주장하면서 대공大公으로써 대사大私를 대체해야 하며, 이것이 역사적인 필연 법칙이라는 점을 강조하였다. 그는 공公과 민의를 강조함으로써 이전 시기의 사상가들이 주장한 이른바 통치계급 전체 이익의 범주에서 벗어났다. 그가 보기에는 군주 개인의 의견이란 단지 '한 사람의 뜻'이요 '한 시기의 뜻'일 따름이며, 결국 사私의 범주에 속할 뿐이다. '천하의 공公'이 존재할 때만이 비로소 진정한 공公인 것이며 동시에 비로소 입법의 원칙이 존재하게 된다는 것이다.

그는 군주의 권한에 대해서는 분명히 인정하였다. 대신 군주는 반드시 위민爲民, 즉 백성을 위하는 정치를 펼쳐야 한다고 주장하였다. 나아가 군주 개인에게 권력이 집중되지 않도록 분권분치分權分治도 주장하였다. 여기에서 분권이란 군주가 재상과 대신들과 함께 각자 그 직책을 행하고 책임진다는 의미이다. 그리고 분치分治는 중앙과 지방의 분급分級정치를 가리킨다. 그는 "천자의 명령은 군郡에 시행하지 않고, 주 목사의 명령을 현에 시행하지 않으며, 군수의 명령을 백성에게 시행하지 않는다."라고 주장함으로써 지방 자치를 주장했다.

나아가 그는 법치와 인치의 결합을 주장하면서 "법에만 일임하거나 사람에게만 일임하는 것은 모두 관치官治이다"라고 말했다. 그에 따르면, 법치는 나라를 다스리는 중요한 수단이지만 천하를 다스리기엔 부족한 부분이 있다. 법이 번잡하면 옥리들이 제멋대로 그것을 해석하고 남용할 수 있고, 법도 다루지 못하는 범주가 있기 때문이다. 그러므로 법을 만든 후에는 신중하게 현리賢吏(현명한 관리)를 선발하여 법을 집행하도록 해야 한다는 것이다. 하지만 그렇다고 오직 사람에게만 맡기는 것에 대해서는 단호하게 반대하였다. 사람에게 맡기면 법이 폐기되며, 이는 다스림을 좀먹게 하는 것이다. 그러므로 반드시 적절한 인물을 선발해 법을 준수하게 만들어야 한다.

'동방의 몽테스키외', 왕부지

나아가 왕부지는 "천자天子가 있으되 마치 없는 것과도 같은有天子而若無" 상황을 제기한다. 그에 의하면, 지고무상의 법률만 존재한다면, 설사 황제가 없어도 행정, 사법 및 전체 사회생활이 정상적으로 운행될 수 있다. 즉, 국가의 장기적 안정의 관건은 법치에 있으며, 법치가 있다면 천자가 없어도 되는 것이다. 가히 현대 헌정憲政 사상의 맹아로서 평가될 수 있는 대목이다. 이러한 의미에서 왕부지는 '동방의 몽테스키외 Montesquieu'라고 칭해지기도 하였다.

왕부지가 민중에 대한 동정으로부터 출발하여 제기한 법제 사상은 전통 사상가들에 비하여 탁월한 점이 많고 역사상 일정한 수준에 도달하였다. 다만 왕부지의 법제 사상은 결코 군주전제제도를 개변시키려는 것이 아니고 법제로써 군주를 제약하기 위한 것이었다. 그가 이상적으로 여기는 법제의 관건은 여전히 군주 개인의 좋은 도덕에 달려 있었다.

왕부지는 강희제 31년(1692년), 73세를 일기로 세상을 떠났다.

63. 타이완의 개척자 ❈ 정성공

정성공鄭成功(1624~1662)은 1624년 일본에서 중국인 아버지와 일본인 어머니 사이에 태어났다.

중국인 아버지, 일본인 어머니

정성공의 아버지 정지룡鄭芝龍은 해상상인이자 밀수조직의 두목이었다. 그는 5명의 부인을 두고 있었는데, 둘째 부인이 일본 여성이었다. 당시 일본 당국은 정지룡을 대단히 중시하여 그에게 저택도 하사하였다. 1623년 일본에서 무역을 하던 정지룡은 현지 일본인 여성과 결혼을 하고, 이듬해 정성공을 낳았다. 정성공은 여섯 살 때까지 어머니와 일본에서 살았고, 이후 정지룡이 명나라 정부로부터 관리에 임명될 때부터 복건성 안평에 정착하여 교육을 받았다.

정성공은 20세 되던 해 남경에

정성공

있는 국자감에서 학문을 익혔다. 이 해에 이자성이 북경을 함락시켰고 숭정제는 스스로 목을 매 자살함으로써 명나라는 멸망하고 말았다. 그 뒤 명나라 산해관 총병 오삼계가 청나라 군대를 끌어들여 이자성을 격파하고 북경에 진입하였다. 명나라의 신하들이 후계자를 옹립하여 남경에서 즉위시켰지만, 청나라 군대는 계속 남하하여 남경을 함락시켰다.

치열한 반청 운동

청나라가 명나라를 멸한 뒤 삭발령을 내리고 강압정책을 시행하자 각지에서는 저항투쟁이 전개되었다. 당시 정지룡은 상당한 규모의 군대를 거느리고 있었는데, 복주에서 주율건을 옹립하고 융무제라 칭하였다. 융무제는 정성공을 총애하여 주씨 성을 내리고 이름도 본래의 삼森을 고쳐 성공成功이라 하였다. 1646년부터 정성공은 군대를 지휘하고 여러 차례 청나라와 대항하면서 치열한 전투를 펼침으로써 융무제의 두터운 신임을 받았다. 그러나 그의 부친 정지룡은 반대로 청나라에 투항할 것만을 생각하더니 마침내 정성공을 제외한 다른 가솔들을 이끌고 투항하였다. 정지룡은 항복한 뒤 가업을 잇고 나아가 높은 관직도 받을 것으로 생각했지만, 청나라는 그들을 모조리 연경으로 압송하고 정씨 집안의 고향 안평을 공격하였다. 정성공의 어머니는 그 무렵 일본에서 복건의 고향 안평으로 이주하여 살고 있었는데, 이때 침입을 받고 스스로 목을 매고 죽었다.

　정성공은 어머니의 죽음 소식을 전해 듣고 항전의 결심을 더욱 굳혔다. 그러나 1646년 청나라 군대의 공격으로 포로가 된 융무제는 음식을 거부하여 끝내 절명하였다. 정성공은 청나라 군대에 밀려 남하한 뒤 금문도金門島과 하문廈門의 두 곳을 근거지로 하여 강력한 세력을 형성하고 명의 연호를 사용하면서 청나라 조정에 대항하였다. 그 무렵 청나라는 서부 지역과 남부 지역의 지배권을 획득하는 데 몰두하여 정성공에게 효과적으로 대응하지 못하고 있었다. 그 사이에 17만 명의 병력으로 증강된 정성공의 군대는 청나라 군대를 파죽지세로 격파하면서 남경을 포위하였다. 하지만 남경 포위 전투에서 청나라 군대의 기습에 말려 대패한 정성공은 상해에 있는 섬인 숭명도를 공략했지만 실패하고 다시 자신의 근거지인 하문으로 후퇴했다. 이어 청나라의 위협이 점차 강화되자 중국 대륙을 포기하기로 결심하고 네덜란드 군대가 점령하고 있던 타이완 섬 공략에 나섰다.

네덜란드 군대를 격파하고 타이완을 수복하다

1661년 2만 5천 명의 군사와 수백 척의 함선을 이끌고 타이완에 상륙하여 수 개월간에 걸쳐 치열한 백병전을 치른 끝에 네덜란드 군대의 항복을 받아낸 정성공은 자신의 군사와 복건성에서 건너 온 추종 세력을 이곳에 머물게 했다. 타

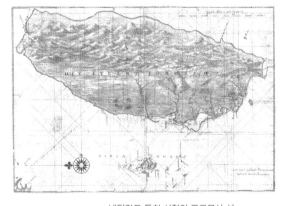

네덜란드 통치 시절의 포르모사 섬
(Formosa, 아름다운 섬이라는 뜻을 가지고 있음. 지금의 타이완)

이완은 그때부터 중국의 수중에 들어오게 되었으며, 정성공은 이곳을 근거로 본토 수복을 꾀했다.

　그러나 청나라 조정은 정성공의 재원財源을 철저히 봉쇄하기 위하여

멀리 산동 해안에서 광동에 이르기까지의 연해지역 20리를 20년 동안 봉쇄했다. 그들은 모든 선박을 파괴하고 한 척의 배도 띄우지 못하도록 하였다. 동시에 포로로 잡고 있던 정성공의 아버지를 참수형에 처하고 정 씨 조상의 묘를 파헤쳤다. 한편 타이완에 건너온 병사들도 풍토병을 앓는 등 적응이 어려웠다. 또한 이 무렵 그의 아들 정경이 팽호섬에서 유모와 사통하는 등 그의 정신을 어지럽혔다. 끊이지 않고 들려오는 좋지 못한 소식에 그는 안정을 찾지 못하고 이듬해인 1662년 서른여덟의 젊은 나이로 세상을 떠나고 말았다. 그는 임종하면서 "선제를 지하에서 뵐 면목이 없구나!"라고 크게 외치면서 자신의 얼굴 가죽을 벗기고 죽었다.

정성공이 죽은 뒤 아들 정경이 금문도에서 군사정변을 일으켜 타이완에서 정성공을 계승한 동생 정세습鄭世襲을 제압하고 즉위하였다. 그 뒤 1680년 정경이 죽자 타이완은 청나라 시랑에 의해 정복되고 말았다.

정성공은 타이완을 개척한 인물로서 중국인들의 마음속에 자리 잡았으며, 청나라 조정 또한 백성들의 열렬한 지지를 받던 그에게 관용을 베풀어 '충절忠節'이라는 시호를 내리고 타이완에 그의 사당을 세우게 했다.

일제시절에 찍은 연평군왕사延平郡王祠 입구
(청나라 때 세운 정성공의 사당, 타이완 타이난 시에 위치)

64. 청나라의 전성시대 ❋ 강건성세康乾盛世를 연 강희제

청나라 역사는 오랫동안 중국 역사에서 과소평가되어온 분야이다.

한족 중심의 중국에서 만주족의 통치를 받았던 청대 역사는 한족으로서는 지우고 싶은 '치욕의' 역사였다. 이렇듯 만연된 반만反滿 정서는 필연적으로 청대 역사에 대한 평가절하로 이어졌다.

스스로 '소중화小中華'로 자처했으며 청나라 만주족의 침입으로 병자호란까지 치러야 했던 우리나라에서는 오히려 중국보다 더 깊은 반만反滿 정서가 존재해왔다고 할 수 있었고, 이러한 현상은 지금까지 계속되고 있다.[60]

강희제

하지만 청나라는 중국 역사상 최대 영토를 자랑했으며, 중국 역사에

---

60. 청나라 및 만주족의 문제를 포함한 일종의 '중국 비하'의 시각이 우리 사회에 존재하고 있는데, 이는 일본의 '중국 비하의 역사관'이 중국 역사에 대한 우리의 관점에도 일정한 영향력을 미치고 있기 때문이라고 판단된다. 마치 일본의 '식민지사관'이 우리의 역사 해석에 여전히 영향력을 끼치고 있는 것처럼 말이다.

서 보기 드물게 '강건성세康乾盛世'라는 장기적인 정치적 안정기를 구가하였다. 건륭 중기의 하남 순무巡撫인 아사합阿思哈은 "강희제의 60년 통치는 국가의 토대를 마련하였고, 옹정제는 건전한 기풍을 확립하고 변화를 통해 백성들의 질곡을 제거하였으며, 건륭제는 전대를 계승하여 유종의 미를 화려하게 거두었다"라고 평가하였다.

현재 중국 정부도 청대 역사에 대한 재평가에 적극적으로 나서고 있고, 강희제나 건륭제는 일반 대중들에게 인기가 높은 인물로 부각되고 있다.

'강건성세'의 토대를 다진 인물이 바로 강희 황제이다.

강희 황제 47년(1717년), 그는 황자들과 백관들을 모아놓은 자리에서 발표했던 '상유上諭'에서 이렇게 술회하였다.

"짐은 항상 마음이 절실하여 근면하고 조심스러웠으며 한가롭게 쉬지 않았고 조금도 게으르지 않았다.

수십 년 이래 하루 같이 온 마음과 힘을 다하였다. 이를 어찌 '노고勞苦'라는 두 글자로 표현할 수 있겠는가! 옛날 제왕 가운데 혹 수명이 길지 못했던 경우에 대하여 사론史論에서 대부분 방탕하고 주색에 빠졌기 때문이라고 하였다.

하지만 이는 모두 서생들이 훌륭한 군주에 대해서도 반드시 흠을 들춰내기를 좋아했기 때문이었다. 짐이 전대前代 제왕을 대신하여 말하자면 모두 천하의 일이 너무 번잡하여 힘들고 고달픈 바를 감당하지 못하여 그렇게 된 것이다. 제갈량은 '나라를 위하여 온 힘을 다 바쳐 죽을 때까지 그치지 않다(국궁진췌, 사이후이鞠躬盡瘁, 死而後已)'고 하였는데, 남의 신하된 자로서 이러한 사람은 오직 제갈량밖에 없다. 그러나 제왕의 짐은 너무 무겁고 벗을 수도 없다. 어찌 신하들과 비교할 수 있겠는가!

군주는 원래 편안히 쉬는 바가 없고 물러가 자취를 감출 수도 없으니 실로 '나라를 위하여 온 힘을 다 바쳐 죽을 때까지 그치지 않다'는 것이 바로 이런 경우를 말하고 있다."

누구나 왕이나 황제를 부러워하고 그들을 동경한다. 그러나 왕이나 황제라는 자리 역시 매우 고독하고 더 이상 물러날 곳이 없는, 고된 '직업'임에 분명하다.

강희제는 평생 최선을 다하고 근면하며 신중했다.

"한 가지 일에 부지런하지 않으면 온 천하에 근심을 끼치게 되고, 한 순간을 부지런하지 않으면 천대, 백대에 우환을 남기게 된다. 작은 일에 관심을 두지 않으면 마침내는 큰 덕에 누를 끼치게 되므로 짐은 매사를 꼼꼼하게 살펴 왔다.

만일 오늘 한두 가지 일을 처리하지 않고 내버려 두게 되면 내일은 처리해야 할 일이 한두 가지 더 많아진다. 내일도 편안하고 한가롭기만 바란다면 훗날 처리해야 할 일은 더욱 많이 쌓이게 될 뿐이다.

그러므로 짐은 크든 작든 모든 일에 관심을 쏟고 있다. 상주문에 한 자라도 틀린 곳이 있으면 반드시 고쳐서 돌려준다. 모든 일을 소홀히 하지 못하는 것이 짐의 천성이다."

근검절약, 위민정치를 실천한 황제

강희제는 스스로 근검절약을 실천하였다.

강희 36년(1697년) 당시 청나라 궁중에서 근무한 적이 있는 프랑스 선교사 보베Bouvet는 프랑스 루이 14세에게 쓴 보고서에서 강희제에 대하

보베Bouvet 선교사와 그의 저술,
『중국 황제의 역사』

여 이렇게 서술하고 있다.

"중국의 황제가 세계에서 가장 세력이 강한 군주라 해도 반대할 사람이 아무도 없을 것입니다. 그러나 그는 참으로 자신의 몸에 사치와 거리가 먼 것을 사용합니다. 그는 일반적인 음식에 만족하였고 황제가 기거하는 방에도 몇 폭의 서화와 몇 점의 금을 입힌 장식물 및 일부 소박한 주단만 있을 뿐입니다. 주단은 중국에서 보편적인 물품으로 사치품이 아닙니다. 비가 오는 날이면 그가 털로 짠 모직물로 만든 외투를 입고 있는 모습을 볼 수 있습니다. 이것은 중국에서 흔한 거친 의복입니다. 여름에는 보통 마포로 만든 마고자를 입습니다. 이 역시 일반 가정에서 흔히 입는 옷입니다.

군주의 위신과 진정한 위대함은 겉으로 드러나는 호화스러움이 아니라 도덕의 찬란함에서 비롯된다는 점을 강희 황제는 깊이 믿고 있습니다."

강희제는 말했다.

"국가의 재부는 백성으로부터 나오지만 민력은 한계가 있다. 명나라 말의 여러 황제를 보면 사치가 한도가 없어 궁중의 복식服食과 사관寺觀에만 사용하는 인력이 수십만에 이른다. 우리 왕조는 질박함을 숭상하여 사용하는 인력이 당시에 비하여 100분의 1~2에 불과하다."

강희제는 매번 순행할 때마다 수행 관리들에게 농가의 곡식을 밟지 말고 만일 도로가 좁으면 줄지어 가도록 하였다. 또 추수할 때 순행하게 되면 말들이 곡식을 밟지 않도록 하고 이를 지키지 않으면 엄히 다스리고 반드시 보고하도록 하였다. 그는 언제나 근검절약했는데, 이는 그가 항상 안민安民, 양민養民, 휼민恤民을 우선했기 때문이다.

강희제가 즉위했을 때, 청나라는 아직 전국적으로 효과적인 통치를 하지 못했고 민족 간의 갈등은 여전히 첨예하였다. 강희제 초기에 변란은 오랫동안 이어졌고 전쟁은 끊임이 없었으며 경제는 어렵고 궁핍하였다. 강희제는 안민安民이 정치에서 가장 중요한 임무이며, 그것은 백성을 쉬게 하고 편안하게 하며 즐거이 생업에 종사할 수 있도록 하는 것임을 인식하였다. 그는 명말 이래 토지가 황폐해지고 대규모의 유민이 발생하는 상황에서 황무지를 개간하여 민간 소유로 전환시키고 노예를 석방하였으며 부세를 경감하여 농민의 부담을 덜어주었다.

강희제는 전통적인 사농공상의 관념을 벗어나 상공업이 발전하는 것은 자연스러운 이치라고 파악하였고, 상업이 발흥할 수 있는 좋은 사회적 조건을 조성하기 위하여 노력하였다. 그는 관세 징수 칙례를 공포하여 과다하게 세금을 징수할 경우 상인이 고소할 수 있도록 제도화했다. 또 관리가 상인을 겸하거나 시장을 독점하는 행위를 금지하였고, 세금 징수가 부족한 경우 해당 관리에게 강등이나 파면의 처분을 내렸던 이전의 정책을 개선하여 실제 정황에 근거하여 처리하도록 함으로써 무리한 징세를 방지하고자 하였다. 또한 도량형을 통일하고 병사들의 상인 약탈 행위를 엄금하였다.

이러한 일련의 정책으로 농업과 상업이 상승 작용을 하며 발전하여 소주蘇州 지역의 경우 강희제 초기에 "6문門이 닫혀 성 안에 죽은 자가 서로 베개를 베고 누울 정도"였는데, 강희제 중기에 이르러 "군성郡城의 10만여 호가 불을 지폈다. 물자가 산 같이 쌓이고 행인이 물 흐르듯 많았으며 배들이 집결하고 물자와 상인들이 운집하였다."

　한편 명나라 말 이후 왜구의 창궐로 인하여 중앙 정부는 오랫동안 바다를 폐쇄하는 정책을 시행해왔다. 강희제는 만년에 바다의 해금解禁 조치를 취하여 무역을 허가하였고 광산업 개발도 허용하였다. 이렇게 상업을 안정시키고 발전시킴으로써 그는 강건성세康乾盛世의 국면을 열었다.

내성외왕內聖外王, 강희제

이른바 '내성외왕內聖外王'이란 내적으로는 성인의 재덕을 지니고 외적으로는 왕도를 행한다는 뜻이다. 강희제야말로 내성외왕을 실현하기 위하여 스스로 평생 끊임없이 노력했던 황제였다.

권신 오베

　강희제는 재위 기간이 61년으로서 중국 황제 중 재위 기간이 가장 긴 황제이다. 여덟 살의 어린 나이에 등극했으나 영민했던 그는 당시 어린 황제를 경시하면서 권력을 남용하던 권신權臣 오배鰲拜를 교묘한 꾀로써 제거하였다. 여덟 살에 부친을 잃고 열 살에는 모친을 잃어 천애의 고아가 된 그를 대신하여 몽골 출신 할머니 효장孝莊 황후가 섭정하였다. 그는 어릴 적부터 독서를 지극히 좋아하였고 중국어문, 만주어문, 그리고 몽골어문에도 능통하였다.

그는 오삼계吳三桂 등 삼번三藩의 난을 진압하고, 몽골 후예인 준갈국을 평정하였다. 또한 타이완을 복속시켰으며, 나아가 러시아의 침략도 격퇴시켰다. 당시 청나라는 이미 강력한 화력을 자랑하는 서양식 대포를 보유하고 있어 기병부대의 우세를 과시한 몽골 북방민족과 신흥 강국 러시아도 제압할 수 있었다. 러시아와의 두 차례 조약에 의하여 북방 국경도 확정되었는데, 청나라의 국경은 오늘날보다 훨씬 위쪽에 위치해 있었다.

청나라는 이후 강희제의 손자인 건륭제는 운남, 신강을 공략함으로써 중국의 영토를 역사상 최대로 확장하였다. 당시 유럽에는 러시아의 피터 대제와 프랑스 루이 14세가 있었지만 강희제의 청나라는 세상에서 가장 부유한 경제대국으로 문화가 가장 번영하였고 영토가 가장 넓었으며 국력이 가장 강성한 국가였다.

열네 살에 친정親政을 시작한 강희는 매일 아침 8시가 되면 어김없이 건청문乾淸門 앞에서 '어전청정御前聽政'을 시행하였다. '어전청정'은 최고 조정회의로서 백관들을 소집하여 국가 정사에 대한 보고와 의논, 결정을 하는 회의를 말한다. 북경의 겨울은 살을 에는 듯한 혹한의 날씨이고 여름은 견디기 어려운 혹서기였지만, 강희제는 세상을 떠날 때까지 단 하루도 어전청정을 거르지 않았다.

강희제는 수십 년을 하루와 같이 독서와 학

청년 강희제가 사냥하는 모습

습에 열중하여 가히 대학문가大學問家가라 할만했으며 한족의 어느 학자도 그를 논쟁에서 이길 수 없었다. 그는 손수 수많은 중요 전적典籍을 편찬했는데,『강희자전』,『고금도서집성』,『청문감淸文鑑』 등 그가 주관하여 편찬한 전적은 60여 종 2만 권에 이른다. 나아가 그는 대수代數, 기하幾何나 물리, 천문, 지리, 의학 등 서방의 근대 자연과학의 연구에도 매진하였다. 심지어 곰을 자기가 직접 해부해 보기도 하였다. 그리하여『강희기가격물편康熙幾暇格物編』과 같은 과학 서적을 직접 저술할 정도였다.

그는 한족 스승으로부터 사서오경의 유학 경전을 학습하는 동시에 만주족 스승으로부터 만주어문을 익히고 또 기마와 궁술을 단련하였다. 특히 궁술에 매우 뛰어나 백발백중의 신궁이었고, 토끼 사냥을 나가 하루에 3백 마리의 토끼를 활을 쏘아 잡을 정도였다.

수불석권手不釋卷

강희제는 늘 이런 말을 하였다.

"한 권의 책을 읽으면 곧 한 권의 유익함이 있고, 책을 하루 읽으면 곧 하루의 유익함이 있다."

강희제는 다섯 살 때부터 독서를 하기 시작하였고, 제위에 오른 여덟 살에 전적典籍을 좋아하여 궁궐에 있을 때 항상 옛 가르침을 암송하며 매일 강신講臣과 함께 하였다. 열세 살 때는 이미 문장을 지을 줄 알았고, 열일곱에는 얼마나 학문에 매진했는지 각혈까지 할 정도였다. 그는 친정이 끝난 뒤에도 "정사를 시행하는 동안 틈이 나면 궁중에서 전적을 펼쳐놓고 의리義理의 무궁함을 깨닫고는 즐거워하며 피곤한 줄을 몰랐다."

강희남순도康熙南巡圖의 일부

강희 16년(1677)에는 격일제로 진행되던 경연經筵[61]을 매일 진행하는 것으로 변경하였다. 혹서酷暑의 계절에 한 신하가 경연의 중단을 요청하자 강희는 "학문의 길이란 반드시 중단이 없어야 비로소 유익함이 있다. 앞으로 혹한과 혹서라도 경연을 중단하지 않을 것이다"라고 일축하였다.

강희제는 하루도 빠짐없이 항상 진지한 자세로 경연에 임했으며, 의문이 생기면 반드시 질문하였다. 또 순행이나 사냥을 할 때도 경연을 중단하지 않았다. 심지어 삼번三藩의 난이 발생하여 정정이 불안할 때에도

---

61. 경연經筵이란 고대 시대의 제왕에게 유교의 경서經書와 역사를 강의하기 위하여 특별히 설치했던 어전 교육제도, 또는 그 자리를 말한다. '경經'이란 유교 경전經典 혹은 경서經書를 뜻하고, '연筵'이란 '대자리'의 뜻으로서 '좌석'이라는 의미이다. 이렇게 하여 경연이란 결국 '어전 강석講席'을 의미하고 있었다. 중국에서 경연은 '경유經帷', '경악經幄' 혹은 '강석講席'이라고도 칭하였다.

강희제는 격일로 운영하자는 한림원의 간청도 받아들이지 않고 매일 평상시처럼 강학하도록 강관에게 명하였다.

강관 장영張英은 이러한 강희제의 모습에 감탄하여 강희제에게 이렇게 말하였다.

"전대의 제왕이 독서하면서 경연과 일강을 이따금 거행한 것은 이미 고사故事가 되었습니다. 폐하께서는 부지런하고 총명하며 깊이 탐구하시어 혹한과 혹서라도 경연과 일강을 중단한 적이 없으십니다. 깊은 궁중 안에서도 책을 손에서 놓은 적이 없고, 언제나 한밤중까지 책을 읽고 토론하시니 이러한 경우는 역사에서 찾아보더라도 진실로 보기 드문 일입니다. 신이 좌우를 지킬 수 있다면 그 기쁨을 다할 길이 없겠사옵니다."

강희 23년 11월, 강희제는 남순南巡을 떠나 남경南京에 이르러 연자기燕子磯의 배 위에서 하룻밤을 묵었다. 그곳에서도 강희제는 잠을 자지 않고 3경까지 독서를 하고 있었다. 시강학사侍講學士 고사기高士命는 한족 출신으로 문장과 서예가 뛰어나 강희제는 남순 때마다 그를 수행하게 하였다. 그는 강희제에게 "황상께서 남순을 떠나오신 이래 매일 밤늦게까지 정무와 독서 그리고 서예를 하시니 너무 피로하실까 두렵습니다. 조금이라도 휴식을 하십시오." 하였다. 그러자 강희는 고사기에게 지난 시절을 추억하면서 "짐은 다섯 살 때부터 독서를 좋아하여 책읽기가 항상 한밤까지 이르게 되었다. 그것은 즐거운 일이라 전혀 피곤하지 않다."라고 대답하였다.

강희제의 학습 내용은 대단히 광범위하였다. 유학 경전과 각 학파의 저작은 거의 모든 분야에 걸쳐 있었다. 역사 분야 역시 『사기』, 『자치통감』, 『춘추』 등 학습의 중요한 과목으로서 모두 필독서였다. 청 태조와 청 태종 등 그의 선조에 대하여 기술한 실록을 학습하는 것도 매일

정해져 있는 과제였다. 대신大臣들에게도 그들의 저작물에 대한 강의를 하도록 하고 직접 그들의 강의를청취하였다. 저명한 이학理學 대신大臣 웅사리熊賜履의『학통學統』,『한도녹찰기閑到錄札記』도 웅사리에게 직접 강의하도록 하였다. 그리고 강의가 끝난 뒤에는 항상 강관과 함께 토론을 하였다.

때로는 군신 사이에 흥미로운 문제를 토론하기도 했다. 하루는 강희제가 농담 삼아 물었다.

"이 세상에서 무엇이 가장 뚱뚱한가? 그리고 어떤 것이 가장 말랐는가?"

그러자 한 대신이 잽싸게 대답하였다. "표범이나 이리보다 마른 것이 없사옵고, 소나 양보다 살찐 것이 없습니다."

강희제가 고개를 돌려 장옥서張玉書에게 물었다. 장옥서는 천천히 대답했다. "신의 생각으로는 봄비보다 살찐 것이 없고, 추상秋霜보다 마른 것이 없습니다."

강희제는 감탄을 금하지 못하며 "그야말로 진실된 재상의 말이로다!"라 하였다.

풍광제월風光霽月

강희제는 '지행합일知行合一'의 관점에서 출발하여 학이치용學以致用과 언행일치를 적극 주장하였다.

그는 "학문은 무궁하고 공언空言이어서는 안 되며, 오직 힘써 몸소 실천 해야 한다"라고 말하였다. 그는 "책을 읽어 옛날을 거울로 삼아야 하고", "독서로써 궁리"해야 한다고 하였다. 또한 독서란 '원류의 탐구와 득실의 고찰'을 요구하는 것으로서 그 목적이 "치도治道를 강구하고 실행으로 나타나야 하는 것이어야하며 공언이어서는 안 된다"는 점을 강조하였다. 그는 또 자신의 경험을 바탕으로 "이치를 깨닫는 것이 가장 중요하다. 짐은 평소 독서로 강구하여 그것이 실제 정책으로 나타나도록 하고 있다. 그러므로 이치를 깨달은 뒤에는 반드시 실행해야만 한다. 실행하지 않으면 그저 공리공론에 지나지 않는다!"고 말했다.

그는 하도河道 총독 장붕핵에 대하여 이렇게 비판하였다.

"예로부터 큰 선비는 모름지기 자신을 다스리고 일을 함에 있어 풍광제월風光霽月하다고 하였는데, 그대는 평소 학문을 앞세우면서도 항상 가혹하고 엄격하기만 하니, 어찌 풍광제월이라 할 수 있겠소?"

'풍광제월'이란 비가 온 뒤 하늘이 개여 맑고 깨끗한 날씨를 뜻하는 말로서, 흉금이 확 트이고 심지가 담백함을 비유하고 있다.

강희제의 황자皇子 교육

강희제는 공자 학설 이후의 각종 주석에 대하여 매우 낮게 평가한 경우가 많았으나 오직 주자에 대해서만은 절대적 지위를 부여하였다.

그는 "짐은 유년 시절부터 독서를 매우 좋아하여 여러 서적을 두루 읽어보지 않은 적이 없었다. 역대 문사들의 저술을 볼 때마다 한 자 한 구라도 의리義理에 부합하지 못한 점이 있으면 곧 후세를 위하여 지적하였다. 오로지 송나라 학자인 주자는 여러 경전을 주석하고 도리를 천명하여 모든 저작과 편찬서들이 분명하면서도 정확하여 대중지정大中至正의 도리로 귀결되었다. 짐은 공자와 맹자 이후 학문에 도움이 된 인물로서 주자의 공이 가장 크다고 생각한다."고 말하였다.

그리하여 강희제는 『주자전서朱子全書』와 『사서주해四書註解』를 전국에 간행하도록 명했으며, 『주자전서』의 서문도 직접 썼다. 그리고 청나라 조정은 주자가 주석한 사서오경을 과거 시험의 필수 과목으로 정하였다.

강희제의 사람됨은 자손에 대한 교육에서 잘 드러난다. 그의 교육 방식은 중국 역대 황제의 자손 교육에 비해서도 대단히 엄격하고 특수하였다.

강희제는 모두 35명의 아들과 20명의 딸이 있었고, 손자는 총 97명에 이르렀다.

황자와 황손이 공부를 하는 곳을 상서방上書房이라고 불렀는데, 이 상서방은 창춘원暢春園의 무일재無逸齋라는 누각에 위치하고 있었다. 이 '무일재'라는 이름은 그의 자손들이 향락을 추구하지 않도록 바라는 뜻에서 지어졌다.

공부하는 날짜는 흠천감欽天監[62]이 정하였고, 황자들은 반드시 이를 따라야 했다.

인시寅時는 새벽 3시에서 5시 사이의 시각이고, 인정寅正은 새벽 네 시이다. 북을 치는 사람이 다섯 번 북을 두드리면 황자들은 이를 듣고 자리에서 일어나 서가에 앉았다. 아직 날이 밝지 않아 몇 명의 시종만이 어둠 속을 돌아다녔고, 일부 황자는 잠이 덜 깨어 책상에 엎드려 잠을 자기도 했다.

적막한 궁중에서 시종들이 등을 들고 천천히 이동하면 태감의 호위 아래 황자들은 학당學堂으로 들어갔다.

황자들은 이 시각이 되면 무일재에 나와 인시의 두 시간 동안 하루

---

62. 중국 명청대에 천문, 역법, 시각 측정 등에 관한 일을 맡아보던 관리로서 우리나라의 관상감에 해당한다.

의 공부를 시작해야 한다. 새벽 세 시에는 무일재에 나와 있어야 했기 때문에 일어나는 시간은 물론 그보다 빨라야 한다.

묘시卯時는 새벽 5시에서 7시까지의 시간이다. 이때 스승들이 학당에 들어선다. 한자를 가르치는 스승도 있고, 만주어를 가르치는 스승도 있다. 이들이 상서방에 도착하여 황태자에게 무릎을 꿇고 절을 하는 예를 갖춘 뒤 황자들은 『예기禮記』를 암송하기 시작한다. "책은 반드시 120번 암송해야 한다."는 강희제의 엄명에 따라 한 번 외울 때마다 하나의 기호를 붙여가면서 120번의 암송이 끝나면 스승이 암송해 보도록 한다. 한 문장 한 문장 한 글자도 틀림이 없음을 확인하고 비로소 다음 문장을 외우도록 한다.

진시辰時는 아침 7시에서 9시까지이다. 학생들은 이미 4시간을 공부하고 있다. 이때 강희제는 백관 조회를 마치고 곧장 무일재로 온다. 황자들은 무일재 밖에서 강희제를 맞이한다. 강희제가 도착하여 자리에 앉은 후 곧바로 황자들에게 암송해 보라고 한다. 강희제가 책을 펴들고 어느 대목을 외워 보라고 하면 황자들은 그 대목을 외운다. 과연 한 자도 틀리지 않는다. 강희가 말한다. "내가 어렸을 적 책을 읽을 때 120번을 낭독하고 그 뒤 또 120번을 암송하였다. 그 대목이 완전히 숙련된 뒤 비로소 다음 대목을 시작하고 같은 과정을 반복하였다."

이때 한 대신이 100번 읽으면 되지 않겠느냐고 물었다. 그러나 강희는 반드시 120번을 읽고 외워야 한다고 말했다. 그런 뒤에 스승에게 방금 외운 것이 어떠냐고 묻는다. 스승은 황태자가 매우 총명하셔서 매우 잘 외웠다고 대답한다. 하지만 강희는 "그대들은 칭찬해서는 안 되고, 그들이 교만해지지 않도록 많이 비판해야 한다."고 지적하였다. 이렇게 검사가 끝나고서야 비로소 강희가 정사를 보러 나간다.

사시巳時는 오전 9시에서 11시이다. 푹푹 찌는 삼복 더위의 계절에도 황자들은 수업을 하는 시간에 부채를 부칠 수 없다. 이 시간은 무릎을 꿇어앉아 정좌한 채 서예를 해야 한다. 하루에 한자 수백 자와 만주어문 한 문장을 써야 한다.

오시는 11시부터 오후 1시이다. 오시午時가 되면 시위侍衛들은 황자들에게 오선午膳(점심)을 내온다. 황자들이 스승들에게 점심을 권하면 스승들은 꿇어앉아 상을 받는다. 그러고는 각자 자기 자리에 앉아 식사를 한다. 황자들도 다른 한쪽에서 식사를 한다. 식사를 마치고 휴식이 없이 곧바로 수업이 이어져 두 시간 동안 새로운 과목의 낭송과 암송이 계속된다. 물론 스승의 검사가 뒤따른다.

미시未時, 즉 오후 1시에서 3시가 되면 황자들은 무일재의 밖에 있는 한 정원으로 간다. 이곳에는 활과 화살이 있다. 휴식도 하고 시위의 교습教習에 따라 기마와 무예 훈련도 익힌다. 이는 만주족의 상무尙武정신을 보존하기 위해서였다.

신시申時는 오후 세시부터 다섯 시까지의 시간이다. 강희가 다시 무일재로 온다. 다시 한 번 황자들의 공부를 점검한다. 한 명 한 명 차례대로 이어서 암송한다. 이어서 유시, 오후 5시에서 일곱 시가 되면 무일재 밖에서 활 연습이 있다. 강희제는 먼저 황자들에게 한 명 한 명 활을 쏘아보라고 한다. 그것이 끝나게 되면 이번에는 스승에게도 일일이 활을 쏘아보도록 한다. 그리고 마지막에 스스로 시범을 보인다. 사서史書에 의하면, 강희제의 활쏘기는 "쏘는 대로 모두 적중하였다"고 기록되어 있다.

이렇게 하여 마침내 하루의 수업이 모두 끝난다. 새벽 세 시부터 저녁 일곱 시까지 총 16시간의 수업이다. 날씨가 춥거나 덥거나를 가리지 않고 매일같이 이렇게 진행되었다.

특히 학문을 좋아했던 강희제는 친정을 시작한 14살 이후 황제가 독서하는 곳인 남서방南書房(황제가 기거하고 정사를 보는 건청궁乾淸宮 남쪽에 있는 서

남서방

재라 하여 남재南齋라고도 하였
다)을 만들어 독서를 하고
학자들을 불러 학문을 의
논하였다.

남서방에는 강희제와
학문을 논하고 강론하는
시독侍讀, 즉, 시강侍講하는
한림원 관원이 출입했는
데, '학식과 품행이 좋은'
한림원 학사만이 이곳에

출입할 수 있었다. 이들 학사들은 황제가 외출을 할 때도 항상 수행하
였으며 황제의 즉흥 작문 및 발언 등 모든 언행을 기록하였는데, 이것
이 바로 『남서방기주南書房記注』이다.

특히 강희는 당시 왕족과 대신의 세력을 견제하기 위하여 주로 이 남
서방에서 회의를 주재하고 정무를 처리하면서 왕족 및 대신의 권력을
약화시키는 데 성공을 거두었다. 이 남서방 제도는 이후 청대에 계속 유
지되었다.

다양한 방식으로 관료들을 평가하고 통제하다

강희제는 관료에 대한 평가 제도를 충실화하고 엄격하게 시행했던 황
제로도 유명하다.

청나라 초기에는 명나라 제도인 '경찰京察(수도인 북경에 재직하고 있는 관
리들에 대한 평가제도)'이나 '대계大計(지방 관리들에 대한 평가제도)' 등을 계승했
지만, 형식으로만 흐르게 되고 시간적으로도 부족하여 별다른 효과를

거두지 못하였다.

　강희 23년, 강희제는 진지하게 지난 제도를 정비하여 관리에 대한 평가를 엄격하게 시행하기 시작하였다. 이후 30여 년 동안 직위에 부합되지 못한 많은 관리들이 처리되어 1,500여 명이 능력 부족과 경솔 등의 이유로 강등되었다. 또 1,500여 명은 신중하지 못함과 무사안일의 이유로 파직당하였다. 반면 청렴하고 유능한 7백여 명은 표창을 받았고, 탐관오리로 처벌된 사람은 5백여 명에 이르렀다. 강희제는 제도에 따라 정기적으로 관리들을 고찰考察하고 엄격하게 신상필벌을 시행하여 관리들의 부패를 방지하고 관리들의 능력을 제고하는 긍정적인 효과를 거두었다.

　강희제는 임용하는 대부분의 관원들을 모두 직접 접견하여 친히 질문을 하고 지시도 내렸다. 만약 용렬한 자라고 판단되면 그 자리에서 곧바로 파직하였다.

　강희 10년 12월, 강희제는 좌통정사左通政使 임극부에게 물었다.

　"어느 지방 사람인가?" 임극부는 공손하게 산동 지방 출신이라고 대답하였다. 강희가 다시 물었다.

　"어사의 벼슬을 한 적이 있는가? 상주와 탄핵은 몇 차례나 했는가?"

　그러자 임극부가 대답하였다.

　"신이 임관하고 난 뒤 총 32차례 상주를 하였고 탄핵은 총독에게 한 번, 시랑에게 한 번 하였으며, 과거시험에 관한 폐단을 적발했습니다."

　임극부가 물러가자 강희제는 주위 신하들에게 "전에 그가 매우 강직하다는 말을 들었었는데, 과연 그러하구나."라고 말하였다.

　그리고 강희제는 지방으로 임명되는 문무 관리들이 수도를 떠날 때 그들과 고별식을 가졌는데, 이를 폐사陛辭라 하였다. 이 역시 관리 평가의 또 하나의 방법이었다.

강희제는 이렇게 관리들과 실제로 많이 접촉하였기 때문에 관리들이 올리는 상주문에서 문제를 발견하면 때맞추어 적절히 처리하였다. 이는 관리들을 다스리고 행정 효율을 높이는 유효한 방법이기도 하였다.

한편 강희제는 출행出行을 통하여 관리들을 고찰考察[63]하였다. 순시巡視를 통하여 지방의 실제 정황을 파악하였고 편파적인 일이 있으면 곧바로 바꾸었다. 또 순시 중 그가 발견한 사안을 분석하여 종합하였으며, 이로부터 관리들을 방향성 있게 교육하였다. 그는 순시 중 각급 관리를 면담하여 정무 정황을 파악하였고, 특히 현실에 대한 파악과 백성들과의 접촉을 중시하였다.

나아가 강희제는 실정을 정확하게 파악하고 관리들을 감독하기 위하여 벼슬이 그다지 높지 않은 중간 관리에게 소속 관리들을 관찰하는 중책을 맡겼다. 그는 신임할 수 있는 인물들로 하여금 자신을 도와 감찰하는 책임을 집행하기를 기대했는데, 이 방법은 점차 일종의 밀주密奏 제도로 발전하였다.

이 밀주에 대하여 강희제는 "짐이 대신들에게 밀주를 올리게 하는 것은 여러 측면에서 민정을 관찰하고 여러 의견을 듣기 위해서이다. 상주한 바의 일은 공적이든 사적이든 짐이 살펴보지 않은 적이 없고 모든

---

63. 이 '고찰' 제도는 본래 문관에 대한 평가 심사제도로서 명나라 태조 때 만들어져 명 효종 때 완비된 제도이다. 이 '고찰' 제도는 중국 지도자들이 지금까지도 실천하고 있는 제도이다. 중앙과 지방을 막론하고 공산당의 주요 간부는 중요 회의 직전에 이른바 '하면고찰下面考察', 즉 현지 고찰을 하도록 되어 있다. 이를테면 후진타오나 원자바오는 지방과 농촌 그리고 베이징 올림픽 공사현장 등 현장을 직접 방문하여 해당 지역의 정부 책임자의 보고를 청취하고 현지 주민들과의 좌담회를 가진다. 여기에는 중앙 정부의 정책 관계 인원을 대동한다. 연말과 명절 때에도 대부분 이러한 현지 고찰에 나선다. 그리고 현지 고찰에서 제기된 문제들은 정부 내 혹은 학계에 연구, 조사하도록 하여 정부 정책에 반영시킨다. 중국에서 "현지 조사가 없으면, 발언권도 없다"는 말에서도 드러나듯 이러한 하면고찰 제도는 오늘날 중국의 정책을 이해하는 데 있어 중요한 한 측면이다.

강희대만여도康熙臺灣輿圖의 일부
(강희시대에 그려진 타이완 지도)

일체의 밀주는 짐이 친히 비답批答한다."라고 하였다. 그는 또 "제왕諸王 및 문무 대신들은 밀주에서 무엇을 언급했는지 알지 못하기 때문에 자연히 두려워한다."라고 하여 이 밀주제도에 관리에 대한 단속의 의미를 부여하였다.

밀주는 각지에서 공무를 처리한 관원이 조정에 돌아와 황제에게 자신이 보고 들은 바를 은밀하게 보고한 데에서 비롯되었다. 강희제는 대신을 비롯하여 총독, 순무, 제독, 총병관에게 모두 밀주를 허용하였다. 이러한 밀주를 통하여 황제는 광범한 관리들에 대한 상황을 살필 수 있었고, 공식적 경로를 통해서는 알 수 없는 문제도 파악할 수 있었다.

타이완 정복

타이완을 중국에 완전히 복속시킨 것은 사실 아주 오래 전의 일이 아닌 청나라 강희제 시기에 일어난 일이다. 당시 타이완 정복에 가장 큰 공을 세웠던 인물이 바로 시랑施琅이었다.

청나라 만주족은 기마에 익숙하여 중원을 정복할 수 있었지만 해전에는 익숙하지 않아 타이완 정복에 애를 먹고 있었다. 특히 타이완 정복에는 군사를 지휘할 수사水師 제독의 자리가 중요하였다. 그러나 당시의 수사 제독은 방어만을 주장할 뿐 타이완 공격에 반대하고 있었다. 강희는 타이완 정복을 위해서는 반드시 뛰어난 수사 제독 선임이 가장 중요한 과제라고 생각하였다.

그런데 시랑은 해상에 익숙할 뿐만 아니라 해전에도 장기를 지니고 있었다. 그는 원래 타이완을 통치하던 정성공鄭成功의 부하였는데, 정성공이 그의 부친과 동생을 살해하자 청나라에 투항하였다. 하지만 시랑의 큰아들과 조카가 타이완에서 중요 직책을 맡고 있었기 때문에 그를 등용하기에는 부담이 대단히 컸다. 그런데 그 뒤 복건성 총독 요계성이 시랑의 큰아들과 조카에게 타이완의 통치자 정씨를 사로잡아 올 것을 요청했지만 일이 발각되어 두 집 가족 73명이 모두 살해되었다. 이 일이 있고난 뒤 강희는 비로소 시랑에 대한 의심을 풀었다. 그리고 시랑의 사람됨에 대하여 세밀하게 알아본 뒤 마침내 그를 수사 제독에 임명하였다. 당시 조정 대신의 대부분은 시랑에게 타이완 공격을 맡기면 그가 반드시 반란을 일으킬 것이라고 생각하고 있었다.

하지만 한 번 시랑을 신임하여 제독에 임명한 강희는 그를 굳게 신뢰하여 그의 요청에 대하여는 주위의 반대에도 불구하고 모두 들어주었다. 본래 복건 총독 요계성은 시랑을 적극 추천했던 인물이었다. 하지만 시랑은 강희에게 상소문을 보내 "총독은 북방에서 태어나 모든 재주가 뛰어나지만 바다의 풍랑에 대해서는 부족함이 있을까 걱정된다."면서 타이완 정복의 지휘권을 자기에게 줄 것을 요청하였다. 강희로서도 그 요청을 당장 들어주기 어려웠다. 그러는 와중에 총독과 제독의 의견 차이가 사사건건 이어지면서 타이완 정벌의 과업은 계속하여 난항을 겪어야 했다.

이때 강희는 "한 사람이 병력을 이끌고 토벌하면 그 뜻을 행할 수 있지만 두 사람이 같이 가면 서로 견제하여 일을 처리하는 데 불편할 수 있다."고 판단하여 시랑에게 모든 지휘권을 넘겨주었다.

그리고 결국 시랑은 타이완 정복에 성공을 거두었다.

65. 과로로 세상을 떠난 황제 ◈ 옹정제

옹정제

1722년 11월 13일, 강희제가 세상을 떠나고 넷째아들 윤진胤禛이 즉위하니 그가 곧 옹정제이다. 옹정제 역시 강희제 못지않게 성실한 황제였다. 하루에 4시간 이상 자지 않았으며, 하루 평균 37건의 상주문을 일일이 읽고 매일같이 7, 8천 자에 이르는 주비朱批(빨간 색 붓으로 가부와 기타 필요한 기록을 덧붙이는 주석)를 달았다. 훗날 건륭제는 옹정제의 주비를 묶어 총 360권에 이르는 『주비유지朱批諭旨』를 간행하였다.

옹정제는 평생 검소하게 살아 평소 간단한 기록은 쓰다 만 헌 종이를 사용하였고, 집무실도 가건물 같은 곳을 사용하였다. 개인적인 취미나 오락도 거의 없었고 다른 황제들처럼 수렵이나 주색을 탐하는 일도 전혀 없었으며, 오로지 고지식하고 융통성 없게 정무에만 열중하였다. 옹정제 역시 강희제와 마찬가지로 학문적 수준에서 어느 한족 학자보다 높은 문화적 소양을 지니고 있었다. 그는 만주족 출신을 야만적이라 폄하하는 한족 지식인들을 심복시키려 불철주야 노력하였다.

그의 재위 기간은 13년에 불과했는데, 그 13년을 하루같이 집무에만 열중했다. 그리하여 그의 죽음은 과로로 추정되고 있다. 옹정제는 1735년 8월 21일, 57세의 나이로 세상을 떠났는데, 세상을 뜨기 전날에도 낮에 정무를 처리하고 저녁에 병이 들어 다음 날 아침 사망하였다.

밀절密折 제도

옹정제는 군기처軍機處를 설치하여 황권을 강화하였다. 그는 전국 각지의 지방 장관들의 일체 활동을 훤히 알고 있었다. 옹정제는 일종의 비밀 상소인 밀절密折 제도를 시행하였다. 밀절이란 황제와 신하 사이에 주고받는 비밀 상소문으로서 특별히 제작된 가죽 상자에 담겨 전

군기처 내부의 모습

달되었다. 그리고 그 가죽상자의 열쇠는 상소를 보내는 사람과 황제 두 사람만이 가지고 있어 철저히 비밀이 유지되었다. 황제는 밀절이 도착하면 곧바로 뜯어서 읽어보고 주비를 달았고, 전국 곳곳에 뻗어있는 이러한 정보망에 의하여 황제는 천하의 모든 일을 속속들이 다 알 수 있었다. 심지어 신하들의 집안에서 일어나는 사생활까지도 알 수 있었다.

이러한 밀절 제도는 가혹하고 사람들이 증오했던 명나라 시대의 금의위, 동창, 서창 등 특무特務 정치보다 훨씬 효율적이었다. 고급 관원이라도 총애를 잃으면 밀절권은 박탈되었고, 하급 관리라도 황제의 신임

만 있으면 밀절권을 가져 황제와 직접 대화함으로써 다른 사람이나 파당의 눈치를 보지 않고 자신이 하고 싶은 말을 얼마든지 할 수 있었다. 그러므로 밀절을 올리는 관리들은 최선을 다해 정보를 보냈다. 황제는 특무 정치를 폐지하고도 소중하고 요긴한 정보들을 접할 수 있었다. 모함에 가까운 정보는 다른 통로를 통하여 다양하게 듣는 방법을 채택하여 무고한 경우를 줄이려 노력하였다.

경제적으로는 세금 징수를 엄격하게 시행하고 부패와 직권 남용을 강력하게 척결하여 국가 재정을 건전화하였다. 그 결과 옹정 시대에 국가의 은 보유량은 570만 량에서 4,250만 량 이상으로 증가하였다.

그는 명나라 영락제를 따르지 않았다는 죄로 천민으로 전락한 산서성의 낙호樂戶(관기)를 비롯하여 주원장을 따르지 않은 죄로 천민이 된 절강성 소흥의 '타민惰民', 그리고 안휘성의 '세복世僕'을 모두 양민으로 전환시켰다.

정대광명正大光明 편액 뒤에 숨겨진 후계자의 비밀

원래 청나라는 후계 제도를 두지 않고 있었다. 한족의 전통적인 적장자 후계제도 역시 채택하지 않고 있었다. 그러다가 강희제에 이르러 황태자皇儲 제도를 확립하였다.

강희제는 일평생 과단성 있는 웅재대략雄才大略의 황제였지만, 유독 후계 문제에 있어서만은 우유부단하고 의심이 많아 죽을 때까지 확정하지 못하였다. 장자가 후궁의 소생이라 태자가 되지 못하여 둘째 아들 윤잉允礽이 태자로 책봉되었다. 그러나 다른 아들들도 황위 계승을 놓고 은밀하게 태자를 모해하는 등 암투가 끊이지 않았다. 이 와중에 태자 윤잉은 폐위되었다가 다시 복위하였지만 끝내 폐위되어 함안궁에 유폐되고 말았다. 이렇게 황자들 간에 후계 자리를 놓고 치열한 골육상쟁이 발생하는 당시의 아픈 심정을 강희제는 "심신우췌心身憂悴", 즉 "몸과 마음이 모두 근심과 우수로 가득하다"라고 표현하였다.

그런데 이때 넷째 아들 윤진胤禛은 본래부터 자신이 여러 측면에서 도무지 황위를 이을 가능성이 없다고 생각했었기 때문에 황위 계승전에 전혀 나서지 않았고, 참선과 예불에 열중하고 시나 부를 지었다. 강희제는 이러한 윤진이 마음에 들었다. 더구나 윤진은 폐위된 윤잉을 감싸는 태도를 보여주었는데, 그렇게 한 것을 누구에게도 얘기하지도 않았다. 강희제는 이러한 윤진이 도량이 넓고 겸손하다고 여겼다. 물론 강희제도 윤진이 일부러 그러한 모습을 드러낸다고 생각했지만, 황제라면 마땅히 자신의 마음을 숨기고 계략을 부릴 줄 알며 연극도 할 줄 알아야 한다고 여겼다. 특히 강희는 자신이 세상을 떠나고 난 뒤 형제간의 피비린내 나는 투쟁이 벌어지는 것을 원하지 않았으므로 형제간의 정을 간직하고 자신의 감정을 잘 다스릴 줄 아는 윤진에게 마음이 갔다.

결국 사람들은 알지 못했으나 강희제의 '감춰진 관심'을 받고 있었던 넷째 아들 윤진이 후계 자리를 차지하여 황제의 지위에 오르니 바로 옹정제이다.

사실 옹정제가 강희제의 후계로 된 데에는 옹정의 아들 건륭제의 영향도 컸다. 강희는 말년에 원명원圓明園 별장에서 만나게 된 옹정의 넷째 아들 홍력弘歷을 보자마자 그에게 흠뻑 빠지게 되었다. 그러고는 11살 된 이 총명한 손자를 아예 자기 처소 가까이에서 살도록 하였다. 이후 강희가 세상을 떠날 때까지 7개월 동안 강희는 이 어린 손자와 도무지 떨어질 줄 몰랐다.

강희는 평생 승덕承德에 있는 산장에서 무예를 단련해왔는데, 그는 그의 마지막 승덕 행차에 건륭을 데리고 갔다. 그곳에서 건륭은 훌륭한 활쏘기 솜씨를 뽐냈다. 그때 강희는 산탄총으로 곰을 맞춘 다음 건륭에게 화살로 그 곰을 해치우라고 명령했다. 건륭에게 마무리 공을 돌려주려는 배려였다. 건륭이 말을 타고 곰에 접근했을 때 흥분한 곰이 갑자기 건륭을 향해 돌진하였다. 위험한 순간이었다. 강희는 다급한 나머지 총을 쏘아 곰을 완전히 쓰러뜨렸다. 그런 다음 손자가 다쳤을까봐 너무 걱정이 되어 뒤를 돌아봤다. 그런데 뜻밖에도 어린 손자 건륭은 말안장 위에서 침착하게 고삐를 쥔 채 전혀 당황한 기색이 없었다. 소년의 침착함은 강희에게 너무나 인상적이었다. 강희는 자신을 수행한 비빈에게 "이 아이는 귀중한 운명을 타고 났도다!"라고 말했다.

옹정이 황제의 자리에 즉위했지만, 그의 형제들과 친척들은 옹정을 황제로 인정하지 않았다. 형제들은 그를 면전에서 보고도 인사를 하지 않았다. 옹정이 강희를 암살했다는 설은 지금까지도 풀리지 않은 수수께끼로 남아있지만 당시부터 널리 퍼져 있던 소문이었다. 게다가 어머니를 죽음으로 몰아넣었다는 좋지 못한 소문도 그를 죽을 때까지 따라다니며 괴롭혔다. 옹정은 즉위 후 일체 궁 밖으로 나가지 않았다. 그가 가장 멀리 나간 곳은 북경 근교 서산의 별장이었다. 암살을 대단히 두려워했기 때문이었다.

옹정제는 즉위 원년에 골치 아픈 후계 문제를 제도적으로 해결하기 위한 방안을 만들었다. 즉, 결정된 후계자를 쓴 두 장의 비밀 유지諭旨를 만들어, 하나는 건청궁 정전正殿에 걸린 정대광명正大光明 편액 뒤에, 다른 하나는 비밀 장소에 숨겨 황제가 붕어한 뒤 대신들이 함께 정대광명 편액 뒤의 유지와 황제가 숨겨놓은 유지를 맞춰보도록 하여 효력을 발생하게 한 것이었다. 이 제도는 건륭제를 비롯하여 가경제嘉慶帝 등 청나라 시대에 계속 시행되었다.

정대광명正大光明은 주역에서 비롯된 말로서 국가를 유지하려면 하늘

정대광명 편액

과 땅, 그리고 민심에 순응해야 한다는 뜻이다. 현재 편액의 글자는 순치제가 쓴 것을 강희제가 본떠 쓴 것이다. 훗날 가경제 때 소실되어 다시 본떠 썼고, 원래 백색 글자였지만 지금은 황색으로 변색되었다.

옹정제 제위 계승의 비밀

옹정제가 황제 제위를 물려받은 사실과 관련하여 중국에서는 오랫동안 유조遺詔 조작설이니 독살설이 끊이지 않았다.

유조遺詔 조작설은 유조인 '傳位于四子전위우사자'가 본래 '傳位十四子전위십사자'였는데, '十십'을 '于우'로 고쳤다는 것이다. 그러나 당시의 '우于' 자는 현재와 같은 간체자 '于'가 아니라 번체자인 '於어'로서 고치기 어렵다. 그리고 당시 유조와 같은 중요문서는 반드시 만주어와 한자 두 가지로 병기하였다. 그러므로 만약 유조를 고치려면 한자로 된 유조뿐만 아니라 만주어로 기록된 유조도 고쳐야 했는데 만주어는 자음과 모음이 결합된 글자이기 때문에 고치기 어렵다. 또한 당시 청조에서 황자를 표기할 때는 '황皇' 자를 덧붙여 황사자皇四子나 황십사자皇十四子 등의 방식으로 표기하였으므로 '傳位于四子'라는 표기는 근본적으로 성립되지 않는다.

　한편 독살설은 옹정이 인삼탕에 독을 넣어 강희제를 독살했다는 설이다. 그러나 잘 알려진 바대로 강희제는 모든 분야에 박학다식하였고 의학 분야에도 매우 정통하였다. 그는 평소 인삼탕이 북방인에게 잘 맞지 않는다며 인삼을 좋아하지 않았다. 그리고 만약 인삼탕에 독을 타서 넣었다고 해도 항상 먼저 음식의 맛을 보는 시종이 있었기 때문에 독살설은 근본적으로 불가능했던 주장이다.

　사실 옹정제는 부친의 마음에 들기 위하여 은인자중 노력하고 노력하였다. 특히 성격이 급하여 부친인 강희제로부터 자주 지적을 받았던 옹정은 항시 그러한 성격을 고쳐나가도록 주의하였고 부친의 마음에 들기 위하여 형제간의 우애를 지키는 일에도 특별히 노력하였다.

66. 건륭제와 그의 세 여인

'강건성세'의 마지막 황제 건
륭제는 무려 64년을 황제의
자리에 있었던, 세계에서 가
장 긴 통치 기간을 기록한 군
왕이다.[64]

건륭제

건륭제는 무려 79,337권에
이르는 사고전서四庫全書를 완성
하는 등 문화를 진흥시켰고,
재임 기간 중 서역의 준가르를
정복하고 신강 지역을 개척하
는 등 중국 최대 영토를 개척
하였다. 건륭의 통치 기간에
제국의 영토는 무려 1/3이 확
대되었다. 전국의 경지면적도 순치 말년에 비하여 1/3이 증가했고, 건
륭 말기에 인구는 3억 명을 돌파하였다.

청나라 건륭제 시기, 영국의 매카트니 경이 건륭제에게 무역을 제안

---

64. 프랑스 루이 14세의 통치기간은 72년이지만, 5세에 즉위하여 22세에 비로소 자신의 직책에 책
임을 다하기 시작했기 때문에 실제 그의 통치 기간은 50년이다. 이에 비하여 25세에 즉위한 건
륭제는 그의 기나긴 통치 기간을 단 하루도 타인과 공유하지 않았기에 명실상부한 황제라고 할
수 있다.

영국 매카트니 경을 접견하는 건륭제

한 적이 있었다. 건륭제는 "우리에게 없는 물건이 없다"고 회신했는데, 흔히들 이를 보고 중국을 지극히 우매한 '우물 안 개구리'라고 평하곤 했다. 하지만 사실 당시 청나라의 제조업 총생산량은 모든 유럽 국가의 제조업 총생산량보다 5%가 많았고, 청나라의 GDP는 세계 총 GDP의 1/3을 점했었다.

건륭제는 열 번의 전쟁을 승리로 이끌었다 하여 스스로를 '십전노인+全老人'이라 칭했다. 그는 훌륭한 서예가이자 시인이었고 예술품 수집가였을 만큼 문무를 겸비하였다. 그는 재임 기간 평균 하루에 한 수 이상의 시를 지었다. 또 전국의 유명한 학자들을 모두 동원하여 15년에 걸쳐 『사고전서』를 편찬하였고, 한편으로 한족들의 반청복명反淸復明 운동을 엄금하여 총 130여 차례의 '문자옥文字獄'을 일으키기도 하였다.

그는 만년에 총신 화신和珅을 총애하였는데, 이는 나라가 기울게 되는 주요한 요인으로 작용하기도 하였다. 화신뿐만 아니라 관료층의 부패도 점차 만연되고 있던 상황이었다. 건륭 말기에는 백련교가 크게 발흥하여 사회 혼란이 조성되기도 하였다. 건륭은 강희의 위민爲民 전통을 충실하게 이어받아 세금 징수를 최소화했지만, 이러한 세수 제한은 급속하게 증가하는 인구와 영토에 대처하기 위한 국가 재정의 확충을 오히려 축소시키는 역작용을 발생시켰다.

건륭제 이후 청나라는 급속하게 기울었다.

건륭이 평생 사랑했던 여인, 효현 황후

건륭제의 첫째 부인 효현孝賢 황
후는 건륭이 일생에 걸쳐 가장
사랑한 여인으로서 건륭보다
한 살 아래였다.

효현 황후 부찰씨富察氏는 청나
라에서 가장 공훈이 크고 지위
가 높은 양황기鑲黃旗 출신이었다.
옹정 5년, 옹정제는 넷째 아들
홍력과 부찰씨를 결혼시켰다.

양황기

건륭이 황자일 때 이미 열 명의 여인을 얻고 황제 즉위 후에도 적지 않
은 비빈들을 들였지만, 건륭은 효현 황후 외의 다른 여인들에 대해서는
마치 '허공虛空'을 대하는 것처럼 아무런 감정도 갖지 않을 정도였다. 건
륭은 그의 시에서 효현 황후를 일러 '요조窈窕'라 형용하였고, 또 '절륜絶
倫'이라 표현하기도 했다. 건륭제가 이러한 용어를 다른 여인에게 사용
한 적은 전혀 없었다.

효현 황후는 검소하여 진주와 오색찬란한 물총새 깃털로 만든 관을
일체 사용하지 않고 밀짚과 비단으로 만든 조화造花를 머리에 꽂고 다녔
다. 건륭에게도 만주풍의 평범한 꽃무늬로 직접 수를 놓은 쪽빛 비단주
머니를 선물로 주었는데, 건륭은 그것을 평생 애지중지하였다. 한 번은
건륭이 심한 종기를 앓아 여러 치료를 받고 차츰 차도가 있었는데, 어

의는 백 일을 잘 넘겨야 완전히 나을 수 있다고 하였다. 효현 황후가 이 말을 듣고 건륭 침궁寢宮의 바깥 집으로 아예 거처를 옮겨 백여 일 동안 정성껏 간호하였다. 그러고는 건륭이 확실히 나은 것을 두 눈으로 확인한 뒤에야 비로소 자기 침궁으로 돌아갔다. 실로 효현 황후는 황후일 뿐만 아니라 건륭의 진정한 벗, 지음知音이었다.

옹정 8년, 효현 황후는 첫째 아들을 낳았다. 옹정제가 직접 이름을 지어주었는데, 영련永璉이라 하였다. '련璉'이라는 한자어는 종묘제기를 뜻하는 글자로서 건륭은 마음속으로 옹정 황제가 영련에게 장차 황위를 계승해주려는 뜻이 있음을 알아챘고, 더욱 부찰씨를 중시하게 되었다. 이후 건륭이 즉위한 뒤 영련을 태자로 비밀리에 정하였다. 물론 효현 황후도 이미 그 뜻을 미루어 짐작하고 있었다. 당시 건륭의 나이는 불과 26세였는데, 이미 후계를 정해둔 것은 그만큼 그 아들과 황후를 애지중지하고 있음을 보여주고 있었다.

효현황후

그러나 그 2년 뒤 영련은 풍한風寒을 앓아 아홉 살에 돌연 세상을 뜨고 말았다. 두 부부의 슬픔과 상처는 이루 말로 표현할 수 없을 만큼 컸다. 건륭은 5일이나 조정 어전회의에 나가지 않았다. 그러면서 영련을 황태자의 예를 갖취 장례를 치르도록 하였고, 청나라 역사상 황자에 대한 능 중 최고의 규격을 갖춘 능에 모시도록 하였다.

건륭 11년, 이미 35세가 된 부찰 씨는 두 부부의 큰 기쁨 속에서 둘째 아들 영종永琮을 낳았다. 그때까지 비록 건륭이 다른 비빈에게서 낳은 몇 명의 아들은 있었지만, 영련이 죽은 뒤 절대 서자를 후계로 하지 않고 반드시 적자로 계승하겠다고 결심한 터였다. 영종이 아직 강보에 있었 지만 건륭은 이미 영종을 후계로 삼았고, 황태후도 많은 황자 가운데 영 종을 특별히 가장 예뻐하였다. 하지만 영종은 미처 두 해를 넘기지 못 하고 수두를 앓다가 죽고 말았다. 건륭의 비통함은 극에 달했다.

비극은 여기에서 그치지 않았다. 건륭은 효현 황후의 아픔을 달래주 기 위하여 산동성 제남으로 여행을 함께 떠났다. 돌아오는 길에 황후를 즐겁게 해주기 위하여 특별히 배를 준비해 돌아오기로 하였다. 그러나 때는 아직 3월이라 추운 계절이었고, 덕주德州에 이르렀을 때 불행하게 도 황후는 배 안에서 세상을 떠나고 말았다. 이때 황후의 나이 37세였 고 건륭은 38세였다. 국가 사업의 측면에서 전성기로 접어들었던 건륭 이었지만 개인적인 삶에 있어서는 이때 모든 것이 산산이 부서졌다. 아 직 40세도 안된 나이였지만 마치 삶의 끝에 이른 것처럼 절망감에 휩싸 였다. 그는 세상을 떠난 황후를 기리고 애통해하면서 그 아픔을 "술비 부述悲賦"라는 시에 담았다.

인생에 대한 환멸,

앞날에 대한 절망의 심정.

이미 삶의 종착역에 이른 것과 같은 지금,

앞으로 수많은 날들을 어떻게 지내야 한다는 말인……

이 시 외에도 효현 황후와 관련된 그의 시는 백여 편에 달한다.

건륭은 황후가 남긴 체온을 가까이에서 느끼고 싶었다. 그리하여 황후와 마지막을 보낸 배를 북경으로 옮기도록 하였다. 천신만고 끝에 배는 궁궐로 옮겨졌다. 청나라 황후의 시호諡號는 효장孝莊, 효의孝儀처럼 '효孝' 자를 앞에 썼다. 황후는 생전에 자신에게 '현賢' 자를 뒤에 붙여주기를 희망했었다. 그래서 건륭은 황후에게 '효현孝賢'이라는 시호를 내려 그녀의 꿈을 이뤄줬다. 그리고 엄청난 비용을 들여 호화로운 관과 능을 만들도록 하였다.

역사상 가장 비참한 황후

오라나납 황후

건륭의 두 번째 황후는 오라나납烏喇那拉이었다. 그녀는 건륭보다 일곱 살 어렸고, 옹정제가 넷째 아들 측실로 들었다. 성격이 온순하고 황태후의 귀여움을 받아 건륭 10년에 귀비의 지위에 올랐다. 건륭은 아직 효현 황후에 대한 그리움에 사무쳐 여인에 대한 티끌만한 상념도 없었지만, 본래 효성이 지극했던 그는 황태후의 간절한 바람을 받아들여 오라나납을 효현 황후가 세상을 떠난 지 3년 뒤인 건륭 15년에 황후로 맞아들였다. 건륭 17년에 그녀는 아들 영기永璂를 낳았고, 이듬해에는 딸을 낳았으나 세 살 때 죽었다. 그 2년 뒤 아들을 낳앉으나 역시 3년을 넘기지 못하고 세상을 떠났다.

건륭에 의하면, 황후의 성격은 갑자기 변하였다고 한다. 그녀는 발광을 일으키고 황태후에게도 불효하였다. 건륭 30년, 강남 남순南巡을 권하는 태후의 말에 따라 부부가 함께 태후를 모시고 강남에 여행하였다. 강남에 이른 건륭은 대신 화신和珅에게 말했다.

"지난 번 남순 때 총총망망 떠나는 바람에 제대로 구경도 못했으니 이번에 한번 즐겨보자꾸나! 듣자하니 이곳 강에서 뱃놀이가 대단하다던데……"

이튿날 두 사람은 민복으로 갈아입고 뱃놀이를 즐겼는데, 좌우에 미녀를 끼고 술을 크게 마셔 놀이는 그 다음날 해가 중천에 뜰 때까지 계속되었다. 그들은 태후의 명을 받은 태감과 십여 명의 시위들이 그들을 찾아낸 후에야 비로소 돌아왔다. 이 사실을 알게 된 황후와 건륭 간에 큰 싸움이 벌어졌다. 사실 그간 건륭의 냉대를 받아왔던 그녀였다. 더구나 자식들이 계속 죽어 정신적으로 이미 상처가 큰 상태였다. 감정이 격해진 황후는 급기야 자기 머리를 스스로 모조리 삭발하기에 이르렀

건륭남순도의 일부

다. 여자가 삭발을 한다는 것은 당시 만주의 습속에 의하면 남편이 죽었을 때나 하는 일로서 일종의 저주 행위였다.

분노한 건륭은 그녀를 당장 수로水路를 통하여 북경으로 돌려보냈다. 그런 다음 그녀의 관직을 모조리 빼앗아버렸고, 나중에는 냉궁冷宮에 가두었다. 얼마 지나지 않아 그녀는 사망하였다. 향년 49세였다. 하지만 건륭은 찾아 가보지도 않았고, 심지어 아들 영기가 그곳에 가자 어명을 내려 즉시 돌아오도록 명했다. 그러면서 황후가 아닌 귀비의 신분으로 격하시켜 관도 일반 평민이 사용하는 관을 사용하도록 하여 장례를 지내도록 하였다. 이에 반대하는 신하들도 모두 유배 보내고 심지어 사형까지 시켰다. 그녀는 가장 비참하게 생을 마친 황후로 기록되고 있다.

죽어서야 황후가 된 여인

건륭의 세 번째 여인은 바로 효의孝儀 황후이다.

효의 황후 위가씨魏佳氏는 본래 한족 출신이었지만, 뒷날 만주족 양황기鑲黃旗로 신분을 바꿨다. 신분이 낮은 궁녀로 궁중에 들어갔지만, 용모가 수려하고 성격이 온순 활달하여 일찍부터 건륭의 주목을 받았다. 낮은 신분의 출신임에도 불구하고 열아홉 살에 이미 귀비에 오른 그녀는 건륭 24년에 영귀비令貴妃의 칭호를 얻었고, 오라나납 황후의 삭발 사건 뒤 넉 달이 지난 건륭 30년에 황귀비의 자리에 올랐다.

그러나 오라나납 황후의 사단 뒤 건륭은 두 번 다시 황후를 세울 뜻이 없어 그녀는 죽을 때까지 황후의 자리에 오르지 못하였다. 건륭 60년, 건륭은 그녀의 아들 영염永琰을 황태자로 세운 뒤에야 비로소 그녀에게 황후의 칭호를 내렸다. 하지만 그녀는 이미 죽은 뒤였다.

건륭 40년, 향년 49세를 일기로 세상을 떠난 그녀는 건륭 21년부터 건륭 31년까지 6남 2녀를 낳아 청나라 후비 중 가장 많은 자식을 낳았다. 그 만큼 건륭의 총애를 받은 그녀였지만 끝내 황후의 지위도 누리지 못하였고 아들의 등극도 보지 못한 채 눈을 감았다.

강희제와 옹정제, 그리고 건륭제라는 출중한 황제들의 뒤를 가경제嘉慶帝 영염永琰이라는 지극히 평용平庸한 황제가 이어받으면서 청나라의 국세는 급속하게 기울었다.

67. 홍루몽紅樓夢 ◈ 소설과도 같은 저자 조설근의 삶

조설근 석상 (북경 조설근기념관 안에 위치)

『홍루몽』은 가히 중국 문화의 백과사전이라 할 만하다.

등장인물로는 위로 황실과 명문대가, 고관대작에서, 아래로는 궁중의 환관에서 궁녀와 관리까지, 더 천한 인물로는 창극배우와 눈먼 봉사 여자 이야기꾼, 정원 관리와 화훼 전문인, 그리고 무당이 출현하고 이밖에도 도사와 승려, 신선과 선녀에 이르는 온갖 인물들이 등장한다.

홍루몽은 가賈씨 집안의 5대에 걸친 흥망성쇠의 역사이다. 저자인 조설근曹雪芹의 가문이 걸어온 길과 거의 유사하게 그려낸 자전적인 작품이다.

행복했던 유년시절

조설근은 1715년 남경에서 태어났다. 조설근의 조상은 후금 시대에 포로가 되어 만주족 8기八旗 중 정백기正白旗로 편입되었다, 조설근의 가문은 그가 태어날 때 이미 100여 년 동안 만주족으로 살았다. 조설근의 친고모 두 명이 모두 만주족 왕족과 결혼했는데, 당시 청나라는 만주족과 한족 간의 혼인을 금지하고 있었으므로 조설근의 집안이 만주족이라는 것은 이미 공인된 사실이었다.

청나라 건국과 더불어 황실과 깊은 인연을 맺은 조씨 일가는 강희를 거쳐 옹정 초기까지 두터운 총애를 받으면서 남경의 강녕직조江寧織造(남경에 총국이 있으며, 명대와 청대에 걸쳐 궁중에서 필요한 비단과 방직제품을 제조하였다)에서 부귀영화를 누렸다. 조설근의 증조모는 강희제의 보모였었고, 조부는 강희제 때 어전시위를 거쳐 강녕직조에 임명되어 이후 강희, 옹정 시기 3대 58년에 걸쳐 남경 제1 호문豪門으로 권세와 부귀를 누렸다. 당시 강희제는 강남을 여섯 차례 남순하였는데, 조씨 가문은 네 차례나 영접을 맡았다. 조설근이 태어나기 몇 달 전 그의 부친이 세상을 떠나 그는 유복자로 태어났고, 강녕직조는 그의 숙부가 이어받았다.

이렇듯 그의 유년 시절은 황제의 은혜와 조상의 덕을 입고 강희옹정의 태평성대를 맞아 번화한 남경의 강녕직조에서 부귀하고 여유로우며 풍류를 즐기는 공자公子의 삶 그 자체였다. 매일같이 행복한 삶이었고, 그는 형제자매들과 책을 읽거나 서예를 하거나 혹은 거문고를 켜고 바둑을 두거나 그림을 그리거나 혹은 시를 지었다. 혹은 노래를 읊조리거나 봉황 수를 놓았는데, 그는 평생 이 유년 시절의 기억을 아련히 추억하며 간직하였다.

조설근은 어릴 적부터 숙부의 엄격한 가정 교육하에 자랐지만, 상투적인 팔고문을 매우 싫어했고 사서삼경에 흥미가 없었으며 과거시험에도 극심한 반감을 가졌다.

다행스러운 일은 조설근 가문이 대대로 시詩와 사詞에 관련이 깊은 집안으로서 대대로 '전당시全唐詩' 등 시집 정장서精裝書를 관리하였고, 또 양주시국揚州詩局을 총관하고 있었다. 더구나 그의 집안에는 장서가 엄청 많아 모두 3,287종의 정본이 보관되어 있었기 때문에 조설근은 어려서부터 농후한 문학과 예술의 분위기 속에서 훈육되었다. 그리하여 그는 자연스럽게 수많은 책을 섭렵하게 되었는데, 특히 시부詩賦와 소설 그리고 희곡을 즐겨 읽었다. 나아가 의약, 다도, 미식美食, 직조織造, 양생養生, 기예 등 백과 문화지식을 두루 섭렵하였다. 또한 이 시기에 그는 남경 각지를 비롯하여 소주, 양주, 항주 등지를 여러 차례 유람하여 평생 강남지방의 산수풍경을 마음에 품고 살았다.

영락한 집안에 피어난 천재의 예술혼

그러나 화려한 영화에는 언제나 끝이 있는 법이다. 1727년 옹정 5년, 조설근이 열세 살 되던 해 12월, 강녕직조 책임자로 있던 숙부가 횡령과 직조사업의 적자, 역참驛站 소란 등의 죄목으로 파직, 구속되고 전 재산이 몰수되었다. 조설근 집안은 이때 모두 북경으로 이주하였다. 이후 그의 집안은 다시 재기하지 못했다. 가세는 점점 몰락하여 나중에는 집문서조차도 맡겨야 했고 가족들도 뿔뿔이 흩어지고 말았다.

옹정 말기, 조설근은 장성해 나가면서 집안을 일으키기 위하여 집안 일을 하나하나 돕기 시작하였다. 그는 숙부 대신 손님을 맞아 접대하였고, 그런 중에 유명한 정치가를 비롯하여 부자, 저명 문사들을 만날 기회가 있었다. 그리고 그들의 영향을 받아 사상과 저술의 큰 뜻을 품게 되었다.

건륭 원년, 조설근이 22세 되던 해, 조설근 가문에 내려졌던 부채 탕감 조치가 완화되었고 그도 낮은 지위나마 관직을 얻을 수 있었다. 이 시기에 조설근은 돈성敦誠, 돈민敦敏 등 왕손王孫 공자들과 교류하였는데, 조설근은 그들과의 교류에서 북경의 왕부王府 문화도 접촉할 수 있었다. 돈성, 돈민 두 형제는 조설근의 재능과 풍모를 존경하였고, 그의 속박 받지 않은 자유로운 성격과 호방한 기개를 흠모하였다. 길고 긴 겨울 밤, 그들은 함께 모여 조설근의 물 흐르는 듯 끝없이 이어지는 기담奇談과 고담高談에 흠뻑 빠져들었다. 이 무렵부터 조설근은 그 유명한 홍루몽을 써내려가기 시작하였다.

대작 『홍루몽』의 탄생

30대에 들어선 조설근은 북경 일대의 초가암자에 기거하면서 들꽃을 감상하고 저술을 하며 창을 하면서 은거 생활을 하였다. 이 시기 그는 그림을 그리거나 글씨를 써서 팔고 돈성, 돈민 등 벗들의 경제적 도움으로 생계를 이어나갔다. 그리고 10년에 걸쳐 마침내 대작 『홍루몽』초

홍루몽 속의 대관원 (청대 화가 손온孫溫의 작품)

고를 완성하였다.

　어린 시절 휘황찬란했던 가문이 바닥까지 내동댕이쳐지는 그러한 어둡고 우울한 여정을 걸었던 저자가 자신의 뼈를 깎고 살을 베는 심정으로 한 글자 한 글자 피땀으로 써내려간 소설이 바로 홍루몽이었다.

　조설근이 46세 되던 해, 그는 유년시절의 소중한 추억이 고스란히 남아 있는 강녕을 1년여 기간 유력遊歷하였다. 그 뒤 북경에 돌아온 그는 홍루몽을 계속하여 저술하였다. 그런데 그가 48세 되던 해 어린 아들을 잃고 말았다. 깊은 슬픔에 빠진 그는 끝내 일어나지 못했다. 1762년 제야에 그는 세상을 떠났다.

　홍루몽은 중국 고대장편소설의 최고봉으로 평가되는 작품으로서 문화대혁명 기간에도 거의 유일하게 살아남은 문학 작품이다. 마오쩌둥은 기존 학계가 이 책이 담고 있는 철저한 반봉건사상과 남녀평등의 실현을 위한 시대적 자각에 대하여 제대로 인식하지 못하였다고 비판하면서 뿌리 깊은 부르주아적 사조를 일소하는 반우파 투쟁을 전개하였다.

68. 중국 역사상 가장 유명한 탐관 ◈ 화신

유능하고 청렴했던 젊은 시절

화신和珅(1750~1799)은 건륭제의 총신이자 청 왕조 최대의 탐관이었다.

건륭제 사후 청나라 조정은 화신의 집을 수색하였는데, 그의 집에서 무려 백은 8억 량이 나왔다. 이는 자그마치 당시 청나라 10년 재정수입에 해당하는 것이었다.

그러나 이렇듯 중국 역사에서도 가장 큰 간신이자 탐관오리인 그도 처음에는 대단히 청렴하고 총명한 관리였다.

화신은 만주족 출신으로 그의 어머니는 그가 3세 때 그의 동생을 낳다가 난산難産으로 세상을 떠났고 아버지는 그가 9세 때 사망하였다. 그는 만주어문만 아니라 중문과 몽골어문 그리고 티베트어문까지 능통하였고, 사서삼경에도 정통

화신

하였다. 과거에 합격하여 관직에 나간 뒤 23세 되던 해에 포목창고 관리를 담당하는 관리가 되었는데, 성실하게 직무를 수행하여 포목 비축

량을 크게 늘렸다. 그리고 이 때 뒷날 그가 엄청난 재산을 모을 수 있는 이재理財를 배울 수 있었다.

그 뒤 화신은 건륭제 의장대 시위侍衛로 자리를 옮겼다. 어느 날 건륭제가 야외로 나가려고 시종관들에게 의장을 준비하도록 했다. 그런데 가마를 덮은 황룡산개黃龍傘蓋가 제대로 준비되어 있지 않자 건륭은 화를 냈다.

"이는 누구의 잘못인가?"

황제가 화를 내니 좌우 신하들이 모두 사색이 되었다. 이때 한 젊은 교위 하나가 나서며 말했다.

"담당자는 책임을 변명하지 않는 법입니다."

이는 『논어』의 '계씨季氏' 편에 나오는 내용을 비유적으로 답한 것이었다.

어느 날 노나라의 권신인 계씨가 노나라의 신하국인 전유顓臾를 공격하고자 하였다. 그러자 계씨의 가신으로 있던 염유가 공자에게 이 사실을 알렸다.

"계씨가 전유에서 일을 벌이려고 합니다."

공자가 대답했다.

"구求(염유)야, 너희들을 꾸짖어야 할 것 같구나! 저 전유는 우리 노나라 땅에 있으니 이는 우리의 사직지신인 셈이다. 그러니 어찌 이를 정벌할 수 있겠느냐?"

"계씨가 하고자 하는 것이지 신하인 저희들이 하려는 것이 아닙니다."

다시 공자가 말했다.

"구야, 옛날 사관史官 주임周任이 말하길, '재능을 보여준 자는 능히 그 자리에 오르고, 만약 그렇지 못하다면 그만 두어야 한다.'라고 하였다. 눈먼 사람이 넘어지려 해도 잡아주지 아니하고, 위태로운데도 부축하지 아니한다면 부축하는 사람이 무슨 필요가 있겠느냐? 또 네 말은 잘못되었다. 호랑이와 들소가 우리에서 뛰쳐나오고 보물이 궤 속에서 망가지면 이는 누구의 잘못이겠느냐?”

“지금 전유를 취하지 않으면 훗날 반드시 후손들의 우환거리가 될 것입니다.”

공자가 힐난하였다.

“구야, 군자는 자신이 하고자 하는 일을 말하지 않으면서 굳이 다른 핑계를 대는 것을 가장 싫어한다.”

내심 탄복을 금하지 못한 건륭제는 그 젊은 교위를 불러 이름을 물었다. 바로 화신이었다. 외모도 준수했고 말솜씨 또한 또렷또렷하여 건륭제의 마음에 무척 들었다. 그래서 건륭제는 다른 문제들도 물어보았는데 화신의 답변이 마치 물 흐르듯 유창하였다. 더구나 화신의 용모는 건륭이 아직 황제가 되기 전에 연모했던 연귀비年貴妃와 너무 닮았었다. 본래 성격이 낭만적이었던 건륭의 마음에 들지 않을 수 없었다.

화신은 처음부터 부정부패한 관리가 아니었다. 오히려 뇌물을 주어도 거절하는 청렴한 관리로 명성이 높았다. 그러나 대학사 이시요李侍

이시요

堯의 부패 사건을 조사하는 과정에서 그 부정 재산을 몰래 착복하였다. 그런데 적발되기는커녕 오히려 그 사건을 잘 처리했다고 공훈을 인정받아 황제로부터 상금과 함께 칭찬을 들었다. 더구나 그 뒤 큰아들과 건륭제의 친딸 화효 공주가 결혼을 하게 되어 그는 그야말로 지체 높은 황친국척皇親國戚이 되었다.

건륭제는 화신과 하루도 떨어질 줄 몰랐다. 만주어, 중국어, 몽골어 그리고 티베트어 등 4개 언어에 능통했고 사서삼경에도 정통했으며 『삼국지연의』와 『춘추』 그리고 『홍루몽』까지 두루 섭렵한 그였다. 그는 주희의 철학까지 독파하였다. 또 시인인 건륭제와 더불어 능히 시를 지을 수 있었다. 그뿐 아니었다.

하루는 건륭제가 『맹자』를 읽는데, 날이 어두워서 잘 보이지 않았다. 화신에게 등불을 가져다 비쳐보라고 했는데, 화신이 어느 구절이냐 묻더니 그 책의 모든 주를 외워서 건륭에게 말해 주었다. 또 황제가 강남을 순행할 때 엄청난 자금이 소요되었다. 하지만 이때마다 돈을 만드는 데 귀신인 화신의 능력이 특별히 발휘되어 경향 각지에서 자금을 조달할 수 있었기 때문에 건륭은 별 어려움 없이 강남 순행을 다닐 수 있었다. 건륭에게 그만한 신하가 따로 존재할 수 없었다.

어쨌든 황제와 사돈이 된 화신은 그야말로 최고의 권신이 되었다. 한림원 대학사로서 그리고 군기대신으로서 조정 대권을 한 손에 거머쥔 화신은 특히 자신을 탄핵한 바 있었던 문관들을 혐오하여 많은 문관들이 명나라를 추종하여 청나라를 비방했다는 혐의를 씌운 이른바 '문자옥文字獄'으로 그들을 체포하고 사형시켰다.

이제 그는 젊은 시절 청렴했던 자신의 이미지를 벗어던지고 공공연하게 재산을 긁어모으는 데 혈안이 되어 뇌물을 받는 것은 물론이고 드러내놓고 횡령하거나 백주 대낮에 빼앗기도 하였다. 지방 관리들의 상납품은 화신의 손을 거쳐 황제에게 올라갔는데 그는 그 중 진귀한 것들을 가로챘다.

그는 전국의 모든 상인들을 자신에게 굴복하게 만들었고, 만약 말을 듣지 않으면 폭력배들을 동원하여 멸문시켰다. 절강성의 부호 증씨曾氏는 화신에게 경비를 바치기를 거부했다가 집에 강도가 들이닥쳐 하룻밤 사이에 모든 가족이 몰살당하고 전 재산을 강탈당했다. 겉으로는 강도를 당했다고 소문이 났지만 사실은 모두 화신의 손에 들어갔다.

18세기 세계 최고의 갑부, 화신

화신은 18세기 당시 세계 최고의 부자였다. 같은 시대 독일의 저명한 금융가 마이어 암셸 로스차일드Mayer Amschel Rothschild보다 재산이 더 많았다. 화신 스스로가 대상인이기도 하였다. 대규모의 전당포도 열었고, 영국의 동인도회사 및 청나라의 대외무역 독점 기관인 광동십삼행廣東十三行과 교역하기도 했다.

하지만 건륭제가 화신의 부정을 밝히지 않는데다가 사람들은 화신이 두려워서 고발하지 못했기 때문에 그의 재산이 단 한 번도 드러난 적이 없었다. 화신의 비위를 맞추느라 조정 안팎의 관리들은 백성들에게서 수탈해 온 진귀한 보물들을 앞을 다투어 그에게 갖다 바쳤다.

건륭제는 제위 60년 만에 태자 영염永琰에게 황제 자리를 양위했는데, 그가 바로 가경제嘉慶帝이다. 그러나 건륭은 비록 양위는 했지만 완전히 물러난 것은 아니었다. 그는 화신을 가경제와 자신의 중간에 있게 하고서 섭정하였다. 이 무렵 건륭제의 말소리는 매우 작고 더듬거려서 오직 화신만이 알아들을 수 있는 정도였다. 화신은 모든 국정을 농단했고, 가경제는 그저 허수아비였을 뿐이었다. 사람들은 화신을 '이황제二皇帝'라 불렀다.

마침내 건륭제가 붕어하자 가경제는 즉시 화신의 20조 대죄를 선포하고 그의 집을 압수 수색하도록 명했다.

그의 집에서 백은 8억 량을 압수했는데, 당시 청 왕조 1년 세수는 고작 7, 8천만 량에 지나지 않았다. 청나라 조정의 10년 세수입에 해당하는 액수였다. 화신의 재물은 이후 국고로 옮겨졌으며, 민간에서는 "화신이 거꾸러지니 가경(황제)의 배가 부르구나."라는 말이 퍼졌다.

국법을 담당하는 정의廷議가 화신을 능지처참 할 것을 청했으나 화효 공주의 시아버지이고 선조先朝의 대신이었던 점이 참작되어 자진自盡이 윤허되었다. 정월 18일, 마침내 흰 노끈이 보내지고 화신은 자진하였다. 아들은 화효 공주의 남편이었기 때문에 면죄되었다.

건륭제 이후 청나라가 쇠락한 데에는 화신의 엄청난 부정부패가 커다란 요인 중의 하나로 꼽힌다. 당시 화신뿐만 아니라 관료층의 부패는 점차 만연되고 있던 상황이었다. 건륭 말기에는 백련교가 크게 발흥하여 사회 혼란이 조성되기도 하였다. 건륭은 강희의 위민爲民 전통을 충실하게 이어받아 세금 징수를 최소화했지만, 이러한 세수 제한은 급속하게 증가하는 인구와 영토에 대처하기 위한 국가 재정의 확충을 오히려 축소시키는 역작용을 발생시켰다.

그리고 이는 제국의 쇠퇴로 이어졌다.

화신의 옛집 (후에 공친왕의 저택이 되었다)

69. 친구를 한 명 사귀면 길이 하나 늘어난다 ❖ 호설암

호설암胡雪巖(1823-1885)의 본래 이름은 광용光墉이며, 자는 설암雪巖이다.

근대 중국을 대표하는 지성 노신魯迅은 "호설암이야말로 봉건사회의 마지막 위대한 상인이다"라고 일찍이 극찬한 바 있다, 그가 세상을 뜬 지 백년이 지났지만 오늘날까지도 많은 중국 경영자들은 그를 존경하는 인물로 꼽는다.

위험이 많은 사업일수록 이윤이 많다

호설암은 인재를 활용하고 적절히 정계와 강호江湖 세력을 이용하였으며, 재물을 베풀어 인연 만들기를 즐겨하였다. 그리고 얄팍한 상혼으로 욕심을 부리지 않고 속이지 않는 것으로 도덕성을 지켰다.

호설암은 살아있을 때 이미 '살아있는 재물의 신', 즉 '활재신活財神'이란 말을 들었고 세상을 떠난 뒤에도 '상신商神'이라고 존숭되었다. 그는 황제로부터

호설암

상인으로서는 최고의 영예인 붉은 모자를 하사받은 최초의 홍정상인紅頂商人이다.

그의 인생철학은 "불행이 다하면 행복이 찾아오고 즐거움이 다하면 슬픔이 찾아온다."는 것이었으며, "인仁에서 이익利을 구하는 자야말로 진정한 군자이고, 의義에서 재물을 구하는 자가 진정한 대장부다"라는 상경지도商經之道를 온몸으로 실천한 인물이었다.

그는 상인이라면 이득을 위해서는 칼날에 묻은 피도 핥을 수 있어야 한다고 말하면서도 몇 가지 원칙을 정했다.

법의 범위를 벗어난 검은 돈을 경계했고 자신의 이익을 위해 남의 이익을 빼앗지 않으려 했으며, 신의와 양심을 저버리면서까지 돈을 벌고자 하지 않았다. 이익을 최우선으로 생각했지만 그 이익 뒤에는 반드시 재물을 베풀어 주위 사람들에게 혜택을 나누고자 했으며 구두쇠가 되는 것을 늘 염려했다. 그는 어디까지나 명분을 중요시하였고 신뢰를 중시하였다. 그러면서도 변화에 기민하게 대응하고 융통성을 발휘하였다.

"상인은 이익을 중시해야 하며, 이익이 있는 일이라면 칼날에 묻은 피를 핥는 것도 마다하지 않아야 한다. 위험이 따르지 않는 사업은 누구든지 할 수 있지만 그만큼 성취도도 떨어진다.

위험이 많은 사업일수록 이윤이 많다. 나 호설암은 돈이 보이면 비록 자본을 날리는 한이 있더라도 과감하게 밀고 나갔다. 남에게 먹힐 바에야 차라리 나 자신에게 먹히는 것이 낫지 않는가!"(호설암 어록)

친구를 한 명 사귀면 길이 하나 늘어난다

호설암은 1823년 중국 안휘성 적계績溪라는 곳에서 태어났다.

안휘성은 역사적으로 상업이 발달한 지역이었다. 호설암은 아버지가 죽고 집안이 어려워지자, 12살 어린 나이임에도 취업전선에 뛰어들어 항주에 있는 금융기관인 신화전장新和錢庄에 취직하였고 3년 만에 정식 직원이 되었다.

그렇게 호설암의 나이가 막 20세를 넘기고 있을 때였다. 자주 가던 찻집에서 왕유령王有齡이라는 손윗사람을 알게 되었다. 왕유령은 복주 사람인데 아버지를 따라 절강에 왔다가 항주에 머물고 있었다. 하지만 그 무렵 관직에 오르지 못한 왕유령의 아버지는 병을 얻어 목숨을 잃고 만다. 마땅히 갈 곳도 없는 처지인지라 왕유령은 계속해서 항주에서 객지 생활을 하고 있었다. 실업자 신세인데다 몰골도 초라하기 짝이 없었다.

관직 매수는 가짜 관직을 사는 것인데, 청나라 때는 이부吏部에서 발행하는 증서만 손에 쥐면 관원이 될 수 있는 자격을 얻었다. 만약 결원이 생겨 그 자리에 앉고 싶다면 반드시 이부에 가서 보고해야 했는데, 이를 '투공投供'이라 불렀다. 호설암은 왕유령을 비범한 인물이라 여겨 은자 500백 냥을 꺼내 손에 들었다. 원래 주인이 빚을 받아오라고 해서 생긴 돈이지만, 애초에 돌려받을 가능성이 거의 없었으니 빈손으로 가도 주인에게 큰 죄가 아닐 듯 싶었다. 호설암은 그 돈을 전장에 내놓지 않고 그것을 밑천으로 큰 투자를 해야겠다고 생각하고 있던 터였다. 그때 마침 왕유령이란 인물이 눈앞에 나타났으니, 그는 사람으로 돈을 벌어야 진정으로 뛰어난 능력을 가진 사람이라고 판단하였다.

호설암이 왕유령을 만나 북경에 '투공'하러 갈 수 있도록 돈을 주겠다고 하자, 왕유령은 크게 놀라며 손을 저어 거절했다. 이렇게 큰돈을 빌리는 데 보증을 서줄 사람도 없었고 또 갚을 능력도 없었기 때문이다.

하지만 이내 호설암의 진심을 파악한 왕유령은 뜨거운 눈물을 흘리며 땅에 엎드려 절을 하려고 했다. 호설암은 그런 그를 일으켜 세웠다. 두 사람은 서로 사주를 적은 종이를 교환하고 의형제를 맺었다. 호설암은 번듯하게 술상을 차려 왕유령의 성공과 금의환향을 기원했다. 다음날 왕유령은 북쪽으로 길을 나섰다.

하지만 이것은 분명히 공금횡령에 속하는 행위였다. 그리고 결국 그 사실이 발각되어 호설암은 전장에서 해고되었다. 다행히도 호설암 덕분에 왕유령은 중앙정부의 관리에게 줄을 대어 관직을 얻을 수 있었다. 얼마 지나지 않아 왕유령은 절강성으로 전임되었고 계속 벼슬이 올라갔다. 그리고 호설암은 부강전장阜康錢庄을 열었고, 그의 사업은 더욱 번창하였다.

얼마 뒤 전장은 20여 개에 이르렀다. 또 왕유령의 적극적인 도움 덕택으로 저장성의 군량미 운반과 병기 군납을 독점할 수 있었다. 이렇게 하여 호설암은 절강성 제1의 거부가 되었다.

"친구를 한 명 사귀면 길이 하나 늘어나지만 적을 한 명 만들면 담장이 하나 더 생긴다. 장사를 하면서 상대에게 위협을 주게 되면 적대 관계가 만들어져 누구에게도 이익이 되지 않는 만큼, 최대한 화해할 수 있는 방법을 찾아내는 것이 손해를 보지 않는 현명한 행동이다.

상인이 갖춰야 할 능력은 사람을 제대로 쓸 줄 아는 것이다. 나는 쓸 만한 구석이 있다면 다른 단점을 모두 덮어두고 기용하였다. 내 성공의 비결은 남들이 감히 데려다 쓰지 못하는 인재를 과감히 받아들이는 것이다." (호설암 어록)

명예와 이익은 동전의 양면이다

1862년 저장성 순무巡撫로 재직하
던 왕유령은 태평천국군의 사나
운 공격에 패퇴하여 자결하고 말
았다. 순식간에 호설암은 기댈 언
덕을 잃고 위기에 빠졌다.

태평천국의 화폐

  이때 홀연히 나타난 인물이 좌
종당左宗棠이었다. 좌종당은 왕유령
의 후임으로 저장 순무에 임명되
었다. 그러나 당시 좌종당이 이끄는 군대는 군량미를 보급 받지 못한 지
이미 5, 6개월이 넘어가면서 굶어죽는 자와 전쟁으로 인해 사망하는 자
가 부지기수였다. 이때 호설암은
불과 3일 내에 10만 석의 양식을
좌종당의 군대에 보내주는 능력
을 보여주면서 좌종당의 확실한
신임을 얻었다.

  좌종당의 지원 하에 그는 상인
겸 관원의 신분으로 영파寧波와 상
해 등 항구들의 통상업무도 담당
하면서 외국군관에 의한 좌종당
군대의 신식 군사훈련을 지원하
였고, 서양식 총기와 대포로 무장
할 수 있도록 물심양면으로 도왔
다. 태평천국군을 저장성에서 모

좌종당

두 소탕한 뒤 좌종당 군대가 거둬들인 모든 물자는 호설암의 전장錢莊에 맡겨졌고, 그는 이 자본을 바탕으로 무역활동을 확대시켰다. 그는 각 도시에 잇달아 점포를 내 그의 점포는 20여개에 이르렀다.

그는 국가의 공식적인 공무에도 참여하여 상해채운국采運局을 관장하였고 복건선정국船政局의 관리도 겸하였다. 상인이면서도 고위 관직을 겸하는 인물이 된 것이었다. 이때 그의 자산은 2,000만여 량이었고, 금융을 독점하면서 시장을 마음대로 조종하였다. 황제 총애의 상징인 붉은 모자紅頂와 황마고자黃麻褂를 하사받은 것도 이즈음이었다.

한편 호설암은 항주에 거금 20만 냥을 투자해 호경여당胡慶餘堂이라는 약방을 설립하였다. 그리고 이 약방을 북경의 동인당同仁堂과 함께 중국을 대표하는 전통 제약회사로 키웠다. 그는 "약업은 생명과 관련된 것이므로 절대로 속이지 말라"면서 '속이지 말라'는 뜻의 '계기戒欺'라는 글자를 편액으로 만들어 걸도록 하였고, 또 진심과 성의로 약을 제조하여 신용을 지키겠다는 뜻으로 '진불이가眞不二價'라는 글자도 같이 걸도록 하였다.

호경여당은 비록 역사는 짧았지만 동인당과 같은 전통 있는 약방과 경쟁하기 위하여 투자와 노력을 아끼지 않아 특히 탕제湯劑와 조편組片 분

호경여당의 현재 모습

야에서는 당시 세계 최고 수준에 이르렀다.

그 결과 벽온단僻瘟丹이나 팔보홍령단八寶紅靈丹, 제갈행군산諸葛行軍散과 같은 명약을 만드는 데 성공할 수 있었다. 태평천국의 난이 실패로 끝난 뒤 각지에 전염병이 돌자 호설암은 약을 무료로 제공하였고, 서북 지역으로 출정한 좌종당의 병사들이 걸린 풍토병이 확산되자 약재를 대대적으로 지원하였다.

평소 상업 경영에서 인재가 승패의 핵심이라는 원칙을 가지고 있던 호설암은 약방을 경영하는 최고 경영자를 공개 채용을 거쳐 뽑았다. 거금을 던진 약방 설립과 최고 경영자의 공개 채용, 이 모두 당시로서는 생각할 수 없는 과감한 선택이었다.

"사람은 죽어서 이름을 남기고, 호랑이는 죽어서 가죽을 남긴다. 장사의 도리도 이와 같아서 명성을 떨치는 것이 중요하다. 이름을 얻지 못하면 고객을 끌어들일 수 없다. 명예와 이익은 동전의 양면이다.

우선 평판을 잘 쌓아야만 사업이 번창할 수 있고 거대한 부도 축적할 수 있다. 돈만 바라보고 다른 모든 것을 무시하는 사람은 결국 돌로 자기 발을 찍는 화를 자초하는 셈이다." (호설암 어록)

의義에서 재물을 구하라

호설암은 이익을 올리는 데에만 힘쓰지 않았다. 그는 수십만 구에 이르는 시체를 거두어주었고 굶주린 백성들에게 죽을 쒀서 나눠주는 구빈소를 설치했으며, 약국과 학교를 설립하며 무너진 고찰도 다시 수축하였다. 뿐만 아니라 전란으로 움직이지 못했던 마차를 다시 통행할 수 있도록 보조하였다. 이로 인하여 호설암의 명성은 천하에 널리 퍼져나갔다. 그에 따라 그의 사업도 더욱 번성해갔다.

호설암의 옛집 정원

그 뒤 서북쪽 신강新疆 지역이 불안해지자 조정은 좌종당으로 하여금 출정하도록 했는데, 식량조차 보급이 되지 못하였다. 이때 호설암이 나서서 자신의 책임으로 서양으로부터 차관을 빌렸고 대규모 약재도 보급하는 등 신강지방을 안정시키는 데 커다란 공을 세웠다. 그는 국가가 있어야 비로소 사업도 존재할 수 있다고 확신하였다. 일본에 두 번 방문했을 때도 일본으로 몰래 빼돌려진 국보급 중국 문화재를 높은 가격을 치르고 다시 사들여 중국에 들여왔다.

호설암은 이외에도 각지에 극심한 가뭄이 발생하자 기꺼이 자금을 보냈다. 이렇게 그가 내놓은 재산만 해도 20만 량의 백은에 이르렀다.

"작은 장사를 하려면 상황에 순응하면 되지만, 큰 장사를 하려면 먼저 나라의 이익을 생각해야 한다. 전체적인 상황이 호전되면 사업도 순탄해질 방법이 생긴다.

세상이 태평해지면 무슨 장사인들 못하겠는가! 그때가 되면 내가 도와준 만큼 나라에서도 보답할 것이니 서로 도움을 주고받게 될 것이다."

(호설암 어록)

호설암의 최후

1882년 그는 상해에 잠사蠶絲 공장을 설립하였다. 당시 생사生絲 가격이 계속 폭락하고 있었는데, 그는 이러한 현상이 중국 상인들 간의 과도한 경쟁으로 외국 상인에게 가격권을 빼앗겼기 때문이라고 판단하였다. 호설암은 높은 가격으로 잠사를 대규모로 사들였고, 마침내 최초로 중국 상인과 외국 상인 간의 상업전쟁이 벌어졌다. 처음에는 국내 비단을 독점적으로 매입한 호설암이 주도권을 쥐면서 서양 상인들은 몸이 달았다. 이제 호설암의 압승이 머지않은 듯 보였다.

그러나 이때 뜻밖의 상황이 전개되었다. 이탈리아에서 생사가 대풍년을 거둔 것이었다. 호설암과 서양 상인 간에 치열하게 벌어졌던 전쟁의 추는 급속히 기울게 되었고, 다음 해 여름 호설암은 결국 헐값으로 생사를 팔아야 했다. 그는 무려 1,000만 량의 손실을 입었고, 사방에는 예치금을 찾으려는 아우성으로 가득했다.

또 이 해에 베트남에 대한 종주권을 놓고 청나라와 프랑스 사이에 전쟁이 벌어졌다. 좌종당이 조정의 명을 받고 전선에 나아갔다. 그런데 이 기회에 이홍장李鴻章이 나섰다. 이홍장은 좌종당의 라이벌이었다. 그는 좌종당을 치기 위해서는 먼저 호설암을 제거해야 한다고 늘 생각했다. 때마침 호설암이 좌종당의 군비 조달을 위해 외국은행으로부터 대출받은 자금의 상환일이 임박했다. 본래 이 대출금은 청나라 정부가 각 지방으로부터 군비를 걷어서 갚아야 하는 것이었다. 하지만 이홍장은 걷힌 자금을 묶어둔 채 일부러 호설암에게 지급하지 않았다. 그 사실을 전혀 알지 못했던 호설암은 나중에 받을 수 있을 것으로 생각하고 먼저 자신의 전장에서 자금을 조달해서 대출금을 상환했다. 부강전장의 잔고가 이렇게 줄어든 상황에서 이홍장은 최후의 일격을 가한다. 고액 예금주들로 하여금 호설암의 전장에서 예금을 인출하도록 한 것이다. 맡긴 돈을 잃을지도 모른다는 불안감에 너도나도 전장으로 몰려들었다.

마침내 1883년 12월, 각지의 부강전장이 잇달아 문을 닫고 호설암은 파산하고 만다. 호경여당도 주인이 바뀌었다. 게다가 조정에서는 호설암이 공금으로 개인적인 이익을 취한 죄까지 추궁하였다. 일찍이 그가 좌종당의 군비 조달을 위해 외국은행으로부터 대출을 받았던 것이 화근이었다. 당시 호설암은 실제 대출이자보다도 훨씬 더 많은 액수로 조정에 거짓 보고하고 그 차액을 챙겼다. 삭탈관직과 가산 몰수는 물론이고 참형을 받아야 마땅했지만 다행스럽게도 호설암은 체포되기 직전에 세상을 떠났다. 1885년 11월, 그의 나이 63세였다. 호설암이 죽기 바로 두 달 전에 좌종당이 병사했다.

빈손으로 일어나 재물을 한 손에 거머쥐었던 호설암은 그렇게 다시 빈손으로 이승을 떠났다.

"나는 빈손으로 사업을 일으켰고 마지막에도 빈손이었다. 잃은 것이 없는 것이다. 잃은 것이 없을 뿐 아니라 그동안 먹고 쓰고 움직인 것을 모두 번 것이다. 죽지만 않는다면 나는 언제든지 빈손으로 다시 사업을 일으킬 수 있다.

'모사재인 성사재천謀事在人 成事在天'이라는 말이 있다. 사람들은 이 말의 의미를 일생의 성패가 오로지 어찌 해볼 수 없는 운명에 달려 있다는 뜻으로 이해한다. 그러나 나는 이 말을 완전히 바꿔 '뜻을 세우는 것은 나에게 달려있고, 일을 이루는 것은 남에게 달려 있다'고 말하고 싶다."

(호설암 어록)

70. 몰락하는 왕조의 마지막 실권자 ❀ 서태후

중국에서 자희慈禧 태후라고 널리 불리는 서태후西太后는 1835년 안휘성의 한 몰락한 관리의 딸로 태어났다. 만주족 출신으로 성은 예허나라葉赫那拉였고, 어렸을 때는 행정杏貞 또는 행아杏兒로 불렸다. 1852년 17세에 궁녀가 되어 자금성에 들어간 서태후는 그로부터 4년 뒤 큰아들을 낳고 의비懿妃로 봉해졌다.

서태후

1860년 영국과 프랑스 연합군이 북경에 진공하자 함풍제는 열하로 피난을 갔고, 다음해에 그곳에서 31세로 요절하고 말았다. 이때 유일한 후계자였던 그녀의 6살 난 아들이 황제로 즉위한 뒤 본래 이친왕, 정친왕 그리고 대신 숙순肅順을 중심으로 하는 8대 대신이 권력을 장악하고자 하였다. 그러나 권력욕이 대단했던 그녀는 공친왕과 연합하여 신서辛西정변을 일으켜 8대 대신을 체포했다. 그리고 이친왕, 정친왕, 숙순을 처결하고 나머지 사람들은 모두 삭탈관직하였다.

그리고 연호를 동치同治로 바꾸고 수렴청정을 시작했다. 그녀는 자희慈禧태후로 칭해졌고, 마침내 그녀의 시대가 열렸다. 이때 서태후는 '서태후西太后'라는 명칭도 얻게 되었다. 황제의 궁을 가운데 두고 동태후와 서태후의 거처가 각각 동쪽과 서쪽에 있었기 때문에 붙여진 것이다. 수렴청정 초기 서태후는 황족인 공친왕과 연대하여 청나라의 자강운동에 힘을 기울였다. 제도와 인사 개혁을 통해 한족들에게도 기회를 주었고 태평천국의 난도 완전히 진압하는 등 부국 자강운동은 어느 정도 성과를 이루었다. 후세에서는 이 시기에 일시적인 중흥이 이뤄졌다 하여 '동치중흥同治中興'이라고 부른다.

그러나 1884년에는 그간 자신의 권력을 만들어 주었던 협력자 공친왕마저도 숙청하여 1인 독재 체제를 구축하였다. 1889년 서태후는 동치제와 광서제에 이은 오랜 수렴청정 끝에 광서제를 결혼시키면서 외형적으로는 황제의 친정을 선포하였다. 하지만 여전히 권력은 그녀의 수중에 있었다.

오늘 나를 즐겁지 못하게 하는 자는 평생토록 즐겁지 못할지니

서태후의 사치와 향락은 중국 역사상에도 그 유례를 찾을 수 없을 정도였다. 그녀가 먹는 음식은 한 끼에 128가지나 되었다. 백은으로 100만 냥에 해당되어 당시 중국 농민의 약 1년 치의 끼니에 해당하는 정도의 금액이었다. 그녀가 입는 옷은 3000여 상자나 되어 하루에도 몇 번씩 옷을 갈아입고 다녔고 특히 보석에 대한 욕심이 심했다. 언제나 비취와 진주로 머리 장식을 했고 비취 구슬과 진주를 매단 옷을 입었으며, 비취 팔찌, 비취 반지뿐 아니라 손톱까지도 비취로 감쌌다. 식탁도 비취로 만든 식기들로 차리게 했고 비취로 악기를 만들어 연주하게 하였다.

1894년에는 자금성 북쪽에 새로 지은 이화원으로 거처를 옮겼는데, 해군 군비의 일부를 빼돌려 이화원을 짓는 데 사용하였다. 어떤 사람이 이화원 공사를 중지하고 군비로 사용해야 한다고 주청하자 서태후는

이화원 (서태후의 여름 별장)

대노했다.

"오늘 나를 즐겁지 않게 만든 자는 평생토록 즐겁지 못할 것이다."

그 뒤 청나라 군대는 조선에서 연전연패하였고 막강하다던 청나라의 북양수사北洋水師는 황해 전투에서 대패하였다. 서태후는 자신의 육순 잔치에 영향을 받을까 노심초사하여 전쟁을 하루바삐 끝내고자 하였다. 그녀는 이홍장의 강화 노선을 지지하여 광서제를 비롯한 주전파를 억누르고자 하였다.

하지만 전쟁 상황이 갈수록 심각해지고 조정에서도 투쟁 노선이 강력해지면서 그녀는 할 수 없이 자신의 6순 행사를 축소할 수밖에 없었다. 금주와 대련이 속속 함락되고 여순이 위기에 직면하고 있는 가운데 그녀의 6순 행사는 자금성 안의 영수궁寧壽宮에서 치러졌다. 다음 해 2월 7일 북양수사가 전멸하고 청나라 군대는 육지와 해양에서 모두 대패하여 서태후를 비롯한 주화파들은 일본에 강화를 요청하기로 결정하였다. 그녀는 이홍장을 일본에 파견하여 강화를 구걸하였고 마침내 4월 17일 중국 역사상 가장 치욕적인 시모노세키조약이 체결되었다.

청일전쟁은 청나라의 처참한 패배로 끝이 나고 청나라는 만천하에 자신들의 국력이 형편없음을 알리는 꼴이 되고 말았다. 열강의 압박은 심해졌고 반드시 사회 개혁을 해야만 한다는 분위기가 청나라 지식인

사회에서 광범하게 형성되었다. 광서제는 이 지식인층의 새로운 분위기에 적극 동조했다. 강유위, 양계초를 비롯한 많은 지식인 학자들이 시대에 맞지 않는 법과 제도를 고쳐 나라를 부강하게 하자는 취지로 이른바 '변법자강운동變法自疆運動'에 나섰다.

그러나 이들의 개혁운동은 서태후와 그녀를 둘러싼 보수파들에 의해 번번이 방해를 받았다. 서태후 세력을 몰아내지 않고서는 아무것도 할 수 없다고 판단한 개혁파와 광서제는 당시 군부세력으로 부상하고 있던 원세개를 끌어들였다. 그러나 원세개는 겉으로는 개혁파에 동조하는 척 할 뿐 어디까지나 철저히 이해타산을 따지는 인물이었다. 광서제가 원세개袁世凱(또는 위안스카이*)로 하여금 서태후를 제거하려 한다는 소식을 들은 서태후는 무술정변을 일으켜 광서제를 자금성 영대에 유폐시켰다. 그리고 그를 도와 변법자강에 나섰던 지식인들을 모조리 잡아들였고 담사동譚嗣同 등 여섯 명을 처형했다. 강유위를 비롯한 일부는 해외로 망명하여 목숨만은 건질 수 있었다.

의화단과 청나라의 몰락

무술정변 후 산동성과 하북성 등지에서 의화단 운동이 발생하였다. 의화단은 당시에 '권비拳匪의 난'이라고 칭해졌다. 그들이 권법을 익혔기 때문에 붙여진 이름이다. 의화단은 의화권義和拳이라는 비밀결사에서 유래했는데 권법, 봉술, 도술을 중심으로 육체를 단련하면서 종교 활동을 겸한 단체였다. 백일 동안 권법을 익히고 주문을 외우면 물과 불에도 다

---

* 중국 인명의 표기 원칙은 19세기 말을 기점으로 과거인과 현대인을 나눈다. 과거인의 인명은 한자음대로 표기하지만 현대인은 중국어 표기법에 따라 표기한다. 원세개는 한자음 표기와 중국어 표기법이 다 허용되는 과도기적 인물로 이 책에서는 두 가지 표기법을 다 사용했다(편집자 주).

치지 않고 창과 대포도 피할 수 있는 신통력이 생기고, 이렇게 사백일 동안 하면 하늘을 나는 마력을 얻을 수 있다고 믿었다. 그들은 예수에 대항하였고 옥황상제에서부터 손오공에 이르는 여러 숭배대상을 전통신앙에서 찾아냈다.

의화단 운동은 차츰 부청멸양扶淸滅洋을 기치로 하여 여러 곳에서 기독교도를 살해하고 교회를 불태웠으며 선교사를 축출하였다. 철도와 전신 시설을 파괴하는 반외세 투쟁도 본격적으로 벌여 나갔다.

의화단 깃발을 든 의화단 단원

1900년 4월 의화단 세력은 천진과 북경에 들어가 모든 외국세력에게 물러날 것을 요구하면서 외국공사관이 모여 있는 지역을 포위했다. 당시의 의화단 세력은 약 20만 명 정도였다. 영국, 프랑스, 미국, 독일 등의 서양세력들은 청나라에 두 달 내에 의화단을 진압할 것을 요구하고 청나라가 진압하지 못한다면 서양 연합군을 결성하여 이를 진압하겠다는 뜻을 밝혔다.

그러나 무술정변 이후 권력을 장악하고 있던 서태후는 의화단의 진압에 적극적이지 않았다. 서양 열강들은 서태후가 권력의 자리에서 물러나야 하며 그녀에 의해서 폐위되었던 광서제가 복위되어야 한다는 요구를 전달했다. 이에 서태후는 강력히 반발하였다. 그녀는 의화단을 북경에 불러들여 활동하게 함으로 열강에 선전포고를 했다. 의화단과 청나라 정부군은 북경의 공사관 구역에 모여 있는 외국 외교관들을 공

자금성 안에 집결한 8개국 연합군

격하는 한편 화북 전역에 걸쳐 반외세 투쟁을 벌여 나갔다. 북경에 들어온 의화단은 거리를 떼 지어 다니면서 서양과 관계되는 것은 눈에 보이는 대로 파괴했다.

마침내 1900년 6월, 청나라는 광서제의 이름으로 독일과 미국을 비롯한 11개국에 선전포고를 하였다. 이윽고 4만 5천여 명으로 이뤄진 8개국 연합군은 천진을 함락시킨 데 이어 8월 14일 북경에 진입하여 자금성 동화문을 공격하였다. 북경은 서양 군대에 의해 무자비하게 파괴되고 약탈당했다. 일본군은 자금성의 창고에서 은 삼백만 량을 강탈하고 흔적을 없애기 위해 건물을 태워서 파괴했다. 연합군 총사령관 독일인 발데르제는 17세기에 제작된 천문 기구를 약탈하여 베를린으로 보냈다. 명나라 시기의 영락대전 307권과 각종 진본 도서 4만 6,000여 권도 약탈하였다.

서태후는 광서제 등과 함께 서안으로 도피하였다. 그러고는 전쟁의 책임을 의화단에게 전가시키도록 하면서 이홍장 등으로 하여금 강화를 맺도록 하였다. 1901년 9월 7일 청나라는 11개 국가와 신축辛丑조약, 즉 북경의정서를 체결하였는데, 조약은 청나라에게 당시 중국 인구에 해당하는 4억 5천만 량의 백은을 배상하도록 하였다. 이는 중국인 1인당 1량 배상이라는 뜻으로서 노골적인 모욕의 의미를 지니고 있었다.

이 배상금은 39년에 나누어 갚아야 하고 이자는 1년에 4 리였다. 이 밖에 포대砲臺를 철거하며 전쟁 책임자를 처벌하는 등의 조건도 붙어 있었다. 이 해 10월 서태후는 수만 명을 이끌고 짐을 실은 3천여 대의 마차로 서안을 출발, 3개월 만에 북경에 돌아왔다.

이후 서태후는 경제, 군사, 정치, 관제 등 각 분야에 걸쳐 이른바 '신정新政'이라 칭해지는 개혁을 시행하였다. 1908

각국 대표들의 서명이 있는 신축조약

년에는 자신의 용모에 자신감이 있었고 또 고루하고 사나운 노인네 이미지를 극복하는 방법으로 잘 꾸민 자신의 대형사진을 선물로 보내는 사진외교를 펼친 미국 루스벨트 대통령이 배상금 1천여만 달러를 반환하였고, 이 돈은 중국 정부의 국비유학생을 돕는 데 사용되었다. 이후 영국, 프랑스, 벨기에, 이탈리아, 네덜란드도 잇달아 배상금을 반환하였고 이를 통한 교육사업은 상당한 성과를 거두었다.

1908년 11월 14일 광서제가 세상을 떠나 부의溥儀가 제위를 이었다. 서태후는 태황태후가 되었다. 그러나 그 이튿날 서태후는 중남해中南海에서 세상을 떠났다. 향년 74세였다. 서태후는 임종 때 유언을 남겼다.

"지금 이후 여자는 국정에 간여할 수 없다. 이는 본 왕조의 가법과 어긋나며 반드시 제한해야 한다. 더욱 조심할 것은 태감으로 하여금 권력을 농단하게 해서는 안 된다는 것이다. 명말明末의 일들이 본보기가 될 것이다!"

그녀가 남긴 명과 암

그녀는 인재를 알아보는 눈이 있어 적재적소에 기용하였다. 특히 증국
번, 좌종당, 이홍장, 장지동 등 당시 유능한 한족 출신의 인사들을 중신
으로 중용하였다. 휘하에 둔 원세개는 비록 반란을 획책하기는 했지만
유능한 인재였다.

1905년 9월 2일, 서태후는 중국 역사에서 1300여 년 동안 유지되어
오던 과거제도를 폐지하였고, 오늘날 청화대학교의 전신인 청화학당
을 지었다. 그녀는 만주족과 한족의 통혼을 금지했던 정령을 폐지하였
으며 또 중국 전통의 폐습이었던 전족을 폐지하였다. 그리고 상하이와
광저우 등 연해지역에 여성 신식 학교를 지어 수천 년 동안 중국 사회
에 이어져오던 여성 차별을 완화시키는 중요한 역할을 하였다. 관제개
혁, 입헌 준비, 신학 등 양무자강운동을 전개하였고, 육해군 군비를 건
설하는 등 군사력이 상당 부분 증강되었고 상공업도 초보적인 발전을
거두는 등 이른바 동치중흥의 기상을 만들었다. 그녀는 유명한 이화원
을 지었고 또 모란을 국화로 정하였다.

청불전쟁이나 청일전쟁(갑오전쟁)의 처리에 있어서도 모두 강화조약
을 맺는 것으로 끝났지만 치욕적인 강화 조건을 받아들이는 것보다 차
라리 전쟁을 더 지속하는 편이 나았다는 평가가 많다. 이를테면 거액의
배상액은 이후 민생을 파탄시키는 요인으로 작용하였다. 특히 청불전
쟁에서는 1885년 진남관鎭南關에서 대첩을 거두고 프랑스군의 타이완 상
륙을 방어하는 데 성공하는 등 우세한 상황에서 돌연 강화조약을 맺어
안남종주권을 프랑스에 넘겨주는 천진조약을 체결하였다. 이는 전쟁

을 지속할 경우 청나라 조정, 즉 자신의 권력이 위험할 수 있다는 사고방식에서 비롯된 결과로서 근대 중국의 운명을 더욱 악화시켰다.

서태후는 연적을 학대해 죽게 만들었나?

지금도 적지 않은 사람들은 서태후가 평생 연적戀敵이었던 려비麗妃를 학대하고 끝내 죽게 만들었다고 주장한다. 서태후의 잔혹한 성격이 이러한 추측을 낳게 한 것은 물론이다.

려비麗妃는 서태후보다 두 살 아래로서 함풍제 원년 서태후와 함께 선발되어 려귀인이 되었으며, 이때 서태후는 란蘭귀인이었다. 함풍 2년 두 여인은 궁중에 들어갔고, 함풍 5년 려비는 함풍제의 황장녀皇長女를 출산하였고 려비로 봉해졌다. 함풍 6년, 서태후가 아들을 출산하니 바로 훗날의 동치제였고 서태후는 의비懿妃로 봉해졌다. 함풍제가 세상을 떠난 뒤 서태후는 동치제의 명의로 려비를 귀비의 신분보다 한 등급 높여 려황귀비의 신분으로 올려주었다. 동치 13년에는 다시 려비의 신분을 올려 려황귀태비麗皇貴太妃로 하도록 하였는데, 황태후 바로 다음의 등급이었다.

본래 려비는 병약하여 항상 약을 끼고 살았고, 광서 16년 향년 54세

서태후의 초상화
(네덜란드 화가 휘베르트 보스 Hubert Vos의 작품)

를 일기로 세상을 떠났다. 광서제는 그녀가 죽은 뒤 3일 만에 직접 관 앞에 가서 술을 따르고 예의를 갖췄으며 가장 존귀한 자리에 안장하였다. 그리고 려비의 딸은 함풍제의 유일한 딸로서 함풍제의 총애를 받았는데, 동치 9년에 영안고륜공주榮安固倫公主로 봉해졌다. 청나라 제도에서는 오직 황후가 낳은 딸만이 고륜固倫공주로 봉해지고 비빈이 낳은 딸은 화석和碩공주로 봉해졌다. 당연히 려비가 낳은 딸도 화석공주로 봉해졌어야 하지만 서태후는 도리어 그녀를 고륜공주로 봉해주었다.

이렇듯 려비는 대단히 안정적으로 삶을 영위하였고 죽은 뒤에도 격식에 맞는 예우를 받았다. 아마도 려비가 서태후의 비위를 잘 맞추고 잘 따랐기 때문이라는 것이 설득력이 있겠다.

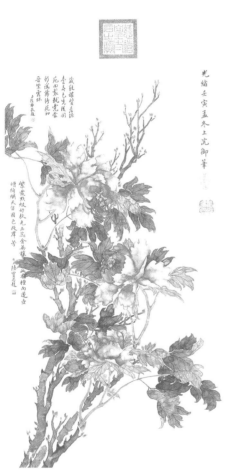

서태후의 그림 (분홍 모란)

71. 중국 근대의 풍운아 ❈ 이홍장

중국 근대의 풍운아 이홍장李鴻章은
1823년 청나라 도광제 때 안휘성
합비合肥에서 출생하였다. 어릴 적부
터 대단히 총명하였고 24세에 진사
시에 합격하여 한림원에 들어가 수
학하였다. 북경으로 이주한 리홍장
은 증국번曾國藩에게 유교와 학문을
배우며 그의 제자가 되었다.

그는 '태평천국太平天國의 난' 중에
증국번이 지휘한 상군湘軍(중국에서 호
남성을 湘이라 칭하므로 호남성을 근거지
로 삼은 증국번의 군대를 상군이라 하였
다)의 휘하에 들어가 막료로 활동하
며 군사전략에 대한 지식을 쌓았다.

이홍장 (1871년)

이홍장은 그 뒤 1862년 강소성 순무江蘇巡撫로 발탁되어 회군淮軍(안휘성
을 회淮라 칭하기 때문에 붙여진 이름)을 조직하였다. 그리고 태평천국군이 쇄
도하는 상해의 방어에 나섰는데, 당시 사람들은 서양 군대만 알아줄 뿐
중국 군대는 거의 군대로 인정하지도 않을 정도였다. 그러나 뜻밖에도
이홍장은 체계적인 군대 통솔과 치밀한 전략으로 상해 방어에 성공하
였다. 이어 1863년 소주성을 공격하여 승리를 거두었고, 1864년 태평

천국의 근거지인 남경을 공략하여 마침내 12년 동안 이어졌던 태평천국의 난을 완전히 진압하는 공훈을 세웠다.

이홍장은 이렇게 태평천국군 반란 진압에서 총지휘관으로 커다란 공적을 세웠으며, 마침내 중국 내 대부분의 반란을 모두 진압했다. 태평천국 진압 후 증국번은 군대를 해산하려 했지만 이홍장은 "지금의 환난은 내부의 적이지만, 장기적인 환난은 서양에 있다."고 주장하면서 군대를 계속 유지해야 한다고 역설했다. 이홍장은 이러한 군사적인 업적과 함께 청나라에서 주목받는 인물로 부상하게 되었고, 1869년에는 직예直隸(하북성) 총독 겸 북양통상대신에 임명됨으로써 최고의 중신 자리에 올랐다.

그는 태평천국의 난을 평정하면서 휘하에 두었던 회군을 배경으로 영국과 러시아 등의 지지를 받으면서 군사공업을 비롯한 각종 근대공업의 건설을 추진하는 양무운동洋務運動을 전개했다. 그는 군사무기를 개발하고 서양의 문물을 받아들여 중국의 근대화를 앞당기고자 노력했다. 특히 일본이 오키나와를 병탄하고 프랑스가 베트남을 점령하는 것을 두 눈으로 확인한 그는 열강의 위협이 해상으로부터 온다고 인식하고 '해방론海防論'을 주창했으며 근대화된 해군의 건설을 위해 노력하였다. 그리고 마침내 북양해군北洋水師을 창설하였다. 북양해군은 25척의 함정과 4천여 해군으로 조직되어 당시 아시아 최강의 해군력을 자랑하였다. 하지만 청나라 조정은 경비조달을 이유로 함정의 수만 늘리고 대포 구입 중단을 요구하였는데, 이는 북양해군의 군사력을 크게 저하시켰다.

이홍장은 정치적으로는 양무파洋務派 관료들을 이끌고 있었다. 이 무렵 이홍장은 내부적으로 화북華北의 농민반란 진압을 위하여 활약하였으며, 외교적 측면에서는 청말의 주요 외교문제를 거의 혼자서 장악하였다. 1882년에는 조선에 원세개를 파견하여 일본의 진출을 견제하게 하고 묄렌도르프, 데니 등 외국인 고문을 보내는 등 조선의 내정과 외교에 깊이 관여하였다. 그리고 이이제이以夷制夷(오랑캐로써 오랑캐를 다스린다)라는 전통적 수단에 의하여 열강들을 서로 견제시키면서, 한편으로는 일관된 양보와 타협정책을 취하였다. 하지만 그의 양무운동은 청나라의 기존 정치제도를 그대로 유지한 채 추진된 것으로 근본적인 개혁을 이루지 못하고 실패하였다.

1884년 조선에 갑신정변이 일어나자 호시탐탐 조선을 노리고 있던 일본이 출병하였고, 이홍장은 이토 히로부미와 '톈진조약'을 체결했는데, 만약 조선에 중대 사변이 발생할 경우 청일 양측의 출병은 상대방에 통고하도록 했다. 하지만 이 조약으로 일본은 청나라와 같이 조선에 대한 파병권을 얻게 되었고, 10년 뒤 발발한 동학농민운동 당시 일본의 파병 구실이 되었다.

다시는 일본 땅을 밟지 않으리라

1894년 청일전쟁(중국에서는 갑오전쟁이라 칭한다)이 발발하자 그는 자신의 권력기반이었던 북양해군을 황해해전에서 잃었으며, 그가 애지중지 양성해 왔던 회군淮軍마저도 평양전투에서 잃었다. 전쟁에서 일찌감치 열세에 빠진 청나라는 마침내 강화를 청하기로 하고 주화파 이홍장을 전권대사로 임명하여 일본으로 건너가 이토 히로부미伊藤博文와 협상을 벌이도록 하였다.

이홍장은 서태후로부터 모든 전권을 부여받았지만 배상액을 단 한 푼이라도 줄이기 위해 끝까지 노력했다. 그는 3차 담판이 끝난 뒤 돌아가는 길에 일본인 자객이 쏜 총에 맞아 왼쪽 광대뼈에 총알이 박히는 중상을 입었다. 이 사건은 세계를 놀라게 만들었고, 이 사건 역시 강화 조건의 약화에 영향을 주기도 하였다. 회담 막바지에 그는 미국 고문 코스더에게 이렇게 말하기도 하였다. "만일 회담이 이뤄지지 않으면 오직 섬서성으로 정부를 옮겨 일본과 장기전을 벌일 수밖에 없다. 일본은 결코 중국을 정복할 수 없으며 중국은 마지막까지 저항할 것이다. 일본은 끝내 반드시 패배하고 강화를 청할 것이다."(이홍장의 이 말은 훗날 중국 국민당이나 공산당에 의해 실제로 수행되었다)

　이홍장의 상처가 어느 정도 아물고 4차 회담이 열렸다. 일본은 원래 주장했던 3억 량 백은에서 인하된 2억 5천만 량 백은의 배상금과 요동반도 및 대만과 팽호도 할양 요구를 마지노선으로 제시하였다. 일본 회담대표 이토 히로부미는 이홍장에게 "승낙할 것인가 승낙하지 않을 것인가의 두 가지 말만 남았다."고 최후 통첩하였다. 일본이 군대 증파와 전쟁 속개 등으로 위협하는 가운데 이홍장은 계속 청 정부와 연락했다. 마침내 광서제가 서명에 동의하였다.

이토 히로부미

　이토 히로부미는 상대방 이홍장을 가리켜 "대청제국에서 유일하게 능력이 있으며 열강과 더불어 장단을 논할 수 있는 인물"이라고 평가하였다.

　이홍장은 스스로 다시는 일본 땅을 밟지 않겠노라 굳게 다짐하였다. 2년 뒤 구미 각국 방문을 마치고 귀국하는 길에 일본 요코하마를 경유하게 되었다. 그는 결코 상륙하기를 원하지 않았다. 당시

배를 갈아타야 해 작은 배로 옮겨 타야 했는데 바라보니 일본선이었다. 그는 배에 올라타기를 거부했다. 결국 양쪽 배 사이에 목판을 깔고 그 목판 위로 건너갔다.

그러나 이 굴욕적인 시모노세키 조약은 중국 내에서 커다란 비판에 직면하였고, 이홍장은 희생양으로 되어 25년 동안 지니고 있었던 직예 총독 겸 북양대신의 직무에서 해임되어야 했다.

매국노인가, 애국자인가?

이후 러시아는 독일, 프랑스와 함께 이른바 '3국 간섭'으로 일본에게 청 나라로부터 할양받은 요동반도를 반환하도록 하였다. 이를 계기로 이 홍장, 장지동 등 원로 중신들이 모두 러시아와의 관계를 중시하게 되었 다. 1896년 4월 22일, 이홍장은 모스크바에서 청러 밀약을 체결하여 러 시아와 함께 일본에 대처하기로 하였다. 그로 인해 청나라는 러시아에 게 만주철도 부설권을 내주게 되었고, 그 결과 러시아는 오늘 날까지 블 라디보스톡이라는 극동의 부동항구를 비롯한 연해주 지역을 차지하고 있다.

북경에 있는 영국 대사관에
도착한 이홍장 (1900년)

이홍장은 1898년에 양광 총독兩廣 總督(광동성과 광서성의 두 성을 총괄하는 총독)에 임명되었다. 1900년 의화단 사태가 걷잡을 수 없이 확대되자 청나라 조정은 할 수 없이 이홍장을 다시 조정의 최고 직위인 직예 총독 겸 북양대신으로 임명하고 전권대신으로 삼았다. 당시 이미 서안으로 피신을 가있던 서태후는 이홍장에게 명을 내려 북경으로 가 강화조약을 체결하도록 재촉하였다. 9월 29일 천진에 도착한 이홍장은 이어 10월 11일에 북경에 이르렀으나 마침내 병으로 쓰러지고 말았다. 그러자 배상액을 끝없이 올리던 외국 대표들도 조정에 아무도 책임질 사람이 없게 될 것을 걱정하여 조약 체결을 오히려 서두르게 되었다. 그리고 마침내 북경조약이 체결되었다.

거리에서는 조약에 항의하는 사람들의 "나라를 팔어넘긴 진회, 나라를 오도한 이홍장!"이라는 함성이 휘몰아쳤다. 이홍장의 각혈은 멈추지 않았다. 그가 조약에 서명하고 돌아온 뒤 크게 각혈을 했는데 의원들은 위혈관 파열이라는 진단을 내렸다. 그는 이 해를 넘기지 못하고 1901년 11월 7일, 향년 79세로 세상을 떠나갔다. 그의 고향 합비에는 그의 생가가 남아 있다. 그의 유해는 문화대혁명 때 홍위병들이 무덤을 파헤쳐 그의 유해를 수레에 싣고 다니며 규탄하는 과정에서 사라지고 말았다.

그는 지나치게 전쟁을 회피하는 경향을 보였고, 과도하게 해양을 중시하여 신강 지역의 방어를 포기할 정도였다. 하지만 청일전쟁 때 그가 지휘한 북양해군은 일본 해군에게 대패하고 말았다.

72. 최후의 환관 ❀ 소덕장

부자가 되는 유일한 길, 환관

소덕장小德張의 집안은 가난했다. 아
버지는 고기를 잡는 어부였다.

그가 열두 살 되던 해 가뭄이 들
어 집에 먹을 것이 다 떨어졌다. 그
는 형과 함께 부자 할머니 집으로
세배하러 갔다. 무엇이라도 얻어
먹기 위해서였다. 북풍한설이 휘
몰아치고 옷은 남루해 춥기 그지
없었다. 할머니 집에 당도해보니
집 앞에 호화로운 마차가 서 있었
다. 그 마차를 넋을 놓고 보고 있는
데, 그 집 아들이 나와서 "꺼져! 너

소덕장

희들은 평생 일해도 이런 마차를 살 수 없어!"라고 소리쳤다. 어린 형제
는 너무 자존심이 상하고 화가 나서 곧장 집으로 돌아왔다.

집으로 돌아와 어머니에게 자초지종을 말하고는 어떻게 해야 돈을
벌어 호화로운 마차를 살 수 있는지 물었다. 당시 소덕장의 고향에 환
관 출신으로 태감의 자리에 오른 이연영李蓮英이라는 인물이 있었다. 어
머니는 슬픈 얼굴로 대답했다. "가난한 집이 돈을 벌 수 있는 건 오직 황

제의 시종이 되는 수밖에 없단다. 환관이 되는 거지.”

어머니는 어떻게 환관이 될 수 있는지에 대해서도 간단히 말했다. 말하는 사람은 무심코 말했으나 듣는 사람은 열심이었다. 그날 밤 소덕장은 잠을 이룰 수 없었다. ‘어떻게 해서라도 호화로운 마차를 사고야 말테다. 그리고 반드시 그 할머니 집보다 열 배 백 배 잘 살 것이다.’ 그러나 아무리 궁리해보아도 뾰족한 방법이 없었다. 몸을 이리 뒤척이고 저리 뒤척여 봐도 도무지 좋은 생각이 떠오르지 않았다. 그러다가 결국 어머니 말대로 환관이 되는 길밖에 없다고 결론지었다.

소덕장은 몰래 부엌으로 나왔다. 그리고 부엌칼을 들어 자기 ‘물건’을 잘랐다. 피가 낭자하였다. 어린 소년은 고통을 견디지 못하고 혼절하고 말았다. 어머니는 이 모습을 보고 혼이 나갔다. 자기가 아들에게 그런 말을 해준 게 너무 후회막급이었다. 어쨌든 서둘러 응급 처치를 해 간신히 목숨을 건질 수 있었다. 소덕장은 6일 만에 깨어났다.

기왕 이렇게 된 이상 별 수 없이 환관의 길을 걸어야 했다. 마침 이 무렵 궁중에 한 태감이 죽는 바람에 그는 궁에 환관으로 들어갈 수 있었다. 그는 환관이 될 수 있는 열다섯 살이 아직 되지 않았기 때문에 3년을 기다려 정식으로 환관이 되었다.

황후의 마음에 들고자

소덕장이 처음 일하게 된 곳은 차방茶坊이었다. 그러나 그곳을 총 관리하는 책임자 환관은 성격이 워낙 괴팍하여 툭하면 구타하였다. 그러나 그런 일보다도 정작 소덕장을 절망시킨 것은 만약 그곳에서 계속 일하게 된다면 황제나 황후, 태후는커녕 태감도 구경할 수 없고 오로지 평생 자기 상사만 쳐다봐야 하는 운명이 될 것이라는 것이었다. 그렇게 되면 자기가 그토록 오매불망 바라마지 않던 부자가 될 가능성도 애당초 없었다. 소덕장은 궁리 끝에 상사의 말에 사사건건 일부러 어긋나게 굴어 쫓겨나는 길을 택했다.

결국 그의 의도한 바대로 쫓겨난 뒤, 그는 경극을 하는 곳으로 옮기게 되었다. 경극은 고된 훈련이 필요한 곳으로 모두가 가장 기피하고 있었다. 하지만 소덕장은 그곳에서 경극을 익히는 데 몰두하였다. 그러던 중 때마침 당시 실권자이던 자희慈禧 태후, 즉 서태후가 구경 와서 그를 칭찬하면서 상금을 내렸다. 가능성을 본 그는 하루에 3시간만 자면서 모든 힘을 다해 창唱과 기예 그리고 무술동작을 하나하나 배우는 데 혼신의 힘을 다하였고, 마침내 서태후의 마음에 들게 되었다.

소덕장이라는 이름도 서태후가 지어준 것이었다. 서태후가 소덕장을 불러 몇 가지 문제를 물었는데, 소덕장의 대답은 매우 명쾌하고 조리가 분명하였다. 이에 서태후의 총애는 더욱 깊어졌다. 마침내 그가 22세 되던 해 그는 후궁태감회사後宮太監回事로 승진하였다.

당시 대총관은 고향사람이던 이연영이었다. 그는 이미 40년을 총관으로 일하고 있던, 소덕장이 지향하는 인물이었다. 그는 이연영을 먼발치에서 보면서 그의 말하는 법부터 걸음걸이며 조그만 동작 하나하나를 모두 배워나갔다. 다만 소덕장이 이연영과 달랐던 점은 그가 더욱 융통성 있었고 더욱 심지가 깊었다는 것이었다. 성공의 길은 이로부터 열렸다.

이연영

　서태후가 세상을 떠난 뒤 소덕장의 기민한 지모와 결단력이 발휘되었다. 서태후 사후 융유 태후가 실권을 쥐게 되었고, 소덕장은 꿈에도 바라던 대총관의 자리에 올랐다. 소덕장은 엄청난 규모의 자금이 지출된 서태후의 장례도 관장하면서 그중 적지 않은 돈을 손에 넣었다.

　소덕장은 융유 태후에게 은 10만 냥과 저택을 하사받았다. 무려 몇백 간이나 되는 대저택이었다. 그의 저택은 '극락사 총관부極樂寺 總管府'라고 칭해졌다. 하늘을 찌를 듯한 그의 권력을 상징하고 있었다. 융유 태후를 만나려면 먼저 그의 '윤허'가 있어야 했다.

　신해혁명 발발 후 이미 천하의 판도는 기울었다. 융유 태후가 조정 중신을 소집하여 어전회의를 열었지만 혁명군을 진압해야 한다는 주장과 퇴위해야 한다는 주장이 서로 팽팽히 맞서 쉽사리 결론이 나지 않았다.

　당시 내각 총리대신 원세개袁世凱는 야심이 큰 인물로서 스스로 황제를 칭하고자 하였다. 원세개는 혁명군과 우호적 자세를 취하는 동시에 청 조정에 압력을 가하였다. 쑨원은 임시 대총통을 맡고 있을 때 원세개가 공화주의를 옹호하기만 한다면 청 황제를 퇴위시키고 원세개를 총통으로 옹립하겠다고 표시하였다. 그리하여 원세개는 소덕장을 만나 거액을 주면서 융유 태후에게 압박과 동시에 퇴위를 하면 평생 안전하고 평안하게 지낼 수 있도록 보증할 것이라고 권하도록 하였다.

마침내 청 조정은 원세개의 조건을 받아들였고, 1912년 2월 12일 청 황제 부의는 퇴위 조서를 전국에 반포하였다. 원세개는 소덕장에게 톈진에 집을 얻어 주었다.

네 명의 아내를 둔 최후의 환관

이미 궁중 생활에 염증을 느끼던 소덕장은 25년에 걸친 궁중 생활을 접고 민간으로 나왔다. 톈진의 영국 조계지에 거처를 잡은 그는 네 명의 부인을 들였다. 나이가 들수록 그는 여인에 흥미가 많아졌다. 그는 베이징과 고향에 엄청난 규모의 토지를 보유하고 있었을 뿐만 아니라 톈진에 건물 12채가 있었고, 베이징에도 호화주택을 보유하고 있었다. 또 베이징 중심가에 10여만 냥의 자금을 들여 커다란 전당포 두 곳을 열었고, 20여만 냥을 투자하여 주단綢緞 가게도 냈다.

그는 물 한 잔을 마셔도 시종을 불러 물을 가져오도록 하였다. 그러나 보통 사람들은 그를 만날 수 없었다. 청 왕조의 황족이 사람을 시켜 자신을 암살하지 않을까 항상 걱정했던 그는 곁에 환관 출신 측근만 두고서 저택 깊은 곳에서 부유했지만 정신적으로는 무료한 여생을 보냈다. 남성은 일체 집안으로 들어올 수 없었으며, 대문은 항상 자신이 여닫았고 손수 요리를 하였다.

그는 1957년 4월 19일 81세를 일기로 세상을 떠났다.

4부

부활하는 대국,
현대 중국

73. 중국 혁명의 개척자 ❀ 쑨원

'손대포'라 불린 사나이

쑨원孫文은 1866년 광동성에서
가난한 농부의 아들로 태어났
다. 광동성은 당시 서양세력들
이 중국으로 들어오는 관문이
었다. 그가 태어난 해는 태평천
국 운동이 중국을 휩쓸다가 막
을 내린 지 2년 뒤였다. 쑨원은
어렸을 때부터 농사일을 도와
야 했다. 그는 열 살 때부터 마을
의 서당에서 공부했으며, 12세

쑨원 (1924년)

때는 형이 있는 하와이로 건너가 그곳에서 서양학문을 접하게 되었다.
그의 형은 소작인이었는데 1871년에 하와이로 이민을 떠나 농장 경영
에 성공했다. 쑨원은 얼마 후 다시 홍콩으로 돌아와 1886년부터 의학
을 공부하고 1893년에 광저우에서 의사생활을 시작했다. 그러나 그는
의술을 베푸는 것보다 중국의 현실개혁에 더 큰 관심을 가지고 있었다.

이 무렵의 그의 별명은 '손대포孫大砲'였다. 허황된 주장만 늘어놓는 사
람이라는 뜻이다. 일반인들의 눈에는 비현실적이기만 했던 그의 주장
은 특히 중국에서도 가장 현실적인 성향으로 유명한 광동지방 사람들

의학을 공부하던 시절에 친구들과
(1892년, 왼쪽에서 두번째)

에게 비웃음의 대상일 뿐이었다.

이어지는 좌절과 삼민주의

그는 1894년 11월 하와이로 건너가 흥중회興中會를 결성하고 이듬해 홍콩에 흥중회 본부를 설치했다. 1895년 쑨원과 그의 동지들은 광주에서 무장봉기를 계획했다. 그들의 목적은 만주족을 축출하고 중국에 새로운 민주주의 공화국을 수립하는 것이었다. 하지만 지원하기로 되어 있던 무기가 제때에 도착하지 않은 데다가 사람들의 이동계획이 어긋나 봉기가 연기되었다. 심지어 몇 명의 동지들은 청 왕조의 감시망에 걸려 체포되었다.

쑨원도 신변의 위협을 느껴 일본으로 피신했다. 청나라 조정은 그에게 많은 현상금을 걸었다. 그는 미국과 유럽을 돌아다니면서 해외의 중국인들에게 혁명에 동참할 것을 호소했다. 영국에서는 청나라 공사관 관리에 의해 체포되었으나 구사일생으로 벗어날 수 있었다. 하지만 이 여행은 쑨원으로 하여금 서양 자본주의의 눈부신 발전, 그리고 그 사회가 안고 있는 극심한 빈부의 격차를 동시에 볼 수 있었던 계기가 되었고 그의 새로운 중국사회 구상에 많은 도움이 되었다.

쑨원은 1900년 홍콩에서 다시 혁명계획을 세워 광주와 혜주 등에서 동시에 봉기하기로 결정했다. 본래 영국에서 파견한 홍콩 총독과 일본에서 파견된 타이완 총독도 이 거사를 지원하기로 했으며 양광兩廣총독 이홍장도 합류하기로 되어 있었다. 그러나 이홍장이 혁명세력과의 약속을 어기는 바람에 계획된 봉기는 실행되지 못했다. 그런데 이 같은 사정을 연락받지 못한 혜주 지역의 혁명세력은 계획대로 봉기하여 청나라 군대와 싸워 크게 승리를 거두었다. 그러나 예정되어 있던 광주에서의 봉기가 실패하면서 혁명부대는 고립될 수밖에 없었고, 결국 1개월 정도 청나라 군대와 투쟁을 전개했지만 성과 없이 해산하게 되었다.

몇 차례의 지역적인 봉기가 실패하자 혁명세력들은 좀 더 조직적이고 통일적인 혁명운동이 필요하다는 것을 깨달았다. 1905년 8월, 그들은 일본에서 모여 단일 혁명조직인 중국동맹회를 결성하게 되었다. 도쿄에서 있었던 결성식에는 감숙성을 제외한 모든 성의 1,800명이 참여하였다. 중국동맹회 회원은 주로 일본 유학생들이 중심이 되었다. 당시 청나라 정부가 광동 지역을 프랑스에 할양한다는 소식을 듣고 격분한 광동 출신의 유학생들이 광동독립협회를 조직한 1901년 이후 일본의 유학생들 사이에서는 혁명의 열기가 고조되고 있었다. 도쿄에 중국동맹회 본부가 설치되고 각 성의 조직 활동 책임자가 정해졌으며 쑨원이 총재로 추대되었다. 국호로는 중화민국이 채택되고 삼민주의가 강령으로 정립되었다. 그러면서 중국 내의 비밀결사조직과 연결되어 무장봉기를 계획했다.

동맹회의 이념은 쑨원에 의해 제시된 삼민주의였다. 삼민이란 민족民族, 민권民權, 민생民生이다. 여기에서 '민족'은 민족주의적인 한족 국가를 세우는 것이고, 이는 제국주의 외세에 통제되어 있던 청 왕조를 타도함으로써 완성되는 것이었다. 또 '민권'은 인민들의 권리가 보장되는 민주주의 정치체제이다. 그리고 '민생'은 인민들이 안정적인 생활을 영위하도록 도와주는 경제정책인데, 그중 가장 대표적인 정책은 토지개혁을 통해 토지소유권을 균등하게 분배하는 것이다.

청나라의 멸망과 위안스카이의 배신

혁명이 일어났을 때, 쑨원은 외교적·재정적 지원을 얻기 위해 부지런히 서구 각국을 돌아다니고 있었다. 1911년 12월 25일, 쑨원이 중국으로 돌아왔을 때, 14개 성에서 모여든 대의원들이 난징에서 그를 임시정부의 대총통으로 선출했다. 그리고 다음해 1월 1일 쑨원은 임시 대총통에 취임했고, 중화민국의 성립을 선포했다. 그러나 바로 그날 쑨원은 위안스카이가 청나라 황제를 퇴위시키고 공화국 정부 형태를 받아들인 후 수도를 난징으로 옮긴다면 자신의 대총통 자리를 이양해 줄 수 있다고 선언했다. 당시 쑨원의 군사력은 위안스카이를 대적하기에는 너무도 힘이 부족했다. 전쟁이나 내란은 외국 열강의 개입을 불러일으킬 것이 자명했다. 그는 자신의 명성이나 권력보다는 국가와 국민들의 안위를 먼저 고려하였다.

임시 대통령 취임 기념 사진 (1912년)

쑨원의 제안이 있은 뒤 위안스카이는 황실을 압박해나갔고, 2월 12일 마침내 황제 부의가 퇴위했다. 이때 여섯 살이었던 부의에게는 황제 칭호의 유지와 엄청난 양의 연금이 약속되었고, 황제의 직계 가족들도 특별한 대우를 약속 받았다.

중국 최후의 왕조인 청나라는 그렇게 속절없이 멸망하였다. 2월 13일, 쑨원은 약속대로 대총통 자리에서 물러났고, 3월 10일에는 위안스카이가 새로운 대총통으로 취임했다. 위안스카이는 혁명군 세력의 기반인 난징으로 가지 않고 베이징에서 취임하면서 정부조직을 베이징으로 옮기도록 하였다. 이렇게 하여 혁명군 세력은 크게 약화되고 구관료세력이 급부상했다. 몇 달 뒤, 쑨원은 전국철로전권이라는 직위를 맡았다. 그는 철도 운송이 중국의 발전에 매우 중요하다고 확신했고 전국을 돌며 일했다.

정식으로 대총통 자리에 취임한 위안스카이(앞줄 중앙). 각국 대사들과 함께 (1913년 10월 10일)

처음에는 위안스카이도 약속을 지키는 것처럼 보였다. 공화제를 근간으로 하는 헌법을 채택하는데 동의했고, 1912년에 국회의원 선거도 실시하기로 했다. 그 해 여름 옛 동맹회의 일원이었던 쑹자오런이 국민당을 조직했으며, 1913년 2월 선거에서 위안스카이가 이끄는 공화당을 압도적으로 누르고 원내 다수당이 되었다. 그러나 쑹자오런은 3월 상하이의 기차역에서 암살당했다. 물론 위안스카이의 지시에 의한 것이었다.

이와 같은 위안스카이의 배신행위에 반대하여 2차 혁명이 발발했다. 하지만 위안스카이는 1913년 11월, 무력으로 진압하여 아예 의회를 해산하고 내각제를 총통제로 바꾸어 자신이 총통으로 취임하였다. 1911년의 신해혁명은 그렇게 좌절되었다. 쑨원에게는 이러한 불법적 조치에 대항할 아무런 현실적 수단도 없었다. 오히려 그 해 9월, 쑨원에게 체포 명령이 떨어졌다. 다시 일본으로 피신한 쑨원은 도쿄에서 중화혁명당을 조직하였다.

그러나 위안스카이는 스스로 무너졌다. 점차 독재 권력을 굳혀간 위안스카이는 이제 새로운 황제를 꿈꾸기 시작했다. 1915년, 그는 공화제를 폐지하고 새로운 왕조를 선포하면서 그 자신이 황제가 되려는 계획을 세웠다. 하지만 그것은 자신만의 환상에 지나지 않았다. 심지어 그의 심복 장군들조차 그에게 등을 돌렸다. 좌절감을 견디지 못한 그는 울화병이 걸려 몇 달 뒤 병사했다.

쑨원의 재기와 마지막

1915년 5월 쑨원은 위안스카이가 사라진 중국으로 돌아와 광둥에 국민당 정부를 수립했다. 그곳에서 그는 남부의 다섯 군벌과 연합해 진정한 중화민국을 세우고자 했다. 그리고 이해 10월 도쿄에서 운명의 여인

쑹칭링宋慶齡과 결혼하였다.

1918년부터 1920년까지 쑨원은 『건국방략建國方略』을 저술하여 자신의 혁명경험을 총결산하고 새로운 중국의 건설에 대한 전략을 제시하고자 하였다.

1917년에 소비에트혁명이 일어났고, 1919년에는 5.4운동이 전개되는 등 국내외적으로 혁명정세가 고조되었다. 이해 10월, 중화혁명당은 중국국민당으로 그 명칭을 바꾸었다. 하지만 이 무렵 베이징에 있던 이름뿐인 중앙 정부는 북부 지방의 군벌 연합이 계속 장악하고 있었다. 쑨원은 자신이 중국 유일의 합법 정부를 대표한다고 주장했지만 열강은 계속 베이징의 군벌들만을 상대했다. 쑨원은 1920년부터 광둥 지역을 기반으로 하여 광서 지방의 군벌을 축출하고 광동과 광서의 양광兩廣지역을 토대로 북벌을 준비하였다.

1922년 6월, 결국 쑨원은 군벌에 의해 광저우에서 쫓겨나 상하이로 피했다. 중국 남부에서 벌어진 군벌 정치의 혼란은 중국 전역으로

쑨원과 쑹칭링의 결혼 사진 (일본 도쿄, 1915년)

1924년 6월 16일 황포군관학교 개학식 기념 사진
(앉은 사람이 쑨원. 쑨원 바로 뒤에 서 있는 사람이 장제스)

확대되었다. 이 무렵 사회주의혁명에 성공한 소련이 중국인들의 마음을 끌었다. 특히 어디에도 마음을 둘 곳이 없었던 반식민지 상태의 중국 지식인들 사이에 사회주의 사상이 중국에도 도움을 줄 수 있다는 확신이 퍼져나갔다.

1921년 7월 소련은 중국공산당 조직을 적극 지원하였고, 상하이에 있던 쑨원의 국민당에도 접근했다. 서방 어느 나라에도 거절당해야만 했던 쑨원은 소련의 원조 제의를 기꺼이 받아들였다. 1923년에 그들은 협상을 통해 상호우호협력협정을 맺었는데 여기에서 쑨원은 국민당의 광둥 복귀와 군벌과 싸울 군대의 양성을 돕겠다는 소련의 약속에 대한 대가로 공산주의자들에게 국민당 입당을 허락했다. 이른바 '연소용공聯蘇容共' 노선이었다. 또 소련의 도움으로 1924년 국민당은 황포군관학교도 세웠다. 군관학교의 교장은 37살의 장제스蔣介石가 담임했다. 국민당의 기구는 공산당과 소련인 고문들의 도움을 받아 재정비되어 갔다.

그러나 이제 겨우 희망이 보이나 했던 쑨원의 앞을 이번에는 건강이 가로막았다. 그는 간암으로 입원해야 했고, 이듬해인 1925년 3월 12일 60살의 나이로 베이징에서 세상을 떴다.

세상을 떠나기 전 그는 "혁명은 완성되지 못했다. 동지들이여, 계속 노력하라!"라는 유언을 남겼다. 그의 유해는 그의 평소 뜻대로 난징의 중산릉에 묻혔다.

쑨원의 유서

74. 중국 현대의 위대한 문학가이자 혁명가 ◈ 루쉰

루쉰魯迅은 1881년 9월 25일, 중국 저장
성 샤오싱紹興에서 태어났다.

루쉰

루쉰은 필명으로서 본래 성은 저우周씨
이고 어린 시절의 이름은 장서우樟壽이다.
그의 집안은 고향 지역에서 명성이 높았
던 사대부였지만, 그가 13세 때 할아버지
가 뇌물 사건에 연루되어 투옥되고 그 3
년 뒤 아버지가 세상을 떠나면서 집안은
생계가 매우 곤란한 처지에 몰렸다. 이때
부터 그는 일기를 쓰기 시작하였다.

의학 공부를 포기하고

그는 학비가 무료인 난징의 수사학당(해군학교)에 진학했으며, 이 무렵 이
름을 수런樹人으로 바꾸었다. 숙부의 독촉으로 현의 관리 시험에도 응시했
지만 2차 시험 후 동생의 병을 이유로 내세워 중도 포기하였고, 학교를
광무철로학당(철도학교)으로 옮겨 본격적으로 신학문을 접했다. 이 때 읽
은 다윈의 진화론은 그의 사상 형성에 상당한 영향을 끼쳤다. 공부 외에
그는 승마를 좋아해 만주족 젊은이와 경마 경기를 하기도 했다. 철도학
교 졸업 후인 1902년에는 국비 유학생으로 선발되어 일본으로 건너갔고,

차이위안페이

기본적인 어학 공부를 마친 뒤인 1904년에 센다이 의학전문학교에 입학했다. 그러나 강의 시간에 러일전쟁 영화가 상영되어 중국인 처형 장면을 보여주자, 이에 분노한 나머지 그는 의학 공부를 포기하고 자퇴하였다.

이후 루쉰은 도쿄에 머물면서 번역에 열중하였고, 독일어와 러시아어 공부에 힘을 쏟았다. 이 무렵 그는 생활난에 부딪혀 출판사 교정일을 하면서 용돈을 벌었고, 둘째 동생 저우쭈어런周作人과 함께 번역 단편집『역외소설집』을 내기도 했다. 그는 이듬해에 귀국하여 생리학과 화학 교사로 근무하였다. 그리고 1911년 그의 최초의 소설인『회구懷舊』를 저술하였다.

1912년 1월 1일, 중화민국 임시정부가 난징에 수립되었다. 그는 임시정부의 교육총장이 된 차이위안페이蔡元培의 부름에 따라 교육부에서 과장으로 근무하였는데, 이때 많은 비석문을 정리하여 '금석비첩金石碑帖'을 발행하였고 고서적을 대조하면서 불교사상도 연구하였다.

『광인일기』, 『아큐정전』

루쉰은 한동안 허무와 자조 상태에 빠져 있었다. 그는 교육부의 업무 외에는 거의 두문불출하며 고전 연구에만 전념했다. 유학 시절에 품었던 계몽주의적 포부가 귀국 이후에 현실의 두꺼운 벽 앞에서 붕괴되고 말

앉기 때문이다. 루쉰이 갑자기 적극적인 문필 활동을 하게 된 한 가지 계기가 있었는데, 이에 관해서는 그의 첫 번째 작품집 『외침呐喊』의 서문에 자세한 내용이 소개되어 있다.

어느 날 한 친구가 찾아와서 잡지에 수록할 원고를 청탁하자, 루쉰은 이렇게 말하였다.

"예를 들어, 창문이 하나도 없고 무너뜨리기 어려운 무쇠로 지은 방이 있다고 가정해 보자. 만일 그 방에 많은 사람들이 깊이 잠이 들었다면, 얼마 지나지 않아 숨이 막혀 죽을 것이 아닌가. 그런데 이렇게 혼수상태에 빠져 있다가 죽는다면 적어도 죽음의 슬픔을 느끼지는 않을 것이네. 지금 자네가 큰소리를 쳐서 잠이 깊이 들지 않은 몇몇 사람을 깨워 그 불행한 사람들에게 임종의 괴로움을 맛보게 한다면, 오히려 그것이 더 미안한 일이 되지 않을까?"

그러자 친구는 이렇게 반문했다.

"그러나 몇몇 사람들이 깨어 일어났다면, 이 무쇠 방을 무너뜨릴 희망이 전혀 없다고 말할 수는 없지 않는가?"

친구의 주장이 그럴 듯하다고 생각한 루쉰은 글을 한 편 기고했다. 1918년 5월 15일자 「신청년」 잡지에 실린 작품이 바로 그의 첫 번째 단편소설 『광인일기狂人日記』였다. 여기에서 '루쉰'魯迅이라는 필명이 처음 사용되었다.

이른바 신문화운동이 한창이었던 당시의 상황에서 루쉰의 작품은 발표되자마자 커다란 사회적 주목을 받았다. 루쉰의 동생 저우쭤런도 뛰어난 글 솜씨로 명

1918년 5월 15일자 신청년 잡지에 실린 광인일기 (베이징 루쉰 박물관 소장)

저우쭤런 (루쉰의 동생)

성을 얻었다. 1919년에 이르러 세상에 발표하지 않은 두 사람 간의 문제로 그들 사이에는 큰 불화가 생겼고, 그로부터 그들은 평생 인연을 끊고 살았다.

1921년 말, 「신청년」에는 루쉰의 저명한 소설 『아Q정전阿Q正傳』의 첫 회가 간행되었다. 이 소설의 주인공 아Q의 어리석고 불운한 인생은 당시 루쉰이 절감한 중국 사회와 그 안에서 삶을 영위하는 중국인의 암담한 현실을 잘 묘사하고 있었다. 그리고 이 소설은 연재 당시부터 큰 반향을 불러 일으켰다.

타협 없이 평생 강골로 살다

1920년부터 루쉰은 베이징의 여러 대학에서 강의를 시작했는데, 그중 한 곳인 베이징 여자사범대학에서 일어난 사건 때문에 루쉰은 처음으로 현실 투쟁에 참가하게 되었다. 1924년에 학교 당국이 개혁을 요구하는 학생들을 퇴학시키자, 이에 반발하는 학내 투쟁이 지속되면서 결국 교육부는 폐교 조치를 강행했다. 그 뒤 학교가 다시 문을 열고 학생도 돌아올 수 있었지만, 이 사건에서 공개적으로 학생들을 지지했던 루쉰은 결국 13년간 근무했던 교육부에서 파면되었다.

1926년 3월 18일에는 학생 및 시민의 평화시위를 정부가 무력 진압하면서 47명이 사망하고, 200여 명이 부상당한 3·18 참사 사건이 발생하였다. 이 사건으로 제자 몇 명을 잃은 루쉰은 "민국 이래 가장 어두운 날"이란 내용의 기고문을 통해 분노와 슬픔을 표현했다. 그 직후에 반정부 지식인에 대한 수배령이 내려지자 루쉰은 여제자인 쉬광핑許廣平과 함께 베이징을 떠나 피신하였다.

1927년, 루쉰은 광저우에서 국민당 정권의 4·12 대학살을 목도하고 한층 더 분노하였다. 그 해 가을에는 쉬광핑과 함께 상하이로 거처를 옮겼는데, 17년이라는 나이 차에도 불구하고 두 사람은 이미 서로 사랑하는 사이가 되어 있었다. 본래 루쉰은 26세 때 어머니의 강권으로 주안朱安이라는 여자와 결혼했었다. 그러나 루쉰은 그녀와 전혀 같이 생활하지 않았다. 그렇지만 두 사람의 형식적 결혼관계는 루쉰이 죽을 때까지 계속 이어졌고, 주안은 한 마디의 불평도 없이 루쉰의 어머니를 평생 보살폈다. 한편 쉬광핑과는 그가 47세 때 광저우에서 상하이에 갔을 때부터 동거하기 시작하였다. 당시 루쉰은 주안과 이혼하지 않은 상태였기 때문에, 이 동거는 상당한 비난을 감수해야만 했다. 쉬광핑은 루쉰의 유일한 혈육인 저우하이잉周

베이징에 머물 때

1936년도의 모습

^{海嬰}을 낳았으며, 그는 루쉰의 사후에 그의 유고를 정리하고 전집을 편찬하는 일을 하였다.

상하이에서 루쉰은 창작보다는 논쟁과 강연에 몰두했다. 이미 신문학 운동의 대표자로 자리 잡은 루쉰을 향한 신세대 작가들의 비판이 거셌다. 1930년에는 중국좌익작가연맹에 가담했는데, 이듬해 초에 다수의 작가들이 검거되면서 루쉰도 수배자가 되어 또다시 한동안 도피 생활을 하였다. 1936년에 들어서 루쉰의 건강은 급속히 악화되었다. 결국 그해 10월 19일 새벽 상하이의 자택에서 루쉰은 55세를 일기로 숨을 거두었다. 사흘 뒤인 10월 22일, 루쉰의 유해는 '민족혼'_{民族魂}'이라는 글씨가 쓰인 천에 덮인 채로 묘지에 묻혔다.

그는 세상을 떠나기 전 그의 직선적인 성격과 부합하는 유언을 남겼다. 그는 임종이 다가오면 오랜 원수를 너그러이 용서하는 서양의 관습을 언급하면서 본인은 결코 원수를 용서하지 않겠다고 단언하였다.

"그들도 얼마든지 증오하게 내버려 두어라. 나도 결코 용서하지 않을 것이다."

마오쩌둥은 "루쉰의 뼈대는 가장 강인하다. 그에게는 추호도 비굴한 안색과 아부의 뼈가 없다. 식민지 반식민지 인민의 보배와도 같은 성격이다. 루쉰은 문화 전선의 민족 영웅이다. 루쉰은 중국 문화혁명의 사령관으로서 비단 위대한 문학가일 뿐만 아니라 위대한 사상가요 위대한 혁명가이다."라고 칭송하였다.

반면 현대 작가인 왕쉬_{王朔}는 "나는 루쉰의 작품이 잘 쓴 것인지 도무지 알 수 없다. 그의 소설은 지나치게 우울하고 무겁다. 2,30년대의 문어체 영향에서 완전히 벗어나지 못한 루쉰의 백화문자 역시 까다롭고 읽기 혼란스럽다."고 비판적 시각을 보냈다.

75. 삶 그 자체가 중요하다 ❈ 린위탕林語堂

"대은大隱은 시장市場에 숨는다."

『생활生活의 발견發見』이라는 책을
지은 세계적인 문명비평가 린위
탕林語堂은 1895년 중국 복건성福建省
용계현에서 가난한 목사의 아들
로 태어났다. 본명은 화락和樂이었
는데, 이후 옥당玉堂으로 바꿨다가
다시 어당語堂으로 바꿨다.

1912년 상하이 성요한 대학에
입학하였고 졸업 후 청화대학에
서 교편을 잡았다. 그리고 1919년
에 미국 하버드 대학 문학과에서

린위탕

1년 공부하다가 학비보조금이 끊기자 프랑스에 가서 아르바이트를 하
다가 다시 독일로 갔다. 1922년 하버드 대학 석사학위를 받고 다시 독
일 라이프치히 대학에서 비교언어학을 공부하여 석사학위를 받은 뒤
귀국하여 베이징대학 교수 및 베이징여자사범대학 영문과 교수로 재
직하면서 저술 활동을 하였다.

린위탕이 가장 흠모했던 역사상의 인물은 도연명陶淵明이다. 그에 의
하면 "도연명이 구하고자 했던 것은 조화였지 반역이 아니다."

도연명은 자신의 삶에서 조화를 구하고자 했다. 도연명의 사상에는 유교적인 긍정적 인생관이 경직되어 있지 않고 도가적인 냉소철학관과 혼합되어 있으며, 이 냉소적인 측면도 지나치지 않음으로 해서 고고한 인상을 풍기지 않는 인간적인 지혜가 들어 있다. 육체적인 사랑도 지나치지 않게 절제하지만 금욕주의자는 아니며, 관능적인 아름다움과 고고한 정신적 향기까지 잘 어울려져 있다.

린위탕에 따르면, 가장 이상적인 철학자는 관능官能의 모든 아름다움을 잘 알지만 무례하지 않고, 인생을 매우 사랑하지만 절제할 줄 알고, 세속적인 성공과 실패가 모두 부질없음을 알아 초연하지만 그렇다고 해서 속세를 무시하거나 적대시하지 않는 사람이다.

도연명의 삶은 그의 시처럼 자연스럽고 꾸밈없었다. 세상 사람들은 흔히 도연명을 은자隱者로 생각하고 있지만, 사실 그는 결코 은자가 아니었다. 그가 피하고자 했던 것은 현실 정치였지 삶 자체가 아니었다. 그는 위대한 인생에 대한 사랑이 있었기에 삶에서 도피를 하지 않았다. 그는 가족을 떠나거나 주위의 나무, 숲 등 사랑하는 환경을 떠나기에는 충분히 긍정적이며 합리적인 사상을 가지고 있었다. 이렇듯 조화가 잘 이뤄진 인생관에서 중국 최고의 시가 탄생한 것이다. 그는 그가 태어나고 살아온 세상을 피하기보다는 맑은 아침 홀로 산책을 하거나 지팡이를 꽂고 밭

린위탕의 필적

에서 잡초를 뽑는 삶을 선택하였다. "귀거래사歸去來辭"를 지은 도연명의 귀거래歸去來의 목적지는 자신의 농토와 가족이었던 것이었다.

달관한 음유 문학가

린위탕이 좋아했던 또 한 사람은 바로 김성탄金聖嘆이라는 인물이다. 17세기 명말 청초의 위대한 인상파 비평가였던 김성탄이 어느 때 한 친구와 큰 비에 길이 막혀 할 수 없이 열흘 동안 절에 갇혀 있어야 했을 때 "유쾌한 한때"라는 제목의 시를 짓게 되는데, 아래의 글은 그중 일부이다.

"식사 후 심심해서 옛날 가방을 뒤져 본다. 그러다 우연히 오래된 차용증서를 발견한다. 그들 중 몇몇은 살아있지만 몇몇은 죽어 그 돈을 받기가 거의 어렵다. 남모르게 그것들을 한데 모아 불에 태운다. 연기가 사라질 때까지 지켜보고 있다. 이게 행복 아니겠는가?"

김성탄의 이러한 글에서 비가 올 때 뛰게 되면 앞에 내리는 비를 먼저 맞는 셈이니 그대로 걸어간다는 아주 유장悠長한 생활 철학을 가지고 있는 중국인들의 기질을 충분히 엿볼 수 있다.

우자愚者에는 슬기가 있고

유장悠長에는 아름다움이 있으며,

노둔老鈍에는 묘리妙理가 있고

하위下位에는 이利가 따른다

린위탕이 노장老莊 사상을 간추려 지은 시다. 이는 그가 대단히 소중하게 생각하는 잠언이며 그의 삶에 있어 그가 끝까지 견지했던 관점이기도 하다.

"인생이란 흔적 없이 지나가는 봄날의 꿈과 같다"

린위탕은 인간의 권위란 자연의 법칙에 따라 살다가 하늘과 땅과 같은 존재가 되었을 때 그 최고점에 도달한다고 가르치는 중국 유교철학을 인용하면서 어떠한 인생철학도 인간에게 주어진 본능과 조화를 이루지 않으면 안 된다고 설파하고 있다. 그에 의하면, 생활을 사색 위에 놓고 살아야 번잡스럽고 숨 막히는 철학의 세계에서 벗어나 어린아이와 같은 진실한 통찰력에 신선함과 자연스러움을 더할 수 있다.

소동파는 "인생이란 흔적 없이 지나가는 봄날의 꿈과 같다"고 하였고, 이백은 "춘야도리원春夜桃李園"이라는 시에서 "인생은 꿈과 같으니 이렇게 즐길 수 있는 것이 몇 번이나 되겠는가?"라고 읊었다. 이렇게 그들은 진리를 찾기보다는 생활의 지혜를 구하고 있다.

여유를 사랑하는 이러한 마음은 여러 가지 요인이 결합되어 만들어졌다. 먼저 기질에서 출발하여 문학적 예찬을 받았고, 동시에 철학적으로 정당성을 부여받았다. 즉, 기질적으로 생활을 아낄 줄 알았고, 낭만주의를 바탕으로 문학적으로 성장했으며, 주로 도교에 의하여 그 타당성을 인정받았다. 하지만 여유 있는 생활에 대한 예찬이 결코 일부 부유층을 위한 것만은 아니다. 오히려 스스로 한적한 생활을 찾아 나선 가난하고 청렴한 선비들을 위한 것이다.

여유에 대한 예찬은 고요한 생활, 근심 없는 마음, 자연을 마음껏 즐기는 것과 관계가 있다. 이를테면 린위탕은 청담淸談을 사랑한다. 그리하여 친구와 나누는 하룻밤의 청담이 10년 동안의 독서보다 낫다고 주장한다. 그는 바람이 불고 비가 내리는 밤, 배를 타고 강에 나가 강 양쪽 기

삶의 흔들리는 불빛을 보며 사공이 들려주는 이야기를 취한 듯 듣고 있는 그러한 모습을 그리워한다.

린위탕에 의하면 교양教養이란 한마디로 여가의 산물이다. 다시 말해 교양의 아름다움은 여유로움의 아름다움이다. 가장 현명한 사람은 가장 여유 있고 한가한 사람이다. 18세기 중국의 유명한 작가였던 서백향舒白香에 의하면, "시간은 사용되지 않을 때 쓸모가 있다." 여유가 있어야 비로소 우리네 인생도 충분히 견디어낼 만한 것이다.

린위탕은 한 마디로 자유주의자였다. 그는 본원적으로 자유주의자였으며, 그의 일생은 자유에 대한 사랑으로 점철된 삶이었다. 그는 인간의 존엄과 개인의 자유를 억압하는 제국주의, 군벌 정부, 그리고 전체주의에 저항하였다.

그가 외국 유학을 마치고 1923년부터 베이징대학의 영문과 교수로 취임한 뒤 루쉰魯迅을 비롯한 지식인들과 어울리면서 "사기士氣와 사상계의 관계"라는 제목의 논문을 비롯하여 과감한 반봉건적 정치평론과 수필을 발표하였다. 1926년에는 군벌정부의 진보적 교수들에 대한 탄압으로 베이징을 떠나 샤먼대학으로 자리를 옮겨 문학과장을 역임했는데, 이곳에서도 탄압과 부패 앞에 1년 만에 사직해야 했다. 1927년에는

린위탕, 루쉰, 차이위안페이, 버나드 쇼,
아그니스 스메들리 등이 함께 찍은 사진 (1933년)

광둥廣東 국민정부에서 외교부 비서를 지냈으며 광둥 국민정부가 해산하자 상하이로 가서 저널리즘에 투신, 영문주간지 등에 그의 특유의 신랄하고도 기지 있는 문체와 논리로써 대중들에게 중국문화 전통에 관심을 가지도록 호소하는 글들을 기고하였다. 특히 1947년에 저술한 『소동파전』은 3년여 기간을 몰두한, 그가 가장 아끼는 작품이었다.

그는 1966년에 타이완에 정착하였고, 『홍루몽』후 40편의 진위 문제에 관한 토론을 전개하여 '홍학紅學 변론'을 불러일으켰다. 1975년, 그는 국제펜클럽 부회장으로 선임되었고, 노벨문학상 후보로도 추천되었다.

1976년 3월 26일, 그는 홍콩에서 향년 80세를 일기로 영면하였고, 그의 유해는 4월에 타이완으로 운구되었다.

『생활의 발견』

『생활의 발견』은 1937년 미국에서 발간된 이래 전 세계 수십 개 국어로 번역되어 대단한 반향을 일으킨 책이다. 이 책이 그토록 큰 반향을 얻을 수 있었던 이유는 "의자에 앉는 것", "차를 마시는 것", "꽃과 나무에 대해 이야기하기" 등 매우 사소하고도 간단한 문제를 이야기함으로써 전체적인 면을 다루는 귀납적인 방법을 사용하고 있기 때문이다.

그리하여 저자는 이 책을 통하여 일관되게 행복은 어떻게 구해질 수 있는가를 이야기하고 있다. 인간이 이 세상에 태어나 자연으로 다시 돌아갈 때까지의 시간은 너무나도 짧다. 그 짧은 삶을 살아가면서 나름대로의 행복과 보람을 찾기 위해서는 어떠한 태도가 가장 필요한 것인가? 『생활의 발견』은 이에 대한 우회적인 답변서이다.

그러한 의미에서 『생활의 발견』은 "행복론"이라 할 수 있다. 그러나

린위탕 부부

행복을 현세에서 찾지 않고 사후 세계에서 영생함으로써 찾겠다는 '서구적'인 행복론이 아니라 이 세상의 주어진 현실의 '제한적' 조건과 인간으로서의 너무나도 명백한 한계 내에서 그것을 관조하고 인정하면서 인간의 행복이란 다름 아닌 이 세상에 있는 것이라고 주장한다. 그에 의하면, 중국 사상의 이상형은 자신이 타고난 행복한 천성을 간직하기 위하여 인간 사회를 떠나지 않고 그 속에서 함께 사는 사람이다. "대은大隱은 시장市場에 숨는다."

따라서 인간 사회를 떠나 산 속에서 홀로 사는 은자隱者는 아직 여전히 환경의 지배를 받는 2류 은자에 불과할 뿐이다.

이렇게 하여 도교의 냉소주의와 유교의 적극론이 결합하여 중용中庸의 철학이 만들어졌고, 린위탕은 이러한 '인간적인' 철학이야말로 최고의 철학이라고 단언한다. 그에 의하면, 철학은 하늘에서 땅으로 끌어내려야 하는 것이다.

린위탕은 인생의 목표란 인생을 진정으로 즐기는 데 있다고 말한다. 즐기는 것이 인생의 목표라는 그의 말은 의식적인 목적의 의미보다는 그가 인생에 대해 지극히 자연스러운 자세를 가지고 있다는 것을 말해 준다. 그의 말대로 인간에겐 자신의 위치가 있으며 주위 자연과 어울려 조화롭게 살아간다면 인생 그 자체에 대한 이성적이고 쓸 만한 관점을 획득할 수 있다.

사실 우리가 겪고 살아가야 하는 고통과 화禍의 대부분은 우리의 '욕심'으로부터 비롯된다. 인간이 목표나 꿈을 갖는 것은 매우 유익한 일이며, 존재의 이유이기도 하다. 그러나 주위를 살펴보면 그 목표와 꿈이 과도하게 설정되어 있기 때문에 현실적으로든 심리적으로든 수많은 고통을 '스스로 만들어서' 고스란히 받고 있다. 우리의 목표와 꿈을 한 단계만 낮출 수 있는 '용기'가 있다면 그 만큼 인생을 즐길 수 있는 '여유로운 공간'이 만들어질 것이다. 항상 '모자람'에 집착하지 않고 '남겨 둠'의 여유를 느끼면서 살 수 있다면 그 사람은 이미 자신의 삶을 향유하고 있는 셈이다.

마지막으로, 이 책은 우리나라에 『생활의 발견』이라는 제목으로 나왔지만, 원작의 본 제목은 "The Importance of Living"이다. 본래의 이 제목이야말로 이 책의 핵심적인 말이 아닐까 생각한다. 왜냐하면 저자는 그의 책 전체를 통하여 일관되게 '생활' 그 자체가 무엇보다도 가장 중요하다고 주장하고 있기 때문이다.

76. 중국 현대 정치의 개척자 ✽ 장제스

장제스蔣介石의 본명은 '장중정莊中正'이고, '제스介石'는 자字이다.

그는 저장성 평화현에서 1887년에 태어났으며, 가업을 이어받아 소금매매업을 하던 아버지는 장제스가 여덟 살 때인 1895년 세상을 떠났다. 그 뒤 그는 홀어머니 밑에서 자랐는데, 그의 어머니는 유교적 예법이 몸에 밴 사람으로서 어린 장제스에게 행동 하나하나를 예법대로 하기를 엄하게 가르쳤다.

청년 장제스 (1907년)

그는 인근의 학당에 입학하여 한학 공부를 하다가 1906년에 일본으로 건너가 도쿄의 청화학교에 들어가 천치메이陳其美 등을 알게 되었고 반청사상의 영향을 받게 되었다. 이 해 말에 일시 귀국하여 전국 육군속성학당陸軍速成學堂에서 포병 교육을 받았고, 1908년 다시 일본으로 가서 도쿄 진무학교에 입학했다. 이때 동맹회에 가입하였다. 그리고 1910년에 진무학교를 졸업한 뒤 일본 육군 제13사단 제19연대 사관후보생이 되었다. 이 무렵 장제스는 민주혁명에 투신하여 쑨원의 충실한 부하가 되었으며, 신해혁명이 발발한 뒤에는 상하이에 돌아와 천치메이의 지시를 받아 선봉대 100여 명을 이끌고 항저우에 도착하여 저장성 수복 전투에 참가하기도 했다.

大元帥令

장제스를 군관학교 교장으로 임명하는
쑨원의 임명장

1913년에 2차 봉기가 발생하였다. 그는 상하이에서 전투를 수행했지만 실패하고 상하이에 은거했다. 10월에 중화혁명당에 가입하였고 11월에 다시 일본으로 돌아갔다. 1914년 쑨원은 도쿄에서 중화혁명당의 정식 결성을 선포했다. 장제스는 상하이와 하얼빈에서 천치메이와 협력하여 위안스카이에 반대하는 혁명 활동에 종사하였다. 1916년 천치메이가 습격을 받은 뒤 장제스는 쑨원의 명령으로 산둥 지역에 파견되어 중화혁명군 동북군참모장에 임명되었다. 얼마 후 위안스카이가 사망하자 중화혁명군은 해산하였고, 장제스는 상하이에 머물렀다. 1918년, 그는 쑨원의 중화민국 정부의 광둥군 총사령부 작전과 주임에 임명되었다.

1924년 1월, 쑨원은 그에게 황푸黃埔군관학교를 세워 혁명을 추진할 군사 간부를 양성하도록 했다. 초대 교장에 취임한 장제스는 여기서 약 2년 만에 5천여 명의 교육생을 배출했고, 이들 중 상당수를 국민당과 자신에게 충성하는 사람으로 만들어 향후 중국의 주도권을 잡을 기반을 닦아나갔다.

훈정訓政과 공산당 소탕의 실패

'제1차 국공합작'이 이루어져 있던 당시 쑨원과 국민당은 소련의 원조에 상당히 기대고 있었으며, 국민당과 황푸군관학교에도 공산당 등 좌파 인사가 많았다. 그런데 장제스는 점차 좌우합작 노선에 이의를 제기했고, 한 번은 군관학교 교장직을 사임하면서까지 쑨원에게 불만을 표시했다. 1925년에 쑨원이 사망하고 1926년 2월 국민혁명군 총사령관에 선출된 그는 자신이 당내 좌파에 의해 모스크바로 납치될 뻔했다는 이른바 '중산함 사건'을 명분으로 삼아 국민당 내 좌익 척결에 나섰다. 쑨원 생전에 2인자로 불렸던 왕징웨이汪精衛가 친좌파적 성향을 추궁받아 몰락해 장제스가 국민당의 1인자로 떠올랐다.

왕징웨이와 장제스 (1926년)

펑위샹, 장제스, 옌시산 (1929년)

장제스는 국민혁명군 총사령관 겸 국민당 주석 등 요직을 모조리 차지한 뒤 이른바 '북벌'을 본격 추진했다. 군벌에 의해 분열된 중국을 하나로 통일한다는 명분을 내건 북벌은 1차로 1926년에서 1927년까지 우페이푸吳佩孚, 쑨추안팡孫傳芳 등을 격파하고 장강長江 이남을 평정하였다. 다음해인 1928년에는 옌시산閻錫山, 펑위샹馮玉祥 등 일부 군벌과 합작, 2차 북벌을 개시하여 베이징에 웅거하고 있던 장쭤린張作霖을 몰아냄으로써 군벌 시대를 마무리 짓고 전국을 장악하였다. 장제스는 '군정시기'가 종식되고 '훈정訓政시기'가 개시

되었다고 공식 선언하였다.

그러나 한때 협력했던 옌시산, 펑위샹이 장제스에 반기를 들어 이들 간에 계속하여 전쟁이 벌어졌다. 장제스는 열강의 지원과 장쭤린의 아들 장쉐량張學良의 도움을 얻어 이들을 모두 진압하였다. 내부 경쟁자들을 진압한 그는 "외부의 적을 물리치기 위해서는 반드시 먼저 내부를 안정시켜야 한다."고 주장하면서 주요 공격 방향을 공산당에 돌렸다. 그러나 이러한 공산당 소탕작전은 거듭 실패하였다. 이 무렵 일본은 만주사변을 일으켜 만주를 무력 점령하고 청나라의 마지막 황제 푸이溥儀를 내세워 만주국을 세우면서 중국 침략을 본격화하였다.

장제스는 한편으로 일본과 대립하면서 공산당 소탕 작전의 고삐를 늦추지 않았다. 마오쩌둥이 이끄는 홍군紅軍은 1934년부터 1936년까지 근거지인 루이진瑞金에서 산시성에 이르는 1만 2천 km를 퇴각하면서 피신해야 했다. 그러나 마치 『초한지』에서 항우가 매번 전투에서 이겼지만 유방이 결코 붕괴되지 않고 끝내 승리를 거머쥐었듯, 공산당도 전투에서 항상 패배하고 패주했지만 또다시 더욱 강하게 재기하였다. 당시 항일전쟁에 대한 민중들의 열화와 같은 요구와 함께 때마침 1936년에 장쉐량이 시안 방문 중의 장제스를 감금하고 국공합작을 촉구하는 시안사건이 벌어졌으며, 1937년에 일본이 본격적으로 중국

카이로에서 만난 장제스, 미국 루스벨트, 영국 처칠 (1943년)

대륙을 침략하면서 장제스도 할 수 없이 제2차 국공합작에 동의하였다.

　전쟁 내내 일본군은 매번 거의 중국군을 격파하였다. 그러나 장제스는 "일본의 인구와 경제력으로 볼 때, 중국 전체를 전쟁터로 삼아 오래 전쟁을 하다 보면 지치지 않을 수 없다."고 주장하면서 미국을 비롯한 외국의 원조로 보급을 지탱하면서 버텨 나갔다. 1941년 12월에 일본이 진주만을 공격하고 미국이 제2차 세계대전에 참전하면서 세계정세는 급변하기 시작하였다. 그리고 장제스는 세계 지도자의 위상으로서 1943년 11월, 미국의 루스벨트와 영국의 처칠을 카이로에서 만나 회담을 갖고 만주, 타이완 등 1914년 이래 일본이 점령한 모든 중국 영토의 반환을 약속 받았다.

장제스와 쑹메이링의 결혼사진 (1927년)

장제스의 초상이 걸려있던 천안문의 모습(1945년)

　장제스는 본래 열네 살 때 동향 사람 마오푸메이毛福梅와 결혼하여 아들 장징궈蔣經國을 낳았다. 그 뒤 마오푸메이와 별거에 들어간 그는 연이어 두 명의 여자와 동거 혹은 결혼을 했다. 그리고 1927년 장제스는 몇 명의 전처와의 관계를 청산한다고 발표한 뒤, 12월 1일 쑹칭링의 동생인 쑹메이링宋美齡과 상하이에서 결혼을 했다.

타이완으로 몰려나 미국에 배신당하고

1945년에 전쟁이 끝나자 장제스는 다른 국가들과의 화해 정책을 추진하였다. 일본에 대해서는 중국에 잔류하고 있던 일본군과 거류민을 안전하게 귀국시키고 대일배상 청구권과 분할 점령권을 자진해서 포기하는 정책을 취했다. 또한 소련과 우호동맹을 맺고, 마오쩌둥을 임시 수도였던 충칭으로 초청하여 회담을 갖고 협력을 다짐했다. 하지만 국공의 화해는 길지 않았다. 장제스는 얼마 후 일방적으로 공산당에 공격을 재개하였다.

장제스와 아들 장징궈
(장제스의 후계자. 6-7대 대만 총통을 연임)

그러나 중국 땅에서 공산당을 발본색원한다는 그의 희망과 달리 1년 뒤에는 오히려 그가 대륙으로부터 쫓겨나 타이완으로 피신하게 되었다.

국공내전을 진행하던 1947년, 일본의 지배를 대신한 국민당 정부의 차별대우와 착취를 견디다 못한 타이완 원주민本省人들이 들고 일어나자 국민당 정부는 이를 유혈 진압하였다. 2년 뒤에 타이완으로 건너온 장제스는 계엄령을 선포하고 반정부 활동을 엄격히 금지하며,

국민당 외의 정당 활동을 금지하는 등 철권통치로 27년을 집권하였다.

물론 장제스의 타이완 통치에 치적도 적지 않았다. 본토에서는 미처 시도하지 못했던 사회개혁의 부재와 지도부의 심각한 부정부패로 대륙을 잃었다는 반성으로 그는 1953년에 토지개혁을 실시하여 민중의 생활 안정을 이뤄냈고, 자연스럽게 공업화의 토대도 마련했다. 세법도 개정해서 산업자본과 복지예산을 확보할 수 있었다. 뿐만 아니라 공교육 강화에도 힘을 쏟아 아시아에서는 극히 예외적으로 전 국민이 9년간 의무교육을 받는 체제를 일찌감치 수립했다. 특히 부정부패를 엄히 단속하고 자신의 친인척까지 가차 없이 처벌하는 모습을 보여주었다. 이렇게 하여 타이완은 순조로운 경제발전을 이룩하였고, '아시아의 네 마리 용'의 선두 주자로서의 번영을 과시하였다.

그러나 그가 평생토록 그토록 염원해마지 않았던 "본토 수복"의 염원은 끝내 물거품이 되었고, 그는 세계무대에서 완전히 비주류로 밀려난 설움을 삼키며 오랫동안 아픔의 세월을 보내야 했다. 특히 가장 믿었던 미국이 1972년에 중국과 수교하는 '배신'을 눈앞에서 목격하면서 그는 분노와 좌절감으로 인생의 황혼을 보내야 했다. 그리고 1975년 4월, 심장마비로 그는 세상을 떠났다. 향년 88세였다.

77. 마오쩌둥 ✦ 그 빛과 그림자

마오쩌둥

헨리 키신저는 마오쩌둥이야말로 중국적 전통에 철저히 토대를 둔 인물로 묘사한다.

"외교정책 어젠다의 추구과정에서 마오쩌둥이 거둔 성과는 레닌보다 손자孫子에 그 공이 돌아가야 한다. 그는 그가 공개적으로 멸시한다고 언급했던 중국의 고전과 전통으로부터 영감을 얻었다. 그가 외교정책을 주창할 때 항상 인용한 것은 마르크스주의가 아니라 유교 경전을 비롯한 '24사史', 자치통감, 손자병법 그리고 삼국지와 수호지, 홍루몽 등 전통적인 중국 고전이었다. 그는 자신의 시와 철학을 붓으로 쓰기 좋아했는데, 그는 자신이 쓰는 초서楚書에 커다란 자부심을 가지고 있었다. 1959년, 그가 32년 만에 다시 찾아간 고향에서 쓴 시는 마르크스주의 혹은 유물론이 아니라 낭만주의 정서로 충만한 시구詩句였다."

마오쩌둥의 전술과 사상은 사실 중국 농민봉기의 전통을 그대로 이어받은 것이었다.

중국 사회주의 혁명 지도자 마오쩌둥은 유가철학에서 중요한 주제의 하나인 이론과 실천의 통일이라는 측면에서 혁명 동료들을 뛰어넘는 장점을 지니고 있었다.

그는 프롤레타리아 혁명에 대한 교조적 신념으로 도시노동자와 도시폭동에

1966년 9월15일 천안문에서 담화를 나누는 마오쩌둥과 류샤오치

몰두하고 있었던 동료들과는 달리 농촌과 농민에 착목하고 혁명의 각 단계마다 어떤 계급이 친구이고 적인가에 대하여 대단히 세심하고 실제적으로 구분하였다. 특히 그는 단기적인 목표와 장기적인 목표를 결합시키는 데 대단히 유연했다. "모순의 일부는 적대적이지만, 일부는 비적대적인 것"이라는 그의 주장은 한편으로 양면적이고 모호한 것이었지만 다른 한편으로 보면 매우 유연한 사상구조였다.

마오쩌둥의 유명한 저작인 「실천론」과 「모순론」은 각각 마르크스-레닌주의가 '이론과 실천을 강조한 유교사상' 그리고 '천지만물 음양의 변화를 밝힌 주역 이론'과 결합되어 창조된 이론으로 볼 수 있다. 이러한 과정을 통하여 마오쩌둥은 국제 공산주의 운동 이론을 중국적 상황에 '창조적으로' 적응시켰고, 결국 중국 혁명을 성공시켰다. 만약 당시 프롤레타리아 혁명론만을 기계적으로 답습하여 도시 노동자만을 중시했다면 중국 사회주의 혁명은 성취하기 어려웠을 것이다. 실제의 중국 혁명은 중국 역대의 농민 반란 전통과 마찬가지로 '농촌의 도시 포위' 방식으로 이뤄졌다.

또한 1920년대 중국 공산당 당원들은 부르주아-프롤레타리아의 2 단계 혁명론을 교조적으로 해석하는 코민테른의 지시에 따라 모든 희생을 감수하면서 국공합작을 유지하였다. 반면에 마오쩌둥은 "중국의 부르주아는 너무 취약하여 혁명을 지도할 수 없고 오직 프롤레타리아(농민)만이 혁명을 지도할 수 있다"는 이른바 '신민주주의혁명론'을 주창하였다. 이는 중국의 전통과 상황에 적용시킨 정확한 해석인 동시에 중국적 변용이었다. 1950년대에도 마오쩌둥은 소련식 발전모델에 기초하여 생산력 향상에 초점을 맞춘 류샤오치劉少奇 등의 중공업 위주 발전 방식을 반대하면서 그것이 농촌을 수탈하여 도시를 발전시키는 것이라고 비판하였다.

마오쩌둥은 이백을 비롯하여 두보와 백거이의 시로 유명한 동정호洞庭湖와 악양루岳陽樓가 위치한 후난성 출신으로서 어릴 적부터 중국문화 전통의 세례를 온몸으로 받았다. 또한 그가 절체절명의 위기로부터 재기를 할 수 있었던 옌안이 위치한 산시성은 바로 중국 고대 주나라의 발상지이며 이후 진나라와 한나라 그리고 당나라의 전성시대를 구가했던 지역이었다.

존 페어뱅크John K. Fairbank는 마오쩌둥이 그가 당시 중국에서 지녔던 신성불가침의 권위를 중국 전통으로부터 구했다고 말했다.

"마오쩌둥은 두 가지 경력, 즉 반란의 지도자로서의 경력과 부활된 황제와 같은 존재로서의 경력을 지녔다. 중국에서 권위라는 것은 전통적으로 위에서 아래로 내려오는 것이었다. 그러므로 중국공산당이 권력을 장악하자 그 지도자는 다른 사람보다도 뛰어나고, 숭배의 대상으로서 뿐만 아니라 또한 모든 조직에게 공인을 받는 상급자로서 신성불가침의 존재가 되었다. 많은 것들이 마오쩌둥에 의하여 이루어졌으므로 중국공산당은 마오쩌둥이 창조한 것으로 간주되었다. 우리는 그를 수많은 황제들을 계승한 한 사람의 군주로서 생각할 때만, 충성을 바치도록 훈련을 받은 중국공산당 지도자들이 마오쩌둥에 의하여 차례로 공격을 받고 마침내 파멸되면서도 왜 그냥 순응했는가 하는 점을 이해할 수 있을 것이다."[65]

그리고 그는 마오쩌둥이 현대 중국의 사회주의가 유학을 포함하는 전통시대에 존재했던 성격을 유지하고 있다고 분석하였다. "전통시대 지배계급은 황제의 내조內朝와 관료들의 외정外廷 그리고 지방 사무를 관리하는 교육받은 신사층紳士層이라는 자체 등급을 가지고 있었다. 사회주의 체제 아래서도 이러한 등급은 각기 당 지도자와 중앙위원회, 이념화된 정부기구의 당원 그리고 지방의 기층 간부라는 형태로 유지되었다. 절대 진리로서의 유학은 마르크스-레닌주의로 대체되었다. 새로운 공산주의적 질서는 전통적인 왕조시대와 너무나 일치했다.

실로 마오쩌둥이야말로 중국 전통에 충실하고 중국 특색을 지닌, '가장 중국적인 지도자'였다. 자력갱생으로 농촌 발전을 위한 자금을 확보하고자 했던 시도처럼 간부들의 건전한 자아비판을 이끌어내려던 마오쩌둥의 노력은 정부의 개입을 최소화하려던 명나라 태조 홍무제洪武帝 주원장朱元璋의 정책과 대단히 유사하다. 홍무제는 지방 질서를 이갑제里甲制의 요역노동 및 보갑제保甲制의 상호책임제에 위임시켰고, 마오쩌둥은 그것을 자경단自警團의 역할을 수행하는 가도街道순찰단과 뛰어난 공작단위工作單位에 위임시켰다."[66]

물론 이러한 시각에는 비록 부분적으로 논리의 비약이라는 측면이 존재하고 있지만, 현대 중국이 자신이 새롭게 성취해낸 통일 국가의 정

---

65. 존 킹 페어뱅크, 멀 골드만, 『신중국사』, 김형종, 신성곤 옮김 (서울: 도서출판 까치, 2005), 456.
66. Ibid., 541.

치체제에 대한 모색에 있어 과거 역사적 전통의 연장선으로부터 구체화시키고 있는 측면을 정확하게 지적하고 있다는 점에서 유효성을 지닌다.

마오쩌둥과 주원장

전종접대傳宗接代, 자손 한 대 한 대로 하여금 계속 이어가도록 하는 것을 일컫는 말이다. 중국은 바로 그러한 전통과 역사가 중심인 국가이다.

『중국사』의 저자인 미야자키 이치사다宮崎市定는 쑨원孫文의 삼민주의가 그 주요 부분이 완전히 서양사상이며 중국의 전통과 이질적임에도 불구하고 중국 사상으로부터 단절시키지 않고 전통사상의 연장선상에 두려고 노력하였음을 지적하고 있다.

정치의 측면에서 이러한 전종접대傳宗接代의 성격은 그대로 계승되어 역사적으로 이어져온 왕조체제는 오늘의 정치체제에서도 면면히 관철되고 있다.

'부활된 황제'로서의 이미지의 마오쩌둥과 명나라 주원장에게서 나타나는 유사점은 대단히 흥미롭다.

마오쩌둥은 명나라를 건국한 홍무제 주원장과 비교된다. 마오쩌둥은 주원장과 똑같은 농민 출신으로서 농민 반란 혹은 혁명을 통하여 권력을 장악하였다. 실제로 마오쩌둥은 주원장에 대하여 "자고로 당 태종 이세민과 견줄 수 있는 군주는 나오지 않았다. 그 뒤는 곧 명 태조 주원장이다."라고 높이 평가하였다. 다만 양자 간의 차별성이 있다면, 마오쩌둥의 경우 당시의 사회 상황을 반영하여 '농민에 기반을 둔' 사회주의의 기치를 내세운 점이 다르다고 할 수 있을 것이다.

주원장은 농촌이 피폐해졌다는 사실을 인식하고 있었다. 더구나 그는 상업을 천시하고 기생적인 것으로 파악하였다. 그래서 자급자족적인 농촌사회를 만들기 위하여 노력하였고 농민들은 스스로 치안을 유지하였다.

마오쩌둥은 농촌사회가 중국 혁명의 주요한 수혜자가 되어야 한다는 신념을 통하여 도시의 관료사회에 대한 반감을 극도로 드러냈다. 평생 백성의 편에서 관료 집단과 투쟁했던 주원장과 유사하다고 할 수 있다. 그는 1957년 이른바 '백화제방百花齊放 운동'이 전개된 이후 불만에 찬 지식인들의 비판이 터져 나오자 그 기회를 노려 '반反우파 투쟁'에 나서 무려 50만 명 이상의 지식인들을 파면시키고 그들에게 '우파', 즉 인민의 적이라는 낙인을 찍었다. 그는 지식인들이 단지 말만 할 줄 아는 자들이라고 경멸했으며, 가장 위대한 지적 성취는 상대적으로 교육을 덜 받은 젊은이로부터 나온다고 말했다.

주원장은 1380년 승상丞相의 음모가 적발되자 승상을 참수형에 처했다. 승상의 가족을 비롯하여 연루된 관료 등 모두 4만 명이 사형을 당하고 총 10만 명이 희생을 당했다. 그 결과 능력 있는 인물이 사라지고 폭력이 난무하면서 발전이 가로막혔다. 조정에서 신하들은 공공연하게 곤장을 얻어 맞고 모욕을 당해야 했다. 희생자들은 엎드린 채 발가벗은 엉덩이에 매질을 당했다. 주원장은 승상의 직책도 아예 없애고 모든 것을 자신의 손에 의하여 처리하고자 하였다.

'대약진'이 아닌 '대약퇴大躍退'

주원장은 "송나라 신종은 왕안석을 기용하여고 이재理財를 중시했다. 그리하여 소인들이 날뛰었고 천하가 소란해졌다."고 비판하면서 중농억상 정책으로 회귀하여 완전한 소농경제 사회에서의 근검절약과 형평을 강조하였다. 상인들은 비단옷을 입지 못하게 하고 백성들은 항해를 하지 못하도록 하였으며 대부분의 부자들을 몰락시켰다.

대외무역도 예부에서 관장하도록 하였다. 이렇게 하여 사회 생산과 유통의 효율성을 제고시켜 사회재부를 증대시키는 대신 완전한 소농 경제 시대로 되돌아갔다. 그는 도덕윤리를 표방하면서 도덕이 법률을 대체하는 도덕입국道德立國의 사회를 건설하고자 했는데, 이는 사실상 융성했던 송나라 상업으로부터의 '대약퇴大躍退'였다.

'문화대혁명' 시기에 붉은 완장을 두른 어린 홍위병들은 거리를 휩쓸고 다니면서 책과 원고를 불사르고 조금이라도 외국풍이 나거나 '지성의 냄새'를 풍기는 사람은 무조건 심문하여 모욕하고 두들겨 팼으며 심지어 죽이기까지 했다. 류샤오치劉少奇도 이 와중에 감금된 채 굶어 죽어야 했다. 이 문화대혁명 기간에 최소 50만 명 이상이 살해되거나 자살했으며, 자그마치 1억 명이 박해를 받았다. 마오쩌둥은 류샤오치의 직위였던 주석직 자체도 없앴다.

문화대혁명 시기 홍위병이 상해푸단대학의 한 벽면에 칠한 정치 슬로건 (피와 생명으로 당중앙을 보호하자 피와 생명으로 모주석을 보호하자)

국가관리들을 농촌으로 파견하는 장면 (1957년)

마오쩌둥은 철저하고 근대적인 공산주의 사회를 만드는 것을 목적으로 1958년부터 1960년까지 대약진 운동을 전개하였다. '생산성 이론'에 근거하여 시행된 이 운동은 농촌의 현실을 무시한 무리한 집단 농장화, 그리고 철강생산 등을 진행시킨 결과 2,000만 명에서 5,000만 명에 이르는 사상 최악의 아사자를 내고 크게 실패하여 결국 '대약진'이 아니라 '대약퇴大躍退'로 귀결되었다.

그리고 '삼자일포三自一包(自留地, 손익을 스스로 책임진다는 뜻의 自負盈虧, 自由市場의 3자[自]와 생산책임 제도인 包産到戸의 1포[包])' 정책으로써 농민의 생산의욕과 경제활동을 고취하자는 류샤오치와 덩샤오핑의 주장을 자본주의에 투항하는 주자파走資派로 몰아붙이면서 그들을 문화대혁명을 통하여 숙청하고자 했다.

그러나 마오쩌둥은 모든 과거와 철저히 단절해야 함을 역설했지만 한편으로는 윤리 프로젝트로서의 국가와 중국식 관료체제로서의 왕조체제의 통치를 포함하는 중국의 많은 전통적 방식에 의존하였다. 그는 그것들을 증오하여 그것들을 주기적으로 파괴했지만 최종적으로는 그것들을 동일하게 주기적으로 다시 중건重建, re-create하였다.[67]

천하대란, 대약진운동과 문화대혁명

혁명은 성공했지만 중국 대륙에 남은 것은 온통 폐허밖에 없었다. 물가는 하늘 높이 치솟았고, 화폐가치는 땅에 떨어져 휴지조각으로 되었다. 남아있는 철로는 고작 19,200km에 불과했고, 사용 가능한 도로도 겨우 76,800km에 지나지 않았다. 그나마 모두 형편없는 수준이었다. 더구나

---

67. Henry Alfred Kissinger, *On China*, (New York : The Penguin Press, 2011), 95.

토법고로 (재래식 용광로, 1958년)

일본의 폭격으로 산업 생산은 전쟁 전의 절반 수준에 머물렀고 농업 생산도 바닥에 내려앉았다.

그러나 중화인민공화국에서는 의욕에 찬 새로운 지도자와 대중들이 새로운 사회 분위기를 만들어내고 있었다. 이윽고 1953년에 이르자 인플레이션은 멈추고 산업 생산은 전쟁 이전의 수준으로 회복되었으며, 소련을 모델로 삼은 5개년 경제개발계획은 성공을 거두어 모든 분야의 생산을 증대시켰다. 하지만 마오쩌둥은 혁명적 열정과 대규모 협동만 있다면 중국을 지상천국으로 만들 수 있다고 생각하였다. 그리하여 이른바 '대약진운동'이 시작되었다. 전국적으로 대규모 인민공사가 설치되었고 모든 사유재산은 폐지되었으며 모든 가정의 뒷마당에 화로를 만들어 강철을 생산하도록 하였다. 농민들은 농기구며 냄비 그리고 문고리 등을 녹여 자신에게 할당된 강철 생산량을 맞춰야 했다. 그러나 이렇게 생산한 강철은 아무 쓸모도 없음이 곧 드러났다. 오히려 농산물 생산이 급감하고 때마침 소련의 원조도 끊어져 전국에 엄청난 기근이 발생하였다. 이때 3천만 명이 굶어죽은 것으로 알려졌다.

이후 사태는 더욱 악화되었다. 대약진운동의 실패로 궁지에 몰린 마오쩌둥은 대중들을 동원하여 홍위병을 조직하고 지식인에 대한 대대

적인 탄압에 나섰다. 이른바
문화대혁명이었다. 덩샤오핑
과 류샤오치 등은 자본주의를
추종하는 자, 즉 '주자파走資
派'로 몰려 갖은 박해를 받아야
했고, 전국의 대학과 고등학
교가 폐쇄되었다. 학자와 예
술가 그리고 작가들은 직장에
서 쫓겨나고 살해당하거나 지
방 수용소에 보내졌다. 과학,
문학, 문화 분야의 정기간행
물도 출판 금지되었으며 사찰
도 공격 받아 승려들도 해산

홍위병과 인사하는 마오쩌둥 (1966년 8월 18일)

되었다. 이 과정에서 류샤오치를 비롯하여 수백만 명이 사망하였다. 실
로 전례 없는 생지옥과도 같은 나날이었다.

1976년 9월 9일 마오쩌둥이 향년 83세로 세상을 떠나면서 이 생지
옥과도 같은 사태는 가까스로 진정되어 갔는데, 특히 덩샤오핑이 복권
되면서 중국은 새로운 전기를 맞이하게 된다. 문화대혁명의 아수라장
에서도 마오쩌둥이 끝내 덩샤오핑을 숙청하지 않고 살려놓았던 것은
어쩌면 중국의 미래를 위한 마오의 대국적인 안목이 빛을 발한 대목일
수 있다. 또 마오쩌둥이 실현시킨 중미 수교는 덩샤오핑의 개혁개방 추
진에 중요한 토대를 만들어주었다.

덩샤오핑은 기존의 방침을 완전히 수정하여 마침내 1978년 이른바
'개혁개방'을 적극적으로 밀고 나갔다. 덩샤오핑은 "발전이야말로 가장
중요한 원칙이다"라는 유명한 명제를 주창하면서 "부자가 되는 것은

자랑스러운 일"이라고 선포하였다. 동시에 선전, 샤먼 등지에 경제특구를 설치하고 국유기업을 개혁하면서 적극적으로 외국자본을 유치하였다.

그의 공功은 7이고, 과過는 3이었다

중국 현대사로 들어서는 길목에서 본래 중국인들은 장제스蔣介石에게 희망을 걸었으나, 장제스가 중국인의 철천지원수인 일본의 침략은 본 체만 체하면서 오로지 공산당 궤멸에 의한 국내 패권에만 몰두하자 그에 대한 모든 희망을 접었다.

마오쩌둥 선집을 정리하고 있는 출판사 직원들
(1966년)

처음에 마오쩌둥이 이끄는 중국공산당의 시작은 기껏해야 수만 명의 '농민봉기군'에 지나지 않았다. 근대적 정규군이자 미국의 강력한 지원을 받았던 장제스 군대와 비교하면 그야말로 오합지졸이었고 그 생명력은 금방이라도 끊어질 듯 보였다. 장제스 군대의 대규모 공격에 속수무책으로 패배하면서 1년여에 걸쳐 무려 8,000km를 쫓겨 갔던 이른바 '대장정大長征'은 공산당의 고난을 상징적으로 알려주는 사건이었다. 하지만 이들은 오히려 장제스의 국민당을 타이완 섬으로 축출하는 데 성공하는 대이변을 연출해 내면서 마침내 중국의 '사회주의 혁명'을 성취하였다.

마오쩌둥이야말로 갑오전쟁 이후 완전히 붕괴되어 산산이 무너져 버린 중국 민족의 자존심을 다시금 일으켜 세우고 중국의 부흥을 향하여 민족적 에너지를 응집시킬 수 있게 만든 영웅이었다. 이는 중국 현대사에 있어 위대한 업적이었다. 특히 마오쩌둥이 성취해낸 중국 대륙의 통일은 2차 대전 후 패망의 나락으로 떨어진 적대국 일본과 극적으로 대비되었다. 비록 그가 극단주의 노선의 추구로 수천만 명의 희생을 남긴 채 처절한 실패로 귀결된 대약진운동과 문화대혁명을 초래했지만, 위와 같은 이유로 중국인들은 여전히 그를 공칠과삼功七過三, 즉 공적이 7할이고 과오가 3할이라고 평가한다.

16세의 덩샤오핑
(프랑스 유학 중)

덩샤오핑의 본명은 덩셴성(鄧先聖)으로 1904년 쓰촨성에서 태어났다. 그는 프랑스에서의 유학기간 (1921~24) 중 공산주의 운동에 적극 참가했으며, 그 후 소련 모스크바 중산대학에서 유학하고 그해 말 귀국하여 1927년 중국공산당 중앙비서장에 임명되었다. 1929년 말에는 광시(廣西) 지역에 파견되어 많은 봉기를 조직하고 홍군을 건설하였다. 그는 1934년 중국공산당의 장정(長征)에 참여하였고 다시 중국공산당 중앙비서장에 임명되었으며 1935년 쭌이(遵義) 회의에 참석하였다. 항일 전쟁 시기에는 공산당의 팔로군(八路軍)에서 정치부 부주임과 정치위원 그리고 중앙위원을 담당하였다. 공산당이 중국 대륙을 석권한 뒤에는 중앙 인민 정부위원을 역임했으며, 정무원 부총리, 국무원 부총리, 국방위원회 부주석에 임명되었다.

1950년대 중반부터 덩샤오핑은 대외정책과 국내정치에서 모두 중요한 정책결정자였다. 특히 그는 류샤오치(劉少奇) 등 실용주의적 지도자들과 긴밀한 관련을 맺으며 활동하였다. 이들 실용주의적인 지도자들은 중국의 경제발전을 위해서 물질적인 보상 제도를 채택하고 기술 및 경영의 측면에서 숙련된 엘리트를 양성하자고 주장했는데, 점점 마오쩌둥 세력과 갈등을 빚게 되었다. 결국 그는 1960년대 후반 문화대혁명 과정에서 신랄한 비난을 받고 1967~69년동안 직책을 박탈당했다. 그러나 1973년 저우언라이周恩來 총리의 후원으로 복권되어 총리가 되었으며,

팔로군 정치위원을 담당했을 때의 사진
(1938년, 좌로부터 두번째)

1975년에는 당 중앙위원회의 부주석과 정치국 위원 총참모장이 되었다. 저우언라이가 세상을 떠나기 몇 달 전부터 정부를 이끌어간 그는 1976년 1월 저우언라이가 죽자 이른바 4인방四人幇에 의해 다시 권좌에서 밀려났다.

1976년 마오쩌둥이 죽고 4인방이 숙청된 후 비로소 그해 9월 마오

팔로군의
항전 포스터

쩌둥의 후계자인 화궈펑華國鋒의 동의를 얻어 복직되었다. 1977년 7월경 덩샤오핑은 이미 고위직을 회복했으며 당과 정부의 지배권을 둘러싸고 화궈펑과 권력투쟁을 벌였다. 그러나 노련한 정치력과 폭넓은 지지층을 확보하고 있었던 덩샤오핑은 결국 화궈펑의 축출에 성공하였다.

덩샤오핑의 집권 직후인 1980년 11기 5중전회五中全會는 마오쩌둥 시대의 개인 전횡을 반성하면서 "당내 정치생활에 관한 준칙"을 통과시키고 집단지도 및 개인 전횡 반대를 명문화하였다. 이어 1987년 중앙정치국은 중앙정치국, 정치국 상위, 중앙서기처 등 세 곳 '당 중앙'의 "공작규칙"을 각각 통과시켰고 이로 인해 중앙 집단지도 체제와 민주적 정책결정이 제도화되었다.

한편 2002년 16대十六大 당대회에서 정기적인 중앙정치국 집체학습 제도가 만들어졌는데, 이 집체학습은 지도부의 공동인식을 이끌어내는 중요한 역할 외에 중국 최고지도부 집단지도 제도의 정착에 있어 관건적인 역할을 수행했다.

또한 2007년 17대 당대회는 지방 당위黨委의 중요 문제를 토론 결정하였고 중요 간부 임용 시에 대한 표결제를 시행하였다. 당대회는 중앙 및 지방 각급 당위 상무위원회가 전체위원회에 대하여 책임을 지고 업무를 보고하도록 명문화하였고 반드시 이에 대한 감독을 받도록 규정하였다. 그리고 "장쩌민을 핵심으로 한 중앙 영도집체"라는 공식적 용어는 "후진타오를 총서기로 한 당 중앙"으로 바뀌었다.

그는 "어떠한 민족과 국가도 모두 다른 민족, 다른 국가의 장점을 학습해야 하고, 다른 사람의 선진과학기술을 학습해야 한다."고 주창하면서 합의와 타협 그리고 설득의 방법으로써 중국의 정치, 경제 등 모든 분야에 걸친 중대한 개혁과 개방정책을 추진시켰다.

그는 경제 운영에 있어서 지방분권적인 방향을 설정했다. 그리고 효과적이고 통제적인 경제성장을 이룩하기 위해 합리적이고 융통성 있는 장기적인 계획을 세웠다. 농민들에게는 자신의 생산물과 이윤에 대해 개인적으로 관리하고 그에 대한 책임을 부담하도록 했는데, 그 결과 1981년 이 정책이 시행된 이래 몇 년이 채 지나지 않아 농업생산은 크게 증가했다.

"인민을 잘 살게 하는 것이 가장 중요하다"

덩샤오핑은 경제 정책 결정에 있어서 개인의 책임에 비중을 두었고 근면과 창의력에 대한 물질적인 보상을 강조했다. 그리고 중국 경제성장의 선봉에 설 고등교육을 받은 기술자와 경영자들을 양성하는 데 주안점을 두었다. 동시에 많은 기업체들을 중앙정부의 통제와 감독으로부터 벗어나게 했고, 기업가들에게는 생산량을 결정하고 이윤을 추구할 권한을 부여했다. 대외정책의 측면에서는 과감한 개방정책을 채택하여 서구와의 무역 및 문화적 유대를 강화했고 중국 기업에 대한 외국의 투자를 허용했다.

덩샤오핑이 아프리카를 방문했을 때, 그곳에서 "사회주의란 무엇인가?"라는 질문을 받은 적이 있었다. 그는 "인민을 잘 살게 해주는 것이라면, 그것이 어떤 체제든 중요하지 않다"고 대답하였다.

1978년 중일평화우호조약 체결 당시 덩샤오핑이 양국의 국경분쟁이 있는 댜오위다오釣魚島 문제에 대하여 일본의 소노다 외상에게 이렇게 말했다.

"이러한 문제는 지금 자세히 논의할 때가 아니다. 우선 보류해놓고 나중에 차분히 토론하여 상호 받아들일 수 있는 방법을 천천히 모색하면 된다. 우리 세대가 방법을 모색하지 못하면, 다음 세대가, 다음 세대가 방법을 모색하지 못하면 그 다음 세대가 방법을 모색하면 된다.”

넉넉한 그의 마음과 유장한 사고방식 그리고 그에 따른 탁월한 협상력은 실로 도광양회韜光養晦, 빛을 숨기고 새벽을 기다리는 현명함을 엿볼 수 있는 대목이다.

그는 당과 정부 내에서의 최고위직을 최대한 사양했지만 강력한 정치국 상임위원회 위원 겸 중국공산당 중앙군사위원회 주석 지위는 유지하면서 군대에 대한 지배권을 장악하고 있었다. 그는 중국의 1980년대를 관통했던 주요 정책결정자였다. 1989년 이른바 ‘톈안먼 사태’가 발생했는데 시위에 대한 무력진압을 지지했던 덩샤오핑은 이로 인해 중대한 시련에 직면하기도 했다.

그는 마지막으로 1992년 10월 12일에 개최된 제14회 전국대표대회 제1차 중앙위원회 전체회의에서 고위급 지도자들을 퇴진시키고, 개혁파 주룽지朱鎔基 부총리 등을 선출하여 개혁개방 정책을 이끌어 나갈 새로운 지도체제를 출범시켰다. 1994년 이후 공식석상에서 모습을 감춘 그는 1997년 2월 베이징에서 지병으로 사망했다.

오늘날 마오쩌둥에 대해서는 공칠과삼론功七過三論 등 비판적 시각이 여전히 존재하지만, 덩샤오핑은 거의 예외 없이 절대 다수의 중국인들에게 가장 존경하는 인물로 추앙받고 있으며 중국 개혁개방과 현대화의 총 설계사로 불리고 있다.

왜 러시아는 실패하고 중국은 성공하였는가?

구 소련은 위기에 직면하자 마르크스-레닌주의 정치 체제가 갖는 자신의 특수성을 포기하고 서구의 정치제도와 시장경제를 일방적으로 수용하였다. 그러나 그들은 결국 이 과정에서 스스로 붕괴되고 말았다. 하지만 덩샤오핑의 개혁개방은 정치체제의 변화 없이 '중국적 상업주의 전통에 기초하여' 부분적인 자본주의 요소를 도입함으로써 성공적인 경제발전을 이룰 수 있었다. 만약 중국이 소련 고르바초프 방식의 상층 정치개혁을 시도했다면, 중국의 개혁개방은 성공하기 어려웠을 것이다. 뷰러웨이Burawoy는 구 소련 해체 이후 러시아가 서구 정치체제와 시장경제를 받아들인 것을 중국과 비교하면서 "러시아의 체제에는 변화transition가 있었으나 개조transformation가 없었고, 중국의 체제에는 변화가 없었으나 발전적 개조가 있었다"고 분석하였다.[68]

러시아는 1990년대 이후 선거, 언론 개방, 다당제를 단계적으로 시행하였고, 선거제도가 공식적인 권력 획득의 수단이 되었다. 하지만 러시아의 연방제도는 구 소련의 정치적 틀을 그대로 계승한 것으로서 특히 '대통령부'의 소속 기구들은 이전 공산당 중앙위원회와 유사한 역할을 담당하였고, 그 관리들은 기존 중앙위원회 간부들의 행태를 답습하고 있었다. 이러한 상황에서 정당들은 당연히 사회 각 세력들의 이해를 대변하지 못하고 대의기능도 제대로 이행하지 못하였다. 더구나 시민사회의 형성은 대부분 '위로부터의 주도' 혹은 '외부의 지원'을 통하여 의도적으로 이뤄졌다. 이러한 러시아의 '통제 민주주의'는 외면적으로 민주적 형식을 유지하지만 실질적으로는 집중된 권력을 지향하는 하나의 특수한 정치통치술의 유형으로 볼 수 있다.

반면 중국은 사회주의 혁명 과정을 거치면서 독특한 사회동원 체제를 구축하였다. 러시아 혁명이 레닌의 볼세비키에 의한 이른바 '혁명 전위'의 하향식 혁명이었던 데 반하여 중국은 농민 대중과 결합한 장기적

---

68. Michael Burawoy, "The State and Economic Involution: Russia Through a China Lens," *World Development*, Vol. 24, 1996, 1105–1117.

항쟁 과정에서 사회주의 혁명을 성취하였다. 이러한 측면에서 러시아가 '명령식 동원' 체제인 데 반하여 중국은 '참여식 동원' 체제의 혁명 전통을 지니고 있었다고 할 수 있다. 문화대혁명과 대약진운동 역시 이러한 맥락에서 이해될 수 있다.

사실 중국의 경제 개혁은 대부분 엘리트에 의해서가 아니라 대중의 주도로 이루어졌다. 개혁 초기 성장의 주요 원천은 농촌개혁, 즉 인민공사의 가족농으로의 전환이었다. 그리하여 개혁 시기에 농민이 중국을 바꾸었는데 그것은 국가에 대항하는 시민사회를 통한 집단적 정치적 행동에 의해서가 아니라, 당이 사후에 승인한 개별적인 경제적 발의에 의해서였다. 이렇게 하여 결국 중국의 개혁은 처음부터 이전 시기의 인민공사로부터 해방된 농민들을 혁명 과정에서처럼 강력한 지지 세력으로 확보할 수 있었고, 이는 개혁 성공의 커다란 토대로 기능하였다. 이와 달리 고르바초프의 개혁은 믿을 만한 개혁 지지 세력을 만들어내지 못한 채 좌초하고 말았다.

변법자강 운동을 닮은 개혁개방

덩샤오핑의 개혁개방은 정치체제의 전면적 변화를 꾀했다. 그의 개혁개방은 결국 사회주의 체제 자체 붕괴를 낳았던 고르바초프 방식의 개혁과 다른 이른바 '중국적 특색을 지닌 사회주의'로 사회주의적 정치체제를 유지하면서도 서구의 과학과 기술 그리고 부분적인 경제적 관행을 도입했다. 이는 유교적 국가와 가치(중체中體)를 유지하면서도 서구의 기술과 경제적 방법(서용西用)을 받아들이고자 했던 19세기 후반의 변법자강變法自强운동과도 유사하다고 볼 수 있으며, 이러한 점에서 동치중흥同治中興 운동과 닮아 있다.

이렇듯 중국은 중국적 전통에 기초한 '자신들의 고유한' 발전방식과 시스템을 선택해 가고 있었다.[69]

마오쩌둥의 사상과 덩샤오핑의 이론에서 나타나는 가장 큰 특징은 중국의 특수성을 강조하는 한편 마르크스-레닌주의가 갖는 보편성 역시 부정하지 않는다는 점이다. 이는 마오쩌둥의 사상과 덩샤

NASA를 방문한 덩샤오핑(1979년)

오핑의 이론이 중국의 특수성과 마르크스-레닌주의의 보편성을 각각 재구성하려는 특징을 가지고 있기 때문에 가능한 것이었다.

그렇다면 왜 청나라 말기의 동치중흥 운동은 실패한 반면에 덩샤오핑의 개혁개방은 성공할 수 있었는가?

중국 역대 왕조 말기에 나타난 개혁운동들은 다 성공하지 못하였다. 왜냐하면 새로운 시대, 새로운 상황을 이끌어갈 지도력이 구 체제에는 결여되어 있었기 때문이었다. 이를 생산력과 생산관계로 설명할 수도 있다. 즉, 새로운 생산력의 단계에는 새로운 생산관계가 필요하다. 이에 비하여 덩샤오핑의 개혁개방은 아직 국가수립 초기의 높은 도덕성과 지도력 그리고 희생정신 등이 살아 있던 시기였고, 체제의 건강성이

---

69. 양계초 역시 중국 역대 왕조체제와 서구제도를 비교하면서 중국은 일가一家가 국가를 소유하고 나머지 인민은 모두 노예인 반면 서구 제국은 군민君民이 국가를 공유한다고 말했다. 그는 이렇게 중국 왕조체제를 통렬하게 비판하면서도 그의 '신민론新民論'을 통하여 중국적 전통의 토대 위에서 서구 문물을 수용하는 통합의 입장을 견지한다.

약동하던 시기였다. 이를테면 당나라 2대 황제 태종이나 명나라 3대 황제인 영락제 시기처럼 건국 초기의 비약적 발전기로 볼 수 있다.

이해를 돕기 위하여 태조-태종-세종 식의 순서대로 진행되는 우리나라 왕조 초기 단계에 비유하여 현대 중국의 시대 구분을 해 본다면, 태종대에서 세종대로 넘어가는 단계 정도로 볼 수 있다고 할 수 있다. 바야흐로 국운 상승기로 볼 수 있다. 이러한 시각에서 현재 중국 정치 체제는 향후 최소한 30~50년에 걸쳐 여전히 활기 있게 상승해갈 것이라고 추정해 볼 수 있다.

물론 이 시기에 예를 들어 기술적이고 부분적인 체제의 변화는 존재할 수 있겠지만, 서구식의 다당제 도입이라든가 완전한 대의민주주의 등의 근본적 체제 변화는 출현하지 않을 것으로 보인다.

79. 인민대표가 된 어느 '민원왕' 여성

중국에서 촌민위원회村民委員會는 지방 행정촌行政村 주민들의 선거로 구성되는 이른바 '군중성群衆性 자치조직'이다. 촌민위원회는 일찍이 1980년 광시廣西성 이산宜山현과 뤄청羅城현의 농민들이 자발적으로 조직한 일종의 준정부적 자치조직에서 비롯되었다. 처음에는 당시 행정관리체제였던 인민공사 생산대대를 대체하여 주로 치안유지를 목적으로 조직되었고, 이후 허베이성과 쓰촨성 등지의 농촌에서도 유사한 군중성 조직이 출현하면서 점차 경제, 정치, 문화 분야 조직으로 확대 발전하였다.

1982년 중국 헌법은 정식으로 촌민위원회의 법률적 지위를 승인하였고, 1988년 6월 1일 「촌민위원회조직법」이 시행되었다. 이후 약 60%의 행정촌이 촌민자치를 실시하였고, 현재 대부분의 중국 농촌에서 3, 4차례 촌민위원회 선거가 치러졌다. 이 촌민위원회의 시행은 농촌에서의 다바오간大包干 시행과 더불어 중국 민중사회의 커다란 변화를 가져온 조치였다.

허베이河北성 샹허香河현에 사는 왕수룽王淑榮 할머니는 1944년 태어났다. 그녀는 이제까지 '고발'을 자주 하고 관청에 대한 '도전'도 도맡아 했으며, '관리'가 되는 것을 꿈꿔왔다.

2001년 그녀를 비롯하여 3가구가 논을 경작하기 위하여 소를 키우고자 신청했는데, 그곳 관청에서 뜻밖에도 '복구개간비'를 납부하라고 하였다. 그것이 「허베이성 토지관리조례」의 규정에 근거하고 있다는 소식을 전해들은 그녀는 「토지관리법」을 탐독하고 해당 조례 규정이 「토지관리법」 규정에 위배된다는 사실을 발견하였다. 그녀는 성省의 물가국에 민원을 발송하여 결국 그 돈을 반환받았다. 그 뒤 그녀는 다른 지역에서도 농민들이 유사한 일을 당할 수 있다고 생각하여 2002년 8월, 국무원에 편지를 써서 회신을 받았다. 그녀는 이에 그치지 않고 동 조례의 해당 조항이 폐지되지 않는 한, 지방정부가 농민에게 징수하는 것을 방지할 수 없다고 판단하고 2003년 5월, 전국인대에 편지를 써서 「허베이성 토지관리조례」 규정에 대한 수정을 건의하였다. 2004년 4월 전국인대 상위회 판공청은 허베이성에 해당 조례 수정을 건의하였고, 마침내 2005년 5월, 허베이성 인대人大는 해당 조례를 수정하였다.

이렇게 편지를 쓰고 의견을 제안하는 것은 왕수룽 할머니의 '직업'이 되었다.

일찍이 국가는 농민들에게 이른바 '공량公糧'[70]을 징수하였다. 다수 농민은 침묵했지만 그녀는 곡물을 내지 않았고 지방 행정기관은 강제로 그녀의 집에서 곡물을 '빼앗아' 갔다. 당시 '백성이 관을 고소하는民告官' 행정소송법이 때마침 제정되었는데, 그녀는 곧장 그 지방 행정기관을 법원에 고소하였다. 그러나 관행에 따라 아직 권력의 눈치만 보던 지방법원 측은 그것을 기각시켰고, 중급법원에도 자문을 구했지만 그들의 태도는 언제나 애매하기만 했다. 「형사소송법」의 규정에 "중대한 영향을 지닌 제 1심 안건은 최고법원에서 접수한다."는 내용이 있다는 사실을 알게 된 그녀는 베이징 최고법원에 지방정부를 고소하러 갔다. 그러나 그녀가 베이징에 도착했을 때는 이미 공소시효가 지난 때였다.

---

70. 중국에서 농업생산자 혹은 생산단위가 매년 국가에 농업세로서 납부하는 양곡.

1998년 국무원은 각지의 농촌계획에서 1997년 기준을 준용하라는 통지通知 지침을 하달하였다. 1997년 그녀가 살고 있던 진鎭에서는 농민 한 사람마다 74위안元의 농민세를 징수하였다. 그런데 1998년에는 84 위안元의 농민세를 지불하라는 통지서가 각 가정에 배달되었다. 그녀는 국무원의 통지를 베껴서 대로변 일곱 곳에 붙여 사람들이 국가 정책을 정확하게 알도록 하였다. 결국 3만 7천 명의 농민들은 각자 과잉 지불 한 10 위안元을 돌려받을 수 있었다.

언젠가 현 정부에 새로 발령을 받은 젊은 직원이 그녀에게 비꼬는 말 투로 "할머니! 저는 할머니를 잘 알고 있지요. 할머니는 우리 현의 '고발 왕'입니다."라고 말했다. 그러자 그녀는 "고발이라니! 고발을 관리하는 별도의 인민법원이라는 담당기관이 있소. 나는 공민公民으로서 이곳에 와서 문제를 이야기하고 바라는 바의 요구를 제기함으로써 당신들에 게 문제를 해결하도록 하는 것일 뿐이오. 바라건대 그런 엉터리 죄목을 나에게 씌우지 마시오!"면서 그 젊은 직원을 따끔하게 '교육'시켰다.

인민 대표에 도전하다

1987년 그녀가 살고 있던 농촌에도 지방 인민대표를 선출하는 촌민위 원회의 선거가 있었다. 이때 평소 법률 연구에 열심이고 정통했던 그녀 는 왜 '선거권'만 있지 헌법이 보장하는 '피선거권'은 없는가라는 의문 이 생겼다. 그녀는 투표장에 가서 촌장村長에게 그 문제점을 지적하면서 투표용지에 적힌 후보자 이름에 X표를 하고 그곳에 자기의 이름을 적 어놓았다. 촌장 생활을 이미 50년을 지낸 촌장은 '선거권'이라는 용어 도 처음 듣고 할머니의 행동이 약간은 '신선'했는지 "당신이 당신 이름 을 써놓아 봤자 헛일이다. 한 표로는 대표가 될 수 없다!"고 말했다. 그

때 왕 할머니는 총 10표를 얻었다. 할머니의 다섯 식구가 모두 할머니를 찍었고, 또 옆집 사람 다섯 명이 그녀에게 표를 던졌다.

그러나 왕 할머니의 이러한 '소란'은 사람들에게 자신의 권리를 중시하게 만드는 계기가 되었다. 이어 1990년 선거에서 왕 할머니는 46표를 얻었고, 1993년에는 140여 표를 얻었다. 그리고 1999년에는 421표를 얻었는데, 당시 최다 득표자도 600표를 넘지 못하였다.

2000년, 마침내 왕수룽 할머니는 783표를 득표해 촌민위원村民委員으로 당선돼 육순의 나이로 '정치무대'에 데뷔하였다. 고을에서 최초의 여성 '촌관村官'이 탄생한 것이었다. 그녀는 임기 내에 몇 차례 잘못된 세금 징수를 막아냈다. 이를테면, 당시 농촌전기 개선 조치가 진행되고 있었는데, 관계기관은 변압기 비용 등을 농민에게 전가시켰다. 왕 할머니는 관련 규정들을 인용하여 전력電力국 및 물가국과 논쟁을 벌여 결국 변압기비용, 전기 보증금, 관리비 등 3만 위안을 돌려받았다.

이어서 2007년 그녀는 꿈에도 그리던 샹허香河현의 인민대표로 선출되기에 이르렀다. 가족들은 그녀를 위하여 방 하나를 그녀의 사무실로 쓰도록 내놓았다. 새벽부터 밤중까지 그녀 사무실의 전화는 끊이지 않았고, 언제나 도움을 청하는 사람들이 줄을 섰다.

일찍이 1991년 그녀는 현縣의 인대人大에게 편지를 발송하여 현의 각종 농업관련 문서를 열람할 수 있게 해달라고 청원했었지만 이뤄지지 않았었다. 그녀는 자신의 임기 내에 이 일도 완성하고자 결심하였다.

사람들은 그녀를 매일같이 다른 사람과 다툰다며 '다루기 힘든 사람'이라 불렀다. 하지만 그녀는 "모든 사람이 법률을 준수하고 감독을 하게 되면, 모두 법을 아는 '다루기 힘든 사람'이 되고, 그렇게 되면 사회는 곧 크게 고쳐지게 된다."고 반박하였다.

그녀에게 어떤 사람이 "이렇게 나이가 많은데 아직도 그렇게 따지면서 사시느냐? 피곤하지 않느냐?"고 물었다. 이에 그녀는 "나도 피곤하다. 그러나 내가 원해서 하는 일이다."라고 대답하였다. 그녀는 가족들의 도움으로 인터넷도 배웠다. 독서와 신문 보는 것을 제외하고도 그녀의 생활에 또 하나의 새로운 내용이 추가되었다. 바로 인터넷에서 법제 정보를 조사하면서 법률 자료를 찾아내는 것이었다.

여기에서 한 여성의 자각自覺이 역사를 움직이는 결정적인 요소임을 선명하게 보여준다. 역사는 대중이 창조해 나가는 것이다. 특히 '깨어 있는' 대중은 역사를 크게 진보시킨다.

인민대표를 선발하는 투표용지
(명단 상에 원하지 않는 후보의 이름 옆에 x를 쓰고 그 옆 빈칸에 원하는 사람의 이름을 써서 투표한다)

중국사 인물 열전

1판 1쇄 발행 2018년 4월 12일
1판 2쇄 발행 2020년 1월 15일

발행인 박명곤
사업총괄 박지성
기획편집 신안나, 임여진, 이은빈
디자인 구경표, 한승주
마케팅 김민지, 유진선
재무 김영은
펴낸곳 (주)현대지성
출판등록 제406-2014-000124호
전화 070-7538-9864 **팩스** 031-944-9820
주소 경기도 파주시 회동길 37-20
홈페이지 www.hdjisung.com **이메일** main@hdjisung.com
페이스북 | 인스타그램 | 네이버 밴드 @hdjsbooks

"지성과 감성을 채워주는 책"
현대지성은 여러분의 의견 하나하나를 소중히 받고 있습니다.
원고 투고, 오탈자 제보, 제휴 제안은 main@hdjisung.com으로 보내 주세요.